KB043885

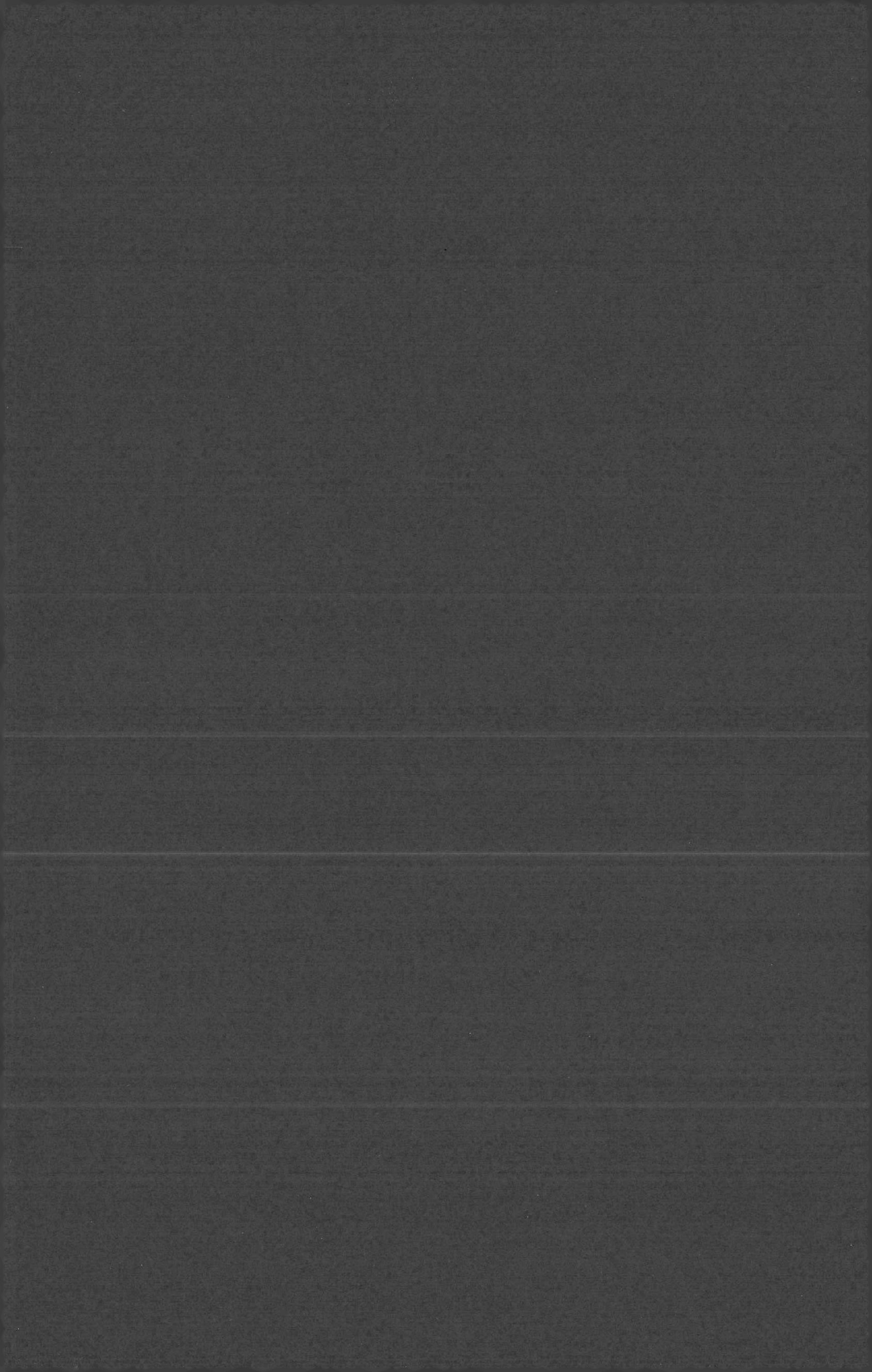

업스타트

THE UPSTARTS

업스타트Upstart (명사)

1. 새로 성공을 거둔 개인이나 기업 등.
2. 최근 어떤 활동을 시작해서 성공했으며, 연륜이 있고 노련한 사람들이나 기존의 일하는 방식에 대해 적절한 존경심을 보이지 않는 사람.

– 출처: 『메리암-웹스터 학습자 사전』

THE UPSTARTS

실리콘밸리의 킬러컴퍼니는
어떻게 세상을 바꾸었나

업스타트

THE UPSTARTS

브래드 스톤 지음
이진원 옮김 | 임정욱 감수

21세기북스

감수의 글

우버와 에어비앤비를 통해 보는 실리콘밸리의 혁신 생태계

이 책 『업스타트』를 쓴 블룸버그의 브래드 스톤 기자는 내가 가장 좋아하는 테크 기자 중 한 명이다. 2013년 그가 쓴 아마존의 성장사에 대한 책 『아마존, 세상의 모든 것을 팝니다The Everything Store』를 워낙 인상적으로 읽은 덕분이다. 이 책에서 특히 그의 탁월하고 집요한 취재에 감탄했다. 아마존의 전 · 현직 임원, 투자자, 비즈니스 파트너들은 물론 제프 베조스의 생부까지 찾아내서 인터뷰를 했을 정도로 생생하게 취재해서 입체감 있게 제프 베조스와 아마존이란 회사를 생생하게 그려냈다. 술술 읽히는 책이었고 IT업계에서는 큰 화제가 된 책이다. 그는 탁월한 스토리텔러다.

그런 그가 이번에는 '우버'와 '에어비앤비'라는 실리콘밸리 최고 화제의 두 유니콘 스타트업에 주목해서 쓴 책이 『업스타트』다. 사실 2017년 초에 책이 출간되자마자 '브래드 스톤'이 쓴 책이라는 것을 보고 바로 원서로 사서 읽어봤다. 책의 내용은 역시 나를 전혀 실망시키지 않았다. 아마존에 대한 전작과 마찬가지로 브래드 스톤은 이 두 흥미로운 스타트업의 성장사를 오랜 시일에 걸친 방대한 취재를 바탕으로 생생하게 전해준다. 이것은 그가 블룸버그의 실리콘밸리지국에서 거의 20년간 일하면서 실리콘밸리에 방대한 인맥을 가지고 이들 기업의 초창기부터 취재하면서 지켜봐왔기 때문에 가능한 것이다.

우버와 에어비앤비는 몇 가지 공통점이 있다. 우선 두 회사 모두 2008년 설립됐다. 바로 전년에 아이폰이 시판돼서 사람들이 조금씩 스마트폰의 가능성에 눈뜨기 시작할 때다. 또 리먼브라더스 파산에 따른 금융위기로 실리콘밸리가 주춤할 때이기도 하다. 하지만 이런 위기의, 변화의 시기에 정말로 위대한 기업이 태어나는 법이다. 또 두 회사 모두 기존 규제에 맞서면서 성장했다. 그 과정에서 세계 각국 정부와 치열하게 대립하기도 하고 협력하기도 했다. 무서운 성장세와 함께 열정적인 고객의 지지를 등에 업고 규제공세를 해쳐나갔다는 것도 비슷하다.

두 회사 모두 진보와 혁신의 도시인 샌프란시스코에서 시작해 본사를 두고 있다는 점도 같다. 그들이 다른 도시에서 시작했다면 아마 이처럼 성공하지 못했을지도 모른다.

스타트업 세계는 엄청나게 변화가 빠르다. 이 책이 출간되고 나서 1년도 지나지 않은 사이 우버에는 많은 변화가 있었다. 성희롱 스캔들, 자율주행차 스타트업 오토Otto 인수 관련된 구글의 소송 등 수많은 위기 끝에 결국 창업자이자 CEO인 트래비스 캘러닉이 사임하고 지난 2017년 8월 다라 코스로샤히Dara Khosrowshahi(전 익스피디아 CEO)가 새로운 우버 CEO로 취임했다. 하지만 그 와중에서도 우버는 여전히 계속 성장하면서 약 80조 원의 시가총액을 자랑하는 세계 최대의 유니콘 스타트업의 자리를 공고히 하고 있다. 에어비앤비도 마찬가지다. 지난 2017년 3월 10억 달러를 신규로 자금 조달한 에어비앤비는 기업가치가 310억 달러로 뛰었으며, 아직도 큰 적자를 내고 있는 우버와 달리 흑자로 전환했다.

이 두 회사의 지난 9년간의 여정을 다룬 『업스타트』를 읽으며 나는 성공하는 스타트업의 필수 요소에 대해서 생각해보게 됐다.

우선 이런 스타트업은 세상을 바라보는 창업자의 남다른 문제의식에서 탄생한다. 그리고 이런 문제는 많은 경우 창업자 자신이 직접 느낀 불편함에서 시작된다. 우버의 원년 창업자인 개릿 캠프는 본인이 샌프란시스코에서 직접 차를 운전하고 다니길 싫어했다. 그 과정에서 택시나 블랙리무진 콜택시를 부르면서 느낀 불편함에서 시작해, '스마트폰으로 자동차를 부른다'는 우버의 창업 아이디어가 나왔다. 이는 당시에 막 출시되어 인기를 끌던 아이폰이 있었기 때문에 가능했다.

에어비앤비도 샌프란시스코의 아파트 렌트 비용과 호텔숙박비가 너무 비싸다는 문제에서 탄생했다. 창업자 중 한 명인 조 게비아는 아파트 렌트 비용을 마련하기 위해 자리가 남는 소파를 빌려주고 돈을 받자는 아이디어를 친구인 브라이언 체스키에게 보내면서 에어비앤비가 탄생했다.

두 번째로 필요한 것은 이런 아이디어를 실행시키기 위한 창업자의 치열한 열정, 분석력 그리고 실행력이다. 우버 아이디어를 생각해낸 개릿 캠프는 바로 서비스 이름을 '우버캡'이라고 생각해냈고 '우버캡닷컴'이란 도메인을 등록했다. 또 친구인 트래비스 캘러닉과 파리에서 식사하면서 테이블보를 가득 채워가며 사업 아이디어를 쓰고 분석할 정도로 실행 방법에 대해 집착했다. 에어비앤비 창업자들도 마찬가지였다. 아이디어를 내고 그냥 흘려보낸 것이 아니라, 바로 '에어베드앤드브렉퍼스트닷컴'이란 도메인을 확보하고 간단히 사이트를 만들어 실제로 자기들 집에 와서 숙박할 사람을 모집해서 받았다. 아이디어가 실현가능하다는 것을 바로 보여준 것이다.

세 번째로 필요한 요소는 좌절하지 않는, 바퀴벌레 같은 생존력이다. 에어비앤비는 사실 말이 안 되는 아이디어다. 누가 생판 모르는 타인의 집에 가서 잠을 잘 것인가! 에어비앤비의 창업자들이 투자자들에게 계속 거절당했던 것도 이상한 일이 아니었다. 하지만 이들은 쉽게 좌절하지 않았다. 그리고 계속 버티기 위해서 2008년 당시 미 대통령 선거 캠페인을 위한 '오바마, 맥케인 시리얼'을 만들었다. 그 제품이 좋은 반응을 얻은 덕분에 어느 정도 더 버티면서 유명한 스타트업 엑셀러레이터 와이콤비네이터의 폴 그레이엄을 만나서 결국 투자를 받을 수 있었다. 그레이엄이 오바마 시리얼 박스 이야기를 듣고 "당신들 참 바퀴벌레 같은 사람들이군요. 쉽게 망하지는 않겠어."라며 투자를 결정한 것은 유명한 이야기다.

네 번째로 규제의 틀 속에 갇히지 않는 상상력을 가지고 있는 것도 중요하다. 10년 전 아이폰이 세상에 등장한 이후 세상은 너무 빠르게 많은 것이 변했다. 덕분에 기존의 규제가 세상의 변화를 따라가지 못하고 있다. 요즘 세상에 맞지 않는 불합리한 규제도 많다는 얘기다. 이런 상황에서 규제의 틀 안에서 얌전하게 사업을 하다가는 정말 고객들이 원하는 제품을 만들어내지 못할 가능성이 크다. 우버와 에어비앤비는 인터넷과 스마트폰을 통해서 생겨난 새로운 사업 기회를 기존 사업자의 저항과 규제의 한계를 넘어서서 마음껏 발전시켰다. 그 결과, 전 세계에 열정적인 고객층을 만들어냈고 그들의 지지를 바탕으로 이제는 규제까지 자기들에게 유리하게 바꿔나가고 있다.

마지막으로 이런 담대한, 혹은 미친 아이디어를 믿고 거액을 투자해주는 투자자의 존재가 필수적이다. 우버와 에어비앤비가 수십 조 가치로 세계를 석권한 다국적 스타트업이 된 배경에는 처음에는 황당해 보이는 이들의 비즈니스모델을, 가능성을 믿고 초기 자금부터 각 성장단계별로 지속적으로 자금을 투여해준 실리콘밸리의 벤처투자자들이 있다. 실리콘밸리에서 구글, 페이스북, 테슬라, 넷플릭스 등 세상을 바꾸는 혁신 기업이 끊임없이 탄생하는 이유는 담대한 아이디어에 과감히 투자해주고 아무리 적자가 나더라도 세상을 석권할 때까지 밀어주는 실리콘밸리의 투자 생태계가 있기 때문이다.

우버와 에어비앤비의 성장 과정을 따라가다 보면 자연스레 한국 스타트업의 생태계가 오버랩되면서 이런 의문이 생긴다. 우리는 과연 시장의 문제를 인식하고 남다른 방식으로 해결책을 만들며 거침없이 창업에 나서는 창업가들이 충분히 많은가? 넘쳐나는 정부의 창업지원 프로그램이 '헝그리 정신'으로 무장한 바퀴벌레 같은 창업가들을 육성하기보다 정부지원에 계속 의존하는 '좀비 기업가들'만 만들고 있는 것이 아닌가? 아이디어가 조금만 튀면 '불법'이라면서 규제의 틀로 옭아매는 바람에 가능성 있는 스타트업을 질식시키고 있는 것이 아닌가? 과연 우리 투자자들은 망할 수도 있는 담대한 아이디어를 가진 용감한 창업자들에게 기꺼이 돈을 투자해주고 있는가?

『업스타트』는 단순히 우버와 에어비앤비의 성공스토리만을 전하는 것이 아니다. 그들의 성장과정에서 잘못된 전략으로 경쟁에서 밀려나 사라져버린 스타트업 창업자들이나 그들의 가능성을 과소평가하고 투자 기회를 놓친 투자자들까지 꼼꼼히 인터뷰해 흥미를 더한다. 비슷한 아이디어로 시작했는데 왜 우버와 에어비앤비는 성공했고 다른 경쟁자들은 실패했는지 살펴보는 것도 흥미진진하다.

기존 서비스에 안주해 있는 기득권의 반발을 무릅쓰고 시민 전체의 편익을 위해 과감하게 새로운 스타트업의 편을 들어주는 규제 당국자의 모습도 인상적이다.

파괴적 혁신이 무엇인지 보여주는 두 스타트업의 성장과정을 통해 실리콘밸리의 혁신 생태계를 들여다보고 싶은 분들에게 일독을 권한다.

스타트업얼라이언스 센터장

임정욱

머리말

놀라운 사건은 이렇게 시작됐다. 2009년 1월 19일부터 일주일간 버락 오바마 대통령의 취임식을 보기 위해 200만 명 가까운 인파가 워싱턴 DC로 몰려들었다. 하지만 모두가 취임식의 증인이 되려고 온 것은 아니었다. 미국 동부 연안의 겨울 추위를 뚫고 모인 그 인파 속에 있던 샌프란시스코에서 온 두 그룹의 젊은 기업인들은 역사의 현장을 지켜보는 것뿐만 아니라, 그들 스스로 역사를 만들기 일보직전이었다.

에어베드앤드브렉퍼스트닷컴Airbedandbreakfast.com이라는 무명에 가까운 웹사이트의 공동창업자였던 브라이언 체스키Brian Chesky, 조 게비아Joe Gebbia, 네이선 블레차르지크Nathan Blecharczyk는 취임식 날짜가 임박해서야 참가를 결정했다. 세 사람은 스트리밍 비디오 사이트 저스틴닷티비Justin.tv의 CEO인 친구 마이클 세이벨Michael Seibel에게도 같이 가자고 제안했다. 그들은 모두 20대 중반이었고 취임식 입장권이나 겨울옷이 없었으며, 심지어 그 주의 일정조차 확실히 파악해놓은 상태가 아니었지만 기회라고 생각했다. 그들이 세운 회사는 별 볼 일 없는 상태에서 1년 넘게 꾸역꾸역 버텨나가고만 있었는데, 이제 세계의 시선이 미국의 수도에 쏠릴 테니 그 기회를 유리하게 이용하고 싶었던 것이다.

그들은 워싱턴에서 저렴한 숙소를 구했다. 살기 팍팍했던 당시 다른 많은 집들이 그랬듯 압류 상태에 있었던 그 3층짜리 아파트는 하워드 대학 인근에 위치해 있었다. 외풍이 심한 집 안에 있는 가구라곤 세 창업자가 세이벨에게 준 침대 겸용 소파가 전부였다. 그들은 밤이면 자연스럽게 현지 식당 지배인인 집주인과 함께 에어매트리스가 깔린 원목마루로 몰려들었다.

집주인은 사실 강제퇴거를 앞둔 세입자였다. 아파트 지하층에 살고 있던 그는 비어 있던 1층과 (다른 세 손님에겐) 자신이 쓰던 침실, 거실, 사람이 들어가도 좋을 만큼 큰 벽장을 과거 에어베드앤드브렉퍼스트 사이트를 통해서 임대해준 적이 있었다. 홍보 기회를 감지한 체스키가 〈굿모닝 아메리카Good Morning America〉 (아침 뉴스 프로그램_옮긴이) 직원들에게 벽장을 소개하는 이메일을 보내자 프로듀서는 곧장 그것을 취임식 기간에 묵을 수 있는 특이한 숙소 안내에 포함시켰다.[1]

창업자들과 세이벨은 낮 동안 듀퐁 서클 전철역에서 에어베드앤드브렉퍼스트 전단지를 나눠줬다. 그들은 모여 있던 통근자들을 향해 "방을 빌리세요! 방을 빌리세요!"라고 소리쳤지만 대부분은 그들을 무시했다. 밤에는 도시에 있는 다른 에어베드앤드브렉퍼스트 집주인들을 만났고, 입장이 가능했던 모든 취임식 파티에 참석했으며, 불만을 품은 한 여성 고객이 보낸 여러 통의 이메일에 답장을 썼다. 지하층 침실에 묵었던 그녀는 반려견 치와와를 데리고 애리조나에서 폭스바겐 버스를 몰고 워싱턴에 왔다. 사람들로 북적대는 숙소에 머무는 걸 아주 싫어했던 그녀는 그 주 회사 계정으로 이메일 폭탄을 보내면서 자신이 분명히 대마초 냄새를 맡았고, 냉장고에 넣어뒀던 주스를 도둑맞았으며, 집이 미국장애인법Americans with Disabilities Act을 위반했다고 불만을 토로했다. 한번은 경찰을 부르겠다고 위협한 적도 있었다. 회사 창업자들은 몇 안 되는 실제 고객인 그녀로부터 불과 몇 피트 떨어져 있는 방 안에 앉아 그녀의 분노를 누그러뜨리기 위해 최선을 다했다.

그들은 취임식 당일에 식이 잘 보이는 내셔널 몰Naional Mall 광장의 명당을 차지하기 위해 새벽 3시에 일어났다. 그리고 내셔널 몰까지 2마일을 걸어가는 동안 어느 지하철 정류장 앞에 있는 자동판매기에서 따뜻한 코트와 모자와 얼굴 마스크를 샀다. 새벽 4시, 그들은 대통령 연단으로부터 축구장 몇 개 정도 떨어져 있는 잔디밭에 자리를 잡았다.

한때는 신생 기업이었던 현 에어비앤비Airbnb의 억만장자 CEO 브라이언 체스키는 당시 기억을 떠올리며 "우리는 몰 중앙에 서로 등을 대고 앉아서 체온을 유지하려고 애썼어요. 내 인생에서 가장 추운 아침이었습니다. 동이 트자 모두가 환호했죠."라고 말했다.

* * *

그 주에 취임식에 참가했던 개릿 캠프Garrett Camp와 트래비스 캘러닉Travis Kalanick이 겪은 경험 역시 그에 못지않게 부끄러웠다. 그들을 취임식에 오라고 설득했던 사람은 취임위원회에서 일했던 친구이자 투자자인 크리스 사카Chris Sacca였다. 자신이 세운 신생 기업을 웹 인프라 회사인 아카마이Akamai에게 매각한 LA 토박이 캘러닉은 2만 5,000달러를 취임위원회에 기부했다. 기부금은 캠프와 절반씩 나눠서 부담했다. 당시 30대 초반이던 둘은 세계 경제 붕괴에도 불구하고 기술이 가져다줄 변화에 대한 낙관적 기대감으로 충만해 있었다. 정치에 대해선 대체로 애증이 엇갈렸지만 이 역사적 순간이자 동시에 그만큼 긴급한 기념비적 파티를 놓치고 싶지는 않았다.

그들 역시 대통령 취임식 때 과시할 수 있는 뭔가를 준비해놓지는 못했다. 다만 취임식 며칠 전에 뉴욕으로 가서 턱시도를 사기 위해 휴고보스 아웃렛 매장을 방문하긴 했다. 쌍둥이처럼 보일까봐 조심스러웠던 캘러닉은 나비 넥타이를, 캠프는 일반 타이를 매고 취임식에 갔다.

취임식 전날 밤 그들은 「허핑턴포스트Huffington Post」가 주최한 파티에 들어가고자 했지만 결국은 미국 최대 언론 박물관인 뉴지엄Newseum 밖 길게 늘어선 줄 속에 갇혀 옴짝달싹 못했다. 바람이 세차게 부는 가운데 하나뿐인 양모 모자를 10분마다 돌려 쓰며 파티 주최자에게 입장시켜달라는 문자를 정신없이 보냈다.

취임식 당일, 캠프와 캘러닉은 에어비앤비 창업자들처럼 아침 일찍 일어나지 않고 늦잠을 잤다. 캘러닉은 숙박공유서비스 업체인 VRBO을 통해 로건 서클 부근의 호화로운 집을 빌렸지만 그 집은 내셔널 몰로부터 몇 마일 떨어져 있었고, 집 근처에서 택시를 잡기도 마땅치 않았다. 결국 그들은 30분 동안 넓은 워싱턴 거리를 나란히 전력 질주했다. 그리고 마침내 자리에 도착한 뒤 취임 연단 위에서 사카와 막강한 영향력을 가진 그의 실리콘밸리 친구들과 동석했을 때, 그들은 몸에 흐르던 땀이 식으면서 참기 힘들 만큼 강한 한기를 느꼈다.

캘러닉은 당시 상황을 이렇게 회상했다.

"그날 저녁 무렵엔 분명 약간의 저체온증을 느꼈어요. 모두가 '무슨 일이야?'라고 물을 정도였죠. 전신이 얼어붙은 것 같았습니다."

캠프가 말을 이어받았다.

"나는 캐나다에서 자랐습니다. 추위는 익숙하다는 뜻이죠. 하지만 그 날은 내 평생 겪어본 가장 추운 날 중 하루였어요."

당시 스마트폰을 소지한 사람이라면 누구나 단 한 번의 클릭만으로 검은색 타운카town car(유리문으로 앞뒤 자리를 칸막이한 4도어 자동차_옮긴이)를 부를 수 있게 해주는 사업을 개발 중이던 캠프는 캘러닉도 여기에 흥분하게 만들려고 애쓰던 중이었다. 캘러닉은 좋은 아이디어이긴 하지만 대단한 생각까지는 아니라고 판단해 뜨거운 관심을 보이진 않았다. 그러나 취임식 당일 그들이 겪은 일은 그런 서비스가 필요하다는 것을 제대로 보여줬다. 캠프는 대도시에서 다른 교통수단을 이용할 수 없을 경우, 필요할 때 전화로 호출할 수 있는 차가 아주 중요한 역할을 할 수 있다고 지적했다.

군중이 "오바마! 오바마!"라고 외치고 전 세계가 새로운 미국 대통령 가족이 등장하기를 기다리는 동안, 캠프는 캘러닉에게 "알겠어? 우리에겐 정말로 이 서비스가 필요해."라고 말했다. 심지어 그때 이미 캠프는 자신이 제안한 그 서비스를 세상이 곧 잘 알게 될 이름인 우버Uber로 부르고 있었다.

그게 8년 전 일이다.

이후 신생 기업들의 입장에선 대통령을 포함해 많은 게 바뀌었다. 하지만 그날 익명으로 군중 속에 앉아 있던 이 두 기업인 집단이 일으킨 것만큼 중대한 변화는 거의 없었다.

그들은 많은 도움을 받았다. 애플의 공동창업자인 고故 스티브 잡스는 오바마 취임식 7개월 전에 최초의 아이폰을 선보였고, 그로부터 두 달 뒤에는 아이폰이 다른 기업들이 개발한 모바일 애플리케이션, 혹은 줄여서 앱이라고 불리는 소프트웨어 프로그램을 구동시킬 거라고 발표했다. 이와 동시에 다른 중대한 기술 트렌드들도 대거 출현하고 있었다. 2004년 하버드 대학교 기숙사에서 세워진 소셜 네트워크 페이스북은 대중적 인기가 치솟으면서 인터넷 사용자들에게 온라인에서 각자의 정체성을 구현하라고 설득했고, 대형 검색회사 구글은 자사 매핑 툴인 구글맵스Google Maps를 다른 기업들의 앱과 웹사이트에 더 쉽게 통합할 수 있게 만들어주고 있었다. 컴퓨터와 전화기 가격은 더 저렴해진 반면 성능은 더 강력해졌다. 광대역 인터넷 사용 또한 급증했다.

이 모든 교차적 성격의 트렌드들은 웹 브라우저 발명 이후 컴퓨팅 역사상 가장 거대한 구조적 변화를 창조했다. 10년이라는 시간 동안 이 세계에 살고 있는 다수는 주로 손에 쥐거나 호주머니에 넣을 수 있는 플라스틱과 유리, 실리콘으로 된 얇은 판들을 통해 생의 상당 시간을 온라인에서 보내기 시작했다.

우버와 에어비앤비 같은 거대한 조직이 이런 기술의 파도를 일으킨 건 아니지만 그 8년이라는 시간 동안 그들은 다른 어떤 기업보다 그 파도 위에 올라타서 이익을 챙겼다. 샌프란시스코에서 불과 1마일 떨어진 곳에 본사를 둔 양사는 매출, 전체 시장가치, 직원 수 면에서 역사상 가장 빠르게 성장 중인 스타트업이다. 그 둘은 기업인 활동기록서 안에서 인터넷 역사의 세 번째 단계(구글과 페이스북 이후 디지털 영역을 물리적 영역으로 확산시켜준 혁신의 시대)에 대해 가장 기억될 만한 이야기를 적어나가고 있다.

그들은 물리적 자산 형태로 갖고 있는 게 거의 없었음에도 이처럼 높은 위상을 확보했다. 에어비앤비는 지구상 최대 호텔 회사로 간주될 수 있지만 실제로 소유하고 있는 호텔방은 단 한 칸도 없다. 우버 또한 세계 최대의 자동차 서비스 회사지만 고용한 전문 운전사는 단 한 명도 없고, 단 한 대의 자동차(실험용 소형 자율주행 자동차 제외)도 소유한 바 없다. 그들은 자신들의 서비스를 제공하고 활용하는 기업들에게 새로운 기회와 함께 종종 새로운 종류의 위험(이것이 잘 이해되지 않을 때도 있지만)을 선사하는 궁극적인 21세기 인터넷 기업이다.

주지하다시피 우버는 누구나 쉽게 자동차를 부르고, 가상지도 위에서 자동차 위치를 파악하며, 1점에서 5점까지 매겨진 별점을 보고 신뢰도를 파악할 수 있는 운전사의 차를 타게 해준다. 승객은 귀찮게 현금을 내고 거스름돈을 받거나 시간이 걸리는 신용카드 결제를 하지 않고도 요금을 지불한다. 이렇게 매끈한 거래의 우수성은 LCD 불빛이 비추는 실리콘밸리 사무실들에서 아주 폭넓게 수용되면서 식품 배달, 포장물 수거, 육아 서비스 등의 분야에서 유사한 사업들의 폭발적 증가를 초래했다.

에어비앤비는 해외여행 경험을 호텔 및 중앙관광지구라는 잘 관리된 영역 한참 밖으로까지 확대시켰다. 에이버앤비의 서비스 개념은 단순해서, 누구라도 남는 소파나 사용하지 않는 침실 혹은 노인용 별채나 빈 집을 단기간 여행객에게 빌려줄 수 있게 해주자는 것이다. 이런 생각이 반드시 획기적이었다고 말하긴 힘들었지만(이런 생각은 VRBO, 홈어웨이 HomeAway, 카우치서핑Couchsurfing, 크레이그리스트Craigslist가 먼저 했다.) 에어비앤비의 정밀한 서비스와 경쟁할 곳은 없었다. 에어비앤비는 신중하게 선택된 사진들과 이전 거래에 대한 평가를 제공함으로써 집주인과 손님이 직접 만나기 전 서로에 대해 알 수 있게 해준다. 에어비앤비 역시 우버처럼 거래수수료를 받는다. 즉, 숙박이 예약되면 손님으로부터 숙박료를 받고, 숙박 종료 후에는 수수료를 떼고 남은 돈을 집주인에게 보내는 것이다.

이 8년 동안 우버와 에어비앤비는 자신들의 브랜드를 대중문화 속에 아로새겼다. 그들의 이름은 별도 소득을 올리려는 은퇴자, 여행의 참맛을 느끼려는 밀레니얼 세대millennials 그리고 자동차처럼 고가자산의 소유에 관심 없는 젊은이들이 사용하는 명사(내지 가끔은 동사)가 됐다. 우버는 랩 음악의 주 요소(미국의 래퍼 드레이크Drake "우버를 불러줄게, 나는 어디 좀 가봐야 해.")이기도 하고, 늦은 밤의 독백(미국 방송인 지미 키멜Jimmy Kimmel "우버 운전사 네 명 중 한 명 정도는 50대고, 많은 운전사들이 그보다 훨씬 더 나이가 많다. 노부인이 모는 차를 타는 것 같다는 생각이 들지도 모른다.")이기도 하다.

에어비앤비는 버락 오바마 대통령으로부터도 호평을 받았다. 2016년 3월 21일, 미국 대통령으로서 80여 년 만에 처음 쿠바를 방문한 오바마는 체스키와 가진 기자회견에서 "잠시 브라이언 체스키에 대한 자랑을 하고 싶습니다. 브라이언은 자신의 생각을 실행에 옮기는 뛰어난 미국의 젊은 기업가 중 한 명입니다."라고 말했다.

두 기업의 이야기는 서로 많이 다르지만 몇 가지 중요한 면에서는 유사함을 보인다. 이 창업자들의 독창적인 동기는 구글("세계의 정보를 조직화하고, 그것을 보편적으로 접근하고 활용할 수 있게 만들자.")이나 페이스북("세계를 더 개방적이고 연결되게 만들자.")처럼 고상한 말로 표현되지 않았다. 캠프와 캘러닉 및 그 친구들은 차를 타고 샌프란시스코 주위를 멋지게 돌아다니고 싶었고, 체스키와 그의 지지자들은 도시에서 콘퍼런스가 열렸을 때 추가로 돈을 벌 수 있는 방법을 찾고 있었으니 말이다.

하지만 이 두 스타트업은 아주 오래된 생각들('차를 공유하라' '집을 빌려줘라')을 새롭게 각색해서 제시함으로써 생면부지의 사람들끼리도 서로 놀라울 정도로 마음을 열 수 있게 하는 데 성공했다. 과거 10년 동안 범죄 소식들과 더불어 '낯선 사람을 피하라'라는 어머니들의 간곡한 경고를 들으며 겁을 먹어왔던 우리 대부분은 누군가의 자가용이나 불 꺼진 집에는 얼씬조차 하지 않았을 것이다. 에어비앤비와 우버가 공유경제나 '온디맨드 경제on-demand economy(각종 서비스와 재화가 모바일 네트워크나 온라인 장터를 통해 수요자가 원하는 형태로 즉각 제공되는 경제 시스템_옮긴이)' 혹은 '원탭 경제one-tap economy(한 번의 버튼 클릭으로 지시가 가능케 하는 모바일 앱_옮긴이)'의 창시자들은 아니다. 대신 그들은 어디서나 인터넷을 이용할 수 있는 시대에 일반인들의 수송과 숙박 협상을 도우며 새로운 신용 경제의 시대를 열었다.

놀라운 점은 양사가 거의 동시에 등장했다는 사실이다. 창업 1년차 당시 거의 내내 에어비앤비는 많은 사람들이 터무니없을 만큼 이상하다며 무시했던 사이드 프로젝트에 불과했다. 제정신인 사람이 왜 낯선 사람의 침대에서 자고 싶겠는가? 하지만 그로부터 8년 뒤 투자자들은 에어비앤비의 가치를 전 세계 어떤 호텔 체인보다도 높은 300억 달러로 평가했다. 그렇다면 워싱턴의 원목마루 위에서 잠을 잤던 창업자들의 재산은 어떻게 됐을까? 서류상 그들 각각이 보유한 순자산은 최소 30억 달러 상당이다.[2]

심지어 창업자들 자신조차 우버가 가진 가치를 과소평가했다. 그들은 번창하는 비즈니스 수도가 요구하는 사항들을 택시업계가 제대로 충족

시켜주지 못했던 샌프란시스코에서나 우버 서비스가 유용할 것이라고 간주했다. 하지만 우버는 샌프란시스코에서 벗어나 뉴욕, LA, 시카고, 런던, 파리, 베이징 및 그 외 거의 모든 다른 주요 도시로 폭발적으로 성장해나갔다. 초기 이용자들은 친구들에게 우버를 극찬했고, 그 친구들도 우버의 회원이 되었다. 우버가 일반 자동차를 타운카로, 카풀을 개별 탑승으로 대체하며 저렴하면서도 다양한 서비스를 내놓자 이용자 수는 더욱 늘어났다. 2016년 말 우버의 가치는 전 세계 어떤 다른 민간 소유 비상장 스타트업보다 높은 680억 달러였다. 캘러닉과 캠프는 각자 60억 달러가 넘는 순자산을 가진 것으로 추정됐다.

두 회사가 걸어온 여정은 거의 끊임없는 논란거리와 함께했다. 많은 도시에서 우버는 전문 운전사들이 혹독한 훈련을 이수하고, 지문이 날인된 신원조사 결과를 제출하고, 정부가 발행한 값비싼 운전면허의 취득을 요구하는 법규를 피해갔다. 또한 택시 회사와 입법의원들이 제기하는 강력한 저항에 직면했으며 폭력 시위의 대상이 되기도 했다. 택시 기사들은 베를린에선 아우토반을 폐쇄했고, 파리에선 오를리 공항Orly Airport의 주변 도로를 막았으며, 밀라노에선 우버 운전사들을 폭행했고, 뭄바이에선 우버 직원들을 위협했다. 이런 싸움들은 매달 새로이 벌어지고 있는데, 어떤 경우에는 우버 자체의 비타협적 태도 및 어떤 대가를 치르고서라도 성장하겠다는 무자비한 사고방식 때문에, 또 어떤 경우에는 택시업계가 질식할 정도로 빠르게 변해가는 모습을 목격한 기존 택시업체들의 강렬한 분노 때문에 악화됐다. 우버는 또한 수백 차례 소송을 당했고, 이 소송들 중 다수는 계약직 운전사들의 법적 지위와 관련된 것들이다. 우버의 운전사들은 일할 시간을 스스로 정하긴 하지만 정규직의 지위는 전혀 누리지 못한다.

에어비앤비도 우버 못지않게 파란만장한 일들을 겪으며 성장했다. 이 회사는 무엇보다 뉴욕, 바르셀로나, 암스테르담, 도쿄에서 불법 호텔 경영자들의 영업을 방해하고, 사람들이 연간 집을 임대해줄 수 있는 일수를 제한하는 법들에 직면했다. 입법의원, 사회운동가, 호텔 노조는 에어비앤비가 살기 좋은 도시 지역에서 주택 부족 현상을 악화시키고, 집값을 끌어올리며, 숙박객들로 하여금 호텔 택시 이용을 기피하게 만든다고 비난했다. 2016년 말 에어비앤비는, 집주인이 시의 단기 임대법을 위반하며 여행객에게 집을 빌려주는 안내문을 게재할 때마다 벌금 1,000달러씩을 물리겠다고 위협한 법을 문제 삼아 뉴욕시와 본사가 있는 샌프란시스코를 상대로 소송을 제기했다.

우버와 에어비앤비 모두 지방정부들이 과거의 규제 체제를 열심히 지키는 게 정말 맞는지 의문을 제기할 수밖에 없게 만드는 새로운 사업 양식business code을 구현했다. 택시 면허는 교통정체가 심한 도시 거리에 자동차가 과도하게 늘어나는 것을 막고, 승객에게는 운전사가 훈련과 심사를 받았고 도시운전법을 알고 있다는 믿음을 주기 위해 20세기 초에 개발됐다. 토지이용 제한법과 호텔과 게스트하우스 법은 거주지 내에서의 영리 활동을 금지하고 호텔방들이 안전 규정을 확실히 준수하게 만들었다. 에어비앤비와 우버는 이베이eBay 같은 인터넷 시장이 앞장서서 만들었던 자정 도구들을 다른 것으로 대체했다. 즉, 승객이 운전사 등급을 매기고, 손님이 집주인을 평가하게 한 것이다. 물론 그 반대로도 평가가 이루어졌다.

또한 적어도 몇몇 사람들은 우버와 에어비앤비가 기술 엘리트의 극단적 오만을 상징한다고 여겼다. 비평가들은 그들이 기본적인 채용 규칙을 파괴하고 교통체증을 늘리며 평화로운 거주지를 망쳐버린다는 데서부터 시작해 자유민주적 도시들 안에 무자비한 자본주의 논리를 끌어들였다는 사실에 이르기까지의 모든 걸 비난하고 있다. 그중 일부는 과장되기도 했지만, 그것은 우버와 에어비앤비조차 예상하지 못한 결과를 낳았다.

이러한 대혼란의 중심에는 젊고 부유하며 카리스마 넘치는 트래비스 캘러닉과 브라이언 체스키 같은 CEO들이 있다. 그들은 앞선 세대의 기술 리더들을 상징했던 빌 게이츠Bill Gates, 래리 페이지Larry Page, 마크 저커버그Mark Zuckerberg처럼 숫기 없고 내성적인 혁신가들과는 전혀 딴판인 새로운 기술 CEO를 상징한다. 그들은 자기가 세운 기업들이 인류를 위한 극적인 발전을 모색할 수 있게 하고, 많은 기술자들뿐 아니라 운전사와 집주인, 로비스트와 입법의원들을 자신들이 표방하는 명분에 동참시킬 수 있는 외향적 성격의 이야기꾼이다.

이 두 사람은 자기가 세운 스타트업을 세계 비즈니스 업계의 선두 자리에 놓기 전까지 비교적 무명인 인물에 속했다. 하지만 이들 모두는 특별한 수준의 야심 및 대담함과 함께 치욕스러운 실패 위험이 있음에도 큰 도박을 해보려는 의지를 증명해주었다.

그렇다면 이런 모든 일은 어떻게 일어난 것일까? 그들은 어떻게 믿기 어려울 정도로 짧은 시간 안에 다른 기업들이 실패한 곳에서 탄탄하면서도 정치적으로 똑똑한 기존 기업들을 뛰어넘어 성공을 이뤄내고 대기업을 세울 수 있었을까? 그들의 성공에는 행운이 얼마나 작용한 걸까? 현대 실리콘밸리에서 생존하고 번창하는 데 필요한 것은 무엇일까?

나는 2014년 책을 통해 이런 질문들에 답해야겠다고 판단했다. 하지만 내가 진정 답해야 했던 질문은 '이러한 내 심층적 프로젝트에 과연 스타트업들이 협력해줄까?'였다. 실리콘밸리에 있는 기술 기업에서 일하는 대부분의 고위 임원들의 시간과 공적 이미지는 지나치리만큼 보호된다. 하지만 우버와 에어비앤비는 이런 은밀한 성소聖所로 진입한 상태였다.

내가 유일하게 해볼 수 있는 방법은 그들에게 물어보는 것뿐이었다.

* * *

환대 문화를 육성하겠다는 사명에 맞게 에어비앤비는 즉시 나를 프로젝트 논의에 초대했다. 나는 샌프란시스코 브래넌Brannon가 888번지에 있는 에어비앤비 본사에서 브라이언 체스키를 만났다. 예전 배터리 공장을 화려하게 리노베이션해놓은 곳이었다. 건물 출입구는 눈에 띄긴 하지만 실용성이 떨어지는 5층 높이의 개방형 아트리움(현대식 건물 중앙 높은 곳에 보통 유리로 지붕을 만든 넓은 공간_옮긴이)을 갖춘 위풍당당한 모습이다. 3층 높이로 길게 뻗은 한쪽 벽에는 사실상 부단한 관리를 필요로 하는 다양한 식물들로 장식되어 있다. 에어비앤비는 벽에 영감을 주는 격언들이 새겨져 있고, 인터넷에서 접하는 이국적인 임대 주택들처럼 보이게끔 장식된 회의실들이 있는 층 여러 개를 사용한다.

나는 이전 입주사였던 종이유통 회사가 목재 패널을 이용해 꾸며놓은 공용 공간에서 체스키를 만났다. 밤색 가죽 안락의자 네 개가 오리엔탈 카펫 위에 놓인 원형 탁자 주위를 에워싸고 있었다. 인터넷 호황기인 21세기의 샌프란시스코가 풍기는 화려함과 과도함 속에서 그곳은 1950년대를 연상케 하는, 시대와 어울리지 않는 듯한 공간이었다. 길 건너에서는 크레인들이 고가의 새 아파트들을 짓고 있었다.

180센티미터의 장신인 체스키는 규칙적인 운동으로 탄탄하게 다져진 몸매의 소유자다. 그는 말하는 속도가 빨랐는데, 긴장해서 그런지 가끔씩 입에 경련이 생기는 것 같았다. 그는 에어비앤비가 일약 성공을 거두게 된 역사를 가장 극적인 역경의 순간과 같이 설명해줬다.

그는 "에어비앤비 초창기에는 세상이 우리를 거부하고, 모두가 우리를 비웃는 것처럼 느꼈죠."라고 말했다. 에어비앤비는 투자자들 사이에서 광범위하게 퍼진 거부감을 견뎌냈고, 무자비한 유럽의 경쟁사와 싸웠으며, 사업 초기 한 난폭한 손님이 집주인의 집을 망가뜨린 사건에 대해 쏟아졌던 부정적인 여론을 버텨냈다. 그는 내게 이렇게 말했다.

"아무도 우리를 믿지 않았어요. 우리는 불안했고, 하고 있던 일에 대한 갈피도 못 잡았었죠."

보다 최근 들어 에어비앤비의 주요 적들은 규제기관과 주택운동가들로 바뀌었다. 그들 중 일부는 세간의 이목을 끄는 대상을 비난함으로써 정치적 영향력을 높여볼 작정이고, 또 다른 일부는 에어비앤비가 사람들의 주택구입 능력에 미칠 영향에 대해서 합당한 걱정을 하고 있다. 친구인 트래비스 캘러닉과 달리 체스키는 자신을 후자의 범주에 속한 사람들을 동정하는 협력자로 소개한다.

"우리는 도시를 풍요롭게 만들고 싶지 주택 구입을 가로막는 적이 되고 싶은 게 아닙니다. 나는 우리가 논란의 적절한 편에 설 수 있을 거라고 생각해요. 우리는 다수의 고객들이 그들의 집에 머물게 해줍니다. 이것이 우리 회사의 창립 목적이고요. 내가 임대료를 낼 돈이 필요 없었다면 우리는 회사를 시작하지도 않았을 겁니다."

나의 집필 프로젝트에 대해 그는 높은 관심을 보였다. 그다음 해에 나는 체스키와 그의 공동창업자들 및 에어비앤비의 고위 임원들과 대화를 나눴다. 회사의 PR 부문 대표들은 인터뷰를 하기 전에 질문지를 달라고 했고, 인터뷰를 참관했으며, 인터뷰 내용을 그대로 받아 적으며 어찌 보면 당연하게도 책 내용에 대해서 긴장하는 모습을 보였지만 그래도 내 집필 활동을 도와줬다.

이어 내 앞에는 전투적인 성격으로 유명한 트래비스 캘러닉의 협조를 얻어내야 하는 난관이 놓였다. 그는 회사의 이익을 격렬하게 옹호하는, 통념과 반대로 투자하는 '반골反骨' 투자가로 알려져 있었다. 그는 나를 실망시키지 않았다. 2015년 3월, 샌프란시스코의 미스틱Mystic 호텔의 재즈바인 버릿룸앤터번Burritt Room and Tavern에서 저녁식사 차 만났을 때 그는 이렇게 말했다.

"나는 당신과 당신 작업을 존중하는 마음에서 오늘 만남에 나왔습니다. 하지만 나는 '우버를 다루는 책의 집필에 당장 협조할 생각은 추호도 없다'는 생각이 들었습니다."

캘러닉은 경쟁사들을 향한 우버의 전략 및 우버가 도시에 미치는 모호한 영향, 그리고 운전사들과의 긴장 관계로 인해 1년간 부정적인 여론에 시달려야 했다. 버락 오마바의 선거 캠프에서 일했고 당시에는 캘러닉의 언론 담당 책임자였던 데이비드 플러프David Plouffe는 그 자리에 동석해서 자살 임무를 맡은 기자의 모습을 목격하고 있는 듯한 어정쩡한 미소를 지었다.

비록 시작은 불길했지만 캘러닉에겐 내 협조 부탁을 기꺼이 들어줄 의사가 있는 듯했다. 그는 자신이 협조하면 무엇을 얻을 수 있는지 내게 물었고, 나는 이렇게 대답했다.

"사람들이 자기 차를 포기하는 급진적인 미래를 받아들이길 바란다면, 기자들에게 당신의 이야기를 설명하고 그들이 그걸 사람들에게 쉽게 알려줄 수 있게끔 해야 합니다. 도시가 돌아가는 방식을 바꾸길 원한다면 사람들에게 우버를 이해시켜야 하는 거죠."

효과가 없었다. 캘러닉은 "내 마음을 움직여보세요! 우리가 얻을 수 있는 게 뭔지 말해주시죠!"라며 단도직입적으로 거래를 원했다. 다시 말해 캘러닉은 캘러닉다웠다.

라이위스키rye whiskey 칵테일과 마늘향 나는 파프리카 구이가 곁들여진 부채살 스테이크를 먹던 도중 그는 내 책이 영화로 제작될 가능성을 잠시나마 반기는 것 같았다. 캘러닉은 사색에 잠겼다.

"당신의 얘기는 시의회 회의 장면에서 시작될 겁니다. 시의회의원들은 방 앞에 앉아 있고, 그들은 잘못된 정보를 받지요. 그들은 주로 다음 선거운동을 위한 기부금이 어디서 나올지 생각 중입니다. 그 자리에 함께한 우버의 대표는 낯설고 이상한 기술을 전혀 이해하지 못하는 의원들에게 그걸 혼자 설명하고 있는 중이에요. 이 사람은 로비스트를 데리고 왔지만 그 로비스트 역시 반대편에 있는 사람들을 상대로 일하고 있고요. 끝으로, 거기에는 덩치 큰 택시업계 사람들도 있는데 그들은 의원들을 가둬놓고 벌을 줍니다. 장면이 바뀌면 공항택시 기사들이 등장합니다. 그들 모두는 한 명이라도 손님을 태우기 위해 카드놀이 등을 하면서 몇 시간째 거기에서 죽치고 기다리고 있지요. 그런데 그곳에 우버의 채용 담당자가 나타나서 택시 기사들을 모아놓고 새로운 시스템을 설명합니다.(이하 생략)"

캘러닉은 하던 말을 갑자기 멈춘 뒤 목소리를 낮추며 "어쨌든 당신은 그런 식으로 영화를 시작할 거예요."라고 말했다.

식사 후 밖으로 나간 그는 식사하는 2시간 동안 내가 최선의 주장을 펼치지 못했다는 듯이 "당신은 내 마음을 움직여야 해요."라고 재차 말한 뒤 플러프와 함께 걸어서 사무실로 돌아갔다.

그로부터 6개월이 지났고, 인터뷰 요청을 거듭했음에도 나는 아무 이야기도 듣지 못했다. 그리고 내가 규제 담당자, 경쟁자, 전·현직 우버 직원 수십 명과 대화를 나눈 뒤 우버의 새 PR 임원은 어쨌든 캘러닉이 내게 협조하게 만들었다. 나는 결국 우버가 가진 짧은 역사의 모든 시기 동안 그곳을 거쳐 갔던 수십 명의 임원들과 대화를 나눴고, 내가 「블룸버그 비즈니스위크Bloomberg Businessweek」 기자로 일했던 5년간 가졌던 몇 차례의 인터뷰를 보완하기 위해 캘러닉을 만나 추가로 몇 시간 더 인터뷰했다.

그 결과로 나온 게 바로 이 책이다. 이것은 에어비앤비와 우버 중 어느 한 회사에 대한 종합적 설명이 아니다. 두 회사의 특별한 이야기들은 지금도 여전히 전개되고 있기 때문이다. 대신 이것은 1세기 동안 지속된 기술 사회의 출현에서 결정적이었던 순간을 다룬 책이다. 또한 예전 체제들이 무너지고, 새로운 지도자들이 등장하고, 낯선 사람들 사이에서 새로운 사회 계약이 체결되고, 도시 지형이 바뀌고, 업스타트들이 지구를 배회하는 중요한 시대를 다룬 책이기도 하다.

목차

contents

3부 업스타트들의 시련

1부

사이드 프로젝트

CHAPTER 1

슬픔의 밑바닥 _에어비앤비의 초창기

모든 위대한 스타트업은 누구의 주요 우선순위에도 들지 못하는 사이드 프로젝트에서 출발한다. 우리에게 에어베드앤드브렉퍼스트는 임대료를 낼 수 있는 길, 시간을 벌면서 거창한 생각을 할 수 있게 도와주는 길이었다.

브라이언 체스키

에어베드앤드브렉퍼스트닷컴을 이용한 첫 번째 손님은 최근 애리조나 주립대학 바이오디자인 연구소Biodesign Institute를 졸업한 아몰 서브Amol Surve였다.[1] 그는 버락 오바마 대통령의 역사적 취임식이 열리기 15개월 전인 2007년 10월 16일 화요일 늦게 자신이 빌려놓은 방에 도착했고, 문 앞에서 당시 26세였던 사이트 공동 설계자 조 게비아Joe Gebbia의 환대를 받았다. 게비아는 서브에게 신발을 벗어줄 것을 정중하게 부탁했다.

그는 라우시Rausch 가 19번지로 서브를 안내했다. 샌프란시스코 내에 있는 혼란스런 거주지역 사우스오브마켓South of Market의 좁은 골목길이었는데, 그들은 그곳에 있는 아파트 최상층의 C실로 향했다. 세 개의 침실과 두 개의 화장실, 안락한 거실이 있었고 주 계단을 따라 올라가면 황금빛 도시를 조망할 수 있는 옥상 테라스가 딸린 널찍한 공간이었다. 당시 두 사람은 이후 몇 년 동안 이 아파트가 범세계적인 사회운동이자 공유경제로 불리는 세계적 비즈니스 현상의 시작 지점이 될 것임을 알지 못했다.

인도 뭄바이 출신의 서브는 세계산업디자인단체협의회ICSID, International Council of Societies of Industrial Design가 격년으로 개최하는 콘퍼런스인 세계디자인총회World Design Congress 기간 중 묵을 방을 인터넷을 통해 1박당 80달러의 가격에 빌렸다. 주변 도시에 있는 호텔들은 전부 예약이 찼거나 자신이 이용하기엔 숙박비가 너무 비쌌기 때문에 이 집에 대한 서브의 기대는 그리 크지 않았다. 하지만 임시로 빌린 이 집에서 그는 좋은 조짐을 느꼈다. 거실에는 디자인 서적들로 가득한 책장과 편안한 소파가 놓여 있었다. 아침에는 직접 부엌에서 시리얼과 우유를 꺼내 먹으면 됐고, 조그만 침실에는 공기가 채워진 에어매트리스와 시트, 담요가 갖춰져 있었다. 그의 집주인들은 놀라울 정도로 사려가 깊었다. 게비아는 서브에게 무엇보다 먼저 집 안에서의 규칙과 와이파이 비밀번호, 도시안내 지도와 주변 노숙자들에게 줄 소액의 잔돈이 담긴 조그만 봉투를 주었다.

하지만 그날 오후 서브가 목격한 것 중 가장 놀라웠던 건 자신의 모습이 담긴 사진이 깔려 있는 게비아의 랩톱이었다. 게비아의 룸메이트이자 동업자인 브라이언 체스키는 페차쿠차pecha-kucha, 일본어로 '잡담'이란 뜻 행사에서 할 프레젠테이션을 준비 중이었다. 페차쿠차는 디자이너들이 각자 슬라이드 20장씩을 보여주면서 20초 동안 각 슬라이드에 대해 설명하는 식으로 신제품 아이디어를 소개하는 행사인데, 게비아와 체스키는 그곳에서 자신들이 새로 착안한 집 공유 서비스를 선보일 계획이었다.

그리고 이 새로운 서비스의 첫 번째 손님인 서브가 프레젠테이션 안에 있었던 것이다. 아직까지 그는 숙박을 시작한 게 아니었고 이제 막 집에 도착한 상태였지만 그의 모습은 집주인들이 분명 아주 길어지기를 바랐던 이야기의 1장 안에 들어 있었다. 몇 년 뒤 서브는 당시 상황에 대해 "아주 낯선 경험이었다."라고 고백했다.

서브는 편안히 잠잘 수 있는 곳을 찾았다는 사실만으로도 행복했지만, 결국 나중에는 실리콘밸리에서 스타트업 설립 교육을 받았다. 그는 그 주에 게비아, 체스키와 함께 소파에 앉아 많은 시간을 보내면서 디자인에 대해 이야기하고, 애플이 새로 출시한 최초의 아이폰을 조사했다. 서브는 아이폰뿐 아니라 스티브 잡스에 대해서도 들어본 적이 없었고, 게비아와 체스키가 자주 인용했던 "우리는 우주에 흔적을 남기기 위해 여기 있다."라는 잡스의 말처럼 동기부여가 되는 장황한 문구들도 전혀 모르고 있었다.

서브는 라우시 가에 머물고 있던 또 다른 손님인 캣 주릭Kat Jurick과 함께 페차쿠차에 참가했다. 그에게 도시를 안내해주었던 날, 게비아는 유명한 롬바드 가의 구불구불한 블록과 페리 선착장 앞에 있는 농산물 직판장 등 명소를 보여주었다. 화려한 스니커즈 운동화나 트렌디한 안경처럼 유행을 타는 물건들로 자신의 디자인 감각을 즐겨 과시하는 게비아는 가을의 한기 속에서 귀를 덮는 부분이 털로 된 파일럿 모자를 자랑스럽다는 듯 쓰고 다녔다.

콘퍼런스가 끝난 후 서브는 도시에서 하루를 더 보내면서 유명한 디자인 학교인 스탠퍼드 대학 디자인연구소에 가보고 싶어 했다. 자신 또한 그곳을 방문해보고 싶었던 체스키가 운전을 제안했다. 두 사람은 스탠퍼드에서 이탈리아 출신 디자이너인 에치오 만치니Ezio Manzini 교수의 무료 강의를 강의실 맨 앞줄에 앉아서 들었고, 이후 상징적인 디자인 회사 아이디오Ideo의 공동창업자이자 그 주에 열린 디자인 콘퍼런스의 회장을 맡은 빌 모그리지Bill Moggridge 교수와 인사를 나눴다.

그것은 분명 보기 드문 광경이었다. 2012년 타계한 모그리지 교수는 키가 2미터에 달하는 장신이었다. 하키 선수처럼 우람한 체구의 운동광이었던 체스키가 20센티미터 정도 더 작았던 것이다. 말솜씨가 유창한 체스키는 시선을 위로 하고 에어베드앤드브렉퍼스트에 대한 설명을 시작하면서 그것이 미국산업디자이너협회Industrial Designers Society of America의 공식 숙소가 될 수 있다고 주장했다. 그는 즉흥 광고 차원에서 서브를 첫 번째 손님으로 소개했고, 서브는 또다시 이야기 속으로 말려들어버렸다. 서브는 아무 말 없이 고개를 끄덕이며 의심쩍어 하는 듯 보였던 모그리지 교수의 모습을 기억한다.

체스키는 나중에 '에어베드앤드브렉퍼스트는 당시 장난이자 사이드 프로젝트 같은 것'이라고 말했지만, 서브는 자신이 새로 사귄 친구가 도시로 돌아오는 차 안에서 그 프로젝트에 대해 이야기하면서 흥분에 몸을 떨던 모습도 기억한다. 체스키는 서브에게 "아몰, 우리는 이 개념을 갖고 우주에 흔적을 남겨야 해."라고 말했다.

체스키와 게비아의 만남

브라이언 체스키는 뉴욕주 동부 스키넥터디Schenectady 교외 지역에서 성장했다. 그곳은 대부분의 사람들이 지도에서 찾기도 어려운 도시 외곽에 위치해 있어 아는 사람이 전혀 없는 소도시다. 튼튼한 중산층이었던 그의 가족은 미국이 영국으로부터 독립하기 전 식민지 시대에 지어진, 커다란 뒤뜰이 있고 다섯 개의 침실이 딸린 집에서 개를 키우며 살았다. 각각 이탈리아와 폴란드 이민자의 후손인 어머니와 아버지는 체스키와 여동생 앨리슨을 위해 끊임없이 맹목적인 사랑을 베푼 사회복지사들로, 일(그들은 업무 협약에 따라 가끔 그들이 상담해준 개인과 가족을 집으로 초대해야 했다)을 쉬는 날이면 아이들을 돌보며 시간을 보냈다. 활달한 성격의 어머니 뎁은 "우리에겐 인생이란 게 없었어요."라고 말했다. 아버지 밥은 "어떤 사람들은 경력 계발을 위해 투자하지만 우리는 아이들을 위해 투자했습니다."라고 덧붙였다.

어린 시절부터 그림에 관심이 많았던 체스키는 그 마을에서 차로 1시간 정도 가야 했던 노먼 록웰 박물관Noman Rockwell Museum을 자주 찾았다. 장시간 앉아서 그림을 그릴 수 있는 그의 능력에 부모님은 놀랐고, 선생님들은 체스키의 그림 스타일이 록웰과 비슷하다고 칭찬하면서 그의 미래를 매우 긍정적으로 예상했다. 한 선생님은 "언젠가 아드님은 유명해질 겁니다."라고 말했다.

체스키는 하키도 하면서 제2의 웨인 그레츠키Wayne Gretzky(1978~1999년에 북미 아이스하키리크에서 활약한 전설적 선수_옮긴이)가 되는 상상에 빠졌다. 그는 빠르고 민첩했으며, 지역에서도 인정을 받았다. 하지만 두 차

레에 걸쳐 쇄골이 부러지자 고등학교 감독들은 결국 체스키가 얼음판 위에서 제대로 미래를 꿈꾸기에는 너무 단신인 데다 충분히 튼튼한 학생이 아니라는 결론을 내렸다. 체스키의 부모도 그 생각에 동의했다. 뎁은 "체스키는 스타가 되기에는 덩치가 너무 작았어요."라고 말했다.

실패를 받아들이기 싫었던 체스키는 운동을 하고, 역기를 들어올리고, 근육강화제와 달걀 흰자를 섞은 셰이크를 들이마시며 근육을 키워나가기 시작했다. 그는 대학 시절 보디빌딩 대회 연맹에 가입한 뒤 전미 보디빌딩 경연대회에 참가해서 몸에 기름을 바르고 무대 위에 올라가 카메라와 군중 앞에서 포즈를 취했다. 나중에 그는 당시 모습이 담긴 사진들을 보고 멋쩍어하면서 " "이때만 해도 인터넷의 영향력을 깨닫기 전이었다고요."라고 말했다.[2]

체스키의 친구이자 공동창업자인 조 게비아의 고향은 조지아 주 애틀랜타다. 그는 남부 지역의 독립 건강식품 슈퍼마켓들과 거래하는 독자 판매 대리인들 부부 사이에서 막내로 태어났다. 조는 누나와 함께 아버지를 따라 앨라배마, 테네시, 사우스캐롤라이나로 장거리 여행을 다니면서 과일과 유기농 주스를 팔았고, 용건이 끝난 뒤에도 점주들 곁에 남아 선반을 다시 채우는 일을 도왔다. 체스키와 마찬가지로 게비아 역시 성장하면서 여러 다른 세상들 사이에 걸터앉아 있었다. 그는 테니스와 농구를 했고, 트랙과 운동장을 달렸지만 자신의 우상 데이브 브루벡Dave Brubeck처럼 진정한 재즈 피아노를 연주하고 싶다는 결심을 굳힐 때까지 바이올린을 공부했다.

고등학교 시절 어느 여름, 조지아 주 발도스타Valdosta 주립대학에서 예술 수업을 듣던 게비아는 자신의 진짜 꿈은 화가라는 결론을 내렸다. 그의 작품을 높게 평가했던 한 강사는 "네겐 특별한 능력이 있어."라며 게비아에게 미국 최고의 명문 예술대학 중 한 곳인 로드아일랜드 디자인스쿨RISD, Rhode Island School of Design에 지원해보라고 제안했다. 게비아는 그다음 해 여름에 RISD에서 수업을 듣다가 프로비던스 강둑 위에 모여 있는 웅장한 프랑스와 신식민주의식 건물들에 매료되었다. 게비아는 체스키보다 1년 늦은 2000년 RISD에 등록했다.

수업 시간과 학생 행사 때 만난 이 둘은 서로 쉽게 마음이 통한다는 걸 깨달았다. 체스키는 학교 하키팀인 내즈Nads(응원 문구는 "달려라, 내즈!")를 이끌었고, 게비아는 농구팀인 볼스Balls(응원 문구는 "열기가 타오를 때 볼즈는 뭉친다.")를 운영했다. RISD 스포츠클럽 운영은 경쟁적 도전이라기보다는 마케팅적 도전에 더 가까웠다. 팀들은 승리보다는 캠퍼스에서 신나게 놀 구실로 게임을 하는 데 더 관심이 많았다.

두 사람 모두 산업디자인 공부도 공부지만 고전적인 '임스Eames 라운지 의자'처럼 상징적이면서도 적당한 가격의 물건을 만들어보고 싶다는 생각에 끌렸다. 지도교수들은 "학생들은 본인들이 직접 설계한 세상 속에서 살 수 있다. 세상을 바꾸고, 세상을 다시 설계할 수 있다."라고 주장했다.[3] 디자인학과는 그들의 머릿속에 일종의 실질적인 이상주의를 주입시켰다. 한 현장 학습 도중에 그들을 태운 버스는 그들을 시의 쓰레기처리장으로 데리고 간 다음 허비된 노력의 종말이 무엇인지 볼 수 있게 쓰레기 동굴을 지나갔다.

어느 여름, 체스키와 게비아는 헤어드라이어 제조사인 콘에어Conair가 맡긴 프로젝트와 보디빌더인 체스키가 '체스키 솔루션Chesky Solution'이라고 부른 또 다른 아이디어에 대한 연구를 목적으로 손을 잡았다. 체스키는 사람들의 건강 상태를 파악하기 위해 몸에 붙이는 센서들과 함께 포켓용 컴퓨터인 팜파일럿PalmPilots 및 그 외의 모바일 기기들을 이용할 생각을 했다. 두 프로젝트 모두 성공하진 못했지만 두 사람은 장기간 창의적인 브레인스토밍 시간을 가지면서 더 공고한 우정을 쌓았다. 항상 비즈니스 파트너를 찾고 있던 게비아는 이렇게 말했다.

"우리는 프로젝트를 연구하면서 정말 즐거운 시간을 보냈습니다. 내게 필요한 모든 게 다 마련된 거죠. 우리가 낸 생각들은 너무나 독창적이었고 다른 모든 사람들이 낸 생각과는 차원이 달랐어요."

동기들은 체스키를 2004년 졸업식 연사로 뽑았다. 당시 연설 장면을 찍은 동영상을 보면, 마이클 잭슨의 노래 '빌리 진Billie Jean'을 부르러 무대 위로 뛰어 올라가는 듯한 그의 모습이 나온다. 카리스마와 자신감이 넘치는 그는 흰색 스포츠 코트와 그것에 맞춘 타이를 드러내기 위해 졸업식 가운을 벗고, 몇 차례의 춤 동작을 선보이면서 근육을 드러내는 포즈를 취한 뒤 12분 동안 청중을 포복절도하게 만든다. 그는 선견지명을 가진 듯 이렇게 말했다.

"부모님들, 우리에 대한 투자가 시장에서 거래되는 어떤 주식 투자보다 더 좋은 투자란 걸 아시길 바랍니다. 단언컨대 부모님들은 우리가 젤로Jell-O(과일의 맛과 빛깔과 향을 낸 디저트용 젤리_옮긴이)로 칠하고, 실리 퍼티Silly Putty(고무찰흙처럼 갖고 노는 장난감_옮긴이) 속에서 데굴데굴 구를 수 있도록 14만 달러를 투자하셨습니다. 하지만 그보다 더 중요한 사실은, 여러분은 우리가 영감을 받아야 한다는 걸 알고 계셨다는 것, 그리고 우리는 이곳 RISD에서 많은 영감을 받았다는 것입니다."

체스키가 뉴욕으로 돌아가기 전, 게비아는 그를 피자 가게로 데리고 가서 자신의 한 가지 예측을 들려주었다. 언젠가 그들은 함께 회사를 차리고, 제3의 누군가가 그 회사에 대한 책을 쓸 것이라고 말이다. 게비아는 "난 사람들을 흥분하게 만들 수 있는 그의 능력을 봤어요. 당시 느낀 감정을 솔직하게 드러내지 않았다면 나는 계속 마음 한구석이 찜찜했을 겁니다."라고 말했다.

'에어베드앤드브렉퍼스트'의 탄생

졸업 후 체스키는 몇 달 동안 집에서 머물다가 서둘러 LA로 떠났고, 그곳의 할리우드 아파트로 동창들과 함께 이사를 했다. 그라우맨스차이니즈 극장Grauman's Chinese Theatre에서 몇 블록 떨어져 있고, 독특한 복장을 하고 여행객들과 사진을 찍은 뒤 돈을 받는 사람들로 주변이 붐비는 곳이었다. 여전히 아들을 지극히 사랑하는 그의 부모님은 LA 대리점에서 혼다 시빅Honda Civic 차량을 한 대 사서 그에게 주려고 LA 공항으로 배송시켰다.

그곳에서 체스키는 대학 때 꿨던 꿈을 실현하면서 살았다. 그는 마리나델레이Marina del Rey에 있는 컨설턴트 매장인 3DID에서 디자이너로 일하면서 마텔Mattel 장난감, 헨만Henman 기타, 의료장비, 신발, 개 장난감, 그리고 핸드백 등의 제작 작업을 하며 4만 달러의 연봉을 안정적으로 벌고 있었다. 체스키는 "학교에서 디자이너, 특히 산업 디자이너였을 때는 선반 위에 뭔가를 가져다 놓는 꿈을 꾸게 됩니다."라고 말했다.

하지만 어쨌든 그가 맨 처음 했던 일은 당초 자신이 꿨던 꿈에 그리 썩 들어맞지 않았다. I-405 고속도로에서 질식할 정도로 정체에 시달리며 출퇴근하는 데만 각각 90분씩 걸렸고 그가 참여한 대부분의 프로젝트는 결코 상용화되지 못했으며, 어쩌다 상용화된 경우에도 결국에는 쓰레기 매립지로 향했다.

2006년에 체스키가 다녔던 회사는 사이먼 코웰Simon Cowell이 연출한 리얼리티 TV 쇼 '아메리칸 인벤터American Inventor'로부터 출연 제안을 받았다. 그의 팀은 소위 '자가세척Pureflush'이라 불리는, 박테리아가 없는 화장실 변기 개발을 구상 중인 부부를 돕는 일을 맡았다. 이 부부는 100만 달러란 거액의 상금을 두고 다른 10여 명의 발명가들과 경쟁 중이었다. 체스키와 3DID의 동료들은 제품을 개념화해 시제품 생산을 도왔다.

그들의 출연분은 2006년 5월 4일 전파를 탔다. 체스키의 출연분은 대부분 편집됐지만 시청자들은 미래의 억만장자가 될 그가 동료들과 조용히 앉아 디자인을 평가하는 모습을 볼 수 있었다. 지금 생각해보면 왜 그때의 경험이 그를 젊은 시절의 환멸감 속으로 더 깊숙이 빠져들게 만든 것인지 쉽게 이해할 수 있다. 불같은 성격의 파트타임 마술사로 일했던 남편은 3DID가 화장실 변기 실물의 모형을 공개하자 비명을 질러대기 시작했다.

그는 방송 도중에 "이건 너무 작아요. 저건 정말 너무 크군요! 그만하죠! 이런 거지같은 짓은 여기서 멈추겠습니다!"라고 소리 지르며 디자이너들을 충격에 빠뜨렸다(그런데 분명 쇼의 연출자들은 그의 그런 모습을 보고 즐거워했다).

"당신들은 변기를 더 잘 만들기 위해 이곳에 온 게 아닙니다! 우리가 꿈꿨던 것을 실제 모형으로 만들기 위해 와 있는 거라고요!"[4]

그런 심란한 비판을 들은 체스키는 가슴이 아팠다. 당시 동영상 공유

사이트인 유튜브 창업자들의 환상적인 성공담을 강박적으로 추종 중이었던 그는 유튜브에서 또 스티브 잡스의 주요 프레젠테이션과 TV 영화 〈실리콘밸리의 해적들Pirates of Silicon Valley〉을 보면서 몇 시간씩 보내곤 했다. 그에게 있어 유튜브는 새로운 일들이 진정 현실을 변화시킨 우주와도 같았다. 이에 대해 체스키는 이렇게 말했다.

"나는 유튜브에 꽂혔어요. 누군가가 뭔가를 세우고 실제로 뭔가를 바꿀 수 있는 세상으로 탈출하는 듯한 대리 만족을 느끼면서요. 실제의 나는 완전 반대였죠. 옷장이나 쓰레기 매립지에 처박아둘 만한 물건들만 만들면서 어두운 사무실에 앉아 있었을 뿐이었습니다."

2007년 초가 되자 체스키는 다급해졌다. 그는 친구 네 명과 웨스트 할리우드West Hollywood에 있는 방 두 개짜리 아파트로 이사했고, 자신만의 가구를 만들기 위해 회사 근무 시간을 줄였다. 그는 콜벳 스팅레이Corvette Stingray 자동차 덮개에서 영감 받은 곡선을 가진 섬유 유리 의자, 3온스짜리 고기 조각만 담을 수 있게 가운데를 볼록 튀어나오게 만들어 원가를 절약하고 동일한 양을 담는 데 유용한 접시를 디자인했다.[5] 자신만의 뭔가를 시작하고, 족적을 남기고, 유명해지고 싶다는 절박한 마음에 사로잡힌 그는 잠깐 동안 '브라이언 체스키 사Brian Chesky Inc.'라는 디자인 회사를 세울 생각에 빠지기도 했다.

하지만 그는 그것들이 모두 무의미하고 독창적이지도 않으며, RISD나 영화 〈실리콘밸리의 해적들〉 혹은 열심히 읽고 있던 월트 디즈니Walt Disney 전기에서 자신이 그토록 유혹적이라 느꼈던 약속된 삶으로 이끌어주지 못할 것이란 생각에서 벗어날 수 없었다.

"사람들은 내게 '너는 네가 사는 세상을 바꿀 수 있다'라고 말했습니다.

이어 현실을 직시해보면, 현실은 그렇게 녹록지 않았지만요. 현실에서 나는 그저 그런 물건을 만들고 있을 뿐이었어요."

그러던 2007년 여름 어느 날, 체스키는 샌프란시스코에 살고 있던 대학 동창 조 게비아로부터 한 통의 소포를 받았다. 소포는 그에게 찝찝한 불안감에서 탈출할 수 있는 동기를 불어넣어줬다.

게비아는 RISD를 졸업한 뒤 체스키보다 그냥 약간만 더 잘 살고 있을 뿐이었다. 대학 1학년 때 그는 획기적 아이디어라고 생각했던 것과 맞닥뜨렸다. RISD에서는 크리티크Critiques라고 불리는 마라톤 평가가 있었는데 그때 학생들은 종종 탄말炭末과 페인트로 뒤덮인 금속 벤치와 딱딱한 나무 스툴 위에 앉아 있어야 했다. 평가가 끝난 뒤 불편한 몸을 이끌고 겨우겨우 일어나보면 그들이 입고 있던 바지의 엉덩이 부분은 예외 없이 더러워졌다. 이런 골칫거리를 해결하기 위해 게비아는 엉덩이 모양으로 파여 있고 손잡이가 달린 화사한 폼쿠션을 설계했다. 그는 이 발명품을 크릿번스CritBuns라고 불렀다.

졸업 후 게비아는 RISD 때 받은 디자인 상금을 쿠션 제작에 투자했고, 자신이 살고 있던 프로비던스 아파트의 지하실에 800개의 쿠션을 쌓아놓았다. 그리고 순진하게도 그것을 개당 19.99달러에 매장에서 판매하려고 했다. 첫 번째 판매 장소는 브라운 대학의 서점이었다. 게비아는 갖고 있던 가장 멋진 정장을 차려입고 1분 동안 얘기할 수 있는 시간을 허락받아 쿠션에 대해 열정적으로 광고했지만 점주는 정중히 거절하고 돌아섰다. 두 번째와 세 번째로 들른 곳에서도 마찬가지 반응이었다. 훗날 그는 내게 "면전에서 바로 거절당했습니다. 그들의 표정을 보면서 모욕감이 느껴졌어요."라고 말했다.

마침내 프로비던스 시내에 있는 한 양품점이 쿠션 네 개를 비치해두겠다고 했다. 게비아는 집으로 달려와 쿠션들을 갖다 줬고, 그날 저녁 양품점 유리창에 얼굴을 붙인 채 감탄하는 듯한 눈길로 쿠션들을 바라봤다.

크릿번스는 날개 돋친 듯 팔리지 않았고 세상을 바꿔놓지도 못했다(그의 말에 따르면 몇 개의 묶음만이 팔렸을 뿐이다). 하지만 그것은 게비아의 포트폴리오에서 중요한 위치를 차지했고, 그 덕에 그는 샌프란시스코의 대형 독립 출판사인 크로니클 북스Chronicle Books에서 사람들이 탐내던 인턴 자리를 얻을 수 있었다. 2006년 그는 책과 선물 포장 디자인 업무를 맡았다. 자신을 받아준 도시에 정착한 게비아는 오랜 친구인 브라이언 체스키에게 크릿번스 쿠션을 소포로 보냈다.

체스키에게 그 웃기는 폼쿠션은 꽤 중요한 의미를 선사했다. 게비아는 진짜로 팔릴 제품을 만드는 진짜 회사를 시작한 것이었다! 그리고 그는 세상에 영향을 줬던 것이다. 그해 여름, 생일 축하 차 게비아를 찾아온 체스키는 샌프란시스코의 매력에 푹 빠졌다. 이튿날 아침 체스키가 소파에서 일어났을 때는 키 크고 멀쑥하게 생긴 게비아의 룸메이트(그는 프로그래머였다)가 랩톱 앞에 구부리고 앉은 채 컴퓨터 암호를 쓰면서 키보드를 빠르게 두드리고 있었다. 그곳에서 사람들은 실제로 뭔가를 만들면서 세상을 변화시키기 위해 애쓰고 있었다.

그해 가을, 그 룸메이트는 라우시 가의 아파트에서 이사를 나갔다. 되도록 빨리 매달 임대료를 함께 내줄 사람을 찾아야 했던 게비아는 체스키에게 룸메이트가 될 생각이 있는지 물었다.

LA에서의 생활과 새로운 시간제 강사 일을 유지하면서 주말은 샌프란시스코에서 지내는 방안을 두고 체스키는 고민에 빠졌다. 그는 게비아에게 침실 전체를 빌리는 대가로 더 많은 돈을 내기보다는 매달 500달러에 거실 소파를 빌려 쓸 수는 없는지 물었다. 게비아는 자신과 함께 아파트 임대료를 분담하지 않으면 아파트를 포기해야 한다고 체스키에게 단호히 답했다.

그러던 9월 초의 어느 날, 체스키는 마음을 정하고 잠자리에서 일어났다. 월트 디즈니는 1923년에 캔자스시티에서 할리우드로 이사하는 큰 위험을 감수한 덕에 인생이 바뀌었다. 체스키 역시 그런 기회를 잡을 것이다.

물론 라우시 가로 이사했을 때 체스키는 감당하기 벅찬 임대료를 지불할 방법을 찾지 못한 상태였다. 그는 의미 있는 일자리를 아직도 구하지 못했고, 두 RISD 졸업생은 사실상 파산 상태나 다름없었다. 그리고 몇 주 뒤인 2007년 9월 22일 샌프란시스코에서 열리는 세계디자인총회 때문에 각 호텔의 숙박 예약이 넘치거나 숙박료가 급등한 상태에서 게비아는 체스키에게 자신들의 운명을 뒤바꿔줄 한 통의 편지를 보냈다.

제목: 임대사업자

브라이언,

내가 돈을 좀 벌 수 있는 방법을 생각해봤어. 우리 집을 디자이너들에게 침대와 조식을 제공하는 곳으로 바꿔놓는 거야. 도시를 찾는 젊은 디자이너들에게 무선 인터넷과 소규모 책상 공간, 잠자리가 될 매트, 그리고 매일 오전의 조식 제공 서비스를 완벽히 갖춘 숙소를 4일간 제공하는 거지. 어때?

– 조

블로그 제작 지원 웹사이트인 워드프레스WorlPress의 무료 도구들을 이용해서 체스키와 게비아가 최초의 에어베드앤드브렉퍼스트닷컴 웹사이트를 만들기까지 걸린 시간은 사흘이었다. 푸른색과 분홍색 필기체로 서비스 이름을 써놓고, 까다롭게 규정된 몇몇 규칙과 관련된 개념을 짧게 소개해놓은 단출한 사이트였다. 그들은 "에어베드앤드브렉퍼스트는 적정한 가격의 숙박 시설이자 소셜 네트워킹 도구이며 최신 콘퍼런스 안내소입니다. 디자이너들은 어떤 디자이너들을 만나서 얼마의 숙박비를 함께 내고 묵을지 선택할 수 있습니다. 직접 숙박 조건을 정하세요!"라는 문구를 넣었다.

두 창업자는 시의 디자인 블로거들에게 새로 만든 사이트를 소개하는 이메일을 보냈고, 그 개념에 흥미를 느낀 기자들로부터 사이트에 대한 첫 공개 반응을 얻어낼 수 있었다. 한 기자는 "당신이 디자인 콘퍼런스 참석차 이곳에 오는 중인데 아직까지 숙소를 예약하지 못했다면 파자마 차림으로 인맥을 구축하는 방안을 생각해보라."라고 썼다.[6]

훨씬 더 뒤에 체스키는 디자인 콘퍼런스 개최 기간 중 그의 라우시 가 아파트에서 아몰 서브 및 다른 두 손님의 숙박과 관련해 손쉽게 신화를 만들어낸다. 체스키에 따르면, 세 여행객이 작별인사를 하고 떠났을 때 이 공동창업자들은 아파트 임대료를 지불할 수 있었음과 더불어 손님들과 맺었던 깊은 유대 관계에 놀랐고, 자신들의 황당한 생각이 실은 훨씬 더 큰 사업 밑천이 될 수 있다는 사실을 깨달았다. 하지만 이런 유의 모든 스타트업 신화들이 그렇듯 이 이야기도 100퍼센트 정확한 것은 아니다. 이 두 창업자의 입장에선 절박하게 사업 아이디어를 찾고, 자신들의 잠재력을 입증하며, RISD 교육이 했던 약속을 성취해야 할 만큼 많은 임대료를 내야 할 필요가 없었기 때문이다. 서브와 다른 손님들이 떠난 뒤 체스키와 게비아는 일상생활과 RISD 졸업 후의 재미없는 현실 속에서 의미를 찾으려는 시도로 다시 돌아갔다.

블레차르지크의 합류

이런 와중에 그들은 게비아의 예전 룸메이트이자 앞서 말했던 놀라울 정도로 타자 속도가 빠른 큰 키의 프로그래머와 정기적으로 만났다. 그의 이름은 네이선 블레차르지크였다. 하버드 출신의 엔지니어였던 그는 당시 불과 25세였지만 몇 년 뒤 진정한 가치를 드러낼 화려한 기업가로서의 경력을 쌓고 있는 중이었다.

블레차르지크는 라우시 가의 아파트에서 이사를 나온 뒤에도 게비아와 긴밀한 접촉을 유지했다. 두 사람은 다양한 프로젝트를 함께 맡으면서 각자의 프로그래밍과 디자인 기술이 상호보완적임을 깨달았다. 이후 몇 달 동안 세 젊은이는 자주 만나서 새로운 회사 설립을 위한 난상토론을 벌였다. 그렇게 해서 맨 처음 찾아낸 아이디어는 페이스북과 온라인 광고 사이트 크레이그리스트의 요소들을 합친 '룸메이트 매칭 서비스'였다. 이후 몇 주에 걸쳐 아이디어를 발전시키던 중 그들은 룸메이츠닷컴 Roommates.com이란 사이트가 이미 그런 서비스를 제공하고 있다는 사실을 알아냈다.

세 사람이 자주 만나긴 했지만 블레차르지크는 2008년 1월 게비아와 체스키가 그의 새 아파트에 찾아와 사이트 가입을 부탁했을 때에야 비로소 에어베드앤드브렉퍼스트에 대해 알게 됐다. 블레차르지크는 몇 년 뒤 합동 인터뷰 도중 공동창업자들에게 "너희는 정말 흥분한 상태에서 내게 뭔가를 얘기해줬지만 그것이 뭔지 구체적으로 말해주진 않았어. 아주 비밀스러웠지."라고 말했다. 그들은 함께 술을 마시러 나갔고 체스키와 게비아는 디자인 콘퍼런스에서 겪은 경험을 들려주면서 '주요 도시에서 열리는 콘퍼런스와 대형 행사 때 사람들이 집을 공유하게 하자'는 생각을 털어놓았다. 그들은 회원 프로필을 비롯하여 손님과 집주인이 서로 평점을 매기는 방법 등 자신들이 만들고 싶어 하는 많은 기능들을 이야기했다. 당시 수많은 다른 프로젝트에 관여하고 있던 블레차르지크는 신중해졌다. 그 일에는 많은 코딩 작업이 필요한 것처럼 들렸는데 세 사람 중 실제로 기술 능력이 있는 사람은 자신뿐이라 작업 또한 혼자 도맡아야 할 것 같았기 때문이다. 그는 "그들의 이야기를 듣고 비현실적인 프로젝트가 아닐지 심각하게 걱정이 됐었습니다."라고 말했다.

일주일 뒤 그들은 시내에 새로 생긴 식당인 솔트 하우스에서 다시 만났고, 게비아와 체스키는 몇 주 후 열릴 사우스바이사우스웨스트 콘퍼런스South by Southwest Conference(텍사스 주 오스틴에서 매년 봄 개최되는 영화, 인터랙티브, 음악이 결합된 페스티벌이자 콘퍼런스_옮긴이)까지 끝낼 수 있는 보다 평이한 형태의 계획을 제시했다.

블레차르지크는 저녁식사 때 술을 몇 잔 마시다가 충동적으로 사이트 구축에 동의했다. 하지만 그것은 여전히 그에게 있어 우선순위가 높은 일이 아니었다.

그달 말에 그는 자신이 작업 중인 프로젝트에 대한 최신 소식을 가족과 친구들에게 알려주는 단체 이메일을 한 통 보냈다. 그는 자신이 상상했던 페이스북 광고 네트워크 그리고 회원들이 친구들 중 누가 현재 페이스북을 이용 중인지 알 수 있게 해주는 또 다른 도구에 대한 이야기를 메일에 썼고, 마지막에는 추신으로 에어베드브렉퍼스트닷컴이란 사이트를 포함해서 몇 가지 소소한 프로젝트도 작업하고 있다고 적었다. 덧붙여 그는 "멋진 아이디어이긴 하지만 내 생각에 큰 시장을 만들 수 있을 것 같진 않아."라고 썼다.

체스키와 게비아도 그 이메일을 받았다. 체스키는 "우리는 이메일을 받고서 정말 엄청나게 황당했어요."라고 회상했고, 게비아는 "주먹으로 배를 세게 얻어맞은 거 같았죠."라고 말했다.

그럼에도 텍사스 주 오스틴에서 연례 콘퍼런스가 개최되기 일주일 전인 3월 3일, 블레차르지크는 새로운 버전의 사이트를 내놓았다. 사이트의 새로운 구호는 "호텔 프런트가 아니라 친구"였다.

물론 새 에어베드앤드브렉퍼스트 사이트에 실제 집들이 게재되어 있지는 않았다. 따라서 체스키는 크레이그리스트에 방 광고를 올려놓은 오스틴 거주자 아무에게나 '새 사이트에 광고를 실어달라'는 초대 이메일을 보냈다. 결국 콘퍼런스 참가 예약은 두 건이 성사됐는데, 그중 한 건은 체스키가 예약한 것이었다. 체스키가 머문 곳은 텍사스 대학에서 건축공학을 전공했고 오스틴 리버사이드 지역에서 여자친구와 방 두 개짜리 아파트에 살면서 박사학위 과정을 밟고 있던 베트남 출신의 학생 티엔둥 리Tiendung Le의 집이었다.

그는 그곳에서 이틀 밤을 묵었고, 티엔둥 리와 그의 여자친구는 베개에 박하향을 넣어주는 친절을 베풀었다. 또한 그들은 체스키에게 베트남 국수와 에스프레소도 만들어줬는데, 그들 기억에 따르면 그는 그 에스프레소를 단번에 마셔버렸다. 하지만 현재 멜버른에 살고 있는 티엔둥 리는 체스키가 그 주에 정신이 없고 불안해하는 모습을 보였던 것으로 기억한다. 체스키는 종종 발코니에 서서 자신이 시내에서 일어나는 모든 일로부터 배제된 듯 고민에 빠진 채 밖을 물끄러미 바라보고 있었다. 티엔둥 리은 내게 "체스키는 뭔가 다른 일에 대해서 생각하고 있었던 것 같았습니다. 마음이 아예 다른 데 가 있었어요."라고 말했다.

첫 번째 멘토, 세이벨

티엔둥 리의 집에 머문 지 이틀째 되던 날 아침 체스키는 콘퍼런스에서 마크 저커버그의 연설을 들을 계획이었고, 티엔둥 리는 그를 그곳까지 태워다줬다. 가는 길에 그들은 젊은 나이에 성공해서 크게 유명해진 저커버그에 대한 이야기를 나눴다. 체스키는 저커버그가 하는 말을 들을 수 있다는 기회에 잔뜩 흥분했다. 가는 길에 체스키는 티엔둥 리에게 마음을 열고 아파트 공유 사이트의 시범 서비스 참가에 동의해준 데 대해 감사를 표했다. 티엔둥 리는 체스키의 말을 듣고 깜짝 놀랐다. 몇 년 뒤 그는 "나는 내가 '오픈 마인드'일 거라고는 생각 못했습니다. 오스틴 학생들이었던 우리는 새로운 것에 개방적인 경향을 보이긴 했지만요."라고 기억했다.

이튿날 아파트를 떠난 체스키는 비디오 웹사이트인 저스틴닷티비에서 일했고, 힐튼 호텔에 머물고 있던 게비아의 전 룸메이트를 만나기 위해 오스틴에 머물기로 결심했다. 하지만 연락이 잘 되지 않은 탓에 그를 찾지 못한 체스키는 결국 밤늦게 호텔 로비에서 잠을 청할 준비를 했다.

그러나 친구이자 동료, 또한 좋은 인맥을 가진 창업자 마이클 세이벨은 마침내 체스키를 찾아내 그를 자신의 화려한 호텔방으로 초대했다. 갑작스럽게 노숙자 신세로 보낼 뻔했던 밤에서 벗어났고, 콘퍼런스에서 새로운 사업을 잘 홍보하지는 못했지만 그래도 좌절하지 않았던 체스키는 마침내 그곳에서 자신의 운이 바뀌기 시작했다는 걸 깨달았다. 늦은 밤이었다. 훗날 체스키는 당시 세이벨이 속옷만 입고 있었고, 방 안에선 에이브러햄 링컨 대통령을 암살한 존 윌키스 부스John Wilkes Booth를 다룬 TV 프로그램이 방송되고 있었다고 기억했다. 하지만 체스키는 다시 힘을 내서 에어베드앤드브렉퍼스트에 대한 개념을 그에게 이야기하기 시작했다. 호기심과 함께 어쩌면 약간의 동정심을 갖고 그의 말을 경청했던 세이벨은 솔깃해져서 이 두 창업자를 투자자들에게 소개했고, 프레젠테이션 슬라이드를 만들고 광고 문구를 다듬는 방법을 조언해주면서 그들의 첫 번째 멘토가 되었다.

세이벨은 "나는 저녁식사를 하면서 당신에게 2만 달러짜리 수표를 끊어줄 수 있는 사람들을 알고 있습니다."라며 자랑하듯 얘기한 뒤, 기술력은 있으나 창업 자금이 부족한 초창기 실리콘밸리 벤처기업들에 투자해서 첨단산업 육성에 밑거름 역할을 했던 엔젤투자자들angel investors에 얽힌 이야기를 들려주었다. 여전히 기술 분야에서 초짜였던 체스키는 나중에 세이벨이 진짜 천사들 이야기를 하고 있다는 착각에 잠시 빠졌다고 말했다.[7]

체스키는 웹사이트 개선에 대한 생각들로 머릿속이 꽉 찬 채 샌프란시스코로 돌아왔다. 오스틴에 올 때 현금이 충분치 않았던 그는 티엔둥 리에게 돈을 주면서 느꼈던 어색함을 떠올리며 자신의 서비스에 신용카드 거래를 도입하는 방법에 대해 고민하기 시작했다.

하지만 그때 블레차르지크가 난데없이 하버드 의과대학 4학년생 여자 친구인 엘리자베스와 동거하러 보스턴으로 돌아가버렸다. 그는 "에어베드앤드브렉퍼스트에 관심이 많았지만 내게 그건 사이드 프로젝트이자 몇 가지 프로젝트 중 하나일 뿐이었어."라고 말했다.

2008년 4월부터 6월까지 신규 사업은 아무런 진척이 없었다. 에어비앤비는 사실상 무산된 것이나 다름없었다. 그때 체스키와 게비아의 머릿속엔 당시 대통령 후보였던 버락 오바마가 8월 덴버에서 열리는 민주당 대통령 후보 지명 전당대회에서 8,000명의 사람들을 앞에 두고 연설하게 된다는 생각이 불현듯 떠올랐다. 덴버에는 사실 그만한 사람들을 수용할 만큼 호텔방이 충분치 않았고, 세계의 이목은 전당대회에 쏠릴 것이었다.

블레차르지크는 보스턴에서 이 특별한 기회를 감지한 후 다른 프로젝트들을 추진하는 중에 또 다른 형태의 웹사이트에 대해 연구해보겠다고 약속했다. 창업자들은 세 번째로 개편한 사이트에서 사람들이 호텔방을 예약하는 것만큼이나 쉽게 방을 빌릴 수 있게끔 하기 위해 애썼다. 사이트에는 여행객들이 행선지를 입력하는 검색 상자와 녹색의 커다란 예약 실행 버튼, 그리고 집주인들과 그들의 집을 찍어놓은 꽤 큰 사진들이 실렸다.

그해 봄의 금요일마다 게비아와 체스키는 새로운 디자인 샘플들을 들고 저스틴닷티비에서 일하는 마이클 세이벨을 찾아갔다. 세이벨과 저스틴닷티비의 공동창업자인 저스틴 칸Justin Kan은 그들의 진척 사항을 살피며 문제점들을 찾아냈고, 돌아가서 그것들을 개선하라고 했다(그들의 기억에 따르면 특히 혼란스러웠던 것은 초기의 결제 방법이었다). 세이벨과 칸은 이런 일들을 무료로 해줬고, 신생 기업의 지분 역시 받지 않았다. 실리콘밸리 창업자들이 만드는 은밀하고 작은 네트워크 속에서는 통상 이렇게 일이 진행된다. 세이벨은 "동부에서 기부하고 싶다면 자선활동에 돈을 내면 되고, 스타트업들의 세상인 서부에서 기부하고 싶다면 젊은 창업자들을 도와주면 됩니다. 이것은 업보를 쌓는 게 중요한 게임이죠."라고 말했다.

저스틴닷티비에서 시간을 보내면서 에어비앤비 창업자들은 실제 사무실과 실제 직원과 은행 내 실제 벤처 자본을 가진 실제 기술 신생 벤처회사가 어떤 모습인지를 확인할 수 있었다(저스틴닷티비는 후에 비디오게임 서비스 회사인 트위치닷티비Twitch.tv를 분사시켰고, 트위치닷티비는 2014년 9억 7,000만 달러를 받고 아마존에 팔렸다). 그들은 이런 교육의 연장선상에서 스타트업 창업회사인 와이콤비네이터Y Combinator, 이하 YC와 스탠퍼드 대학이 공동 주관한 스타트업 학교Startup School라는 일일 행사에 참가했다. 그 해에 그곳에 초빙된 연사들로는 아마존 CEO인 제프 베조스Jeff Bezos와 첫 웹브라우저인 '모자이크Mosaic'를 만든 마크 앤드리슨Marc Andreessen 등이 있었다. 하지만 창업자들이 가장 생생히 기억하는 연설은 일류 벤처캐피털인 세쿼이어캐피털Sequoia Capital의 벤처투자자이자 그들과 조만간 아주 친해질 그레그 매커두Greg McAdoo가 했던 연설이었다.

매커두는 위대한 기업가가 되는 데 있어 왜 위대한 서퍼, 즉 파도타기를 하는 사람이 가진 정확성이 요구되는지에 대해 이야기했다.

여러분이 진정 위대한 회사를 세우고 싶다면 정말 큰 파도를 타야 합니다. 그리고 다른 사람들과 다른 방식으로 시장의 파도와 기술의 파도를 바라보고, 그것이 일어나는 모습을 더 빨리 간파하며, 어떻게 자세를 잡아야 하는지를 알고, 준비하며, 적절한 서핑 보드를 고를 수 있어야 하지요. 즉, 적절한 경영진을 초빙하고, 당신 밑에 적절한 플랫폼을 세울 수 있어야 한다는 겁니다. 그제서야 비로소 정말로 큰 파도를 탈 수 있으니까요. 결국 가장 중요한 것은, 그런 큰 파도가 없다면 아무리 위대한 기업가라 해도 진정 위대한 기업을 세우지 못한다는 사실입니다.[8]

험난한 투자유치 과정과 '슬픔의 밑바닥' 기간

초여름이 되자 세이벨은 마침내 그가 자랑한 대로 두 창업자를 일곱 명의 엔젤투자자에게 소개했다. 체스키는 그들에게 편지를 써서 자신이 누구인지 알렸고, 회사를 홍보했으며, 15만 달러의 투자를 요청했다. 그는 다섯 명으로부터 투자를 단호히 거절하는 이메일을 받았고, 나중에 그 메일들을 온라인에 올렸다.[9] 다른 두 명의 투자자는 답장조차 보내주지 않았다. 체스키는 "우리를 만나준 사람도 극소수에 불과했습니다. 그들은 우리를 미쳤다고 생각했어요."라고 말했다.

몇 차례에 걸쳐 직접 투자자들을 만나기도 했지만 그런 만남들의 결과 역시 신통치 않았다. 구글 임원을 지낸 한 투자자는 팰로앨토에 있는 카페에서 체스키와 게비아를 만나 스무디 한 잔을 시킨 뒤 그들의 이야기를 듣기 시작했다. 이야기가 끝나자 그는 스무디에 전혀 손을 대지 않은 채로 카페를 걸어나갔다. 게비아와 체스키는 그가 돌아올지 궁금해하면서 카페에 그대로 앉아 있었다.

8월 초 체스키와 게비아는 저스틴닷티비를 지원했던 엔젤투자사인 플러드게이트Floodgate의 팰로앨토 사무실로 초대받았다. 에어베드앤드브렉퍼스트 사이트에선 일주일에 불과 10여 건의 예약만이 성사됐을 뿐이지만 체스키에겐 자신감이 있었다. 업계에서 영향력 있는 블로그인 테크크런치TechCrunch의 관심을 사로잡았기 때문이다.[10] 체스키는 슬라이드 프레젠테이션을 하기보다 사이트를 생생히 보여줄 계획을 세웠다. 하지만 실제 데모를 보여주려고 일어나던 순간, 그는 테크크런치에 실린 글로 인해 생긴 트래픽이 웹사이트를 다운시켰다는 사실을 깨닫고선 깜짝 놀랐다. 게비아가 블레차르지크에게 연락을 취하려고 필사적으로 애쓰는 동안 체스키는 잡담을 나누고 있는 수밖에 없었다. 블레차르지크는 사이트가 다운될 때마다 '에어베드 다운'이라는 문자 메시지를 받는 기능을 설치해놓았으나 이미 때는 늦었다. 체스키의 데모는 망했고, 플러드게이트는 투자 계약을 연기했다.

모든 투자자들은 시장의 규모와 실제 사용자 부재, 그리고 위대한 실리콘밸리 기업들을 만든 근면한 혁신가인 마크 저커버그나 스티브 잡스와 닮은 구석이라곤 전혀 없는 이 창업자들을 걱정했다. 그들은 디자인 전공자들이 위험해 보였고, 스탠퍼드 대학에서 컴퓨터공학을 전공했던 중퇴자들에게 투자하는 편이 훨씬 낫다고 판단했으며, 솔직히 아이디어 자체도 시시해 보였다. 몇 년 뒤 트위터Twitter의 투자자인 프레드 윌슨Fred Wilson은 "우리는 모든 투자자가 저지르는 고전적인 실수를 저질렀습니다. 우리는 당시 그들이 하고 있던 일에만 지나칠 정도로 많이 집중하는 바람에 그들이 앞으로 할 수 있고, 하려고 하며, 했던 일에는 충분히 집중하지 않았어요."라고 말했다.[11]

2008년은 또한 실리콘밸리에선 불안한 시기였다. 기술 산업은 닷컴 버블의 폭발로 야기된 대대적 피해에서 회복했고, 2004년 구글의 기업공개 IPO와 막 싹트기 시작한 페이스북의 성공에 고무됐다. 하지만 세계 경제는 부동산 시장에서 쌓이고 있던 문제들 및 불과 몇 달 뒤에 일어날 경제 붕괴로 불안정한 상태였다. 그해 10월에 세쿼이어는 '좋은 시절은 안녕'이란 제목으로 불린 프레젠테이션 자료를 데모하면서 스타트업들에게 지출을 대폭 삭감하고, 위험을 줄이고, 부채를 축소하라고 조언했다. 투자자들은 에어비앤비를 믿지 못하기도 했지만 그보다는 전반적으로 신중한 편이었다.

심지어 에어비앤비의 투자금 확보가 임박해 보였을 때조차 투자가 자칫 무산될 뻔하기도 했다. 접객업 시장에서 기회를 물색 중이던 LA의 엔젤투자자 페이지 크레이그Paige Craig는 그해 여름 우연히 에어비앤비에 대해 알게 됐다. 해병대 출신이었던 그는 창업자들의 근면함과 직업윤리에 깊은 인상을 받았고, 25만 달러의 투자금을 준비해놓았다. 투자금에 대한 합의를 거친 양측은 심지어 초가을에 계약을 마무리 짓기 위해 샌프란시스코에서 저녁식사 모임도 가졌다. 하지만 그다음 날 체스키는 계약에 서명하길 거부했고, 나중에도 그 이유를 설명해주지를 않았다. 당시 논의에 정통했던 한 사람은 저녁식사 후 술자리에서 체스키는 크레이그가 까다로운 투자 파트너가 될 것 같다는 인상을 받았다고 전했다.[12] 실리콘밸리에서는 '좋은 투자자는 기업에 자율권을 줄 수 있지만 까다로운 투자자는 끊임없이 문제를 일으킨다'는 게 정설이었다.

몇 년 뒤, 페이지 크레이그는 다른 투자자의 입을 통해 "창업자들은 당신이 '정신이 나간 해병대원'이라는 결론을 내렸습니다."라는 말을 듣고 당황했다. 그렇게 놓친 기회에 대해 어떻게 생각하느냐고 묻자 크레이그는 이렇게 답했다.

"나는 놀라지 않았고, 왜 그들이 그렇게 생각하는지 알 것 같았습니다. 당시 나에 대한 구글 검색 결과에서 나는 분명 '돈만 있는 멍청한 투자자 dumb money'로 묘사되어 있었을 거예요. 그래서 나는 경험을 더 쌓아 창업자 친화적인 브랜드를 만들고, 미래의 투자 계약을 따내기 위해 더 열심히 노력해야겠다는 동기부여를 받았어요. 하지만 안타깝게도 그것은 많은 대가를 치르고서야 얻은 교훈이었죠."

체스키 입장에서는 투자금을 거절하기가 분명 어려웠을 것이다. 그는 그때만큼 자신이 실패했다고 느낀 적이 없었다고 말했다. 공동창업자들 중 블레차르지크는 개인 프로젝트를 추진 중이었고, 크릿번스를 갖고 있는 게비아는 컨설턴트 일을 하고 있었다. 체스키에겐 '위대한 연결과 공유의 파도가 점점 더 강해지면서 사람들은 인터넷으로 친분을 쌓아가는 것을 중시하는 이런 낯선 브랜드를 포용할 준비가 되어 있을 것'이란 열렬한 믿음이 있었지만, 실제로 예전에 했던 가구 디자인 외에 그가 가진 것은 아무것도 없었다.

에어비앤비가 성공하려면 빠르게 그렇게 되어야 했다. 체스키는 이미 평생 모은 돈을 소진했고, 그와 게비아의 빚은 점점 더 늘어나고 있었다. 그들은 투자유치를 확신하고 신용카드를 긁어대다가 카드 사용한도도 넘겼다.

그들이 처한 상황은 위태로웠고, 체스키는 그 사실을 알고 있었다.

"아침에 깰 때마다 심장이 두근거렸습니다. 나는 하루를 보내면서 모든 게 잘될 거라는 자기 세뇌를 시작했고, 좋은 기분으로 잠자리에 들곤 했어요. 그리고 다시 아침에 깰 때마다 심장이 두근거렸죠. '내가 어떻게 이런 상황에 빠지게 됐지? 내가 대체 나한테 무슨 짓을 한 거지?'라고 묻는 날이 늘 똑같이 반복됐습니다."

그해 여름 열린 여러 대회들은 그의 걱정을 일시적으로 완화시켜줬을 뿐이다. 약 80명의 사람들이 덴버에 머물기 위해 에어비앤비를 이용했고, 「유에스 뉴스 앤 월드 리포트US News and World Report」지[13]와 「시카고 선-타임스Chicago Sun-Times」지에 서비스를 소개하는 기사들이 실렸다.[14] 8월이 되자 매주 약 200명의 새 집주인이 서비스에 가입했고, 에어비앤비는 하루 100달러짜리 숙박 예약마다 12달러 정도의 수수료를 받았다. 하지만 대회들이 끝나면 분위기는 가라앉았고, 매주 새롭게 체결되는 예약 건수는 10건 미만으로 줄었으며, 체스키는 또다시 아침에 일어날 때마다 천장을 응시한 채 두려움 속에서 자신이 이루지 못한 가능성에 대한 고민에 장시간 빠져들었다.

실리콘밸리의 스타트업 과학자들은 이 단계를 '슬픔의 밑바닥Trough of Sorrow' 기간이라고 부른다. 이때는 새로운 사업 아이디어의 참신함이 사라지고, 창업자들은 실제 사업을 띄우기 위해서만 애쓴다. 게비아와 체스키는 대부분의 창업자들을 집어삼켰을 정도로 깊은 밑바닥을 경험했다. RISD에서 보낸 과거를 되새겨본 그들은 무모하고 어리석은 창의성을 발휘하는 자신들 특유의 방식으로 대응했다.

'오바마 오' 시리얼과 마지막 기회

대통령 후보 토론회가 열리던 어느 날 저녁, 라우시 가에 있는 한 주방에서 울적한 미래에 대해 이야기를 나누던 도중 그들은 조식 시리얼을 만들어 손님들에게 대접하는 아이디어를 살려보기 시작했다. 그들은 민주당 후보였던 오바마 대통령에서 따온 '오바마 오Obama O's', 공화당 후보였던 존 매케인John McCain 위원에서 따온 '캡틴 매케인Cap'n McCains'이라는 이름과 그들의 익살스러운 얼굴을 활용한 시리얼을 생각해냈고, 두 시리얼에 각각 '변화의 조식!'과 '모든 면에서 개성이 강한 사람!'이라는 부제를 붙였다(오바마는 대선 때 '변화와 희망, 단결'이란 구호를 내세웠고, 매케인은 개성이 강한 인물로 평가받았음_옮긴이).

게비아는 "거기서 끝내야 했을지 몰랐다."라고 말했다. 하지만 어떤 이유에선지 슬픔의 밑바닥에 빠진 그들은 포기할 수 없었다. 게비아가 켈로그Kellog's와 제너럴밀스General Mills에 연락해서 자신들이 생각하는 시리얼의 개념을 열심히 설명하는 도중에 직원들은 전화를 끊어버렸다. 지역의 시리얼 유통업체들에도 연락을 취했지만 그 방법 역시 아무런 소득을 올리지 못했다.

결국 그들은 직접 시리얼을 생산하기로 결정했다. 게비아는 버클리 맞은편에서 인쇄소를 운영 중인 RISD 동창생을 찾아냈고, 매출의 일부를 주는 조건으로 시리얼 상자 1,000개를 인쇄해달라고 설득하는 데 간신히 성공했다. 상자들은 '한정판'으로 광고했고, 상자 뒷면에는 에어베드앤드브렉퍼스트에 대한 정보와 함께 재미있는 게임들이 실렸다.

다음으로 게비아와 체스키는 저소득층 주민들이 살고 있는 동네의 슈퍼마켓에 가서 어리둥절해하는 계산원의 표정을 무시하며 수십 통의 시리얼을 샀다('오바마 오'의 용도로 산 것은 허니넛치리오스Honey Nut Cheeriors 시리얼, '캡틴 맥케인'의 용도로 산 것은 파이버원Fiber One의 꿀과자 시리얼이었다).

주방으로 돌아온 그들은 뜨거운 글루건에 손을 데어가며 시리얼 상자들을 조립한 뒤 비닐 포장된 시리얼들을 채워넣었다.

게비아는 "그보다 더 웃기는 일은 있을 수 없었던 것 같아요."라고 말했다. 어느 날 그들은 그들의 웹사이트에 넣을 노래를 작곡해주겠다고 제안한 어느 전문 CM송 작곡가이자 집주인으로부터 이메일을 받았다. 그가 만든 CM송들은 여전히 유튜브에 올라와 있다.

음, 당신이 알아야 하는 진정 멋진 시리얼이 있어요.

모든 사람들이 오바마 오에 대해 이야기하죠.

한 번만 먹어보면 무슨 말인지 알 거예요.

'오바마 오 노래'를 부를 때마다

"그래요, 우린 할 수 있어요!Yes, We Can!"라고 할 테니까요.[15]

다른 창업자들은 이 시리얼 승부수에 시큰둥한 반응을 보였다. 게비아는 "우리가 그 수에 대해 이야기하자 네이선은 불신의 상태에 빠졌어요."라고 말했다. 심지어 세이벨은 화를 냈는데, 그는 "내가 진정 그들에 대해서 걱정한 건 그때가 처음이었습니다."라고 말했다.

어쨌든 이 승부수는 효과적이었다. 창업자들은 또다시 쇼맨십 재주를 보여주면서 대선 관련 뉴스가 정점에 이르던 그때 생각해낼 수 있는 모든 언론사에 시리얼 상자를 보냈다. 화제성 기삿거리가 될 거라고 느낀 기자들이 연락을 취해왔다. 시리얼 주문은 마구 쏟아졌고, 3일 만에 '오바마 오'는 완판됐다.

시리얼 사업의 성공 덕에 창업자들은 버클리 인쇄소에 수수료를 지불하고, 신용카드 빚도 대부분 청산할 수 있었다. 그렇다고 회사가 즉각적인 성공이나 상당한 부를 얻은 것은 아니었다. 실제로 그들은 여전히 겨우 적자나 면할 정도의 상태였기 때문에 '캡틴 맥케인' 시리얼 잔여분을 팔면서 근근이 버텼다. 하지만 이 이야기는 그들의 엄청난 노력을 보여줬을 뿐 아니라 결국 오랫동안 기다려온 성공으로 이끌 창조적 사고 능력을 입증해주었다.

그로부터 몇 주 뒤 경영난을 겪고 있는 에어비앤비 창업자들은 YC에 등록 신청을 해야겠다고 결심했다. YC는 스타트업마다 1만 7,000달러씩 투자해주는 대신 7퍼센트의 소유지분을 갖되, 창업자들에게는 3개월간의 집중교육 프로그램으로 멘토와 기술 전문가들을 소개해주는 것으로 유명했다. 이것은 최후의 시도였는데, 사실 체스키가 신청 마감일을 하루 놓치는 바람에 이 프로그램을 수료한(그리고 나중에 그곳 CEO가 된) 마이클 세이벨은 주최자들에게 에어비앤비가 늦게 신청서를 내도 받아달라고 요청해야 했다. 그들은 요청을 받아들였고, 창업자들은 인터뷰에 초청받았다. 블레차르지크는 샌프란시스코로 날아가 라우시 가의 거실 소파에 앉았다. 단 한 번 남은 마지막 기회를 위해 세 공동창업자가 뭉친 것이다. 게비아는 "신청이 받아들여지지 않으면 우리는 버틸 수 없었습니다. 사업이 잘되지 않았거든요."라고 말했다.

인터뷰를 하러 떠나기 전 게비아는 시리얼 상자들을 가지러 갔다. 블레차르지크는 그에게 달려들어 "안 돼, 안 돼, 안 돼. 시리얼은 집에 놔둬."라고 말했다. 게비아는 그 말을 듣는 척하다가 몰래 두 상자를 자기 가방 안에 집어넣었다.

마운틴 뷰에 있는 YC 사무실에서 가진 인터뷰는 사실상 적대적인 분위기 속에서 이루어졌다. 세 사람이 숙박공유 개념에 대해 설명하자 그 프로그램의 전설적인 공동창업자인 폴 그레이엄Paul Graham은 "사람들이 실제로 이걸 원하다고요? 왜요? 진짜로 말입니까?"라고 물었다. 당시 44세였던 그레이엄은 훗날 자신이 숙박공유 개념을 이해하지 못했었다고 실토했다. 그러면서 그는 "나는 내가 다른 사람들의 소파에서 자는 것도, 다른 사람이 내 소파에서 자는 것도 원하지 않았거든요."라고 말했다.

하지만 그들이 돌아가려 했을 때 게비아는 시리얼 상자 두 개를 꺼내 그레이엄에게 건냈다. 블레차르지크는 놀랐고 그레이엄 역시 당연히 황당해했다. 이어 그들은 작년에 일어났던 복잡한 이야기들을 털어놓았다. 디자인 콘퍼런스에서 받은 영감에서부터 시작해서 끔찍했던 사우스바이사우스웨스트 콘퍼런스를 거쳐 여러 대회들 및 성공 가능성이 낮을 것 같았던 시리얼 도박에 이르기까지 모두 말이다. 그레이엄은 마침내 "와우, 당신들 참 바퀴벌레 같은 사람들이군요. 쉽게 망하지는 않겠어."라고 말했다.[16]

사실 바퀴벌레는 '어떤 도전에서든 버틸 수 있고 죽을 수 없는 스타트업'을 지칭하는 그레이엄의 표현임과 동시에, 그가 사용하는 스타트업 관련 용어 중 최고의 칭찬이기도 했다. 그로부터 몇 주 뒤 창업자들은 YC 프로그램 참가 허가를 받았고, 오바마 대통령의 역사적인 취임식 참석차 워싱턴을 방문한 뒤 YC 사무실에 도착했다. 그레이엄은 그레그 매커두와 대화 중이었다. '위대한 파도'에 대해 전년도에 잊을 수 없는 연설을 했던 바로 그 세쿼이어의 벤처투자자 말이다.

매커두와 그레이엄은 위대한 기업가들에게 가장 필요한 특징인 강인한 정신력, 즉 보통 새로운 뭔가에 수반되는 장애물과 부정적 성향을 극복할 수 있는 능력에 대해 이야기하고 있었다. 매커두와 파트너들은 이러한 식의 진정한 투지가 구글과 온라인 전자결제 서비스 회사인 페이팔PayPal처럼 자신들이 투자했던 가장 성공한 기업 창업자들이 갖고 있는 제일 중요한 특징이라고 생각했다.

경제 폭풍이 모여 전 세계를 뒤덮고 있었음에도 새로운 기회를 물색 중이던 매커두는 그레이엄에게 물었다.

"그렇다면, 이번 스타트업 수업에서 정신적으로나 감정적으로 가장 강한 사람은 누굽니까?" 그러자 폴 그레이엄은 "음, 답하기 쉽네요."라면서 방 반대편에서 노트북 앞에 몸을 구부리고 앉아 있던 디자이너 두 명과 엔지니어 한 명을 가리켰다.

"단언컨대 저기 있는 저 친구들입니다."

CHAPTER 2

즉흥 연주
_우버의 초창기

그 앱을 열면 마치 끝내주는 버튼을 눌렀더니 자동차가 등장하고, 내가 뚜쟁이가 된 것 같은, 미래에 사는 것처럼 느낀다고 치자. 개릿이 이 멋진 걸 만든 사람이다! 마찬가지로 나도 그냥 박수를 치면서 동시에 그를 안아주고 싶다.

트래비스 캘러닉[1]

본드, 즉 제임스 본드가 없었다면 이 모든 일이 일어나지 않았을지 모른다.

때는 브라이언 체스키와 조 게비아가 에어베드앤드브렉퍼스트의 초창기 사업 모델을 만들기 위해 애쓰고 있을 무렵인 2008년 중순이었다. 캐나다 기업가인 개릿 캠프는 자신이 처음 창업한 웹사이트 검색엔진인 스텀블어폰StumbleUpon을 이베이에 매각하며 7,500만 달러를 받았다. 이제 그는 샌프란시스코의 밤 생활을 즐기면서 화려하게 살 수 있었다. 그는 사우스파크의 아파트에서 휴식을 취하며 다니엘 크레이그Daniel Craig가 처음

본드 역을 맡아 열연했던 2006년작 영화 〈카지노 로열Casino Royale〉 DVD를 보고 했다.

캠프는 이 영화를 좋아하기도 했지만 실은 영화에 나오는 특별한 어떤 것 때문에 고민에 빠져 있었다. 영화가 시작하고 30분이 지날 무렵, 본드는 바하마에서 은색 포드 몬데오를 몰고 악당 르치프레를 추적하다가 소니에릭슨 휴대폰을 흘끗 쳐다본다. 노골적인 협찬사 광고였지만, 지금 보면 그저 구닥다리 휴대폰일 뿐이다. 하지만 영화 속 본드의 휴대폰 속 화면을 보고 캠프는 깜짝 놀랐다. 그건 본드의 목적지인 오션클럽을 향해 움직이는 지도 위 몬데오의 그래픽 아이콘이었는데, 이 이미지가 그의 머릿속에 박혀 떠나지 않았다. 그 이유를 이해하기 위해서는 쉬지 않고 돌아가는 개릿 캠프의 창의적 머리에 대해 좀 더 알아볼 필요가 있다.

스텀블어폰으로 거둔 첫 번째 성공

캠프는 캐나다 캘거리에서 태어났다. 어머니는 인테리어 디자이너였고, 아버지는 건축가와 도급업자 훈련을 받기 위해 회계 일을 그만뒀다. 1980년대 캠프의 가족은 아버지의 일 때문에 여기저기를 떠돌아다녔다. 아버지가 집을 지으면 어머니는 집을 치장했고, 이어 가족은 그 집으로 이사 와서 몇 년 동안 살다가 다시 집을 팔고 새로 집을 지었다.

캠프는 운동을 하고, 전자기타를 배우고, 많은 질문을 던지면서 어린 시절을 보냈다. 14세가 될 때까지 그의 집에는 TV가 없었고 가족은 영화를 보러 갔다. 그는 영화 〈백 투 더 퓨처Back to the Future〉 1탄이 나온 후 아버지에게 핵융합 방식에 대해 계속 꼬치꼬치 캐묻곤 했다.

결과적으로 그의 호기심은 개인용 컴퓨터들로 이루어진 괴짜 세계에 꽂히게 됐다. 이는 삼촌이 캠프의 가족에게 매킨토시 초창기 모델을 주면서부터였다. 플로피디스크와 마우스를 이용하는 모험게임 시절이었다. 겨울 내내 캠프는 하루에 몇 시간씩을 매캔토시로 기본 프로그램을 만들고 초기 컴퓨터 그래픽을 가지고 놀며 보냈다.

캠프가 고등학교를 졸업할 무렵 부모님은 지하실에 안락한 사무실과 컴퓨터실을 갖춘 3층짜리 집을 지었다. 사실상 그들의 기술이 완벽하게 녹아든 집이었다. 캠프는 "(그 집을) 떠날 이유가 별로 없었어요."라고 말했다.

인근의 캘거리 대학에 입학한 캠프는 집에서 통학하며 돈을 아꼈고, 이후 몇 년 동안(몬트리올의 노텔네트워크Nortel Networks라는 회사에서 인턴으로 일했던 1년을 제외하고) 집에서 살았다. 2001년에는 학사학위를 받은 후 과학 석사학위를 받기 위해 대학원에 진학했다. 22세가 되어 학우들과 대학 기숙사에서 같이 생활하게 됐을 때야 비로소 그는 자신의 안락한 보금자리를 떠났다.

캠프는 어린 시절의 친구 소개로 스텀블어폰의 공동창업자인 제프 스미스Geoff Smith를 만났고, 두 사람은 사용자들이 굳이 구글에서 검색하지 않고서도 인터넷에서 흥미로운 일들을 공유하고 찾을 수 있게 하기 위해 스텀블어폰을 시작했다. 캠프는 집단정보 시스템과 시맨틱웹semantic web.(컴퓨터가 사람을 대신하여 정보를 읽고 이해하고 가공하여 새로운 정보를 만들어낼 수 있도록, 이해하기 쉬운 의미를 가진 차세대 지능형 웹_옮긴이)에 빠져들었다. 그는 졸업 논문과 회사 업무 사이에서 시간을 쪼개어 쓰고 컴퓨터공학과 관련된 난해한 주제를 다룬 심층적인 학술 논문들에 몰입하느라 당시 스텀블어폰을 통해 많은 걸 이뤄내지는 못했다.

2005년 캠프가 논문을 완성하자 스텀블어폰의 전망도 밝아 보이기 시작했다. 그해에 캠프와 스미스가 만난 어느 엔젤투자자는 그들에게 샌프란시스코로 와서 투자를 받으라고 설득했다. 그들은 미국에서 회사를 차렸고, 이후 1년 동안 스텀블어폰의 이용자 수는 50만 명에서 200만 명으로 늘어났다.

첫 번째 닷컴 거품이 터진 뒤 외상外傷이 발생했음에도 실리콘밸리에 다시 기회의 향기가 두루 퍼지고 있는 가운데 스텀블어폰을 인수하고 싶다는 제안이 밀려들어왔다. 2007년 5월, 7,500만 달러를 주고 스텀블어폰을 인수한 이베이는 그것을 웹 2.0의 초기 성공작 중 하나로 만들어놓았다.[2] 웹 2.0은 플리커Flickr와 페이스북 같은 기업들이 인터넷 사용자들 사이의 사회적 연결을 도모한 운동이었다. 당시 캠프에게 있어 스텀블어폰 매각은 그가 실리콘밸리에서 거둘 수 있는 최고의 성공 같았다. 그가 다음 성공을 거둘 때까지는 아무리 봐도 사실 그랬다.

샌프란시스코의 고통스러운 택시 시스템

캠프는 스텀블어폰 매각 후에도 계속 이베이에서 일했다. 집 밖에서의 활동을 좋아하게 된 젊고 부유한 미혼남인 그가 샌프란시스코의 취약한 택시 업계로 뛰어든건 바로 이때였다.

지난 수십 년간 샌프란시스코는 의도적으로 택시면허 수를 1,500개 정도로 유지해왔다. 시에서 면허를 취득하는 데 그리 큰 비용이 드는 건 아니지만 한 번 딴 면허는 되팔 수 없었고, 면허 소유자들은 매년 도로에서 최소 운전 시간만 유지하면 자신이 원하는 한 오래 면허를 유지할 수 있었다. 따라서 보통은 기존의 택시 기사들 중 누군가 죽어야만 다른 누군가가 새로운 면허를 취득할 수 있었고, 면허를 신청한 사람은 누구나 그것을 받기까지 몇 년의 시간을 기다려야 했다. 택시 면허를 따기 위해 30년 동안 기다렸는데 면허를 받자마자 곧바로 세상을 떠난 운전사 등에 대한 이야기들은 여기저기서 넘쳐났다.

이런 시스템은 불경기 때도 택시 회사들이 안정적으로 승객을 확보하게끔 보장해줬고, 풀타임 운전사들에게는 확실한 생계비를 벌 수 있게 해줬다. 하지만 택시 수요가 공급을 훨씬 초과했던 탓에 샌프란시스코의 택시 서비스는 형편없는 것으로 악명 높았다. 해안 지역 같은 외곽에서나 혹은 도심에서라도 주말 밤에 택시를 부르기란 하늘의 별따기만큼이나 힘들었다. 공항까지 택시를 타고 간다는 건 비행기를 놓칠 가능성이 큰 도박과도 같았다(전화로 택시를 불렀다 해도 그 택시가 나타날지 확신할 수조차 없었다. 호출받은 운전사가 오는 도중 길거리에서 다른 사람을 태울지도 모르기 때문이다).

이런 상황을 개선하려는 시도도 있었지만 택시 회사와 운전사들이 경쟁 제한을 고수한 탓에 무산되고 말았다. 시장이나 시의회는 택시 면허 수를 늘리기 위해 몇 년간 애썼지만 분노한 운전사들이 시의회 회의실을 점거하거나 시청을 에워싸면서 일대 혼란이 일어났다.

이베이에 회사를 매각한 후 개릿 캠프는 새로 산 붉은색 메르세데스-벤츠 C클래스 스포츠카를 꾸미는 데 돈을 펑펑 썼지만 차는 차고 안에 가만히 모셔놓았다. 그는 캘거리에서 운전을 많이 하지 않았고, 그의 부모님은 (사고로) 자동차보험 할증료가 부가되는 걸 원하지 않았다. 그리고 그는 대학 재학 중에도 대중교통 이용을 더 선호했다. 그는 이렇게 말했다.

"샌프란시스코에서 운전하면서 상당한 스트레스를 받았어요. 난 길거리에 차를 주차하고 싶지 않았고, 사람들이 차에 침입하는 것도 원하지 않았거든요. 논리적으로만 봤을 때 그곳에선 운전이 아주 힘들었어요."

따라서 택시에 대한 시의 우울한 상황은 캠프의 새로운 라이프스타일에 심각한 방해가 되었다. 길거리에서 택시를 믿고 부를 수 없었기에 그는 전화기에 택시 호출번호 여러 개를 단축키로 저장해놓기도 했지만 그런 노력도 허사였다. 캠프는 말했다.

"내가 호출해도 택시는 나타나지 않았고, 길거리에서 택시를 기다리고 있다 보면 다른 택시 두세 대가 지나가버리곤 했습니다. 그래서 다시 택시를 호출하면 택시 회사들은 내가 이미 호출했었다는 사실조차 기억하지 못했죠. 첫 번째인가 두 번째 데이트 때 늦었던 기억이 나네요. 20분 더 여유를 두고 준비했는데도 그날 난 약속 시간에 30분 늦었어요."

재기 넘치는 도시 샌프란시스코가 유혹했지만 캠프는 그곳의 부름에 답하기 위한 믿을 만한 방법을 얻지 못했다. 습관적으로 안절부절 못하고, 비효율성에 좌절하고, 권위에 도전하려는 의지로 무장한 캠프는 문제를 해결하기 위한 첫 번째 방법을 시도했다. 바로 택시가 필요할 때 '모든' 택시 회사들에게 연락하는 것이었는데, 이렇게 한 다음 그는 가장 먼저 도착하는 택시를 탔다.

당연히 택시 회사들은 그런 식의 전략을 좋아하지 않았다. 확인은 불가능하지만 개릿 캠프는 자신의 휴대폰 번호가 샌프란시스코 택시 회사

블랙리스트에 올라가 있다고 믿는다. 그는 "결과적으로 그들은 내 호출에 응답하지 않았습니다. 나는 샌프란시스코에서 택시 이용이 금지됐어요."라고 말했다.

그러다 캠프에게 여자친구가 생겼다.

이베이가 스텀블어폰을 인수하고 몇 달 뒤 캠프는 페이스북을 통해 멜로디 맥클로스키Melody McCloskey라는 똑똑하고 아름다운 TV프로듀서에게 메시지를 보냈다. 그는 둘 다 옴 말릭Om Malik이라는 블로거를 SNS 친구로 공유해놓고 있기 때문에 서로 연결되어 있다는 사실을 환기시킨 후 그녀에게 데이트 신청을 했다.

현재 온라인으로 미용 및 건강정보를 제공하는 스타일시트StyleSeat의 창업자이자 CEO인 맥클로스키는 처음엔 경계하기도 했지만 결국 캠프와 커피를 마시기로 약속했다고 기억한다. 캠프는 금요일 밤 8시에 한 레스토랑에서 만나자고 제안했고, 맥클로스키는 목요일 오후 6시에 카페에서 만나는 게 더 좋을 것 같다는 의견을 냈다. 캠프는 목요일 오후 7시를 절충안으로 제시했고, 막판에 만날 장소를 술집으로 바꿨다.

맥클로스키는 캠프를 20분 동안만 만날 생각이었다. 하지만 두 사람은 새벽 2시까지 같이 있었다. 몇 년 뒤 맥클로스키는 "나는 우연히 캠프와 신나는 데이트를 즐겼어요. 그리고 그다음 날엔 출근하지 못했던 걸로 기억나네요."라고 말했다.

많은 최첨단 기업인들이 그렇듯 캠프도 특이한 인물이었다. 맥클로스키의 말에 따르면 캠프는 보통 사람들이 관심을 갖는 겉치레에 특히나 무관심했다. 예를 들면 그는 아주 가끔씩만 머리를 깎았고, 이발 전엔 머리카락이 어깨에 닿을 때까지 자라게 내버려뒀다. 그는 또한 평면도형임에도 3차원적으로 입체감을 주는 '네커의 정육면체Necker cube' 같은 상징들이 들어간 티셔츠를 직접 디자인해서 입는 걸 좋아했고, 근사한 레스토랑에서 저녁식사를 할 때도 그런 옷들을 입고 등장했다. 맥클로스키는 "그가 그런 옷들을 어디서 구하는지 몰랐지만, 그것들이 아주 마음에 들지는 않았어요."라고 털어놓았다.

캠프는 현금을 소지하고 다니는 걸 좋아하지 않았고, 귀가해서는 아무 생각 없이 거추장스러운 지폐 뭉치를 화장대 안에 넣어둔 다음 그냥 그대로 내버려두곤 했다. 그는 새로이 등장한 백만장자였고 당시 맥클로스키는 케이블 뉴스네트워크인 커런트 TVCurrent TV에서 프로듀서로 근근이 살아가고 있었지만 그녀는 "내가 모든 (데이트) 비용을 냈다니까요."라고 말했다.

두 사람의 관계에 새로운 장애물로 등장한 것은 교통이었다. 맥클로스키의 집은 캠프가 사는 곳에서 몇 마일 떨어져 있는 퍼시픽 하이츠였기에 두 사람은 어디서 만나건 번거로웠고, 캠프는 종종 밤에 어딘가 같이 가기를 원했다. 언젠가 맥클로스키는 캠프에게 "당신과 데이트를 하기가 너무 힘드네요. 도시 전역을 다니며 당신을 만날 수도 없고, 당신의 라이프스타일에 맞출 수도 없으니 말이에요."라고 말하기도 했다.

이렇게 커지는 교통 문제를 해결하기 위해 캠프는 특별한 실험을 시작했다. 샌프란시스코에는 아무 표시가 없는 검은색 세단을 몰고 다니며 길거리에서 승객일 것 같은 사람들에게 접근한 뒤 전조등을 깜빡이며 탑승을 유도하는 식으로 몰래 영업하는 차량들이 있었다. 대부분의 샌프란시스코 거주자들, 특히 여성들은 그렇게 아무 표시가 없는 차를 타지 않는다. 일단 검증되지 않아 무섭고, 미터기를 켜지 않고 운행한다는 특성상 애매한 요금을 내야 할 것이 걱정스럽기 때문이다. 하지만 캠프는 이런 차량들 다수가 청결하고, 많은 운전사들이 친절하다는 사실을 알아냈다. 이런 운전사들에게 가장 큰 문제는 승객을 태우는 사이사이에 생기는 빈 시간을 채우는 일이었다. 그들은 보통 호텔 밖에서 무작정 대기했다. 캠프는 이 운전사들의 휴대폰 번호를 모으기 시작했다. 그는 "한때는 샌프란시스코에서 최고의 검은색 차를 운전하며 영업 중이던 운전사들의 전화번호 10~15개를 저장해놓기도 했었죠."라고 말했다.

그런 다음 그는 이 시스템을 좀 더 잘 이용해보기로 했다. 그는 차를 이용하기 몇 시간 전에 자신이 선호하는 운전사에게 문자메시지를 보내서 약속한 시간에 레스토랑이나 술집에서 만나자고 말했다. 또 어느 날 밤에는 이런 차를 한 대 빌려서 저녁 내내 친구들을 태운 채 몰고 다녔다. 그것은 1,000달러의 돈이 들어간 사치이자, 동 트기 전 도시를 돌아다니며 모든 친구들을 집에 데려다줘야 한다는 점에서 고통스러운 일이었다.

바로 그때, 제임스 본드 영화 〈카지노 로열〉에 나온 초현대적 이미지가 개릿 캠프의 머릿속에서 불쑥 떠올랐다.

서비스 구상을 위한 집중적인 노력

캠프는 갑자기 새로운 개념에 몰두하기 시작했다. 그는 종종 맥클로스키와 함께 승객이 전화기에 깔린 지도를 통해 위치를 추적할 수 있는 주문형 자동차 서비스와 차량에 대한 생각을 이야기했다. 그러던 어느 날 캠프는 회사와 브랜드에 적합한 새로운 생각과 로고를 기록하기 위해 늘

들고 다니던 몰스킨 공책에다가 U자 위에 움라이트가 붙은 우버Über를 휘갈겨 썼다. 맥클로스키가 "그거 '유버'라고 발음되지 않아?"라고 묻자 캠프는 이렇게 대답했다.

"상관없어. 그냥 멋있어 보이니까."

맥클로스키의 기억에 따르면 캠프는 '우버'가 '탁월하다'는 뜻을 가진 단어가 되길 원했고, 그 발음과 의미에 대해 끊임없이 고민했던 걸로 기억한다. 그는 커피를 마신 뒤 무작정 "그건 우버 커피였어."라고 말하고선 이렇게 덧붙이곤 했다.

"그건 위대한 일을 뜻해! 위대함을 의미하는 거지!"

캠프는 자신의 새로운 서비스를 두고 우버캡ÜberCab과 베스트캡BestCab 중 무엇으로 부를지 고민한 끝에 결국 움라이트를 뺀 우버캡UberCab으로 결정했다고 맥클로스키에게 말했다(2008년 8월에 그는 UberCab.com이라는 도메인도 등록했다). 맥클로스키는 끊임없이 새로운 생각을 탐구하는 캠프의 모습을 좋아했지만, 이 특별한 서비스가 잘될 거라고는 그다지 확신하지 못했다. 그녀는 "택시 서비스가 분명 끔찍한 건 사실이지만 8분 동안만 택시를 타면 되는데 그게 뭐 그리 대수겠어?"라고 말했다.

하지만 캠프는 '자신은' 그런 서비스를 원한다고 확신했다. 그는 또한 아이폰과 애플이 2008년 여름에 선보인 새로운 앱스토어AppStore가 〈카지노 로열〉에 나왔던 초현대적인 비전을 마침내 구현해줄 것임을 알았다. 지도 위에 특정 대상의 위치를 차트로 표시해놓는 게 가능해진 것이다. 또한 아이폰의 초창기 모델들에는 가속도계가 탑재되어 있었기 때문에 자동차의 움직임 여부를 확인할 수 있었다. 이는 아이폰이 택시 미터기 기능을 하고, 시간이나 거리에 따라 승객에게 요금을 부과하는 데도 활용

될 수 있음을 뜻했다.

캠프는 그해 내내 많은 친구들과 이 서비스에 대해 이야기를 나눴다. 저자이자 투자자인 팀 페리스Tim Ferriss는 처음에 샌프란시스코 미션 지구Mission District 내의 한 술집에서 그때까진 우버라는 이름이 붙기 전인 이 서비스를 두고 캠프와 난상토론을 벌였다. 페리스는 우버가 멋진 아이디어라고 믿었지만 이후 그것에 대해선 몽땅 잊어버리고 있었다. 그로부터 한두 달 정도 지난 뒤 캠프는 페리스에게 연락을 취했고, 캠프와 함께 다시 우버에 대해 얘기하기 시작했을 때 페리스는 충격을 받았다. 그는 이에 대해 이렇게 말했다.

"캠프는 검은색 차량들의 결점 및 그 차들과 택시들이 운행을 하지 못해 낭비되는 대기 시간에 대해 놀랄 만큼 잘 파악해둔 상태였습니다. 어쩌면 그는 분명 이미 빈틈을 확인한 상위 1퍼센트에 속하는 시장분석가들 중 한 명이었을지도 몰라요."

우버에 대한 생각은 캠프의 머릿속에 단단히 자리 잡고 있었다. 승객과 운전사 모두 전화기에 앱을 설치해놓을 수 있다. 승객은 신용카드를 들고 다녀야 하지만 귀찮은 현금을 갖고 다닐 필요는 없다. 캠프는 "내 생각에 대해 모든 사람들의 반응을 살폈죠. 이 모든 생각들은 계속 축적되어갔습니다."라고 말했다.

그의 본래 생각은 자신이 자동차들을 구입한 다음 앱을 이용하는 친구들로 하여금 그 차들을 공유하게 하겠다는 것이었다. 하지만 캠프는 "그것은 단지 시작에 불과했고, 당시 나는 이미 검은색 택시들뿐 아니라 친환경적인 프리우스Prius, 심지어 택시들을 조율하기 위해 그런 시스템을 이용하는 가능성을 검토하고 있었습니다."라고 말했다.

그는 "항상 그것이 특히 샌프란시스코에서 보다 효율적인 택시 시스템이 될 수 있을 거라고 생각했거든요."라고 덧붙였다. 하지만 샌프란시스코 외의 지역에서도 통할지에 대해서까진 확신하지 못했다. 단지 100개 도시에서만 통할 수 있게 만든다면 회사 입장에선 약 1억 달러라는 큰돈을 연간 서비스 이용료로 거두어들일 수 있을 거라고 판단했을 뿐이다.

가을이 되자 캠프는 우버에 대해 연구할 수 있는 자유 시간을 더 많이 갖게 됐다. 그와 맥클로스키가 연인 관계를 청산하고 친구로 남기로 했기 때문이다. 더불어 캠프가 스텀블어폰에 출근하는 횟수도 줄었다. 그는 커피를 마시면서 인터넷 서핑을 하다가 교통 산업에 대해 연구한 다음, 밤에는 친구들과 어울리면서 주말을 보냈다.

2008년 11월 17일, 캠프는 캘리포니아에서 우버캡을 유한회사LLC로 등록했다. 뒤이어 기본적인 시장조사에 목말랐던 그는 곧바로 페리스에게 이메일을 보냈다. 조수를 시켜서 자기 대신 조사해줄 수 있는지를 묻는 내용이었다. 그는 두 사람 모두 접속할 수 있는 온라인 웹사이트인 위키wiki의 링크를 같이 보냈다. 그로부터 몇 년 뒤, 캠프는 그가 위키에서 펼쳐놓았던 100개의 질문 중 몇 개를 큰 소리로 읽었다.

* **비교 가능한 서비스(5시간의 조사 시간이 필요)**: 단 한 번의 클릭으로 이용 가능한 고급 주문형 자동차 서비스가 존재하는가? 주문형 기사 교통 서비스의 전체 시장 규모는?
* **물류와 이용의 용이성(10시간의 조사 시간이 필요)**: 캘리포니아공공시설위원회Public Utilities Commission of California, 이하 CPUC로부터 리무진 허가를 받는 데까지 소요되는 시간은? 미국 10대 도시에서 누군가가 택시를 호출했을 때 그

를 태우러 가는 데까지 걸리는 평균 시간(평균값과 중앙값)은?

* **택시 산업의 역학(5시간의 조사 시간이 필요):** 배차 소프트웨어에 반드시 있어야 할 기능은? 배차 절차는 어느 정도나 자동화될 수 있는가?

이메일 끝에 캠프는 페리스에게 "나는 서비스 시작 여부를 12월 1일까지 결정하고, 1월에 다섯 대의 차량으로 이 서비스를 시작하는 것을 목표로 하고 있습니다."라고 말했다.

캠프는 페리스의 조수로부터 많은 도움을 받지는 못했던 것으로 기억한다. 그럼에도 그는 앞으로 돌진했다. 12월 1일, 그는 파리에서 매년 열리는 기술 콘퍼런스인 르웹LeWeb에 참석하러 가기에 앞서 뉴욕에 들러 친구이자 캘거리 대학 동창인 오스카 살라자르Oscar Salazar를 만났다.

살라자르는 멕시코 콜리마Colima 주 출신의 숙련된 엔지니어로, 아버지와 어머니는 각각 농학자와 유치원 교사였다. 20대 초에 기업가가 되고 싶었던 그는 와이파이 안테나를 전철주와 지붕에 꽂아 고향에 무선 망사형 네트워크를 구축했다. 하지만 그가 허가를 받고 한 게 아니었기에 시는 네트워크를 폐쇄시켰다. 혁신을 더 지원해주는 환경을 갈망하던 그는 캐나다와 프랑스에서 전자공학 석사와 박사 학위를 받은 후 뉴욕으로 이주했다.

그동안 그는 캠프와 계속 연락을 취했고, 그들은 그해 12월 로어 맨해튼에 있는 한 식품점에서 조우했다. 캠프는 살라자르에게 우버캡을 홍보하면서 그에게 시범 서비스 개발을 주도해달라고 부탁했다.

캠프는 전화기를 꺼내 약 10만 달러에 팔리던 최고급 쿠페인 메르세데스-벤츠 S550 사진을 보여주며 이렇게 말했다.

"내 생각은 이래. 샌프란시스코에서는 택시 잡기가 힘들어. 나는 벤츠 다섯 대를 사고 싶어. 친구들과 같이 살 예정인데, 우리는 운전사들과 주차비용을 함께 부담할 거야."

그는 지도 위에서 차들이 어떻게 움직이는지, 또 승객들 입장에서 차가 오고 있는 모습을 어떻게 확인할 수 있는지 보여주는 아이폰 화면의 실물 모형을 살라자르에게 보여줬다.

살라자르도 멕시코, 캐나다, 프랑스에서 택시를 호출하다가 애먹은 적이 있었다. 그는 계약서에 서명하면서 캠프에게 "이게 10억 달러짜리 회사인지는 모르겠지만, 10억 달러짜리 생각이란 건 분명해."라고 말했던 것으로 기억한다. 학생 비자로 미국에 체류하던 중이라 살라자르는 그 일에 대한 대가를 현금으로 받을 수는 없었다. 대신 그는 스타트업의 주식을 받았는데, 그의 보유 지분은 현재 수억 달러의 가치를 가진다. 2015년 뉴욕에 있는 한 카페에서 나와 조식을 함께하며 그는 "나는 내가 받아야 할 수준 이상을 받았습니다. 누구도 응당 받아야 할 수준을 넘어선 액수를요."라고 말했다.

우버캡은 공식 개발 단계에 있었다. 그래서 캠프는 르웹 콘퍼런스 참석차 파리로 떠났고, 그곳에서 맥클로스키의 친한 친구이자 동료 기업인인 트래비스 캘러닉을 만났다.

도화선이 된 파리에서의 경험

모든 회사는 탄생 신화를 만든다. 그 신화는 직원들과 전 세계에 회사의 가치를 홍보하고, 초기 회사의 설립에 가장 크게 기여한 사람들의 공로를 제대로 인정해주기 위해 역사를 단순화시키고 마사지하는 데 유용한 수단이 된다.

우버의 공식적인 이야기는 파리에서 시작된다. 당시 캠프와 캘러닉은 르웹이 끝나고 밤에 에펠탑을 방문해서, 빛의 도시인 파리를 내려다보면서 대고객 봉사보다는 경쟁 차단에 더 관심이 있다고 느껴진 요지부동한 택시 업계와의 한판 승부를 다짐했다.

5년 뒤 다시 르웹 콘퍼런스에 참석했을 때 캘러닉은 파리에서 택시 잡기가 얼마나 힘든지를 거론하며 이렇게 말했다.

"우리는 사실상 2008년에 르웹에서 처음으로 창업을 고민했습니다. 샌프란시스코로 돌아간 뒤 우리는 단 한 번만 버튼을 눌러도 차를 탈 수 있는 아주 쉽고 단순한 방법을 만들어냈죠. 우리는 그게 고급 교통수단이 되길 원했어요."[3]

모든 신화들이 그렇듯 캘러닉의 말이 100퍼센트 사실은 아니다. 캠프는 한숨을 내쉬면서 말했다.

"창업 신화는 잘못 전달되는 경우가 많죠. 르웹에서 나온 말 또한 전부 그랬고요. 하지만 방향만 맞으면 그래도 괜찮습니다."

캠프는 다른 친구들과 했던 것처럼 캘러닉과도 우버에 대한 생각을 함께 논의한 적이 있었다. 두 사람은 창업과 기술적인 문제의 해결뿐 아니라 새로운 문구들을 만들고 여러 단어들이 가진 잠재력을 발굴하기 위한 열정을 공유했다. 캠프가 '우버'의 의미와 소리에 대해 고민하는 동안 캘러닉은 이전 스타트업을 세웠을 때 자신은 "운이 전혀 없었다nonlucky."라고 말하는 걸 좋아했다. 그는 기업가들이 새로운 신생 벤처기업에 대한 생각을 논의하기 위해 모였던 샌프란시스코의 아파트를 잼패드Jam Pad라고 불렀다. 그곳은 생각이 비슷하고 강박관념에 사로잡혀 있는 사람들이 화이트보드 앞에 모여서 인터넷 기업 설립을 둘러싼 복잡한 사안들을 논의할 수 있는 일종의 은신처 같은 곳이었다.

당시 캘러닉은 '스마트폰에 기반을 둔 타운카 공유 서비스'라는 아이디어에 열광했지만 서비스 참여에는 큰 관심을 보이지 않았다. 얼마 전 그는 이전에 세웠던 스타트업인 스트리밍 비디오 회사 레드스우시Red Swoosh를 훨씬 더 큰 경쟁사인 아카마이Akamai에 매각한 뒤 유럽, 태국, 아르헨티나, 브라질을 돌아다니고 앞으로 무슨 일을 하면 될지 저울질하면서 후에 그가 '방전 단계'라고 일컬었던 상태의 한가운데에 서 있었다. 캠프는 말했다. "캘러닉은 그것이 흥미로운 서비스라고 생각했지만, 방전 상태에 빠졌어요. 그는 막 아카마이를 떠난 뒤 많은 곳을 여행하며 스타트업에 투자하고 있었죠. 그는 다시 일에 뛰어들 준비가 되어 있지 않았어요."

파리에서 그들 모두는 캘러닉이 웹사이트 VRBO에서 찾아낸 화려한 아파트에서 머물렀다. 캠프는 그 주에 우버에 대해 끊임없이 이야기했지만 캘러닉은 스타트업에 대한 자신만의 생각을 갖고 있었다. 이후 일어난 모든 일들을 고려해봤을 때 그건 아이러니한 상황이었다. 캘러닉은 인터넷을 통해서 빌릴 수 있고, 가구들이 동일하게 비치되어 있으며, 등급별로 분리된 화려한 숙박 시설들로 이루어진 전 세계 네트워크를 운영하는 기업을 꿈꿨다. 단골 출장객들은 이 네트워크에 가입해서 집을 빌리고 매끄럽게 결제할 수 있었다. 캘러닉은 자기 집의 애칭인 잼패드를 본떠서 이 사업 구상을 패드패스Pad Pass라고 불렀다. 그는 나중에 내게 이렇게 말했다.

"그건 집에서의 숙박과 호텔에서의 숙박 경험을 혼합해놓은 개념이었어요. 난 그 두 가지 경험을 같이 모으려고 애썼지요."

캠프 역시 "캘러닉은 우리가 시작하려고 생각했던 에어비앤비와 완전히 비슷한 시스템을 만들었어요. 우버는 내 생각이었고, 그건 그의 생각이었죠."라고 회상했다.

맥클로스키는 캘러닉이 에어비앤비의 창업자들과 똑같은 결론에 도달했던 걸로 기억했다. 인터넷은 여행객들에게 고급스럽지만 저렴하고, 훨씬 더 흥미로운 여행 경험을 제공해줄 수 있는 숙박 시설을 찾을 수 있게 해주었다. 그녀는 말했다.

"캘러닉은 VRBO 때문에 좌절감을 느꼈어요. 결제 서비스는 엉망진창이었고, 호텔처럼 즉시 예약할 수도 없었으며, 이메일을 주고받아야 했거든요. 캘러닉은 그런 모든 문제들을 고치고 싶어 했죠."

그럼에도 그들이 그 주에 파리에서 나눴던 대화는 점차 패드패스보다는 우버에 집중되기 시작했다. 캠프는 사업을 시작하는 올바른 길은 최고급 벤츠를 사는 것이라고 확신했던 반면 캘러닉은 차를 소유하는 바보같은 짓보다는 운전사들에게 모바일 앱을 배포하는 편이 훨씬 더 효율적이라고 주장하면서 강력히 반대했다.

맥클로스키는 파리에 있는 멋진 레스토랑에서 저녁식사를 하면서 도시 주행차들로 구성된 주문형 네트워크를 운영할 수 있는 최상의 방법을 두고 그 둘이 격론을 벌였던 걸로 기억한다. 고가의 와인이 나오고, 대중적인 음악이 흐르며 세련된 프랑스 손님들로 붐비는 레스토랑은 우아한 분위기를 풍겼다. 캠프와 캘러닉이 저녁식사 내내 고정비용과 최대한의 자동차 활용률 같은 일들에 대한 추정치를 적어뒀기 때문에 식탁보 위에는 분명 종이도 있었다.

맥클로스키는 말했다.

"우리가 그날 저녁식사를 마치고 떠날 때 식탁보 전체는 수학공식으로 뒤덮여 있었어요. '식사하러 가서 인생을 논하자' 같은 분위기는 아니었죠. 분석적 문제 해결 방법을 서로 연결하는 건 트래비스의 삶이었고, 그는 사람들과 그런 식으로 연결됐어요."

맥클로스키는 레스토랑을 떠나면서 그들이 '파리 사람들은 이 세상에서 가장 미친 사람이 미국인이라고 생각할 게 분명하다'라고 생각했던 걸로 기억한다.

파리에서 보낸 또 다른 밤에 그들은 샹젤리제로 술을 마시러 나갔다가 늦은 시간에 와인과 푸아그라를 곁들인 우아한 저녁식사를 하러 갔다. 새벽 2시, 밤에 흥청대며 마신 술로 취기가 오른 상태에서 그들은 길 위에서 택시를 불렀다.

그들이 분명 지나칠 정도로 왁자지껄 떠들고 있었던 탓에 집으로 가는 길의 절반쯤 됐을 무렵 운전사는 그들에게 고함을 치기 시작했다. 뒷좌석 가운데에 앉아 있었던 맥클로스키는 178센티미터의 장신이었기에 하이힐을 신은 두 발을 두 앞좌석 사이에 있는 쿠션 위에 올려놓을 수밖에 없었다. 운전사는 프랑스어로 그들에게 욕을 하면서 계속 시끄럽게 하거나 맥클로스키가 발을 치우지 않으면 그들 모두를 차 밖으로 내쫓아버리겠다고 위협했다. 그녀는 그 말을 일행에게 통역해줬고, 분노한 캘러닉은 차에서 내리자고 했다.

당시 경험이 그들의 결심을 굳혔던 것 같다. 맥클로스키는 말했다.

"그때 경험이 불을 붙였다는 건 확실해요. 부당한 대우를 받고 있다고 느끼자 캘러닉은 어느 때보다도 화가 났고 분노를 참을 수 없었거든요. 멋지게 밤을 보낸 후 지린내가 가득한 택시에 앉아서 고함 소리를 들어야 한다는 건 말도 안 되는 일이죠."

그 성미 고약했던 파리의 택시 기사는 교통 역사상 지울 수 없는 오점을 남긴 것일지도 모른다.

샌프란시스코에 돌아왔을 때 캘러닉은 적어도 조언자로서 더 깊숙이 개입할 준비를 마쳤고, 캠프는 그의 말을 경청할 준비를 끝냈다. 2009년이 시작되고 몇 주 지나, 함께 버락 오바마의 첫 대통령 취임식을 보기 위해 워싱턴에 다녀온 후 캠프는 캘러닉에게 연락했다. 그는 샌프란시스코의 호돈 가에 있는 자기 집 근처의 차고의 공간을 빌릴 작정이었다. 여전히 매입 의사가 있었던 벤츠 차량들을 세워둘 곳이었다.

캘러닉은 마지막으로 한 번 더 그에게 그렇게 하지 말라고 조언하며 이렇게 말했다.

"야! 너 정말 그렇게 하려는 거 아니지?"

캠프가 마침내 캘러닉의 뜻을 따르면서 둘 사이의 논쟁을 끝냈다. 그는 차고 임대 계약서에 서명하지 않았고, 벤츠를 사지도 않았다. 캠프는 10여 대의 화려한 벤츠를 사는 대신 캘러닉과 함께 도시 주행 자동차 소유자와 운전사들을 상대로 앱을 홍보했다.

그리고 몇 년 뒤 우리와의 첫 번째 인터뷰 도중 캘러닉은 이렇게 자랑했다.

"캠프는 고급스러운 걸 가져왔고, 나는 효율성을 가져왔습니다. 우리는 차를 소유하지도 않고 운전사를 고용하지도 않죠. 대신 그렇게 하는 기업 및 개인들과 함께 일을 합니다. 아주 간단합니다. 버튼을 눌러서, 차를 타고 싶다고 생각하면 끝. 그게 다예요."

멤버를 모집합니다

초창기의 번득이는 창의성에도 불구하고 우버는 2009년 천천히 잉태됐다. 회사 창업자들은 여전히 그것을 사이드 프로젝트로 간주했고, 다른 일들로 정신이 없었다. 그해 4월에 이베이는 트래픽 감소와 미래를 둘러싼 논란 속에서 스텀블어폰을 분사했다. 새롭게 독립한 이 회사는 캠프와 다른 투자자들로부터 신규 투자금을 받았고, 캠프는 다시 스텀블어폰의 CEO를 맡았다.[4] 한편 캘러닉은 계속 여행을 다녔고, 신생 벤처기업들에게 투자를 했으며, 다른 샌프란시스코 기업들에도 조언하는 일을 했다.

하지만 멕시코 출신의 세 개발자에게 있어 우버는 풀타임 직장이었다. 뉴욕에 있던 오스카 살라자르는 캠프의 구상을 바탕으로 서비스 역학 설계에 착수했다. 자신을 도와줄 사람을 찾던 그는 최초의 우버 배차 시스템(승객들과 그들과 가장 가까운 위치에 있는 차량을 연결해주는 알고리듬)의 프로그래밍 작업을 콜리마 출신의 근면한 친구 호세 유리베Jose Uribe와 당시 그의 여자친구(지금은 그의 부인)인 줄마 로드리게스Zulma Rodriguez에게 하청을 주었다.

엔지니어였던 두 사람은 콜리마에 있는 유리베 부모님의 집에서 함께 일했다. 유리베가 어린 시절을 보냈던 침실에서 아침부터 밤까지 일하며 이들은 프로젝트에 완전히 몰입했다. 과거에도 이 둘에게 살라자르는 환자들에게 약 복용 시간을 알려주는 문자 기반 도구를 비롯, 자신이 추진하던 다양한 프로젝트와 관련된 도움을 요청한 적이 있었다. 그런 그가 이젠 그들을 위해 새로운 일을 마련했다. 유리베는 처음에 보수를 현금으로 지급해달라고 요구했고, 살라자르는 그에게 주식도 받으라고 설득했다. 유리베가 받은 소규모 지분의 현재 가치는 수백만 달러에 이른다. 유리베는 한 인터뷰에서 "그것에 대해선 생각하지 않으려고 애씁니다. 그게 나한테 영향을 주는 걸 원하지 않거든요."라고 말했다.

2009년 2월부터 6월까지 유리베와 로드리게스는 거의 전적으로 우버 관련 업무에만 매달렸다. 그들은 종이 위에 배차 알고리듬을 스케치한 후 뉴욕에 있는 살라자르와 전화로 그것에 대해 논의한 다음 오픈소스 컴퓨터 언어들인 PHPHypertext Preprocessor, 자바스크립트JavaScript, 제이쿼리jQuery로 암호화하기 시작했다. 지금도 여전히 우버 서비스의 일부 아이디어들은 그때 암호화됐다. 승차 요금은 1킬로미터당 요금과 1분당 요금을 합해 결정됐다. 유리베가 기억하는 당시 가장 큰 도전은 배차 과정이 빠르게 진행되게끔 (승객들과) 가장 가까운 거리에 있는 차량 위치를 파악하여 배차를 최적화하는 것이었다.

이런 첫 번째 형태의 우버 서비스를 이용한 승객들은 단축 코드로 알려진 특별한 전화번호로 자신들의 주소를 문자 메시지로 보내 차량을 요청할 수 있었다. 배차 소프트웨어는 승객들과 가까운 곳에 있는 운전사의 위치를 파악해서 그에게 메시지를 전달했다. 하지만 이 최초의 SMS 기반 배차 시스템은 그리 원활하게 돌아가지 않았다. 승객이 주소를 잘못 입력할 경우 운전사가 그를 찾을 수 없던 데는 일부 이런 이유도 있었다. 엔지니어들은 또한 우버캡 웹사이트를 통해서도 차량을 요청할 수도 있게 만들었지만, 길거리에서 택시를 기다리는 동안 인터넷을 이용하는 사람이 거의 없었기 때문에 회사는 이 방법을 곧바로 포기했다.

그들은 아이폰에 맞는 서비스도 연구했다. 캠프는 살라자르에게 'GPS 혁명 엿보기'라는 제목의 표제 기사가 실린 「와이어드Wired」지 2009년 2월호를 보냈다. 기사에는 "사용자들이 상상하지 못했던 방식으로 서로 연결하고 세상과 상호작용하게 해주는 숨겨진 정보를 전달해주는 장소 인식 앱들에 대한 짧은 소개"가 실려 있었다.[5] 캠프는 '잡지에 소개된 기업 중 한 곳에 연락해 도움을 구하자'고 살라자르에게 제안했다.

살라자르가 고른 것은 예전에 아이냅iNap을 만든 회사였다. 아이냅은 기차 여행객들이 아이폰 알람을 듣고 잠에서 깨길 원하는 지리상의 장소를 정할 수 있게 해주는 앱이다. 살라자르는 웹사이트를 통해 이 서비스를 만든 옐레 프린스Jelle Prins라는 네덜란드 출신의 사용자 인터페이스User Interface, UI 디자이너에게 연락했고, 우버의 첫 번째 아이폰용 앱 개발을 위해 그와 그의 파트너인 요리스 클루이버스Joris Kluivers를 채용했다.

가을이 되자 양산용 시제품이 나왔다. 9월에 캠프와 캘러닉은 벤처투자자인 데이비드 호닉David Hornik의 주최로 하와이에서 열리는 비공개 네트워킹 연례행사 로비Lobby에 참석해서 기업인과 투자자들에게 시제품을 조용히 홍보하기 시작했다. 흥분한 캘러닉은 일주일에 몇 시간을 그 일에 투자했다. 그 무렵 캠프는 이메일로 캘러닉에게 살라자르를 소개했다. 살라자르는 말했다.

"캠프는 저한테 캘러닉이 회사 자문역이라고 소개해줬어요. 캘러닉 자신은 회사에 100퍼센트 몰입하길 원하지 않았지만, 캠프는 그가 그렇게 하게끔 설득하느라 애쓰고 있었고요. 캘러닉이 자문 일을 완벽히 소화해 낼 수 있다는 걸 알았던 거죠."

그로부터 몇 주 뒤 캠프와 캘러닉은 뉴욕 이스트빌리지에서 살라자르를 만났고 실제 서비스와 똑같은 환경 속에서 최초로 앱을 시험했다. 그들은 검은색 자동차 운전자들을 무작위로 채용했고(아마 그들도 역사가 만들어지고 있다는 사실을 의심하지 않았을 것이다), 그들에게 앱이 설치된 아이폰을 나눠줬으며, 로어 맨해튼 주위에 흩어지게 한 후 다양한 장소에서 스마트폰을 이용해 차량을 호출해봤다. 하지만 앱은 많은 결함 때문에 잘 돌아가지 않았다. 나중에 한 운전자는 아이폰을 돌려주면서 캠프에게 이렇게 말했다.

"음, 시험이 정말 힘들더군요."

그들은 소호Soho의 프린스 가에 있는 피자집에 앉아 무엇을 고쳐야 할지 이야기했다. 그들은 시험 결과에 의기소침했지만 사업 개념에 대해서는 흥분했다. 구상했던 것은 이제 현실이 되었고, 가시적인 결과도 나왔다. 제대로만 된다면 〈카지노 로열〉에서의 제임스 본드처럼 캠프가 원래 머릿속에 그렸듯, 지도를 통해 그들 쪽으로 오고 있는 차량을 확인할 수 있었다. 몇 주 뒤 캘리포니아로 돌아온 캠프와 캘러닉은 팰로앨토에 소재한 모바일 애플리케이션 컨설팅 회사인 모블리Mob.ly의 창업자들을 만나 아이폰용 앱 개발을 의뢰했다.

2010년 초가 되자 캘러닉과 캠프는 한 가지 사항에 합의했다. 그들 모두 우버를 이용하는 것을 원했지만, 우버의 경영은 원하지 않았다. 발명가였던 캠프는 뭔가를 구상하는 일을 좋아했고, 스텀블어폰 때문에 정신없이 바빴다. 캘러닉 역시 한 번에 많은 스타트업들에 조언해줄 수 있는 자유와 기회를 여전히 중시했다. 그가 새로운 생각에 몰두할 거라면 그것은 아주 큰 생각이어야 했다. 하지만 우버는 단지 걸음마 단계에 있는 회사이자 비교적 부유한 이용자들을 도시 여기저기로 멋지게 태우고 다니는 새로운 방법이었다.

따라서 2010년 1월 5일, 트래비스 캘러닉은 140자로 메시지를 보낼 수 있는 트위터에서 흔히 볼 수 있는 약칭을 사용한 트윗을 올렸다.

장소 기반 서비스를 담당할 기업 제품 매니저/사업개발 전문가 구함. 준비 단계임. 상당 지분 제공. 대단한 사람들 관여.

–조언 가능자는?

미국의 절반을 가로질러 있는 일리노이 주 시카고로부터 라이언 그레이브스Ryan Graves라는 사람이 인터넷 역사상 가장 수지맞는 하나의 트윗을 보내왔다. 27세의 그는 제너럴일렉트릭General Electric(이하 GE)의 직원이었다.

@KonaTbone. 조언을 주겠음. 이메일을 보내세요. :) graves.ryan[at]gmail.com.

그레이브스는 사실 실리콘밸리에 맞는 유형의 사람은 아니었다. 활달한 성격의 그는 한 투자자의 말대로 "1950년대 담배 광고에 출연했던 스타"와 닮은, 거의 완벽한 머리 모양을 한 키가 큰 남성이었다.

샌디에이고에서 보낸 그의 어린 시절은 진정 미국적이었다. 아버지는 라디오 광고 담당 영업사원이었고, 어머니는 가족을 돌보면서 여성들로 이루어진 성경 공부 모임을 주최했다. 2006년 오하이오 주의 마이애미 대학에서 경제학을 전공한 그레이브스는 애당초 기술 분야에 별 관심이 없었지만, 흥미가 느껴진다면 어떤 주제에 관해서든 전문가가 되고 싶다는 욕구만큼은 끊임없는 듯했다. 그전까지는 유럽 축구, 제물낚시, 오토바이, 그리고 최고의 서핑 장소들이 그런 주제에 해당했다. 그리고 이제 그는 많은 돈을 벌게 해주고 활기가 넘치는 인터넷 경제에 흥미를 느꼈고, 그곳에서 일자리를 찾고 싶었다.

GE의 경영훈련 프로그램을 이수했던 그레이브스는 위치 기반 소셜 네트워킹 서비스인 포스퀘어Foursquare에서 사업개발 인턴십을 수료했다. 그는 자신만의 소셜 앱 개발을 시도했지만 별다른 성공을 거두지는 못했다. 엄밀히 말해 GE의 리더십 훈련 프로그램에 참가했을 때에도 많은 훈련을 받지는 않았다. 그는 "오전 10시에 왔다가 오후 4시에 떠나도 아무도 모르더군요. 나는 GE에서 아주 적은 시간만 투자하고도 아주 높은 등급을 받았어요."라고 말했다.

그레이비스는 캘러닉을 직접 만나보고 싶을 만큼 충분히 그에게 관심이 있었기 때문에 크로톤빌Crotonville에서 있었던 GE 훈련 수업을 빠져나와 1시간 동안 차를 몰고 뉴욕에 왔다. 소호 커피숍에서 만난 두 사람은 2시간 넘게 대화를 나눴고, 캘러닉은 그레이브스에게 아이폰 앱 시제품을 보여줬다.

그레이브스는 흥미가 동했다. 혼자서 뭔가를 경영할 수 있는 기회가 열린 셈이었다. 그것은 또한 아주 잘 연결된 몇몇 실리콘밸리의 기업인들과 같이 일할 수 있고, 훨씬 더 큰 세상 안으로 발을 들여놓게 해줄 가능성이 높은 기회였다. 이에 대해 그레이브스는 이렇게 말했다. "(나 외에) 그 일을 맡을 다른 경쟁자는 없었을 겁니다."

2주 뒤에 그레이브스는 샌프란시스코로 거처를 옮겼고, 교사였던 부인 몰리는 학년이 끝날 때까지 시카고에 머물렀다. 그는 차량공유 서비스에 대한 비전을 갖고서 프레젠테이션 슬라이드들을 준비해두었다. 캘러닉이 슬라이드들을 편집한 뒤 두 사람은 그것을 캠프에게 보여줬다.

그레이브스는 다시 앱을 시험했다. 이번 장소는 몇몇 운전사들이 이미 서비스 베타 버전을 갖고 시험하고 있던 샌프란시스코였다. 그의 말에 따르면 그땐 "앱이 제대로 작동하지 않았다."

당시 AT&T가 아이폰용으로 독점 제공하던 무선 영역coverage의 연결 상태는 끔찍했고, 우버 앱이 GPS를 잡으면 아이폰 배터리가 빨리 닳았다. 그레이브스는 캘러닉과 캠프에게 "당신들은 내게 이게 잘된다고 얘기했던 것 같은데, 이건 진짜 안 돼요."라고 말한 것으로 기억한다.

당시까진 우버의 사무실이 없었기 때문에 그레이브스는 호텔과 시 주변 카페에서 일하며 동료 기업인들과 친분을 쌓기 시작했다. 처음에 그는 샌프란시스코 사우스오브마켓에 있는 카페 로코스Rocco's에서 브라이언 체스키를 만났다. 그레이브스는 캠프 및 캘러닉과 시작할 자신의 대우 관련 협상에 대해 조언을 얻고 싶어 했다. 에어비앤비 CEO인 체스키는 "내 기억에 그때 그레이브스는 차량용 에어비앤비 같은 걸 홍보했었어요. 정말 멋져 보이긴 했지만 검은색 승용차들을 이용하는 시장이 얼마나 클지가 궁금했죠."라고 말했다.

그레이브스는 한 술집에서 캠프에게 첫 번째 엔지니어를 소개받았다. 캠프는 또 다른 대학원 동기인 콘래드 웰런Conrad Whelan이 마침내 캘거리를 떠날 준비가 됐다고 말하자 그를 우버캡에 합류시켰다.

이제 직원 두 명이 생긴 이상 그들에게는 사무실이 필요했다. 그레이브스는 트위터를 통해 온라인 여행 스타트업인 조지Zozi의 창업자를 만난 적이 있었다. 조지의 사무실은 샌프란시스코의 랜드마크인 트랜스아메리카피라미드 건너편에 있었다. 사무실 안에는 사용하지 않고 있던 창문이 있는 소형 회의실이 있었다. 따라서 우버캡 직원들은 그 건물 2층의, 벽에 붙여 고정시켜놓은 정사각형 책상 앞에 놓인 의자들에 앉아서 우버캡을 창업했다.

그들은 그해 여름 대중을 상대로 서비스를 출시할 수 있기를 바랐다.

사용자와 운전사들이 서비스에 등록할 수 있게 해주는 기능 등을 앱에 추가하기 위해 웰런은 뉴욕에 있는 살라자르, 콜리베에 있는 유리베와 그의 부인, 그리고 팰로앨토에 있는 모블리Mob.ly 팀과 협업했다. 한편 우버캡에 주당 약 20시간을 투자하고 있던 CEO 그레이브스와 자문역인 캘러닉은 샌프란시스코의 타운카 소유주들에게 일일이 전화로 연락한 뒤 그들을 찾아가 서비스를 홍보했다. 캘러닉은 나중에 "돈을 벌기 위해 구닥다리 연락법을 쓴 거죠."라며 말을 이어갔다.[6]

"전화를 걸면 세 번 중 한 번은 내가 제대로 홍보하기도 전에 끊겼어요. 1분 30초 정도 내 말을 들어주다가 전화를 끊는 게 세 번 중 한 번, 그리고 흥미롭다는 반응을 보이는 경우가 세 번 중 한 번꼴이었고요."

5월에 그루폰Groupon에게 인수된 모블리Mob.ly는 '현재 추진 중인 프로젝트들을 전면 중단한다'고 발표했다. 신생 우버캡에는 청천벽력 같은 소식이었다. 그레이브스는 모블리에게 승객과 운전사들이 쓸 안정적인 앱 개발을 마저 해달라고 사정해야 했다. 모블리는 동의했고, 2010년 6월 첫

주 우버캡의 앱들은 애플의 iOS 앱스토어에서 다운이 가능해졌다. 1년 반 전 개릿 캠프의 머릿속에 불현듯 떠올랐던 생각이 이제 막 스마트폰 혁명이 탄력을 받기 시작한 샌프란시스코에서 조용히 실현되었다.

투자자를 찾아라

이제 회사는 진짜 돈이 필요했다.

그다음 벌어진 사건으로 실리콘밸리 자본가 수백 명의 미래가 결정되었다. 그들 중 누구도 전문가로서 살면서 내려야 할 가장 중요한 결정의 시간이 임박했다는 걸 알지 못했다.

실리콘밸리에서 최고로 똑똑한 자본가들 대부분이 에어비앤비 때처럼 투자를 포기했다. 그들은 그레이브스에겐 충분한 경험이 없다거나, 두 창업자가 사업에 충분히 관여하지 않고 있다거나, 우버의 사업 개념은 부유한 도시인들에게만 적합할 법한 과한 사치라는 이유를 대며 투자를 거부했다. 어떤 자본가들은 호전적인 트래비스 캘러닉이 이전에 세웠던 회사들에서 그와 같이 일해본 경험이 있었기 때문에 또다시 그런 화나는 일은 겪고 싶지 않다는 이유로, 또 다른 자본가들은 회사가 시와 주의 적대적인 교통법규망으로 돌진해 들어간다는 걸 알고 있었기 때문에 거절했다.

그들은 투자 거절 뒤 나중에 우버가 성공을 거두자 우버가 맨 처음에 보낸 이메일이 스팸 필터 때문에 편지함에 들어오지 않았다거나, 자신이 이메일의 중요성을 간과했다거나 혹은 당시 휴가 중이었다고 주장했다.

그나마 정직한 사람들은 고통스러운 표정을 지으면서 나지막한 목소리로 기회를 놓친 데 대해 아쉬워했다.

그들이 투자를 거절한 또 다른 이유는, 우버가 처음에는 지금과 같이 잘될 것처럼 보이지 않았기 때문이다. 자본가들이 볼 수 없는 미래에 돈을 걸고 있다는 점에서 이것은 신생 벤처기업 투자의 잔혹한 현실이다. 당시 우버는 2주 내내 iOS 앱스토어에 들어 있었다. 라이언 그레이브스와 트래비스 캘러닉은 샌프란시스코에서 약 열 명의 타운카 운전사들을 채용하는 데 성공했다. 서비스는 일주일에 10회 탑승이 가능했는데 대부분 우버 직원, 창업자, 친구들이 서비스를 이용했을 가능성이 크다. 우버는 최초 홍보 때 단 하나의 통계만을 활용했다. 앱을 다운받은 뒤 회원으로 가입한 사람들 중 절반이나 실제로 시험 삼아 우버 서비스를 이용해봤다는 통계였다.

캠프와 캘러닉은 모두 원활히 소통하고 있었기 때문에 에어비앤비 창업자들이 전년도에 겪었던 것 같은 어색한 비굴함을 피할 수 있었다. 그들은 친구 나발 라비칸트Naval Ravikant와 접촉함으로써 서비스를 시작했다. 라비칸트는 엔젤리스트AngelList라 불리는 미국 증권거래소SEC가 승인한 투자자들로 구성된 이메일 네트워크를 만든 인물이었다. 앞서 캘러닉은 엔젤리스트의 파트너가 되는 문제와 관련해서 라비칸트와 비공식적인 대화를 나누고 있었고, 라비칸트는 몇몇 최고 투자자들에게 서비스를 알릴 수 있게 캘러닉을 돕겠다고 제안했다.

2010년 6월 17일에 엔젤리스트에 있는 165명의 투자자들에게 이메일이 전송됐다. 이메일에는 "우버캡은 모든 사람들의 자가용 운전사입니다. 우리는 아이폰과 SMS를 이용해 부르는 주문형 자가용을 통해 택시 부족 문제를 해결하고 있습니다."라고 적혀 있었다. 또한 캠프는 창업자이자 투자자고, 캘러닉은 '거물급 자문역'이고 종잣돈을 투자할 것이며, 팀 페리스는 자문역이자 투자자라고 적혀 있었다. 이메일은 라이언 그레이브스를 CEO로 소개했고, 그레이브스는 이메일에서 자신이 포스퀘어에서 사업개발 담당 인턴직을 수행했다고 밝혔다. 이어 이메일은 투자자들에게 "우리 서비스에 대해 더 자세한 정보를 원하시면 연락주세요."라고 말했다.

라비칸트는 이메일을 받은 투자자 165명 중 150명이 회신하지 않았다고 말했다. 한 투자자는 이메일을 받은 후 엔젤리스트에서 탈퇴하기도 했다.

사실상 모든 것을 지원해주는 걸로 정평이 나 있는(일단 초기 단계 자금을 뿌려놓고 잘되길 비는) 사람들조차 투자를 거부했다. 실리콘밸리의 '대부'로 불리며 구글, 페이스북, 트위터를 지원해서 유명세를 탔던 론 콘웨이Ron Conway 역시 마찬가지였다. 그는 점잔을 빼면서 한 동료 투자자에게 "이 서비스는 모든 도시에서 싸움을 일으킬 것 같군."이라고 말했다. 스타트업에게 자금과 멘토링 서비스를 제공하는 500스타트업500 Startups을 세운 데이브 맥클루어Dave McClure는 사실 라이언 그레이브스에게 투자할 만큼 그를 잘 알진 못했다고 말했다.

1년 뒤 우버 서비스를 이용하며 택시 시장의 동태를 예의 주시하기 시작한 벤처 자본회사 벤치마크캐피털Benchmark Capital의 파트너이자 투자자인 빌 걸리Bill Gurley는 7월 초 샌프란시스코 헤이즈밸리에 있는 레스토랑 압생트Absinthe로 캘러닉과 그레이브스를 데리고 갔다. 하지만 벤치마크는 보통 초기 단계 자금을 투자한 적이 없었고, 걸리는 같이 일하는 파트너들에게도 우버처럼 걸음마 단계에 있는 회사에 투자하게 만들 수 없었다.

그러던 중 투자에 나선 사람들이 등장했다. 필라델피아에 소재한 벤처 자본 회사 퍼스트라운드캐피털First Round Capital이 60만 달러의 투자금을 갖고서 모금을 주도했다. 회사 파트너인 롭 헤이즈Rob Hayes는 스텀블어폰을 후원한 적이 있었다. 우버캡에 대한 캠프의 트윗을 본 그는 캠프에게 "우버캡이 뭔지 말씀 좀 해주시겠습니까?"라고 묻는 이메일을 보냈다. 캠프는 퍼스트라운드의 샌프란시스코 사무실로 그레이브스를 보내서 우버를 홍보했고, 파트너들은 만장일치로 투자를 승인했다. 롭 헤이즈는 미국 독립기념일인 7월 4일이 낀 연휴 기간에 계약을 마무리하는 데 몰두하느라 가족들의 분노를 샀다. 그는 "나는 라이언 그레이브스와 개럿 캠프에게 베팅하고 있었습니다. 1차 이사회의 때까지는 트레비스를 만나지 못했으니까요."라고 말했다.

그 외에도 초기 단계 투자에 참여할 사람들은 10여 명 더 있었다. 트위터에 거액을 투자한 지 얼마 안 된, 자수가 수놓인 카우보이 셔츠를 좋아하는 전 구글 임원 크리스 사카Chris Sacca는 샌프란시스코에서 캘러닉, 캠프, 맥클로스키, 살라자르와 저녁식사로 스시를 먹으며 우버에 대한 이야기를 들었다. 살라자르는 미팅에 앞서 "끝내주는 투자자를 만나서 같이 식사를 할 예정이야. 하지만 우버에 대해선 단 한 마디도 해서는 안 돼. 그냥 우버라는 이름 정도 말하는 건 괜찮지만. 우리가 무슨 일을 하는지 그 사람이 알 필요는 없어."는 말을 들었던 걸로 기억한다.

그들이 마침내 힌트를 던지자 사카는 즉각 그것을 덥석 물었다. 그는 캠프와 캘러닉이 힘을 합쳐 특별한 뭔가를 이뤄낼 거라고 느낄 만큼 두 사람을 충분히 잘 알고 있었고, 그 자리에서 곧바로 30만 달러짜리 수표를 끊어줬다. 사카는 "나한테 정말로 제대로 감이 온 거죠."라고 말했다.

또 다른 투자자들도 사카처럼 충동적이었다. 미치 카포Mitch Kapor는 1990년대 초 생산성 도구인 로터스노트Lotus Notes의 개발자였는데, 파산한 팟캐스팅 회사 오데오Odeo가 트위터로 바뀌기 직전 그곳에 투자했던 돈을 돌려달라고 했던 것을 후회했다. 때문에 그는 돈을 벌 수 있는 모든 기회를 적극적으로 좇는 중이었다. 그는 스텀블어폰 때 투자한 적이 있던 캠프에게 "나도 참여하겠습니다. 투자하지 못하게 하면 가만 안 둘 거요."라고 말했다.

캘러닉과 친했던 블로거이자 인터넷 미디어 스타트업 창업자인 제이슨 캘러캐니스Jason Calacanis는 그에게 샌프란시스코에서 자신이 개최한 오픈엔젤포럼Open Angel Forum에 모인 투자자들에게 우버를 홍보할 수 있는 기회를 줬다. 캘러닉은 칼라캐니스를 포함해서 그곳에서 기꺼이 투자할 의사가 있는 몇몇 후원자를 찾았다. 칼라캐니스는 이후 10년 동안 다양한 팟캐스트, 블로그, 그리고 질의응답 웹사이트인 쿼라Quora에서 이 투자 이야기를 반복하게 된다.

하지만 대부분의 초기 투자자들은 직관적으로 투자를 결정하길 원하는 만큼 많이 예상할 수 없는 실리콘밸리의 신, 즉 '운'에 의존해야 한다. 온라인 신발 업체인 자포스Zappos의 당시 최고운영책임자Chief Operating Officer, COO였던 앨프리드 린Alfred Lin은 "우버에 투자하는 문제와 관련해선 논란이 좀 있었죠."라고 말했다. 투자에 대한 이야기를 들었을 때 린은 우버가 그의 고향 라스베이거스에서 통할 수 있을지 의심했다. 그는 심각한 불안감에 시달리면서 "나는 그저 서비스에 대해 열정적인 창업자들이 회사를 직접 경영할 거라고 생각했습니다."라고 말했다. 하지만 어쨌든 샌프란시스코에서 서비스를 시범적으로 체험해본 그는 투자에서 배제되지 않는 편이 좋겠다고 결정한 후 투자를 결정했다.

콜로라도에 소재한 스타트업 교육기관 테크스타즈Techstarts의 공동창업자인 데이비드 코언David Cohen은 오로지 지리적 우연 덕분에 투자할 기회를 얻었다. 라이언 그레이브스와 몰리는 미국을 횡단해서 짐을 실어나르기 위해서 그해 여름 시카고로 가야 했다. 샌프란시스코로 차를 몰고 가던 도중 그레이브스가 계속 코언에게 전화를 걸어 입이 닳도록 우버캡을 홍보하자 몰리는 그의 장황한 말을 단어 하나하나까지 전부 따라 할 수 있을 정도가 됐다. 그들이 콜로라도 주 동북부 도시인 볼더Boulder를 지나던 중 그레이브스는 코언을 만나기 위해 차를 세웠다. 이에 코언은 5만 달러를 투자했고, 나중에 투자를 결정한 이유에 대해선 블로그에 이렇게 썼다.

"이번 게임에서 중요한 건 운이다."[7]

그들은 운이 좋았지만, 우버의 최초 투자자들 중 몇몇은 더 운이 좋을 수 있었다는 사실을 받아들이고 살아가야 했다. 엔젤리스트의 라비칸트는 10만 달러를 투자할 계획이었지만 이 우버 딜을 다른 엔젤리스트 딜보다 편애한다는 인상을 풍기지 않기 위해 우버의 자금 조달 과정이 끝날 무렵까지 기다렸다. 하지만 마침내 투자를 제안했을 때 그레이브스는 그에게 더 이상 투자에 참가할 수 없다고 말했고, 라비칸트는 사정 끝에 결국 2만5,000달러를 투자할 수 있었다. 그 정도면 지금까지도 그가 했던 최고의 투자에 해당한다(현재 가치로는 1억 달러가 넘는다). 라비칸트는 말했다.

"나는 투자에 병적으로 집착하지는 않습니다. 실리콘밸리가 아주 마음대로란 걸 알고 있기 때문이죠. 그 사실을 받아들이지 못하면 이곳에서 마음 편히 잠을 청할 수도 없을 겁니다."

퍼지는 호평, 늘어나는 불만

이제 우버는 은행에 130만 달러를 확보해놓았고, 530만 달러의 가치가 나갔다. 우버는 또한 사무실(좁지만 붐비는)과 제품(사륜차)을 갖고 있었다. 이제야 우버는 진짜 스타트업처럼 보였다. 우버의 창업자와 투자자들은 영향력 있고 부유한 그들의 샌프란시스코 친구들에 대해 떠들어댔고, 소문이 퍼지기 시작했다. 7월 5일, 블로그 테크크런치는 우버 앱을 소개하는 첫 번째 기사를 썼다. 제목은 '우버캡, 자동차 서비스 예약의 번거로움을 없애다'였다.

기사를 쓴 리나 라오Leena Rao는 이렇게 말했다.

"물론 편리함에는 대가가 따릅니다. 당신은 어디서나 일반 택시 요금보다 1.5배에서 2배의 요금을 더 지불해야 할 수도 있죠(전통적인 자동차 서비스 요금과 비교하면 2배 더 싸지만요). 하지만 당신은 더 좋은 서비스, 더 멋진 검은색 리무진, 그리고 주문형 솔루션을 제공받을 수 있습니다."[8]

이제 그레이브스는 등 뒤에서 불어오는 순풍을 맞으며 직원들을 채용하기 시작했다. 신입사원인 라이언 맥킬렌Ryan McKillen은 오하이오 주 옥스퍼드에 있는 마이애미 대학을 그레이브스보다 1년 더 먼저 다녔고, 두 사람 사이에 친구 몇몇은 서로 겹쳤다. 그들은 그해 초 그레이브스가 부인 없이 혼자 샌프란시스코에 머물 때 많은 시간을 함께 보냈다. 이어 예기치 않게 맥킬렌이 즐겁게 일했던 회계 스타트업이 파산했고, 그러자 그레이브스는 그를 채용했다(두 사람의 이름이 똑같기 때문에 동료들은 그들 이름의 머리글자들로 부르는 걸 좋아했다. 이것은 우버에서 오늘날까지 이어지고 있는 관행이다).

사무실 출근 첫날 맥킬렌의 책상 위에는 완전히 새것 같은 프로그래밍 서적 더미와 낡은 스페인어-영어 사전이 놓여 있었다(엔지니어들은 호세 유리베가 만든 코드와 관련된 몇몇 지시어들을 번역하기 위해 애쓰고 있었다). 맥킬렌은 콘래드 웰런에게 책상 위에 사전이 있는 이유를 물었고, "음, 라이언, 코드가 스페인어로 쓰여 있기 때문이죠. 우버에 온 걸 환영합니다."라는 웰런의 대답이 마음에 들었던 걸로 기억한다.

오스틴 가이츠Austin Geidt의 우버 입사 가능성은 심지어 더 낮았다. 그녀는 샌프란시스코 북부 마린 카운티에서 자랐고, 캘리포니아 대학 버클리 캠퍼스에 입학했으며, 대학 시절 헤로인 중독으로 고생했다. 마침내 중독에서 벗어나 졸업했을 때는 방황을 했고, 불안정했으며, 일자리를 구하는 데 필사적으로 매달렸다. 밀밸리Mill Valley에 있는 피츠 커피Peet's Coffee 바리스타 자리에 지원했다가 거절당한 뒤 가이츠는 우연히 제이슨 캘러캐니스가 우버에 대해 쓴 트윗을 봤다. 그녀는 몇몇 링크를 팔로잉한 후 라이언 그레이브스에게 무작정 이메일을 보냈다. 그는 그녀를 마케팅 부서의 인턴으로 채용했다.

본인의 말에 따르면 그녀는 회사에 적응하려고 안간힘을 썼다. 출근 첫날 오후, 전 직원은 자사의 미래 및 자사 브랜드의 의미에 대해 몇 시간 동안 즉흥 논의를 하러 캘러닉의 아파트로 갔다. 밤새도록 이어진 토론 도중 가이츠는 방 안을 서성거리는 캘러닉이 실제 책임자처럼 보인다는 것을 눈치 챘다. 그녀는 그 경험에서 믿기 힘들 만큼 스트레스를 받았다. 가이츠는 "난 당시 경험을 감당하기가 다소 힘들었습니다. 나는 끔찍한 가면 증후군imposter syndrome(자신의 성공이 노력이 아니라 순전히 운으로 얻어진 것이라 생각하고 지금껏 주변 사람들을 속여왔다고 생각하며 불안해하는 심리_옮긴이)을 앓았고, 심지어 그때까지 아무 일도 한 게 없었거든요."라고 말했다.

이후 몇 달 동안 그녀는 자신이 곧 해고되리라고 확신했다. 어떤 때는 샌프란시스코 시내에서 우버캡 전단지를 나눠줘야 하는 등의 어정쩡한 업무를 맡고 있었기 때문이다. 심지어 이메일을 쓰는 것처럼 사소한 일을 할 때조차도 그녀는 도움과 조언을 구하러 선배들에게 달려갔다. 그레이브스의 기억에 따르면 한번은 사무실 건물 내부의 계단통에서 조언을 해줬는데, 그때 가이츠는 눈물을 흘렸다고 한다. 하지만 그레이브스는 그녀를 해고하기보다는 그녀에게 딛고 설 자리를 찾을 수 있는 시간을 주었고, 나중에는 처음에 뽑았던 운전사 운영 관리자를 해고한 뒤 가이츠에게 그 일을 맡겼다. 그녀는 우버의 초창기 역사에서 가장 중요한 임원 중 하나가 되었다.

2010년 가을이 되자 샌프란시스코가 우버를 주목하기 시작했다. 우버의 서비스는 극도로 전염성이 강했다. 한 사용자가 타운카에서 내려 술집으로 걸어 들어가자 갑자기 그의 친구들이 어떻게 된 일이냐며 전모를 궁금해했던 것이 한 예다.

리무진과 타운카 운전사들 역시 우버에 관심을 가졌다. 그들은 한 명씩 우버 사무실에 나타나기 시작했다. 콘래드 웰런은 그레이브스가 한 운전사에게 우버를 알려주면서 앱 사용법을 교육시키는 모습을 기억한다.

나중에 운전사는 웃으면서 "오, 당신들 돈 많이 벌겠네요."라고 말했고, 바로 그때 웰런은 과학 조사 분야로 복귀하겠다던 자신의 애매한 계획을 취소했다.

우버는 특별한 회사로 바뀌면서 긍정적인 입소문을 퍼뜨리고, 심지어는 지방의 몇몇 유명인사까지 배출해냈다. 소피앙 오알리Sofiane Ouali는 그해 여름 샌프란시스코에 도착한 알제리 출신 이민자였다. 그녀는 5개 국어에 능통했고 석유 기사로 일한 경력이 있지만, 낯선 나라에서 가장 쉽게 자리 잡을 수 있는 방법은 운전이라는 걸 깨달았다. 새로운 앱에 호기심을 가진 검은색 타운카 회사 사장은 오알리에게 우버 서비스의 시험 실시를 맡기면서 2003년식 흰색 링컨 타운카를 내줬다. 곧바로 초기 우버 탑승객들은 그들이 소위 '유니콘'이라고 부르는 차량이 마술처럼 등장하는 장면을 알리는 트윗을 올리기 시작했다.

캘러닉, 캠프, 가이츠, 브라이언 체스키 등 초기의 우버 탑승자들과 친밀해진 오알리는 말했다.

"사람들이 온갖 긍정적인 단어를 써가며 우버에 대해 말하는 모습을 봤어요. 그래서 우버가 크게 성공할 거라고 생각했죠."

다른 사람들도 이런 소란스런 상황을 감지하고 있었다. 그해 가을, 이 새로운 무허가 경쟁사에 대해 택시 기사 및 택시 소유자들이 늘어놓은 불만이 시와 주 규제당국 사무실로 쏟아져 들어오기 시작했다. 그들은 우버가 불법이므로 영업이 중단돼야 한다고 주장했다. 그리고 서비스 출시 4개월 뒤 그레이브스가 트래비스 캘러닉과 개릿 캠프와 함께 퍼스트라운드캐피털의 이사회에 참석했던 2010년 10월 20일, 정부 집행관 네 명이 좁은 우버캡의 사무실로 들어왔다. 두 명은 리무진과 타운카 영업을 규제하는 CPUC, 나머지 두 명은 택시 영업을 규제하는 샌프란시스코 시교통국San Francisco Municipal Transportation Agency, 이하 SFMTA 소속이었다. 사복 차림의 관리들은 신분증을 제시했고, 이어 한 명이 정지명령 서한이 담긴 클립보드와 함께 미소를 짓고 있는 라이언 그레이브스의 얼굴이 선명하게 담긴 커다란 사진을 들어서 보여줬다. 사진을 흔들며 방 안을 돌아다니던 그는 "이 사람을 아십니까?"라고 따지듯 물었다.

C H A P T E R 3

가망 없는 계획 _심리스웹, 택시매직, 캐블러스, 카우치서핑, 짐라이드

택시 업계에 뛰어든 사람들은 모두 망했다. 택시 회사 사장들도 망했다. 운전사들도 망했다. 승객들은 (문제를) 분명히 말해줬다. 그 말을 들은 사람도 있고 듣지 않은 사람도 있었다. 나는 내가 후자에 속했음을 인정한다.

토머스 드파스퀘일Thomas DePasquale, 택시매직Taxi Magic 창업자

심리스웹 이야기

우버캡이 도시 곳곳을 돌아다니며 사람들을 실어 나르고, 에어베드앤드브렉퍼스트가 남는 소파와 침실을 제공하기 몇 년 전에 일어난 일이다. 제이슨 핑거Jason Finger라는 한 젊은 변호사는 어느 날 밤 뉴욕에 있는 자기 사무실에 앉아 있다가 귀찮은 저녁 주문 문제를 직접 해결해보기로 결심했다.

1차 닷컴 호황의 광란이 정점에 달했던 1999년이었다. 핑거는 로스

쿨을 막 졸업한 후 로펌인 오설리번, 그라에프앤카라벨O'Sullivan, Graev, and Karabell에서 일하고 있었다. 어쩌다 보니 매일 저녁마다 사무실을 돌아다니면서 야근 중인 다른 동료 신참 변호사들의 저녁식사 주문을 받는 것은 그의 일이 되었다. 식당에 전화로 주문을 하고, 결제 방법을 조율한 다음 모두 똑같은 시간에 질척한 플라스틱 가방을 흔들면서 로비에 등장하는 음식 배달원들을 상대해야 한다는 생각은 누구에게나 악몽처럼 느껴질지 모른다.

그래서 핑거와 한 친구는 해결책을 찾아보기로 결심했다. 그들은 로펌과 투자은행에 음식을 배달해주는 식품 주문 웹사이트를 만들고는 그것에 심리스웹SeamlessWeb이라는 이름을 붙였다.

2000년 4월에 심리스웹이 서비스를 시작한 직후 곧바로 닷컴 거품이 터졌다. 핑거는 고작 50만 달러 미만의 투자금을 받는 데 그쳤지만 이 서비스는 재빨리 몇몇 영향력 있는 로펌과 투자은행 직원들의 관심을 끌었다. 심리스웹은 맨해튼 내 수백 개 식당과 계약을 맺고, 기업 고객과 직원들이 웹사이트를 통해 메뉴를 검색하고, 주문하고, 회사에 식사 대금을 청구하고, 몰려드는 배달을 조율할 수 있는 방법을 제공해줬다. 맨해튼 중간 지대 38번가와 6번가 모퉁이에 본사를 둔 회사는 거침없이 성장했다. 식당들은 늘어난 주문을 고마워했고, 기업들은 매달 식대 비용 청구서 때문에 생기는 혼란을 막을 수 있어서 좋아했다.

현재 미국, 아시아, 유럽의 기술 허브들에 몰려 있는 주문형 배달 전문 스타트업 무리의 조상이 바로 심리스웹이다. 핑거는 인터넷이 순전히 디지털 영역 속에서 사람들 간의 정보교류나 상호연결 이상의 일을 해줄 수 있다는 걸 최초로 간파한 사람 중 하나였다. 또한 그가 보기에 인터넷은 실제 세계에 존재하는 물리적인 것들을 효율적으로 이동시킬 수 있었다. 그리고 그것이 식품에 대해 적용될 수 있다면 다른 것들에 대해서도 가능할 것이라는 게 그의 생각이었다.

핑거는 그런 자신의 생각을 실제로 구현할 계획을 세웠다. 그는 자칭 심리스밀스Seamless Meals, 그리고 심리스휠스Seamless Wheels라는 서비스를 생각해냈다. 심리스휠스의 목적은 회사가 사람들의 음식 주문을 용이하게 만들어줬던 것과 똑같이 타운카 예약과 비용 청구도 쉽게 하게끔 도와주는 것이었다. 2003년에 핑거는 SeamlessWheels.com이라는 URL을 등록했고, 이후 몇 년에 걸쳐 이 서비스를 듀이앤르뵈프Dewey & LeBoeuf, 화이트앤케이스White and Case, 데비보이스앤플림턴Debevoise & Plimpton 등 우량 로펌에 소개하기 시작했다.

그가 휠스를 알리려고 접근한 투자자들은 다들 신중한 모습을 보였다. 핑거는 말했다.

"나와 대화를 나눴던 모든 기관투자자들은 '검은색 차량은 틈새시장이다. 뉴욕에만 있다. 은행원들만 상대한다. 회사들과 장기 계약을 맺고 있다. 일반 소비자 시장에서는 기회가 없다.'고 했습니다."

어느 로펌의 한 교통조정관은 핑거에게 사업 추진에 신중을 기하라고 조언했다. 뉴욕의 검은색 차량 사업에 러시아 마피아가 개입됐다는 소문이 돌았다는 것이다. 더불어 그는 "이탈리아 마피아가 당신을 죽일 거고, 러시아 마피아는 당신은 살려두더라도 가족 모두를 죽일 거란 소문이 돌고 있습니다."라고 덧붙였지만 핑거는 그 경고를 무시했다.

그러던 어느 날, 사무실에 도착한 그는 음성메시지를 들었다. 신분을 밝히지 않고, 발신자 번호도 남기지 않은 한 남성으로부터 온 것이었다.

그 메시지를 삭제한 지는 오래됐지만 심리스웹에서의 동료이자 문제의 메시지를 같이 들었던 부인 스테파니Stefanie는 메시지 내용을 지금도 그대로 기억하고 있다.

제이슨, 우리는 자네가 뉴욕에 있는 대기업을 상대로 자동차 서비스를 홍보하고 있다는 걸 알고 있다네. 우리 생각엔 그게 별로 좋은 아이디어 같지 않더군. 당신 가족은 정말로 아름답던데, 예쁜 딸아이와 앞으로 더 많은 시간을 보내는 편이 좋지 않을까? 식품 사업도 아주 잘되고 있지 않은가. 왜 다른 영역으로 사업 범위를 더 넓혀가길 원하지 않는가?

이에 대해 핑거는 "그 메시지를 듣고 모욕감을 느꼈습니다."라고 말했다. 의심이 가는 대상은 오랫동안 은행과 로펌을 상대로 영업하며 돈을 벌어온 오래된 타운카 회사였다. 그들은 자신들과 고객 사이에 온라인 중개가 끼어드는 걸 원하지 않았다. 스테파니는 메시지를 듣고 놀랐던 기억을 되새기며 말했다.

"누군가가 직장에서부터 집까지 우리를 쫓아온다는 생각만 해도 너무 겁이 났어요."

자동차 사업이 할 만한 가치가 있는지에 대해 핑거는 처음으로 고민하기 시작했다. 베일에 감춰진 위협은 둘째치더라도 심리스휠스는 심리스밀스에 타격을 줄 수 있었다. 은행 고위 임원이 공항에서 차를 타지 못해 기다리는 사태가 벌어진다면 그것은 심리스라는 브랜드에 치명상을 입힐 터였다. 당시는 스마트폰 시대가 열리기 전이었고, 고객이 아무 문제 없이 차에 타게끔 도로상의 운전사들을 조율할 수 있는 방법이 거의 없었다. 따라서 투자자들이 자동차 서비스 개념에 대해서 별로 흥분하지 못한 것도 사실이었다.

심리스휠스는 몇 년 더 같은 로펌들을 상대로 영업을 계속했지만, 문제의 음성메시지를 받은 이후 핑거는 그것의 추가 개발을 대부분 포기했다. 식품 사업은 성장하면서 단골고객들의 집과 회사에서 모두 서비스를 제공할 수 있을 만큼 팽창했다. 2006년 식품 서비스 회사인 아라마크Aramark는 심리스웹을 인수하면서 핑거에게 압력을 가했다. 뉴욕 밖에서 급성장하고 있던 식품 사업에만 집중하라는 것이었다. 결국 그는 심리스휠스를 폐업했다.

하지만 이 이야기는 행복한 결말로 끝난다. 사모펀드로부터 투자를 받은 핑거는 2011년 심리스웹을 아라마크로부터 분사한 뒤 회사명을 심리스Seamless로 줄였다. 2년 뒤 심리스는 새로 등장한 소규모 경쟁사인 그럽허브Grubhub와 합병했고, 현재는 미국 내 최대 온라인 음식 배달 회사가 되었다.

하지만 핑거는 지금도 여전히 타운카 시장에 대해 고민 중이고, 우버의 초기 성장을 감탄하며 지켜봤을 뿐 아니라 심지어 약간의 질투심마저 느꼈다. 그는 현재 심리스휠스가 너무 시대를 앞서갔으며, 스마트폰과 어디서나 가능한 문자 메시지 시대 이전에는 성공할 수 없었을 거라고 믿고 있다. 그는 말했다.

"내가 걸어온 인생을 되돌아보면 분명 후회할 거리들이 있습니다. 하지만 자동차 제공 서비스는 아니에요. 사실 그것이 엄청난 기회였기 때문에 나는 나 자신을 합리화하고 있는지도 모르겠습니다. 하지만 시기의 관점에서 보면 많은 요소들이 그냥 맞지 않았던 것 같아요."

택시매직 이야기

단명하긴 했지만 심리스휠스는 논란의 여지가 없는 확실한 한 가지 사실을 보여줬다. 택시를 부르고, 요금을 환급받기 위해 종이 영수증 조각을 회사에 제출하는 건 돈과 시간이 낭비되는 비즈니스 세계의 골칫거리이자 기술이 해결해줄 수 있는 확실한 문제라는 사실이었다. 다른 사람들도 이것을 간파했고, 토머스 드파스퀘일이란 부유한 버지니아 출신 사업가는 2007년 이와 관련해서 뭔가를 해보기로 결심했다.

그는 '택시매직'이란 회사를 세웠다. 검색엔진 알타비스타Alta Vista가 구글보다 먼저 등장했고, 마이스페이스Myspace가 페이스북보다 일찍 시장을 지배했듯이 택시매직은 우버의 전신 중 가장 많은 관심을 끈 회사였다. 다만 택시매직은 택시 업계를 혁신할 수 있는 기회를 제일 먼저 잡았음에도 그것을 놓쳐버렸다.

1990년대 후반, 드파스퀘일은 근로자들이 온라인 항공 여행을 예약 및 ·관리하게 해주는 온라인 도구 클릭북Cliqbook을 만든 아웃태스크Outtask라는 회사를 세웠다. 2006년에 아웃태스크는 가장 인기를 끌던 경비 관리 소프트웨어 제조사 중 하나인 컨커Concur에 인수됐다. 드파스퀘일은 컨커의 부사장이자 대주주가 됨으로써 모든 기업 출장의 10퍼센트를 담당하는 임대 차량 서비스에서도 유사한 기회를 찾을 수 있는 완벽한 위치에 서게 됐다. 이듬해 그는 오랜 동업자인 샌더스 파티Sanders Partee 및 젊은 러시아 엔지니어 조지 아리슨George Arison과 함께 라이드차지RideCharge라는 회사를 공동창업했다.

라이드차지는 맨 먼저 블랙베리BlackBerry, 윈도모바일Windows Mobile, 그리고 팜Palm 스마트폰용 앱을 만들었다. 이 앱들을 이용한 승객들은 택시의 미터기에 표시된 요금을 휴대폰에 입력하면 신용카드로 자동 지불할 수 있었다. 운전사들은 더 이상 너무나 오랫동안 택시에서 사용했던 신용카드 수동 판독기를 이용하지 않아도 됐다. 영수증을 복사한 카본지 위를 왔다갔다 하며 천천히 인쇄하는 그 끔찍한 기계 말이다. 라이드차지의 사무실은 알렉산드리아에 있는 우드로윌슨 교Woodrow Wilson Bridge 부근에 있었다.

2008년 6월 아이폰 3G 출시와 함께 앱스토어를 오픈했을 때 이 회사는 '택시매직'이란 아이폰 앱을 선보였고, 그것은 곧바로 새 회사명이 되었다. 앱은 하루에 수만 건의 다운로드 수를 기록하며 인기를 끌었다. 사용자들은 거주 도시 내의 택시 회사를 선택해서 실제로 택시를 호출한 후 휴대폰으로 결제할 수 있었다.

하지만 택시매직은 진정 택시 업계에 혁신적 바람을 불러일으키기보다는 업계의 기존 기술이 정해놓은 틀 안에서 움직이려고 애썼다. 택시매직은 당시 택시 회사들이 광범위하게 이용했던 모바일놀리지Mobile Knowledge와 DDS와이어리스DDS Wireless 등 주요 택시 호출 회사들의 소프트웨어와 합병했다. 결과적으로 회사는 나중에 우버가 그랬던 것처럼 실시간 지도 위에서 택시 아이콘을 보여줄 수는 없었다. 호출 시스템 내의 위치 데이터가 충분히 정확하지 않았기 때문이다. 대신 앱에는 운전사 이름 및 그가 운전하는 택시와 대기 승객 사이의 거리 추정치 등의 정보가 갱신되는 문자 기반의 상태 알림 페이지가 있었다.

샌프란시스코에서 우버캡이 출범하기 2년 전인 2008년, 택시매직은 신속히 25개 도시로 영업망을 확대했다. 주요 투자자인 콘커는 이 서비스를 기업 고객들에게 홍보했다. 테크크런치는 그해 12월에 "택시매직 앱은 버튼만 누르면 아이폰에서 이용 가능한 주문형 택시 서비스를 제공한다."라고 긍정적인 평가를 내렸다.[1]

조지 아리슨과 그의 팀원들은 운전사 확보보다는 주요 도시를 다니며 택시 회사 사장들에게 서비스를 선전하는 데 힘썼다. 따라서 아리슨은 택시 업계에 대해서도 잘 알게 됐다.

"그건 미친 짓이었죠. 시애틀에서 영업 중인 택시 회사는 모뎀이 뭔지, 자기들이 그걸 갖고 있는지, 갖고 있다면 어디에 있는지조차 몰랐거든요."

택시 업계에는 이렇게 일반적인 기술적 무지 외에 다른 문제들도 있었다. 운전사들은 종종 임금과 근무 조건을 놓고 택시 회사 사장들과 다퉜다. 택시 회사들은 각 시에서의 시장점유율을 높이기 위해 서로 다퉜지만 누구도 승객에 대해선 신경 쓰지 않았다. 회사와 승객은 지속적인 관계를 맺고 있지 않았기 때문이다(승객이 택시를 부르며 길가에 서 있을 때 모든 택시 회사들의 영업 조건은 똑같다). 엉터리 서비스에 따르는 벌금도 없었다. 운전사가 12시간 동안 차를 몰기 위해 100~200달러 정도의 돈을 택시 회사에 내주는 한 회사 사장은 마냥 행복했다. 택시 기사가 미치광이처럼 운전하며 친구들과 전화 통화에 열중한다 해도 마찬가지였다.

택시 업계의 시스템은 절망적일 만큼 무너진 상태였다. 승객이 택시매직 앱을 이용해서 택시를 불러도 기존 배차 시스템은 승객과 지근거리에 있는 빈 택시가 아니라 그 지역 내에서 가장 장시간 승객을 기다려온 운전사에게 배차를 맡겼다. 또한 신뢰성도 없었다. 택시매직 이용자를 태우러 가던 운전사라 해도 더 많은 요금을 받으려고 서류 가방을 들고 공항으로 향하는 기업인을 태우기 위해 열심히 방향을 틀어 3개 차로를 가로질러 갈 수도 있었으니 말이다. 그럴 경우 택시매직 이용자는 계속 택시를 기다려야 했다.

택시 회사들은 이런 문제들 중 어떤 것도 시정하려 하지 않았다. 드파스퀘일은 이에 대해 이렇게 얘기했다.

"기존의 영업 관행에 대해 그처럼 조금의 기본적인 변화조차 거부하는 택시 회사들, 그리고 운전사들의 문제를 해결할 수 있는 기술은 없었습니다."

그는 그다음에 일어난 일도 특별히 자랑스럽게 여기지 않는다. 2009년 여름에 택시매직은 최고 벤처자본사인 벤치마크캐피털의 파트너이자 실리콘밸리의 투자가인 빌 걸리로부터 주목을 받아왔다. 키가 2미터 5센티미터로 장신인 걸리는 온라인 예약 회사인 오픈테이블OpenTable을 맨 처음 후원했던 인물이었다. 당시 그는 육상 교통이란 낡은 세계에 단순함과 효율성을 부여할 수 있는, 오픈테이블이 그랬던 것과 유사한 자동차 서비스를 물색 중이었다. 조지 아리슨은 걸리가 스프레드시트를 숙독하고, 파티와 택시 업계에 대해 이야기하고, 드파스퀘일과 투자 조건에 협상하면서 몇 주 동안 여러 차례 버지니아 사무실에 앉아 있었던 것으로 기억한다.

결국 걸리는 구두 제안을 내놓았다. 택시매직의 가치를 3,200만 달러로 평가하고, 그곳에 800만 달러를 투자하겠다는 것이었다. 인터넷에 대해 가장 진보적인 투자자를 모셔올 수 있는 기회가 생겼다. 하지만 회사 회장임과 동시에 비록 공식적인 직함을 달지는 않았지만 사실상의 CEO였던 드파스퀘일은 그 제안을 거절했다.

철학적인 차이가 일부 영향을 미쳤다. 걸리는 택시매직에 잠재력이 있다고 믿었지만 아주 제대로 된 상품을 확보했다고 여기지는 않았다. 그는 지방정부들이 요금을 정한 택시로부터 규제 강도가 덜한 검은색 차량과 리무진 시장으로 발 빠르게 움직일 필요가 있다고 주장했다. 그들은 심지어 리모매직Limo Magic 등의 명칭이 새로운 서비스에 걸맞는다는 이야기도 했다.

하지만 드파스퀘일은 그러한 변화가 택시 업계 내부로부터 추진돼야 한다고 믿었다. 또한 이전에 창업한 회사를 매각함으로써 상당한 성공을 거뒀던 그는 택시매직 이사회에 중대한 영향력을 발휘할 만한 투자를 해줄 서부 해안 출신의 벤처투자자로부터 자신이 조언을 받고 싶어 하는지조차 그다지 확신하지 못했다. 당시 드파스퀘일은 걸리의 제안을 거절한 걸 자랑스러워했다. 아리슨에 따르면 그는 고위 임원들에게 "당신들 회사는 벤치마크의 제안을 거절할 겁니다!"라고 말했다.

상황 판단이 빠른 걸리는 몇 년 뒤 자신이 드파스퀘일에게 좋은 인상을 남기고 택시매직으로부터 물러났다고 말했다. 그는 자신이 투자를 제안했지만, 사실 택시매직은 택시 회사들과 그들의 결함 많은 배차 소프트웨어에 상당히 심하게 의존하고 있었고 컨커가 택시매직의 지분 20~30퍼센트를 보유하고 있다는 사실이 마음에 들지 않았다고 말했다. 그는 덧붙여 이렇게 말했다.

"드파스퀘일이 CEO 자리에 오를 의사가 있었다면 나는 더 열심히 투자를 추진했을 겁니다."(드파스퀘일은 몇 년 뒤 CEO가 되었다.)

나중에 우버가 이룬 획기적인 성공, 그리고 그곳의 가장 영향력 있는 투자자가 빌 걸리였음을 감안해본다면 역사는 드파스퀘일의 선택을 좋게 보고 있지는 않으며, 그도 그 사실을 잘 알고 있다. 드파스퀘일은 이제 이렇게 이야기한다.

"우리는 걸리와 함께 사업을 할 수 있었고, 또 해야 했을지 모릅니다."

하지만 그는 또한 자신이 택시 업계가 쳐놓은 테두리 내에서 일하기로 한 결정을 옹호한다.

"우리는 규제 환경이 지속될 거라는 데 베팅했고, 거기엔 합리적인 근거가 있었습니다. 일부 도시에서는 택시 면허 가치가 수백 만 달러에 달했고, 거의 모든 도시에는 택시법을 집행하는 경찰들이 있었으니까요."

그것은 상상력의 실패였다. 드파스퀘일은 100년 된 낡은 법을 무시하고 사업을 진행하는 스타트업을 상상할 수 없었다. 그는 말했다.

"방식이 변했습니다. 언론과 소통하는 방식, 즉 자금을 조달하는 방식이 바뀌었다는 것이죠. 우버가 추종하는 사업 방법은 내가 배웠던 것들과 아주 다릅니다."

현재 드파스퀘일은 50대 중반이며, 많은 성공을 통해서 큰 부를 거머쥐었다. 나는 이러한 심각한 실수에 대해 그가 기억하는 이야기를 들으려고 몇 달간 그에게 연락을 취해봤지만 연결되지 않았다. 그는 우버의 공격에 압도돼 회사명을 커브Curb로 바꾼 택시매직이 택시용 결제 단말기 판매사인 베리폰Verifone에게 쥐꼬리만 한 돈을 받고 매각된 이후에야 비로소 내게 연락해왔다. 그는 이렇게 말했다.

"다른 운영상의 문제들도 많았지만, 그런 문제들은 여전히 폐쇄적이었던 택시 업계에서 잘못 베팅하는 것에 비하면 사소한 것들이었습니다. 택시 업계는 손톱만큼도 변화 욕구가 없었는데, 궁극적으로 택시매직 회장이자 창업자로서 나는 그 점을 더 잘 알고 있어야 했습니다. 나는 분명

매 분기 내가 목격했던 것을 이야기하며 당신과 내 시간을 낭비할 수 있을 겁니다. 하지만 당시에는 그래 봤자 소용이 없었죠. 우리는 배를 돌리려고 애쓰기보다는 처음부터 다시 시작하는 편이 더 나았어요."

드파스퀘일은 또 이렇게 덧붙였다.

"누구도 나만큼 내가 저지른 잘못에 대해 더 강하게 질책할 수 없을 겁니다. 택시 업계에 뛰어든 사람들은 모두 망했습니다. 택시 회사 사장들도 망했고, 운전사들도 망했죠. 승객들은 뭐가 문제인지 분명히 말해줬고, 그 말을 들은 사람도 있는 반면 듣지 않은 사람도 있었습니다. 난 내가 후자에 속했다는 걸 인정합니다."

그는 계속 말을 이어갔다.

"후회는 없습니다. 나는 업계에서 큰돈을 벌었지요. 인터뷰 내용은 당신이 원하는 대로 쓰십시오. 난 마음 아프지 않아요. 우버는 믿을 수 없을 만큼 좋은 성과를 낸 위험한 베팅을 했지요. 이왕 질 거라면 빌 걸리가 개입된, 역사상 가장 성공한 기업에 지는 편이 가장 좋습니다. 그들은 져도 괜찮은 정도로 정말 멋진 사람들이니까요."

교통 혁명에서 우버를 이기려고 애썼던 온갖 회사들 중 가장 이례적인 회사는 미국의 전자제품 체인점인 베스트바이BestBuy로부터 나왔다. 2008년 심리스휠스가 망하고 택시매직이 차고 생활을 접을 무렵, 베스트바이는 새로운 사업 아이디어를 얻기 위한 자체 인큐베이터incubator(신생기업에 사무실 공간과 설비 제공, 금융 서비스 이용 지원 및 사업 안내를 해주는 기업_옮긴이)를 열었다. 그리고 전국의 매장 직원들에게 그들 각자가 스타트업에 대해 꿈꿨던 것들을 적극 공유해보라고 장려했다. 자신의 아이디어가 선택된 직원은 전자제품 전시장을 떠나 두 달간 LA의 파크라브레아 아파트에서 지내며 일해야 했다. 베스트바이는 이 프로젝트를 업스타트UpStart라고 부르며 결과를 낙관했다.

크게 유행하다 사라진 많은 기업 프로젝트들처럼 업스타트 프로젝트 역시 불과 1년 만에 사라졌다. 기업을 구할 만한 프로젝트는 나오지 않았지만 한편으론 흥미로운 결과가 등장했다. 베스트바이 산하에는 사람들의 가정에 방문해서 전자제품을 조립해주는 긱스쿼드Geek Squad라는 회사가 있었다. 이 회사의 LA 지역 담당 기술자는 그해 봄, 고객들이 온라인 지도를 통해 자기 집으로 오고 있는 긱스쿼드의 차 위치를 파악하게 해주는 방법이 있으면 좋겠다고 제안했다. 대니얼 가르시아Daniel Garcia라는 이름의 그는 자신이 제안한 생각을 연구하는 프로그램으로의 합류에 초대받았고, 두 명의 인턴사원 지원도 받았다.

프로그램은 9주간 지속됐으며, 시간이 절반쯤 지났을 때 가르시아와 동료들은 자신들의 아이디어가 그다지 흥미롭지 않다는 사실을 깨달았다. 그러자 업스타트를 만든 IBM 출신 베테랑 존 울퍼트John Wolpert가 새로운 제안을 내놓았다. 그 기술을 택시 업계에 적용해보고, 택시들도 똑같은 방식으로 지도 위에서 위치가 추적되게끔 만들어보자는 것이었다. 서던캘리포니아 대학의 졸업생이자 인턴 중 한 명이었던 탈 플랜치라이치Tal Flanchraych는 나중에 보드게임인 스크래블Scrabble과 비슷한 신형 앱인 스크래블러스Scrabulous에 대해 얘기하다가 그것과 유사한 캐블러스Cabulous라는 이름을 찾아냈다.

그들은 이후 몇 주 동안 캐블러스에 대해 연구했다. 캐블러스가 잠재력 있다고 판단한 울퍼트는 상사들에게 이 프로젝트를 베스트바이로부터 분사해달라고 요청했다. 베스트바이 임원들은 점점 더 심각해지는 경제위기로 지쳐 있던 상태라 지분 소유마저도 거절하면서 캐블러스를 행복하게 떠나보냈다.

울퍼트는 샌프란시스코에 있는 스타트업 인큐베이터인 피버탈랩Pivotal Labs에서 캐블러스를 세웠고, 개발자를 채용했으며, 스마트폰에 맞는 앱 개발에 착수함과 동시에 운전사들을 육성하기 시작했다. 시의 최대 택시 회사인 옐로우캡Yellow Cab은 구식 배차 회사 한 곳과 10년간의 기술 계약을 체결한 상태였고, 또 다른 회사인 룩소Luxor는 택시매직을 이용 중이었다. 하지만 드소토DeSoto와 SF그린캡SF Green Cab이라는 두 회사는 캐블러스가 직접 운전사들에게 홍보하는 것을 허용했다. 울퍼트는 택시 앞좌석에 장시간 앉아 있으면서 택시 기사란 직업에 대해 배우고, 머리가 희끗희끗한 시 운전사들을 사랑하게 되었다. 그들은 몇 년을 기다린 끝에 택시 면허를 따낸 후 안정적인 수익을 유지하고 있었다. 울퍼트는 이렇게 말했다.

"멋진 운전사들이 정말로 많았습니다. 나이 든 해리 차핀Harry Chapins(미국의 포크록가수이자 싱어송라이터_옮긴이) 같은 분들이 여전히 운전대를 잡고 계시죠. 그들은 세상의 소금 같은 분들이에요."

울퍼트는 그런 택시 기사들에게 힘이 되어주는 서비스를 구상 중이었다. 그런 서비스는 전통적 택시 업계를 보다 효율적으로 만들고, 운전사들의 소득 증대에도 도움을 줄 것이라는 게 그의 생각이었다. 그러나 여기엔 치명적 오류가 있었다. 심리스휠스가 때를 잘못 만나서 고생했고, 택시매직이 택시 회사들의 고집 때문에 고생한 회사라면 캐블러스는 공손함 때문에 망할 운명이었다.

2016년 초의 어느 비 오는 날, 울퍼트는 샌프란시스코에 있는 내 사무실에 앉아 창밖으로 우버 차량들이 지나가는 모습을 지켜보며 이렇게 말했다.

"나는 멋진 사람이 되려고 애썼습니다. 그때 나는 상생에 몰두하고 있었는데, 좀 지나칠 정도였어요. 그 뒤로 협상에 대해 많은 걸 배웠죠."

우버캡이 등장하기 6개월도 더 전인 2009년 가을, 캐블러스는 애플스토어에 처음으로 모습을 드러냈고 나중에 우버를 특별하게 만들 요소들 중 몇 가지 기능을 제공했다.

택시매직과 달리 캐블러스는 지도상에서 택시들의 이미지를 보여줬고, 승객들은 전자기기를 이용해서, 또는 택시 회사의 배차 번호로 전화를 걸어 택시를 호출할 수 있었다(선호하는 운전사를 찾아서 그를 특별히 호출하는 것도 가능했다). 몇 가지 멋진 부가기능도 있었는데, 가령 승객들이 앱을 켜면 자동차 문이 여닫히는 소리와 제트엔진이 이륙할 때 나는 소리가 나오는 것이 한 예였다. 아주 하찮은 것들이긴 했지만, 몇 년 뒤 울퍼트는 그 오래된 소리를 내면서 미소를 지었다.

하지만 우버와 달리 캐블러스는 자동 결제가 되지 않았기에 승객들은 여전히 미터기에 적힌 요금을 운전사에게 직접 손으로 지불해야 했다. 또한 캐블러스는 처음에 운전사들에게 아이폰을 지급하지 않았다. 울퍼트는 어느 날 오후 포크 거리에 있는 밥스 도넛Bob's Donuts에서 도넛과 커피를 주면서 시의 택시 기사들을 상대로 비공식 설문조사를 실시한 후 상당수의 운전사들이 이미 아이폰을 갖고 있다는 결론을 내렸다. 다만 그가 깨닫지 못했던 사실이 하나는, 운전사들이 쓰는 아이폰 중 다수가 탈옥폰(사용자가 제조사에서 제한한 여러 기능을 사용하기 위해 잠금장치를 해제한 휴대폰_옮긴이)이라는 것이었다. 결과적으로 그들의 탈옥폰에서 캐블러스의 정식 앱은 엉터리로 돌아가거나 아예 돌아가지 않았다.

가장 큰 문제는 캐블러스가 운전사 공급이나 요금을 통제하지 않았고, 수요에 맞춰 택시를 늘릴 수도 없다는 것이었다. 따라서 택시 기사들이 바빠지고, 호출 수가 늘어나는 주말 저녁에는 "운전사들이 아예 앱을 켜 놓으려고 하지 않았다."는 게 탈 플란치라치의 설명이다. 회사와 함께 샌프란시스코로 이주한 그는 이렇게 덧붙였다.

"금요일 저녁에는 지도상에 단 한 대의 차도 없었습니다."

초기에 직접 회사에 투자했던 울퍼트는 2009년 말 증자에 착수했다. 베이에어리어 지역 내 세 집단의 엔젤투자자들이 총 100만 달러 미만의 돈을 투자하기로 합의했다. 하지만 이는 또 다른 실수였다. 그것만으로 충분하지 않았기 때문이다. 울퍼트는 지나치게 신중했다. 그는 말했다.

"우리는 총싸움에 칼을 들고 나간 격이었습니다."

곧 이어 황금의 기회가 손짓했지만 캐블러스는 택시매직처럼 그 기회를 놓쳤다. 울퍼트가 증자를 마무리 짓고 있을 무렵, 그의 전화기 벨이 울렸다. 전화기 너머에서는 텍사스 사람인 듯한 목소리가 들렸지만 울퍼트는 그가 누구인지 즉각 알아채지 못했다. 택시매직에서 느낀 실망감을 털고 새 출발을 하면서 여전히 다가올 교통 혁명에서 최고의 자리를 찾고 있던 벤처투자자 빌 걸리는 캐블러스가 투자금을 모으고 있다는 소식을 듣고서 당시 얼마나 투자할 수 있는 여지가 남아 있는지를 울퍼트에게 물었다.

깜짝 놀란 울퍼트는 '이번 투자 회차에는 기본적으로 투자 한도가 꽉 찼다'고 솔직히 대답하며 그렇기에 소액 투자만 가능하다고 말했다. 걸리는 그 정도 규모의 액수로는 벤치마크의 관심을 끌기에 역부족이라고 대답했고, 이어 전화를 끊기 전에 '시 전체보다는 특정 지역에서 서비스를 먼저 출시하라'고 제안하면서 집중이 중요하다는 조언을 공짜로 해주었다.

몇 년 뒤 울퍼트가 생각해보니, 어쩌면 그는 당시 걸리의 투자 제안을 받아들여야 했던 건지도 몰랐다. 하지만 그렇게 하려면 이미 돈을 낸 투자자들에게 등을 돌려야 했을 것이다. 다시 말해 이전에 했던 개인적 약속을 저버리고 무자비할 정도로 회사에 가능한 최고의 결과를 우선에 둬야만 했었을 것이란 뜻이다. 이에 대해 그는 이렇게 말했다.

"나는 보이 스카우트 출신이에요. 나는 나를 있게 만든 사람과 함께 갈 작정이었죠."

2010년 6월에 우버캡이 샌프란시스코에서 검은색 차량 서비스를 선보였을 때, 캐블러스는 우버의 가장 가까운 경쟁사였다. 탈 플랜치라이치는 그해 봄 크레이그리스트에 실린 우버의 광고를 기억한다. 광고에는 '우버캡, 경력 엔지니어 모집: 멋진 장소에 있는 스타트업 1층에서 일함'이라는 제목과 함께 "우버는 캐블러스와 유사한 육상 교통 앱 제작을 도와줄 엔지니어들을 찾고 있습니다."라는 글이 있었다.

우버의 첫 번째 CEO인 라이언 그레이브스 역시 울퍼트에게 연락했고, 두 사람은 샌프란시스코의 선착장 엠바카데로에 있는 딜랜시스트리트레스토랑Delancey Street Restaurant에서 커피를 마시기 위해 만났다. 울퍼트는 우호적이었지만 우버 측의 접근을 무시했다. 그는 말했다.

"우리는 배차 담당자가 호출해주기를 기다렸습니다. 주차장과 공항에 상시 대기하고 있는 리무진 운전사들이 존재한다고는 생각도 못했죠."

울퍼트는 트래비스 캘러닉이 레스토랑에서 그들과 합석하기 전까지 그레이브스와 즐겁게 대화를 나눴다. 캘러닉은 직설적으로 "리무진으로 시작할 예정입니까?"라고 물었고, 울퍼트는 아니라고 답했다. 그는 그것이 나쁜 생각이고, 회사가 보다 규제를 덜 받는 경쟁자들을 지원하기 시작하면 캐블러스를 이용하는 영업용 자동차 운전사들이 당황할 거라고 믿었다. 그 운전사들 모두는 울퍼트의 집 주소를 알고 있었다. 그는 야구장 근처에 있는 자신의 아파트에서 그들이 던지는 기술적 질문에 개인적으로 대답해주었다. 그는 "우리는 이미 결정을 내렸습니다."라며 그들에게 확약했다. 그레이브스와 캘러닉은 즉시 자리를 떴다.

이후 몇 달간 캐블러스는 확장 계획을 세우고, 택시 회사들과 계약 다툼을 벌이면서 신중하게 택시매직 주변을 맴돌았다. 그러자 더 우아한 앱과 고급스런 검은색 차량 탑승 경험을 자랑하는 우버캡이 성장 관성과 찬사, 그리고 벤처자본을 얻기 시작하더니 결국 두 회사를 완전히 박살냈다.

샌프란시스코 시의 관리들이 라이언 그레이브스의 얼굴 사진이 담긴 제1차 서비스 정지명령 통지서를 발부했다는 말을 들은 울퍼트는 그것이 정당한 조치라고 믿었다. 규제에는 목적이 있었다. 할머니들이 슈퍼마켓에서 집까지 경제적 부담 없이 타고 올 수 있게끔 택시 요금은 엄격히 통제될 필요가 있었다. 울퍼트는 이용료가 높은 검은색 차량들이 보다 덜한 규제를 받고 있다는 걸 알았지만, 법적으로 그들이 먼저 소환돼서 택시들과의 경쟁력이 제한돼야 한다고 생각했다.

울퍼트는 우버캡이 승객들이 길거리에서 택시를 부르듯이 미리 고민하지 않고서 휴대폰으로 타운카를 호출할 수 있게 해주는 새로운 기술을 통해 둘 사이의 차이를 없애버렸다고 느꼈다. 더 불쾌했던 건 우버가 아이폰을 요금 계산용 택시 미터기로 사용했다는 사실이었다. 미터기는 승객들을 바가지 피해로부터 승객들을 보호하기 위해 전통적으로 시의 도량형 담당 부서에 의해 보정되고 면밀히 감시된다. 첫 번째 만남 이후부터 우정을 쌓아갔고, 몇몇 시교통국 회의에 같이 참석했던 그와 그레이브스는 전화 통화로 이 문제에 대한 언쟁을 벌였다. 그레이브스는 울퍼트에게 말했다.

"이봐요, 수십 년 동안 이어졌던 규제는 이제 완전히 무시하자고요!"

그러자 울퍼트는 그에게 소리쳤다.

"그게 어떻게 좋은 생각인가?"

그레이브스는 "더 이상 할 말이 없군요."면서 전화를 끊었다. 두 사람은 이후 두 번 다시 서로 대화하지 않았다.

2011년 우버가 어느 정도 자리를 잡기 시작한 후, 울퍼트는 캐블러스를 떠나면서 보다 노련한 CEO에게 싸움을 양보했다. 그로부터 몇 년 뒤 캐블러스는 회사명을 플라이휠Flywheel로 바꿨고, 이 새 회사명은 공동 마케팅 합의 차원에서 드소토가 소유하고 있던 모든 샌프란시스코 택시들의 외부를 도배하기 시작했다.[2] 울퍼트는 이제 새 이름을 볼 때마다 감정이 울컥한다.

"이 일로 부자가 되지 못한다 해도 좋습니다. 나는 도시의 얼굴을 바꿔 놓았다는 사실에 행복합니다."

그는 자신이 규제에 얽매이고 우버가 야기한 파괴적 위협을 상대할 준비가 되어 있지 않은 택시 기사 및 회사들과 제휴했던 게 실수였을 수 있다고 인정하며 이렇게 말했다.

"그건 마치 상어가 바다표범을 집어 삼키는 모습을 지켜보는 것 같았어요. 우리는 악덕 자본가들이 판치는 시대에 살고 있습니다. 돈이 충분하고 제대로 전화를 걸 수만 있다면 어떤 정해진 규칙도 무시한 채 홍보 효과를 얻을 수 있죠. 그러면 이길 수 있는 거고요."

지금 그는 다시 IBM으로 돌아갔다. 우리의 대화가 끝나고 문 밖으로 나서려고 할 때 그는 디파스퀘일을 사로잡았던 것과 똑같은, 엄청난 기회를 못 잡은 실패가 대중에게 알려질지 모른다는 걱정에 압도당했다. 울퍼트는 말했다.

"부탁인데, 내 경력을 망치지는 말아주십시오."

카우치서핑 이야기

엉터리 결정과 불완전한 기술에 시달렸던 건 우버 이전의 자동차 서비스 신생 벤처기업들뿐만이 아니었다.

카우치서핑이라는 온라인 숙박공유 서비스 회사는 에어비앤비가 등장하기 전 5년 동안 열성적 추종자들의 관심을 끌었다. 그곳을 망하게 만든 건 나쁜 시기나 고집, 혹은 만성적 친절함이 아니라 극악무도한 비즈니스 세계만큼 치명적인 '이상주의'였다.

카우치서핑은 케이시 펜튼Casey Fenton이라는 뉴잉글랜드 출신의 젊은 무일푼 프로그래머가 낸 기발한 생각의 결과물이었다. 카우치서핑의 중대한 임무선언문("사람들을 연결시키고, 고무적인 경험을 만들어내자.")을 포함해 펜튼이 내세웠던 비전은 훗날 브라이언 체스키와 조 게비아가 분명히 밝혔던 비전과 사실상 동일했다. 에어비앤비와 카우치서핑이란 브랜드 명칭들 역시 '아침에 몸이 아픈 상태로 일어나게 만들 수 있는 불편한 밤잠'을 뜻한다는 점에서 서로 유사했다.

체스키와 달리 펜튼은 이혼 가정에서 성장했고, 뉴햄프셔 주와 메인 주에 있는 집들 사이를 오가며 어린 시절을 보냈다. 가난했기 때문에 정기적으로 정부로부터 식비 지원을 받아야 했던 가족의 다섯 아이 중 맏이였던 그는 고등학교 조기졸업 후 세상을 보고 '흥미로운 삶'을 살겠다고 결심하고선 최대한 빨리 출가했다.

1990년대 후반 대학 시절에 펜튼은 무작정 세상의 여러 다른 곳들로 향하는 비행기표를 산 다음 현지인들의 친절함에 의지해 숙박 문제를 해결할 수 있었다. 카이로를 여행했을 때는 택시 기사와 함께 남몰래 고대 피라미드를 오르기도 했다. 또 아이슬란드에 갔을 때는 1박당 100달러인 현지 유스호스텔을 이용할 능력이 없었기에 염치 불구하고 아이슬란드 대학의 학생연락망에 있는 수많은 전화번호로 마구 전화를 걸어 잠을 잘 수 있는 소파를 부탁했다.

펜튼은 그런 여행 과정에서 사람들과 아주 멋진 교류를 했기 때문에 그 경험을 세상 사람들과 공유하고 싶었다. 그는 1990년대 후반에 카우치서핑닷컴Couchsurfing.com이란 웹주소를 등록한 뒤 몇 년간 스타트업들을 상대로 컨설팅을 해줬고, 알래스카에서 정치 분야의 일을 하다가 사이트를 출범시켰다. 이런 노력에 동참한 파트너들로는 예전에 프로그래밍 작업을 위해 펜튼을 고용한 적이 있던 하버드 출신의 여행 마니아 대니얼 호퍼Daniel Hoffer 및 그들의 다른 두 친구가 있었다.

카우치서핑은 2004년에 문을 열었고, 부를 축적하기보다는 그것을 공유하는 데 관심이 많은, 젊은 여행 애호가들을 끌어모았다. 몇 년 뒤에 출현한 에어비앤비와 마찬가지로 집주인과 손님들은 사이트에 자기 소개글을 올렸고, 숙박이 끝난 뒤 각자 상대에 대한 평가를 남겼다. 사람들이 페이스북 프로필을 이용하게 되기 몇 년 전이었던 당시 이 회사가 사람들의 신원을 확인하기 위해 사용했던 방법은 무척 기발했다. 카우치서핑은 이용자의 신용카드와 관련된 정보를 요구한 다음 그의 주소로 인증번호가 담긴 엽서를 보내줬고, 그걸 받은 이용자가 사이트에 인증번호를 입력하면 인증이 끝나는 방식이었다. 회사는 이 서비스 이용료로 25달러를 청구했는데, 이것은 몇 년간 회사의 유일한 수익원이 되어주었다.

펜튼은 회사에 낭만적인 개념을 접목시켰다. 그는 회사를 숙박 시장이 아니라 여행객들이 새로운 사람들을 만나고, 진귀한 경험을 하고, 세상을 더 따뜻하고 보다 매력적인 장소로 만들 수 있는 길로 홍보했다. 자신이 홍보한 내용을 성심성의껏 실천하던 그는 뉴햄프셔 주에서 회사를 비영리기관으로 등록했다. 몇 년 뒤 그는 샌프란시스코에 있는 플랜트카페오가닉Plant Cafe Organic에서 유기농 렌틸콩 수프를 먹으면서 당시의 자신이 순진한 일을 엄청나게 많이 저질렀다고 인정했다.

"그런 일들은 기업이란 것의 실체에 대해 이해하지 못할 때 하게 되죠."

카우치서핑은 비영리조직이라는 이유로 직원을 두거나 실제 사무실을 갖지 않았다. 대신 그곳에는 사이트를 이용해 세계를 돌아다니면서 서로 빌려주는 소파 위에서 잠을 청하고 방랑 생활을 하는 수백 명의 자원봉사자가 있었다. 네 명의 창업자는 각자 집에서 일했고, 펜튼은 팰로앨토에서 한 번에 몇 달 동안 호퍼와 대립하기도 했다. 커뮤니티에서 가장 활발하게 활동하는 회원들은 가끔 태국, 뉴질랜드, 코스타리카 등지에서 몇 개월을 함께 생활하면서 사이트의 개선안을 만들어내기도 했다.

2008년이 되자 회사는 수십 명의 유급 직원과 함께 2,000명이 넘는 자원봉사자를 확보했다. 이들은 모두 일하는 시간대가 달랐고, 종종 이동 중이었다. 놀랄 것도 없이 사이트는 추했고, 낡았으며, 이용하기 어려웠다. 그때 에어베드앤드브렉퍼스트가 등장했다.

뉴햄프셔 주는 카우치서핑 측에 부적절하게 등록됐으니 면세 지위를 박탈하겠다고 통보해왔다. 창업자들은 향후 취할 조치에 대해서 합의를 이룰 수 없었다. 이 무렵 대니얼 호퍼는 경영대학원 졸업생이자 실리콘밸리 보안회사인 시만텍Symantec의 제품 관리자였다. 그는 영리 모델로 전환한 뒤 일부 실질적 수익을 얻기 위해 손님들에게 1박당 숙박료를 부과해서 일부 실질적 수익을 얻자며 공동창업자들에게 로비를 펼쳤다.

펜튼은 집주인과 손님들이 금전적 거래를 할 경우 여행 경험의 순수성이 희석된다고 주장하면서 끈질기게 반대했다. 대신 그는 뉴햄프셔에서의 비영리적 지위를 연방 조세법 501(c)(3) 조항에 해당하는 비영리면세 조직으로 전환하기 위해 장기간에 걸쳐 큰돈이 드는 노력에 착수했다. 펜튼은 당시 한 인터뷰에서 자신의 생각을 설명하면서 이렇게 말했다.

"인생은 짧습니다. 나는 의미 있는 일을 해보고 싶어요. 돈은 쉽게 벌 수 있을 듯하고요. 저더러 돈에만 신경을 쓴다고 해도 괜찮습니다. (하지만) 나는 보다 흥미롭다고 여겨지는 몇 가지 일을 해보고 싶습니다."[3]

호퍼는 에어비앤비가 카우치서핑에 위협적 존재일지 의심했다. 2008년 YC에 들어가기 전 체스키와 게비아가 여전히 샌프란시스코 주변을 열심히 돌아다니면서 만날 수 있는 모든 사람들에게 조언을 구하고 있을 때, 해군에서 예편한 후 벤처투자자로 변신한 페이지 크레이그는 그들을 호퍼에게 소개시켜줬다. 그래서 결국 세 사람은 어느 날 밤 미션 지구에서 피자를 먹으러 만났다.

체스키와 게비아는 카우치서핑에 대해서뿐 아니라 생면부지의 사람들이 같은 지붕 아래서 잠을 자며 신뢰를 쌓는 문제와 관련된 질문들을 호퍼에게 퍼부었다. 식사 분위기는 화기애애했지만 호퍼는 앞으로 문제가 생길 수 있음을 직감했다. 그는 후에 이렇게 말했다.

"그들은 분명 지능적으로 사업에 접근하고 있었고, 똑똑해 보였어요. 난 그들에게서 큰 위협을 느꼈죠."

나중에 체스키는 내게 자기는 카우치서핑을 보고 감명을 받진 않았다고 말했다.

"나는 의자 제작 회사가 50곳이 있을 수 있다는 걸 알 만큼 충분히 많은 제품을 개발해왔어요. 하지만 그건 별로 안 중요하죠. 중요한 건 최고의 의자를 만드는 사람이 승리한다는 거니까요."

그는 카우치서핑은 이를테면 아마추어가 만든 의자 같다고 말했다. 디자인은 혼란스러웠고, 환대받는 느낌을 주지 못했으며, 결제 체계도 갖춰놓지 못했다는 게 이유였다. 체스키는 이렇게 덧붙였다.

"최고의 의자는 전혀 다르죠. 그걸 아마추어가 만든 의자들과 비교한다는 건 모든 종류의 의자들이 똑같다고 말하는 것과 마찬가지예요."

저녁식사를 마친 뒤 호퍼는 펜튼 및 다른 공동창업자들에게 연락해서 비영리조직의 지위에 대한 요구를 단념해달라고 요청했지만 거부당했다. 그들은 모두 똑같은 얘기를 반복해서 해야 한다는 데 질려 있는 상태였다.

몇 년 뒤 호퍼는 비로소 아주 중요한 '가정假定'을 되돌아볼 수 있었다. 체스키와 게비아는 멘토와 협력자를 원했고, 그런 관계를 추구함으로써 처음부터 엄청난 기회에 참여할 수 있는 결과를 얻었다. 호퍼는 자신이 현재 일하고 있는 한 벤처자본사의 회의실에서 천천히 말했다.

"나는 케이시 펜튼과 다른 창업자들, 그리고 카우치서핑 커뮤니티에 대한 내 충성심을 우선적으로 생각했습니다. 따라서 그것은 선택의 문제였죠. 그것 때문에 아마 10억 달러쯤 손해를 봤을 수도 있어요."

카우치서핑과 관련된 나머지 이야기는 아름답지 않다. 호퍼는 2010년 펜튼이 카우치서핑의 CEO 자리에서 물러나게 했다. 미국 국세청Internal Revenue Service, IRS은 상식적인 이유를 대며 501(c)(3)의 신청을 거부했다. 카우치서핑은 반드시 문화적 가치 교류를 촉진하거나 세상을 더 나은 장소로 만든다기보다는 여행 숙소 이용자들의 돈만 아끼게 해주는 회사라는 게 그 이유였다.

카우치서핑은 갑자기 비영리 지위를 다시 얻는 데 필요한 많은 돈을 지불하고, 세금을 납부하기 위한 돈을 끌어모아야 하는 상황에 처했다. 회사는 다름 아닌 벤치마크캐피털의 주도로 일련의 투자자 집단으로부터 760만 달러를 조달했다. 벤치마크는 갑자기 유행을 타게 된 숙박공유 분야에서 에어비앤비와 경쟁할 수 있는 기회가 생겼다고 판단했다.

벤치마크의 투자 파트너인 전 페이스북 임원 매트 콜러Matt Cohler는 자신이 잘못된 도박을 했다는 사실을 깨달았어야 했다. 비영리로의 지위 전환이 마무리되자 그는 호퍼, 펜튼, 대부분의 직원들, 그리고 모든 자원봉사자들을 해고했다. 카우치서핑의 가장 열광적인 이용자들은 다양한 온라인게시판에 마구 독설을 퍼부어댔고, 사이트의 인기는 에어비앤비에게 추월당했다. 카우치서핑의 새 CEO는 2년도 버티지 못했다.

짐라이드 이야기

낙오 기업들에 대한 이야기들 중 아직 한 가지 중요한 것이 남아 있다. 짐라이드Zimride라는 기업의 스토리다.

이베이가 판매자들에게 집 다락방에 있는 안 쓰는 물건을 내다팔게 하고, 크레이그리스트가 낡은 차나 쓰던 이불은 물론 심지어 잡역을 할 수 있는 여유 시간을 팔 수 있게 했듯이 짐라이드는 장거리 도로여행을 하는 자동차 빈 좌석에도 똑같은 원칙을 적용할 수 있다고 생각했다. 그다지 큰 관심을 받은 기업이 아니었음에도 짐라이드는 실리콘밸리와 전 세계 업스타트들 사이에서 벌어질 큰 싸움에서 중대한 역할을 하게 된다.

짐라이드에 대한 이야기는 1990년대 LA의 교통 혼잡 속에서 성장했던 내성적인 젊은 소프트웨어 엔지니어 로건 그린Logan Green과 함께 시작된다. 그린은 고등학교 때 놀런 부시넬Nolan Bushnell 밑에서 파트타임 일을 얻었다. 부시넬은 유명 비디오게임 기업가이자 비디오게임 회사인 아타리Atari의 창업자, 그리고 애플의 공동창업자인 스티브 잡스의 첫 번째 상사 중 한 명이었다. 히피들이 많은 샌타모니카의 뉴로즈 고등학교에 입학한 그린은 낡아빠진 1989년식 볼보 740를 타고 LA 서쪽 플라야델레이에 부시넬이 세운 게임 회사 유윙크uWink까지 몇 년간을 출퇴근하며 교통정체가 심한 도시의 거리를 누볐다. 운전 거리는 6마일, 즉 약 10킬로미터 정도에 불과했지만 그에 소요되는 시간은 30분 이상이었다. 그는 몇 년 뒤 내게 이렇게 말했다.

"그 시기엔 모든 사람들이 교통정체에 시달리는 모습을 본 것 같은 느낌을 받았던 걸로 기억합니다. 혼자 차를 타고 같은 방향으로 향하는 사람이 수만, 수천 명이었죠. 나는 우리가 차 한 대에 두 명만 태울 수 있어도 차들의 절반을 도로에서 내보낼 수 있을 거라고 생각했어요."

그린은 남부 캘리포니아 교통에 진절머리가 났던 그린은 샌타바버라에 있는 캘리포니아 대학에 입학한 뒤부턴 그간 타고 다녔던 낡은 볼보를 집에 세워놓고 주로 대중교통을 이용했다. 그는 말했다.

"나는 대중교통을 타고 돌아다니는 게 어떤 느낌인지 직접 알아보고 싶었습니다."

2002년 대학 2학년 시절, 그는 동부 해안에 있던 자동차 공유 클럽인 집카Zipcar에 대해 알게 됐다. 집카는 회원들이 자동차를 소유하지 않고서도 융통성 있게 기간을 정해 차를 빌려 탈 수 있게 해주었다.

샌타바버라에서 집카의 서비스를 이용하고 싶었지만 그럴 수 없었던 그린은 모교에서 자동차 공유 프로그램을 시작했다. 대학은 토요타Toyata 프리우스 차량을 몇 대 구입했는데, 그린은 학생들이 웹사이트에서 차량을 예약하고, 특별한 무선 ID 카드와 접속 코드로 차 문을 열 수 있는 시스템을 고안했다.[4] 그는 이 프로젝트에 2년을 투자했고, 수천 명의 학생들이 그가 만든 시스템을 사용하기 시작했다.

하지만 휴일에 LA의 집으로 돌아와 장래의 부인이 될 당시 여자친구 에바를 만나러 가는 길은 항상 모험과도 같았다. 장거리 버스 여행을 하던 중에는 최근에 카운티 감옥에서 풀려나 소지품을 쓰레기봉투에 쑤셔넣고 다니는 수감자들을 만나기도 했다. 그는 또한 '차량공유'라는 단어가 광범위한 인기를 얻기 전에 차량공유 채널을 갖고 있던 크레이그리스트를 통해 실험해봤다. 그가 장거리 차량공유를 하며 겪었던 경험은 대체로 괜찮았지만 결코 완벽하게 마음 편한 것은 아니었다. 낯선 사람과 같이 차를 타는 게 불안하기 때문이었다.

이러한 실험들 후 자신감을 얻은 그는 샌타바버라 교통이사회의 최연소 이사가 되었고, 대중 버스 시스템과 관련된 암울한 경제학 및 정치학에 대해서도 전면적인 교육을 받았다. 시는 모든 버스 승차요금의 70퍼센트를 보조해줘야 했다. 서비스의 질은 낮았지만, 요금을 올리고 소비세를 인상하려던 시의 시도는 종종 지역 주민들이 세운 반대의 벽에 부닥쳐 찌그러졌다.

그린과 그와 가장 친한 고등학교 친구 매트 밴 혼Matt Van Horn은 2005년 여름 해외여행을 결심했다. 그들은 당시 미국에서 불법이었던 쿠바 방문을 할 예정이었다. 하지만 밴 혼의 어머니는 아들의 안전이 걱정스러워 비행기표값의 일부를 내줄 테니 쿠바가 아닌 아프리카로 가라고 그들을 설득했다. 결국 아프리카로 향한 그린과 밴 혼은 남아프리카공화국을 출발해서 나미비아와 보츠와나를 거친 뒤 짐바브웨로 향하는 1개월간의 여행에 나섰다. 그것은 기업가로서의 운명임이 분명했다. 두 젊은이는 잠비아와 짐바브웨의 경계에 있는 빅토리아 폭포Victoria Falls를 보고 깜짝 놀랐다. 짐바브웨는 극도로 가난했고, 자동차를 소유한 사람도 극히 드물었다. 대신 사람들은 무면허 택시 기사들이 모는 미니밴을 무더기로 탔다. 밴 혼은 말했다.

"그다지 체계적이진 않았지만 상당히 효율적인 방법이었습니다. 모든 좌석이 차지 않았는데 차를 운행한다는 건 합리적이지 않았고, 모든 사람들은 차량 주유비를 살 돈을 조금씩 부담하고 있었어요."

2005년 가을, 다시 샌타바버라로 돌아와 4학년이 됐을 때 그린의 머릿속에선 크레이그리스트의 차량공유 채널, 빅토리아 폭포에 있는 사람들로 붐비는 승합차들, 대중교통 시스템의 해결하기 힘든 결함들 등의 조각들이 끼워 맞춰지기 시작했다. 그는 자신이 짐라이드[국가명 '짐바브웨'와 '타다'를 뜻하는 영어 단어 라이드ride의 합성어]라고 칭한 개념을 연구하기 시작했다. 인터넷을 통해 모든 자동차의 모든 빈자리를 채우자는 생각이었다.

시기는 완벽해보였다. 그해에 성장 중이었던 페이스북은 다른 인터넷 기업들이 사람들의 회원 프로필을 통합시킨 서비스를 선보일 수 있게 해주기 시작했다. 이는 카우치서핑 등의 서비스엔 없던 요소였다. 사람들은 잠재 승객들의 실제 이름과 사진, 인맥을 확인함으로써 자신의 차를 그들과 공유하는 데 있어 보다 큰 안도감을 느낄 터였다. 2006년 12월, 대학생들은 짐라이드의 첫 번째 앱인 카풀Carpool을 통해 자신들의 여행 목적지와 더불어 같은 방향으로 함께 차를 타고 갈 사람들을 구한다는 글을 올릴 수 있었다.

나라 반대편에서는 코넬 대학의 한 졸업생이 이 앱을 보고 관심을 가졌다. 코넬 대학에서 호텔경영학을 전공한 존 짐머John Zimmer는 수익성이 높은 호텔 사업을 경영하는 열쇠는 높은 객실 점유율과 융숭한 환대임을 알았다. 하지만 당시의 교통 분야는 이 두 가지 중 어떤 것도 제공하지 못했다. 그는 나중에 내게 말했다.

"대중교통이나 택시를 호텔이라고 생각하며 이용해보면 아마 그건 두 번 다시 묵고 싶진 않은 호텔에 해당할 겁니다. 그건 실패한 사업이 될 거예요.”

짐라이드의 카풀 앱에서 영감을 받은 짐머(회사와 그의 이름이 비슷해진 건 우연의 일치였다)는 친구에게 부탁해서 그린을 소개받았고, 두 사람은 가상의 국토횡단 파트너십을 통해 협력하기로 결정했다.

그들은 당시 로스쿨을 다니기 위해 애리조나로 이주했던 밴 혼 및 또 다른 개발자와 파트타임으로 프로젝트를 연구했다. 물론 그것은 사이드 프로젝트였다. 그들은 코넬 대학에서 앱을 선보였고, 그곳 학생들은 재빨리 앱을 수용했다. 그들은 또한 휴일 동안 학생들이 매디슨(2시간 운전 거리)과 시카고(4시간 거리) 등 인근 도시들로 대거 이동하는 위스콘신 주립대학 라크로스 캠퍼스 같은 곳에서 앱이 임의로 쓰이고 있다는 사실을 알았다. 결과적으로 창업자들은 학교들을 상대로 하는 서비스 직접 홍보에 나섰고, 대학들은 연간 수백 달러의 돈을 지불함으로써 특화된 버전의 앱을 소유할 수 있었다.

사업이 약간 탄력을 받자 그린과 짐머는 실리콘밸리에서 투자금을 유치하기 위해 노력했지만, 그들을 만나주려 하는 사람은 아무도 없었다. 그때 그린은 갑자기 숀 아가월Sean Aggarwal이라는 이베이의 임원이자 엔젤 투자자로부터 투자 제안을 받았다. 그 제안이 사기처럼 느껴졌던 그린은 밴 혼에게 아가월이 실존 인물인지 알아보기 위해 캘리포니아 주 프리몬트에 있는 치킨집 코코치킨Coco Chicken까지 동행해달라고 부탁했다. 아가월은 진짜였고, 그는 투자를 원했다. 그날 그들은 몇 시간에 걸쳐 이야기를 나눴고, 아가월은 회사의 첫 번째 투자자이자 자문역이 되었다.

이제 그들은 약간의 자금과 노련한 안내자를 확보하게 됐다. 신규 자금을 확보한 존 짐머는 개구리와 비버 모양의 옷들을 샀고, 창업자들은 대학에서 짐라이드 전단지를 나눠줄 때 그 옷들을 입곤 했다.

2008년 여름에 팰로앨토로 이주한 짐머와 그린은 페이스북 사무실들과 멀리 떨어져 있지 않은 곳에서 함께 지냈다.[5] 후에 야후Yahoo의 CEO가 된 마리사 메이어Marissa Mayer가 살던 집 뒷마당과 인접해 있는, 비좁은 방 두 개짜리 아파트였다. 그곳에서 살았던 짐머와 그린은 낯선 땅의 이방인이자 룸메이트, 그리고 사무실 동료였다. 밤이 되면 그들은 외로이 앉아 메이어가 연 실외 파티와 시상식의 소음을 들어야 했다. 수상자 이름이 호명되면 누구인지 알아보기 위해 서둘러 구글에 접속해서 이름을 입력해보기도 했다.

이웃 소식을 염탐하지 않았을 때는 짐머의 이전 직장인 리먼브라더스Lehman Brothers가 시장의 폭락 속에서 파산하는 모습을 지켜봤다. 짐머와 그린은 경제에 큰 구멍이 생긴 이상 카풀이 갑자기 인기를 끌게 될지 모른다고 생각했다. 그린은 말했다.

"우리는 그 상황이 우리 사업에 엄청난 기회가 될지 모른다고 생각하며 그곳에 앉아 있었지만, 회사 입장에서 보면 투자금 유치에 있어 끔찍한 시기가 될 수 있었죠."

1년 더 견조한 성장세를 보이던 회사는 브라이언 체스키의 프레젠테이션 도중 웹사이트가 다운됐을 때 에어비앤비에 투자할 기회를 놓쳤던 벤처자본사 플러드게이트 파트너의 눈에 띄었다. 그때 플러드게이트는 실수를 깨달은 뒤였고, 높아지는 에어비앤비의 평판을 인식하고 있었던 짐라이드의 듀오는 자시들이 제작한 홍보 프레젠테이션에 숙박공유 스타트업을 언급할 만큼 충분한 센스도 갖고 있었다. 플라드게이트의 파트너인 앤 미우라-고Ann Miura-Ko는 차량공유가 주는 경제적·환경적 혜택에 대한 두 사람의 열정, 그리고 서비스 출범을 위해 이미 장시간 고군분투했음에도 계속해서 보여준 강철 같은 의지에 매료됐다. 그녀는 120만 달러의 자금 조달을 주도했다. 그녀의 파트너인 마이크 메이플스 주니어Mike Maples Jr.는 이렇게 말했다.

"반도체가 사양길이고, 일이 잘 풀리지 않고, 모든 사람들이 말릴 때라 해도 우리는 아이디어에 엄청난 애정과 열정을 갖고 인내하는 기업인들을 후원하고 싶습니다. 스타트업들은 매우 낭만적으로 묘사되죠. 그래서 대부분의 사람들은 그것이 실제로 존재하게 만들려면 어떻게 해야 하는지 전혀 감을 못 잡습니다."

그렇게 신규 자본이 투자되었음에도 짐라이드는 여전히 흔들렸다. 창업자들은 새로운 대학들과 월마트를 포함한 몇몇 기업에 카풀 서비스를 홍보했고("출근할 때는 매일 짐라이드를 이용하자!"), 일반인들을 상대로도 웹사이트를 열었다. 짐라이드는 LA와 샌프란시스코 등 주요 도시들 사이, 그리고 그런 도시들로부터 코첼라Coachella와 보나루Bonnaroo에서 열리는 음악 페스티벌까지 버스를 운행했다. 가끔은 짐머와 그린이 직접 운전을 하기도 했다. 2011년에 그들은 벤처투자자들로부터 600만 달러의 추가 투자금을 유치했고, 유행의 첨단을 걷는 샌프란시스코 남부 소마SOMA, South of Market 지역으로 이주했다. 당시 스타트업들의 성장 덕에 실리콘밸리의 무게중심은 북쪽으로 움직여 가고 있었다.

하지만 그린과 짐머는 짐라이드가 세상을 바꿀 수 있을 만큼 충분히 커질 수 없을 거란 사실을 서로 솔직히 인정해야 했다. 인터넷 시장이란 곳은 매수와 매도자가 그곳에서만 가능한 방식으로 연결되어 모두가 시간과 돈을 아낄 수 있을 때 번창한다. 아무리 열정적인 카풀 이용자라 해도 1년에 짐라이드를 이용하는 횟수는 겨우 몇 번에 불과했다. 그리고 이 서비스는 사실상 크레이그리스트, 그리고 대학 캠퍼스의 네모난 마당에 세워진 낡은 코르크 게시판을 대체하면서 동료 여행객들을 찾을 수 있게 도와줬지만 다른 일에는 별 도움이 되지 않았다. 그린은 말했다.

"우리의 비전은 원대했지만 제대로 실행되지 않았어요."[6]

짐라이드에서는 성공 가능성이 낮은 다른 기업들이 저지른 모든 치명적 실수들이 고스란히 드러났다. 창업자들은 지나치게 안일했고, 너무 이상적이었으며, 그들이 낸 생각은 시기적으로 너무 앞섰다. 스마트폰의 편재성과 소셜 네트워킹이 몰고 올 위대한 파도는 이제 막 강해지기 시작했다. 하지만 그들은 또한 실용주의적이었고, '피벗pivot(기존의 사업 아이템이나 모델을 완전히 버리지 않고 경영 전략에 변화를 주어 사업 방향을 전환하는 것_옮긴이)'이라 불리는 실리콘밸리의 개념을 신뢰했다. 그것은 은행에 돈이 있는 한 사업 모델을 전환해서 보다 수익성 높은 사업 환경을 모색할 시기를 놓치지는 않을 거라는 믿음이었다.

2012년 초에 창업자와 엔지니어들은 다음 행보를 논의하기 위해 3주 동안 빈번히 만났다. 우버의 검은색 차량 사업 성공이 인상적이었던 그들은 일반 사람들이 장기 여행이나 일상적 출퇴근뿐 아니라 매일 언제라도 대도시 내의 특정 장소에서 다른 장소로 이동할 수 있도록 보유 차량을 공유하게 해줄 짐라이드의 모바일 버전을 만들어볼 생각에 흥분했다. 한 직원의 사무실 칸막이에 걸려 있던 오렌지색 느낌의 커다란 콧수염 장식에서 영감을 받은 존 짐머는 모든 운전사들에게 자동차 앞 범퍼에 붙일 분홍색 콧수염 장식을 주기로 결정했다. 이 장식을 단 자동차는 눈에 띌 뿐만 아니라 낯선 사람과 같이 차를 타는 것을 부담스러워할 사람들에게 친근한 인상을 줄 수 있었다.

처음에 그들은 이 새로운 서비스를 짐라이드인스턴트Zimride Instant라고 불렀지만 나중에는 좀 더 기억하기 쉬운 리프트Lyft라는 명칭으로 바꿨다.

하지만 이제 이 이야기는 여기서 일단 마친다.

C H A P T E R 4

그로스 해커 _에어비앤비의 부상

아들아, 인터넷 세상에선 누구도 네게 1,000달러를 주지 않을 거다.

폴 블레차르지크Paul Blecharczyk가 아들 네이선에게

그레그 매커두는 실패할 기업들을 완전히 꿰뚫고 있었다. 뉴욕에서 태어난 벤처투자자인 그는 에어베드앤드브렉퍼스트 창업자들을 만나기 1년 반 전, 불현듯 방학 임대 시장의 통합과 효율화 방법에 대한 영감을 얻었다. 침대와 조식을 제공하며 여행 업계에서 활동하는 소규모 숙박 사업자들에겐 지역 광고를 할 수 있는 정도의 돈밖에 없었지만, 인터넷은 그들이 전 세계 여행객들에게 다가가게끔 해줄 수 있었다.

이러한 주제를 파고든 매커두는 레저링크LeisureLink와 이스캐피아Escapia를 포함한 여섯 곳 이상의 인터넷 회사를 방문했고, 텍사스 주 오스틴에 소재한 홈어웨이의 동태를 살펴보기 시작했다. 당시 홈어웨이는 휴가용

숙박시설들로 구성된 지배적 네트워크 구축을 위해 VRBO 등의 경쟁사들을 집어삼키고 있던 중이었다. 매커두는 1년 가까이 이런 기업들을 분석했지만 누구도 특별히 획기적인 전략을 갖고 있다는 확신이 들지 않았다. 오랜 시간이 지나 그는 말했다.

"숙박 시장은 상당히 분열됐기 때문에 그것을 온라인으로 어떻게 알려야 할지가 명확하지 않았습니다. 솔직히 말해서 나는 다른 곳으로 관심을 돌렸고요."

그러던 2009년 초에 그는 YC의 사장인 폴 그레이엄과 커피를 마시던 중 창업자들에게 필요한 강인한 정신을 주제로 이야기를 나누기 시작했고, 그레이엄은 방 맞은편에 앉아 있던 에어비앤비 사람들을 뛰어난 사례로 지적했다.

매커두는 그날 브라이언 체스키, 조 게비아, 네이선 블레차르즈지크와 인사를 나눴고, 그들의 전략을 들은 뒤 충격을 받았다. 그가 이야기를 나눴던 이 여행숙박 스타트업 창업자들은 여행객이나 집주인 모두가 더 나은 경험을 하게 만들기 위해 애쓰고 있었다. 그날의 만남은 매커두와 세쿼이어캐피털의 파트너들이 향후 몇 달간 에어비앤비 창업자들과 갖게 될 수많은 만남 중 첫 번째 것이자, YC가 경영난을 겪고 있던 에어비앤비의 향후 전망을 급속히 수정하게 된 계기가 되었다.

투자유치 성공을 낳은 창의적 고민들

에어비앤비는 성공 가능성이 낮아 보였던 시리얼 도박의 덕을 일부 보면서 그해 겨울 YC 프로그램에 겨우 들어갈 수 있었다. 창업자들이 입학 허가를 받은 후 블레차르지크는 보스턴에 있는 약혼자에게 잠시 이별을 고한 뒤 라우시 가의 아파트로 돌아와 직접 거실에 소파를 들여놓았다. 창업자들은 '개척자의 길Pioneer Way'이란 이상적인 이름으로 불리는 거리의 마운틴뷰에 있는 YC 사무실로 45분간 차를 몰고 갔다. 그곳에서 그들은 보통 큰 식당에 있는 긴 가대식 탁자들 위에서 사업을 시작했다.

YC에서 체스키, 게비아, 블레차르지크는 〈스타워즈Star Wars〉에서 주인공 제다이 기사가 정신적 스승 요다를 만나듯 그레이엄과 꾸준히 만날 수 있었다. 1차 닷컴 호황기에 자신이 세운 전자상거래 회사 비아웹ViaWeb을 야후에 매각한 이후 그레이엄은 "당신에게 호감이 있는 100만 명보다 당신을 사랑하는 100명을 얻는 게 더 낫다."와 "경쟁자들에 대해 걱정하지 말라. 스타트업들은 보통 살해보다는 자살로 죽게 되니까." 등 스타트업과 관련된 경구들의 창조자가 됐다. 40대 초반의 그는 남들 눈을 신경 쓰지 않고 카고바지에 폴로셔츠를 걸친 채 샌들을 신고 다녔다.

당시 세계 경제에는 큰 구멍이 났고 실업률은 치솟고 있었기 때문에 그레이엄의 충고는 평소보다 더 진지하게 받아들여졌다. 한번은 그가 에어비앤비와 프로그램에 참가한 다른 15개 스타트업 사람들에게 '투자자들은 겁먹은 상태니 프레젠테이션 자료엔 우상향 곡선이 들어간 그래프를 반드시 집어넣어 이익이 늘어나고 있다는 걸 보여줘야 한다'고 조언했다. 당시 이익이 늘어나기는커녕 사실상 수입도 전무했던 에어비앤비 창업자들은 그런 가상 차트의 모형을 실물 크기로 만들고선 라우시 가에 있는 화장실 거울에 접착테이프로 붙여놓았다.

경제붕괴에도 불구하고 창업자들은 자신들에게 다가올 행운을 최대한 이용해보기로 결심했다. 그들은 매일 밤 그레이엄과 그의 직원들에게 달라붙어 질문을 퍼부었다. 체스키는 말했다.

"우리는 완전 무자비한 학생들이었어요."[1]

숙박공유란 개념에 대한 확신이 여전히 없었던 그레이엄은 직설적인 질문을 던졌다.

"영업 중인 주택공유 사이트가 있긴 있습니까?"

창업자들은 뉴욕에서 약 40명이 자기 집의 방을 단기임대해주고 있다고 대답했다. 그레이엄은 말했다.

"음, 근데 당신들은 대체 왜 여기 앉아 있는 거죠? 거기 가서 그 사람들과 이야기를 해보세요."

코드화 작업 때문에 남은 블레차르지크를 뒤로하고 게비아와 체스키는 긴 주말 연휴를 이용해 뉴욕에 가서 집주인들과 회의를 하기 시작했다. 한 가지 확실한 문제는 집주인들이 자신들의 집을 매력적으로 보이게끔 온라인에서 홍보하고 있지 않다는 것이었다. 그들이 올려놓은 사진들은 당시 쓰이던 초기의 휴대폰으로 찍은 것들이라 선명하지 않았다. 게비아와 체스키는 이런 관찰결과를 마운틴뷰로 알렸고, 그레이엄은 그것을 자신이 온라인 회사 비아웹에서 했던 도전과 비교해보았다. 당시 그는 순진한 소매상들에게 인터넷으로 영업하는 방법을 알려줘야 했었다. 그레이엄은 말했다.

"게비아와 체스키는 집주인들에게 영업 방법을 가르쳐줘야 했는데 그 점이 간과됐어요."

따라서 체스키와 게비아는 집주인들에게 에어비앤비가 그들 집에 공짜로 전문 사진사를 보내주겠다는 이메일을 보낸 다음, 그해 겨울 주말 동안 정기적으로 뉴욕을 찾았다. 이런 사진 촬영 지원은 후에 다소 자주 거론되는 에어비앤비의 전통이 되었다.

일단 뉴욕에 도착하면 체스키와 게비아는 고품질 카메라를 빌린 후 눈 속을 터벅터벅 걸어가 문을 두드리고 사람들의 침실과 뒤뜰의 사진을 찍었다. 게비아는 말했다.

"우리가 가진 예산은 한정적이었기 때문에 아주 소액의 경비까지도 신경 썼던 것으로 기억합니다. 삼각대 품질에 대한 고민, 우리가 좋은 삼각대를 사야 하는지 말아야 하는지 같은 고민들이 그 예였어요."

실리콘밸리에서는 이런 식의 행동이 회사의 '규모scale'를 키우는 데 도움이 안 된다고 말한다. 매우 비효율적으로 시간을 쓰는 행동이라 간주되기 때문이다. 하지만 체스키와 게비아의 이런 고민은 창업자들이 초기 이용자들의 니즈를 파악한 뒤 크고 화려하고 다채로운 집의 사진들, 그리고 집주인에 대한 멋진 프로필 사진들이 사이트 경험을 더욱 매력적으로 만들어준다는 사실을 깨닫는 데 도움을 주었다. 게비아는 말했다.

"폴은 우리에게 규모를 키우지 못한다 해도 실리콘밸리의 신화를 혁파할 수 있는 일에 대해 생각해보는 것이 좋다는 허락을 맨 처음 해준 사람이었습니다. 덕분에 우리는 사실상 어떻게 사업을 성장시킬지를 창의적으로 생각해볼 수 있었어요."

2008년 겨울부터 2009년까지 게비아와 체스키의 이동거리는 엄청났다. 그들은 대부분의 주말을 뉴욕에서 보냈고, 화요일 아침마다 샌프란시스코로 돌아왔다. 블레차르지크가 공항으로 그들을 마중 나갔고, 세 사람은 매주 열리는 YC 저녁식사에 늦지 않기 위해 서둘러 마운틴뷰로 차를 몰았다. 그레이엄은 말했다.

"그들은 무슨 일이 있어도 늦는 법이 없었고, 항상 제일 먼저 왔다가 가장 늦게 떠났습니다."

그는 처음에는 이 기업가들의 열정을, 그다음에는 천천히 숙박공유라는 개념 자체를 믿기 시작했다. 그는 그들을 만날 때마다 으레 인사말로 이렇게 물었다.

"오늘 에어매트리스 사업은 어떻게 되고 있습니까?

하지만 그레이엄은 사람들이 실제로 에어매트리스에서 잠을 잔다는 생각을 완전히 신뢰하는 데 여전히 애를 먹고 있었다. 마침내 그는 '공간을 거래하는 이베이'로서의 진짜 기회를 찾아낸 다음, 창업자들에게 대형 온라인 경매 회사인 이베이와 견줄 만한 브랜드에 대해 생각해볼 것을 촉구했다. YC의 프로그램이 끝날 무렵, 창업자들은 에어베드앤드브렉퍼스트닷컴을 줄인 에어비앤비닷컴Airbnb.com으로 웹사이트 이름을 바꿨다.

그레그 매커두도 숙박공유 개념에 대한 관심이 높아졌다. 숙박 시장에서 일하는 누구도 실제 집주인을 방문해서 그들의 니즈를 알아볼 시간이 없었고, 세 창업자처럼 커뮤니티 만남, 온라인 평가, 트위터처럼 새로 생긴 소셜미디어 도구들을 이용할 능력을 갖고 있지 않았다.

경쟁 투자자들이 에어비앤비를 엿보게 될 시연회 개최 전에 서둘러 움직이던 매커두는 세쿼이어의 몇몇 동료에게 회사를 소개해주었다. 그러자 예지력 있는 질문들이 튀어나왔다. 세쿼이어에서 장시간 파트너로 일했던 마크 크뱀Mark Kvamme은 이렇게 물었다.

"이 서비스가 합법적인지 생각해봤습니까?"

매커두는 그런 획기적인 서비스가 기존의 호텔산업법에 적합한지 여부를 판단하는 건 시기상조라고 믿었다. 그는 크뱀에게 말했다.

"이 사업은 소비자들에게 유익한 것인지 아닌지에 따라 성패가 갈립니다."

시연회 전날 매커두는 YC 사무실로 돌아와 협실에서 창업자들과 투자 계약을 체결하면서 그들에게 연습해둔 프레젠테이션을 하기 위해 미리 무대 위에 올라가지 말라고 설득했다. 실리콘밸리에서 가장 유명한 회사에 속하는 세쿼이어는 지난 1년 반 동안 거의 내내 경영난을 겪었던 이 작은 스타트업의 지분 20퍼센트를 취득하는 대가로 58만 5,000달러를 투자했다. 이후 여러 차례 열린 투자라운드에 참여함으로써 세쿼이어에게 에어비앤비는 앞서 대박을 터뜨린 구글과 모바일 메신저인 왓츠앱WhatsApp에서의 투자수익률을 능가하는, 역사상 가장 높은 수익을 올린 투자처가 되었다. 2016년 12월 기준 세쿼이어가 가진 에어비앤비 지분의 가치는 45억 달러가 넘었다.

성장 촉진을 위한 다양한 시도

하지만 2009년 3월에만 해도 성공은 여전히 요원한 상태였다. 에어비앤비 창업자들은 사업을 시작하고 1년여의 시간이 지난 뒤 YC를 졸업했고, 라우시 가에서 지내며 다시 일하기 시작했다. 그들은 전년도에 겪었던 것과 똑같은 많은 도전에 직면했다. 대부분의 여행 목적지에서 사이트의 콘텐츠가 대동소이했고, 매출과 등록 건수 성장률도 답보 상태를 보였다.

에어비앤비는 온라인 시장 창조자들이 직면하는 '닭이 먼저냐 달걀이 먼저냐'란 까다로운 문제를 해결하지 못한 상태였다. 사이트에 등록된 숙박업소의 수가 비교적 적어서 여행 숙소를 찾는 고객을 거의 끌어모으지 못했고, 고객 수가 줄자 새로운 잠재적 집주인들은 인터넷을 통해 생면부지의 사람들이 자기 집을 쓰게 만든다는 특이한 개념을 받아들이려고 하지 않았다.

에어비앤비 창업자들은 그 첫해에 시장을 키우기 위해 서툴게 벌였던 시도들에 대해서 이야기하는 걸 좋아하지만, 그들 중 누구도 회사가 실제로 어떻게 '떴는지'는 설명해주지 않는다. 예를 들어 블레차르즈지크가 코드화 작업을 위해 뒤로 물러나 있는 동안 체스키와 게비아는 다른 도시들보다 특히 뉴욕, 라스베이거스, 마이애미를 방문해서 초기 숙박공유업소 명단을 늘리고, 찾아낼 수 있는 모든 집주인과 만나는 노력을 지속했다.

한 만남 도중 매커두는 성장 촉진을 위한 또 다른 방법을 제안했다. 다양한 알선 서비스를 제공하는 부동산관리 회사들에게 에어비앤비에 등록된 숙박업소들을 그들 사이트에 추가해달라고 설득하자는 것이었다. 체스키는 그해 여름 그런 회사들을 임의로 방문하고 그들에게 전화하는 일을 맡길 영업 인턴 세 명을 고용했다. 이어 2009년 가을에는 게비아와 함께 유럽을 방문했다. 그들은 파리에서 매력적이고 친절했던 한 집주인의 남는 방에 머물렀다. 체스키는 그것을 마술 같은 여행으로 기억한다. 그다음 주 그들은 런던으로 가서 부동산 관리 회사 한 곳에 등록되어 있었던 집에 머물렀다. 집주인은 없었고, 두 사람은 그 경험에서 공허함을 느꼈다. 체스키는 말했다.

"그 집에선 사랑과 관심이 느껴지지 않았어요. 그건 에어비앤비의 정신과 부합하는 것 같지도 않았습니다."

샌프란시스코로 돌아온 체스키는 임의 방문과 전화 작업을 중단했다. 다양한 부동산관리 회사들이 사이트에 접근하는 것을 막기 위해 에어비앤비가 실제로 애썼는지의 여부는 심각한 논쟁 주제가 됐다. 그런 기회주의적 회사들은 어쨌든 에어비앤비로 몰려올 것이고, 각 시들은 그 회사들을 어떻게 상대할지, 그리고 에어비앤비를 일반 호텔처럼 규제해야 하는지의 여부를 검토할 수밖에 없었다.

창업자들은 모든 면에서 천천히 움직이는 것 같았다. 매커두의 기억에 그들은 신규 벤처자본 지출을 주저하면서 다소 심할 정도로 '놀라우리만큼 검소한' 사람들이었다. 그들이 전 세계적으로 뛰어난 회사 간부들을 데려오기 위해 돈을 물 쓰듯 했다는 점을 고려하면 이것은 다소 아이러니하다. 매커두는 거액의 은행 잔고를 거론하며 그들에게 말했다.

"이보게들, 그 돈은 한편으론 기막히게 멋지지만, 다른 한편으론 우리가 사업에 투자해야 하는 거라네."

그 또한 처음에 그들은 고객지원 담당자들의 채용조차 거부하면서 신규 채용에 전혀 나서지 않았다(발신자가 에어비앤비 사이트에 올라와 있는 유일한 전화번호로 전화를 걸면 조 게비아의 개인 휴대폰으로 연결되었다). 창업자들은 6개월 동안 풀타임 엔지니어를 물색했고, 마침내 본인이 세웠던 스타트업을 포기한 YC 졸업 동기 닉 그랜디Nick Grandy를 적임자로 결정했다.

2012년 에어비앤비를 떠난 그랜디는 자신이 처음에 영업 인턴들이 집주인들과 통화하면서 떠드는 산만한 대화 소리를 들으며 아파트 거실의 책상들 사이에 끼어 앉아서 일했던 것으로 기억한다. 그의 기억에 따르면 회사가 처음 겪었던 한 가지 문제는 서비스에 대해 묻는 손님들의 질문에 집주인들이 직접 대답하게 만드는 것이었다. 해결책은 사이트에 집주인의 응답률("메시지에 대한 이 집주인의 응답률은 75퍼센트입니다.")을 사람들이 볼 수 있게 하는 것이었다.

창업자들은 일주일 내내 쉬지 않고 일했지만 동지애 정신과 함께 엉뚱한 즐거움도 많이 느꼈다. 그들은 가끔씩 시간을 내서 체육관에 운동을 하러 가거나 옥상 위에서 어슬렁댔고, 일주일에 한 번씩은 휴식을 취하기 위해 인근 폴섬 가의 공원에 가서 킥볼, 심지어 잡기 놀이 같은 것들을 하곤 했다. 금요일에는 보통 행복한 시간을 즐기러 술집으로 향했다.

결과적으로 열 명의 직원은 북적대는 아파트 밖으로 나와서 일을 했다. 체스키는 사생활 보호를 위해 계단통에서 지원자들을 인터뷰해야 했고, 직원들은 중요한 전화 통화는 화장실에서 했다.[2] 침실은 사무실로 변했다. 마침내 건물 내의 다른 장소를 빌리기 전까지 게비아는 바닥에 매트리스를 깔고 잤고, 체스키는 에어비앤비를 통해 주변에서 빌린 방들을 돌아다니는 떠돌이 생활을 시작했다. 그는 한 달간 샌프란시스코만에 정박 중이었던 노르웨이 쇄빙선의 선장 집에서 거주했다.[3] 그리고 자신이 몰던 혼다 시빅은 세워두고, 당시 샌프란시스코를 휩쓸며 갑자기 인기를 끌기 시작한 자가용 서비스인 우버를 이용해서 아파트로 출근했다. 그랜디의 말에 따르면 에어비앤비 직원들은 우버 앱이 보여준 마술과 단순함에 놀랐고, 2010년 아이폰용 앱 개발 시 그것에서 영감을 얻었다.

체스키는 천천히 움직였지만, 동시에 자신이 상상했던 성공이 빨리 다가오지 않자 좌절했다. 그는 내게 "나는 매일 회사에 공을 들이면서 '왜 더 빨리 성공하지 못하는 걸까?'하고 고민했어요."라고 말하며[4] 이렇게 덧붙였다.

"회사를 차리면 그것은 결코 자기가 원하거나 기대하는 속도로 움직이는 법이 없습니다. 흔히들 '내가 이렇게 하면 이렇게 될 것'이라는 식으로 여기며 모든 일이 술술 풀릴 걸로 상상하죠. 향후 여러 단계를 상상하고, 일이 그 상상대로 진행될 거라고 보는 겁니다. 또 회사를 시작하고 키우는 단계에서는 모든 사람들이 자기 회사에 관심을 가져줄 거라고 생각하지만, 실제로는 아무도 그렇게 하지 않습니다. 심지어 친구들조차도요."

네이선 블레차르지크의 성장사

에어비앤비의 급성장에 불을 지핀 불꽃을 이해하려면 파트너들이 세상을 누비고 다니는 동안 항상 뒤에 남았던, 어떤 곤경에도 흔들림 없는 큰 키의 엔지니어이자 공동창업자인 네이선 블레차르지크의 배경을 반드시 알아야 한다.

당시 불과 24세였지만 이미 천재 엔지니어였던 그는 루비온레일스Ruby on Rails라는 새로운 오픈소스 프로그래밍 언어로 사이트 전체의 코드를 직접 짰다. 그는 페이팔처럼 다양한 온라인 서비스를 이용해서 에어비앤비가 손님들로부터 받은 돈에서 수수료를 제한 뒤 집주인들에게 송금하게끔 만들어주는, 전 세계에서 사용될 유연성 있는 결제 시스템을 고안했다. 그는 또한 아마존웹서비스Amazon Web Services를 통해 에어비앤비 사이트를 관리하는 예지력을 보여줬다. 대형 전자상거래 업체 아마존 산하의 아마존웹서비스는 기업들이 필요할 때만 인터넷으로 원거리 아마존 서버들을 임대해 사용할 수 있는 서비스를 제공하며 새로운 물결에 참가한 기업 모두가 상당한 비용 절감과 효율 제고라는 이점을 누릴 수 있게끔 해주었다.

공동창업자인 체스키는 "게비아와 나는 기발한 꿈과 비전을 가지고 있었고, 블레차르지크는 비전을 손상시키지 않고도 엄청나게 비현실적인 일을 가능하게 만드는 방법들을 찾아냈죠."라고 말했지만, 블레차르지크가 가진 재능은 그게 전부가 아니었다.

네이선 언더우드 블레차르지크는 보스턴에서 전업주부인 어머니와 지역 산업장비 제조회사의 전기 엔지니어였던 아버지 사이에서 태어났다. 아버지 폴은 그와 남동생에게 매사에 호기심을 갖고 사물의 작동원리를 탐구하라고 가르쳤다. 그는 두 아들이 집 주변에서 기계 작업을 하게 시켰고, 구형 제록스Xerox 복사기처럼 버려진 장비를 집에 갖고 와서는 아들들에게 그것을 뒤뜰에서 분해해보도록 했다. 그리고 그는 "너희가 하기에 너무 큰 일이나 너무 작은 일은 없단다."라고 말하곤 했다.

어린 네이선은 이내 컴퓨터에 심취했다. 식구들의 말에 따르면 열두 살 때 아파서 중학교를 조퇴한 그가 아버지 책장에서 컴퓨터 언어에 관한 책을 한 권 집어들더니 탐독했다고 한다. 그는 성탄절 선물로 마이크로소프트의 프로그래밍 언어인 큐베이직QBasic에 대한 책을 원했고, 3주 만에 완독했다.

블레차르지크는 보스턴 공립학교에서 크로스컨트리를 했고, 학급 성적은 뛰어났으나 집에서는 훨씬 덜 평범한 삶을 살았다. 그는 코딩을 배운 뒤엔 점점 더 복잡한 컴퓨터 프로그램을 만들었고, 타인들의 자발적

재능 기부를 요구하며 그것을 인터넷에서 배포하기 시작했다. 이 초기 셰어웨어shareware는 컴퓨터 사용자들이 스크린에 디지털 포스트잇을 붙일 수 있게 해주었다. 나중에도 계속 그가 개발한 또 다른 프로그램은 당시 지배적인 온라인 네트워크였던 아메리카온라인America Online, AOL과 인터페이스로 접속했다. 이후 프로그램은 AOL로부터 분리된 후 프로그래머들 이메일과 AOL 회원들의 인스턴트 메신저 계정으로 인터넷 메시지를 전달할 수 있는 방법을 선사했다.

프로그램을 올린 후 곧바로 블레차르지크는 그것을 봤다는 한 사람으로부터 전화를 받았다. 그는 블레차르지크에게 그 프로그램과 비슷한 이메일 도구를 만들어주면 1,000달러를 지불하겠다고 제안했다. 블레차르지크가 이 제안을 아버지에게 알리자 아버지는 말했다.

"아들아, 인터넷 세상에선 누구도 네게 1,000달러를 주지 않을 거다."

그럼에도 블레차르지크는 프로그램을 만들어서 돈을 벌었다. 나중에 그는 그때 연락해온 고객이 실은 그 프로그램 제작을 위해 고용된 사람이지만 그 일을 자신에게 하청으로 준 것뿐이라는 사실을 알아냈다(그리고 아마도 그 고객은 거액의 돈을 대가로 받았을 수도 있고 말이다). 그 사람은 이제 블레차르지크를 자신의 고객과 다른 잠재 고객에게 소개시켜줬고, 블레차르지크는 새로운 산업에 맞는 다양한 도구를 만들며 갑자기 거액의 돈을 벌게 됐다. 그 분야의 종사자들은 그것을 '이메일 마케팅'이라고 악의 없이 불렀지만, 세상은 그것이 다름 아닌 '스팸'임을 알게 됐다.

고등학교와 대학 시절 내내 블레차르지크는 스팸메일 전송업자들을 위한 맞춤형 도구를 만들었다. 결과적으로는 그들이 스팸 활동을 체계적으로 조직할 수 있는 도구, 쏟아지는 스팸을 차단하기 위한 인터넷 서비스 업체들의 필사적인 노력을 교묘하게 피해갈 수 있게 도와주는 이메일 마케팅 제품들을 잇달아 개발한 것이다. 주문과 돈이 동시에 쏟아져 들어왔다. 그는 상황에 따라 자신의 회사명을 데이터마이너스Data Miners 등 몇 가지로 바꿔 부르다가 결국 글로벌 리즈Global Leads로 정했다. 그는 2002년 하버드 1학년 생활을 마친 뒤 매사추세츠 주에서 글로벌 리즈를 세웠다. 블레차르지크의 기억에 따르면 처음에는 신용카드를 받을 수 없었기 때문에 스팸 전송업자들에게 그들의 은행 계좌와 관련된 정보를 회사 사이트에 자세히 입력하게 한 뒤 사무용품점에서 산 공수표에 은행 계좌번호들을 인쇄하고, 본인이 받을 돈의 액수(일반적으로 1,000달러 정도)를 적은 뒤 그 돈을 입금하기 위해 은행으로 향했다. 그는 초기에 거둔 그 성공 경험들을 즐겁게 설명하면서 이렇게 말했다.

"놀랍게도 그건 합법적인 방법이었어요. 나는 말 그대로 돈을 찍어내고 있었던 거죠!"

그는 매주 일요일 쓴 재무보고서를 3개월에 한 번씩 부모님에게 보냈고, 그들은 당연히 얼떨떨해했다. 블레차르지크는 말했다.

"완전히 새로운 세계가 열렸어요. 인터넷은 태어난 지 얼마 안 된 때였죠. 인터넷에 정말로 어떤 것을 기대해야 하는지, 그게 뭔지 알고 있었던 사람은 없었을 겁니다."

블레차르지크는 스팸 사업을 통해 번 100만 달러 가까운 돈을 하버드 대학에서의 등록금 등으로 썼다. 또한 런던 소재의 스팸차단 전문 조직인 스팸하우스프로젝트Spamhaus Project가 관리하는 온라인 블랙리스트, 소위 '알려진 스팸사업자 명부Register of Known Spam Operators'에 이름을 올렸다. 스팸하우스는 데이터마이너스를 소개하는 웹페이지에서 블레차르지크가 종종 '네이선 언더우드'와 '로버트 박스필드Robert Boxfield' 등의 이름을 쓰고, 스팸사업자들이 미국 외 지역에서 스팸 메일 활동을 숨기거나 익명으로 여러 계정에 접근하게끔 해주는 일명 '릴레이relays' 서비스를 구축한 것 같다고 주장했다. 스팸하우스는 이렇게 보고했다.

"(네이선 언더우드 블레차르즈지크라고도 알려진) 데이터마이너스는 (스팸사업자들이 이용하는) 깨지거나 공개된 이메일 릴레이의 주된 발원지 중 하나이며, 정확한 접근 목표를 정해 릴레이를 활용할 수 있게 해주는 도구들이다."[5]

블레차르즈지크는 그 일에 하루 종일 매달려야 했기 때문에 2002년엔 학업에 집중하기 위해 사업을 접었다고 말했다. 나중에 그의 하버드 동기생은 블레차르즈지크가 자신이 저지른 일 때문에 연방거래위원회Federal Trade Commission로부터 여러 통의 협박 편지를 받았다고 말해줬다고 전했다(블레차르지키는 자기는 그런 말을 한 기억이 없다고 했다).[6]

몇 년 뒤 그는 에어비앤비 사무실에서 이 모든 일을 고백했지만, 자신이 처음에 거액의 재산을 모은 방법에 대해서는 사과하지 않았다. 그는 이렇게 둘러댔다.

"나한텐 그 모든 일이 새로웠고, 솔직히 말하자면 그 일과 관련된 어떤 규정도 없었습니다."

엄밀히 따지면 맞는 말이다. 스팸을 보내거나 스팸 발송을 용이하게 만드는 행위를 연방범죄로 규정한 온라인마케팅규제법CAN-SPAM Act은 2003년이 돼서야 통과됐기 때문이다. 하지만 그 이전의 몇 년 동안 스팸은 이메일 이용자들에게는 좌절감을, 인터넷 기업들에는 당황스러움을 안겨주며 악명을 떨친 골칫거리였다. 이에 대해 블레차르즈지크는 이렇게 말했다.

"선구자가 되려다 보니 그런 일도 하게 됐던 겁니다. 뭔가를 만든다는 게 흥미롭기만 한 건 아니에요. 새로운 분야를 개척하고 그로 인해 생길 일을 인식하는 데는 많은 불확실성이 뒤따르기 마련이죠. 단언컨대 이 말은 사실이고, 에어비앤비의 경우 또한 마찬가지였습니다. 에어비앤비는 주변에 많은 규정들이 존재하지 않았던 완전히 새로운 개념이었으니까요."

크레이그리스트를 겨냥한 첫 번째 전략

대학을 졸업한 블레차르지크는 숙련된 프로그래머였을 뿐만 아니라 새로운 실리콘밸리 영웅의 전형인 그로스 해커growth hacker였다. 그로스 해커는 제품과 서비스 인기를 높이기 위해 본인들의 엔지니어링 기술을 이용해서 똑똑하지만 종종 논란을 일으키는 방법을 찾아낸다. 블레차르지크는 그중에서도 특히 뛰어난 실력파로 드러났다.

이런 설명은 에어비앤비의 창업자들이 YC 졸업 후 1년 만에 이룬 믿기 힘든 성장을 이해하기 쉽게 만들어준다. 아파트 등록 서비스와 관련된 다른 두 회사들, 즉 비영리 지위 상실이란 처참한 결과로 여전히 고생하고 있던 카우치서핑과 지난 13년간 그다지 바뀐 게 없었던 대중적이면서 실용적인 온라인게시판 크레이그리스트는 에어비앤비보다 더 규모가 컸다. 특히 크레이그리스트는 이용자 수가 상당해서 2009년 기준으로 미국에서만 매달 4,400만 명이 순방문했고,[7] 사업을 하던 570개 도시 다수에서 아파트 임대와 숙박공유 채널이 활성화되어 있었다.

이런 사실을 직시한 에어비앤비는 크레이그리스트가 가진 우위를 빼앗아오기 위해 똑똑하지만 다소 악의적인 두 가지 계획을 고안했다. 에어비앤비는 항상 이런 계획들이 미치는 영향을 최소화해왔지만 이 계획들엔 블레차르지크의 분명한 흔적이 남아 있었다.

YC를 졸업하고 몇 달 지난 2009년 말, 에어비앤비는 크레이그리스트에 임대용 부동산을 등록한 사람이 '수락하지 않은 메시지 수신은 거절한다'고 명시해놓았어도 그에게 자동으로 이메일을 보내는 메커니즘을 개발한 것 같았다. 가령 한 아파트가 샌타바버라에 등록되면 에어비앤비는 이런 내용의 이메일을 보냈다.

> 안녕하세요, 당신이 크레이그리스트에 올라온 샌타바버라의 집 중 가장 멋진 집을 갖고 계셔서 이메일을 드립니다. 샌타바버라의 최대 인터넷 주택 사이트에 해당하는 에어비앤비에도 당신 집을 등록해주시면 어떨까요? 에어비앤비는 이미 매달 300만 건의 페이지뷰page view를 자랑하고 있습니다.

이 모든 이메일은 도시명을 제외하면 내용이 똑같았고, 일반적으로 여성 이름을 가진 지메일gmail 계정에서 발신되었다.

또 다른 온라인 부동산 기업가인 데이브 구든Dave Gooden은 2010년 에어비앤비의 인기가 급성장하는 걸 보고 호기심이 생겼다. 자초지종이 궁금하던 차에 그는 크레이그리스트에 몇몇 가짜 집을 등록했고, 2011년 5월엔 자신이 발견한 결과를 알리는 글을 블로그에 썼다. 에어비앤비가 지메일 계정을 무더기로 만든 후 크레이그리스트에 등록한 모든 사람들에게 스팸 메일을 보내는 시스템을 구축했다는 게 그 글의 결론이었다. 구든은 에어비앤비의 행위를 비도덕적이고 '악질적인 해킹black-hat'으로 묘사했다. 그는 말했다.

"크레이그리스트는 여전히 쉽게 표적이 되는 몇몇 대형 사이트 중 하나다. 이런 악질적 해킹 행위의 규모를 키우면 매일 수만 명의 핵심 표적을 쉽게 공격할 수 있다."[8]

구든이 올린 글은 몇몇 기술 블로그들에서 인용됐고, 에어비앤비는 방어 태세에 나섰다.[9] 자신들이 채용한 계약직 직원들이 크레이그리스트 사용자들에게 스팸메일을 발송한 배후라는 것이 에어비앤비의 설명이었다. 구든이 그 글을 쓴 뒤 열린 한 업계 행사에서 내가 이 문제에 대해 공개적으로 질문하자 체스키는 이렇게만 말했다.

"우리는 아주 가까이에서 함께 일하고 있는 사람들에게 지속적인 관리와 지침을 제공해야 한다는 교훈을 얻었습니다."

그로부터 몇 년 뒤, 블레차르지크는 당시 사건에 대해 보다 구체적으로 설명했다. 에어비앤비는 온라인 직원알선 업체인 이랜스eLance를 통해 외국인 계약직 직원들을 채용한 뒤, 그들에게 에어비앤비에 등록하는 모든 새 집주인 수에 따라 임금을 지급했다는 것이다.

"많은 기업들이 크레이그리스트에서 이용자 세그먼트를 찾아낸 후 그보다 더 나은 서비스를 만들어 이용자들을 데려오기 위해 노력합니다."

그는 크레이그리스트 이용자들이 일반적으로 행락객에게 방을 빌려주기보다는 룸메이트나 장기 세입자를 찾는 경향이 있기 때문에 에어비앤비가 벌인 모든 일의 효과는 별로 없었다고 주장했다.

"그것이 어떤 의미 있는 사업으로 이어지지는 못했죠."

효과 만점이었던 전략

하지만 또 하나의 다른 전략은 분명 효과가 있었다. 크레이그리스트 이용자들을 상대로 한 대량 이메일 발송 전략을 추진한 뒤 몇 달 지났을 때, 에어비앤비는 그들을 끌어오기보다는 그와 정반대에 해당하는 새로운 전략을 시도했다. 크레이그리스트 이용자들이 에어비앤비 사이트에 자신들의 품격 있는 숙소를 간단히 등록한 다음, 단 한 번의 클릭만으로 그것을 크레이그리스트에 횡단게시cross-post(같은 정보를 여러 네트워크에 게시하는 것_옮긴이)할 수 있게 한 것이다. 에어비앤비는 유망 집주인들에게 이렇게 알렸다.

"에어비앤비에 등록한 숙소를 크레이그리스트에도 올려서 매달 평균 500달러씩을 더 벌어보세요. 문의사항은 계속 에어비앤비를 통해 관리하고 조정하면서도 수요가 더 늘어나는 혜택을 누릴 수 있습니다."

체스키의 말에 따르면 자문역인 마이클 세이벨이 맨 처음 생각해낸 이 전략은 아주 유용했다. 에어비앤비를 시각적으로 더 매력적인 크레이그리스트의 광고를 만들 수 있는 수단으로 자리매김해줌과 동시에, 사실상 흔히 볼 수 있는 에어비앤비의 광고들을 최대 경쟁사의 네트워크에 떨어뜨려줬기 때문이다. 블레차르지크는 말했다.

"그 전략은 꽤 획기적이었죠. 또 다른 사이트로 그처럼 매끄럽게 통합되는 사이트는 없었으니까요. 우리에게는 상당히 성공적인 전략이었습니다."

이 점을 간파한 다른 그로스 해커들은 그것을 '정교한 기술적 성취'라고 호평했다. 크레이그리스트는 수백 개 도시마다 다른 형태의 사이트들을 갖고 있고, 사이트마다 웹 도메인과 메뉴 형식이 전부 다르다. 블레차르지크는 에어비앤비가 간단하게 적절한 사이트에 완벽하게 포스트할 수 있는 방법을 고안해냈다. 훗날 우버에서 일하게 되는 동료이자 그로스 해커인 앤드루 첸Andrew Chen은 감탄하며 블로그에 이렇게 썼다.

"에어비앤비는 간단하고도 깊숙하게 크레이그리스트에 통합되었고, 그것은 내가 몇 년간 봐왔던 가장 인상적이고도 적절한 통합 중 하나다. 분명히 말하지만 전통적인 마케터라면 그런 생각을 하지 못했거나 심지어 그것이 가능하다는 사실조차 몰랐을 것이다. 이처럼 부드럽게 상품을 분해하고 통합하려면 마케팅에 조예가 깊은 엔지니어가 필요할 것이다."[10]

크레이그리스트는 몇 년간 에어비앤비의 횡단게시 도구에 별 신경을 쓰는 것 같지 않았다. 전자상거래 분야의 선구자 중 하나인 크레이그리스트는 작고, 내향적이며, 특별히 성장지향적이지 않았기 때문에 웹사이트의 외관도 10여 년 동안 크게 진화하지 않았다(이 회사는 에어비앤비의 활동에 대해 의견을 달라는 내 요구에 응하지 않았다). 하지만 2012년, 크레이그리스트는 갑자기 이런 종류의 활동에 관심을 보이기 시작했고 에어비앤비와 유사한 전략을 쓰는 몇몇 기업에 정지명령이 담긴 서한을 보냈다. 체스키는 크레이그리스트가 에어비앤비에도 그걸 보냈는지는 기억할 수 없었지만, 횡단게시 도구는 크레이그리스트에게도 도움이 됐음을 지적했다. 그 이유는 이랬다.

"횡단게시 도구는 크레이그리스트 광고를 더 돋보이게 만들었어요. 그게 없었다면 크레이그리스트에 게시하지 않았을 사람들도 있었을 테니, 크레이그리스트는 그 덕에 새로운 고객을 확보한 거죠."

크레이그리스트가 이런 전략에 반대를 표한 뒤 에어비앤비는 횡단게시 도구를 충실히 제거했지만, 때는 너무 늦었다. 에어비앤비는 크레이그리스트의 숙박 게시물과 이용자들을 빨대로 흡입하듯 빼내고 있었다. 그리고 이는 에어비앤비가 사이트의 디자인을 개선하고, 이용 방법도 훨씬 쉽게 만들고, 더 쉬운 형태의 결제 시스템과 더 나은 모바일 앱은 물론 집주인과 손님이 신분을 속이지 않고 상호 평가하는 보다 안전한 경험을 제공하기 위해 부단히 애쓰는 데 도움을 주었다.

블레차르지크는 또한 이런 초창기에 생산적인 온라인 광고 활동을 펼쳤다. 예를 들어 사람들이 보스턴에서 머물 아파트를 구글에서 찾을 경우 검색 페이지 상단에 갑자기 에어비앤비 광고들이 등장하게 만드는 식이었다. 블레차르지크가 이끄는 마케팅팀은 가장 저렴하면서도 빈번하게 검색되는 핵심어를 찾아내고, 산뜻하면서도 날카로운 광고를 만드는 데 전문가들이 되었다. 에어비앤비의 몇몇 초기 검색 광고는 "카우치서핑닷컴보다 낫다!"라고 요란하게 떠들어댔다. 한번은 카우치서핑의 공동창업자인 대니얼 호퍼가 체스키에게 이러한 기술에 대해 불평하는 이메일을 보냈다. 후에 그가 한 말에 따르면 체스키는 호퍼에게 사과한 후 문제의 광고를 중단했고, 화해의 선물로 '오바마 오' 두 상자를 보냈다.

페이스북의 초기 광고 시스템은 기업들로 하여금 사상 처음으로 회원들의 프로필에 구체적으로 적시된 관심 및 흥밋거리에 맞춰 광고를 제작할 수 있게 해줬는데, 블레차르지크는 이 시스템을 똑똑히 활용하는 데 앞장섰다. 예를 들어 어떤 사람이 요가를 좋아한다고 밝히면 그는 페이스북에 올라온 "요가 수행자에게 당신의 방을 빌려주세요!"라고 적힌 에어비앤비 광고를, 와인을 좋아하는 사람이라면 "와인 애호가에게 당신의 방을 빌려주세요!"라는 광고를 보게 되는 식이었다.

페이스북 광고는 저렴했고, 사람들은 이처럼 무시무시하게 대상을 특정한 메시지들에 반응하는 경향을 보였다. 물론 에어비앤비가 특별히 요가 수행자나 와인 애호가만을 대상으로 방을 임대해주는 서비스를 제공하는 건 아니었기 때문에 광고가 약간 잘못 나가는 경우도 있었지만, 블레차르지크는 이런 페이스북 광고들이 멋진 효과를 이끌어냈고 회사가 커가는 데에 힘을 실어줬다고 말했다. 초기 직원들은 그가 보여준 기술적 능력과 마케팅 본능에 놀라움을 금치 못했다. 2010년 여름에 에어비앤비에 들어온 초기 마케팅 담당 직원인 마이클 섀허Michael Schaecher는 이렇게 말했다.

"네이선 블레차르지크는 지금까지 세상이 목격한 최고의 온라인 마케터 중 한 명입니다."

투자 기회를 잡은 이들과 놓친 이들

2010년 가을이 되자 에어비앤비의 성장에는 가속도가 붙었다. 블레차르지크의 그로스 해킹과 더불어 많은 여행객들이 온라인 거래를 물색하게 만들어준 세계 경기 침체에 힘입은 바가 컸다. 에어비앤비는 8,000개 도시에서 70만 회의 숙박 예약이 사이트를 통해 이루어졌다고 자랑했고, 아이폰용 앱을 새로 출시하며 스마트폰 혁명을 꿈꿨다.[11]

에어비앤비는 마침내 매출을 올리고 약간의 기업 예절도 갖춘 진짜 회사처럼 보이기 시작했다. 체스키는 언론과 웹사이트에서 자신을 CEO라고 소개하면서 창립 이후 유지해왔던 리더로서의 위치를 공식화했다. 회사 웹사이트에 따르면 게비아는 '에어비앤비 경험'을 정의하는 일을 맡은 최고제품책임자Chief Product Officer, CPO, 블레차르지크는 최고기술책임자Chief Technology Officer, CTO였다. 회사는 심지어 라우시 가 아파트로부터 몇 블록 떨어진 곳에 있는 10번가에 새로운 사무실을 차렸다. 과거에 2층짜리 자동차 매장이었던 그곳은 길거리 쪽으로 차고 문이 열렸고, 주변의 휴대폰 수신 강도는 끔찍할 정도로 엉망이었으며, 인근 골목들을 헤집고 다니는 지역 노숙자들도 많았다. 먼지투성이 창고가 주는 온갖 매력이 느껴지긴 했지만 그곳은 새로운 직원들이 쓸 방이 갖춰진 진짜 사무실이었다.

창업자들은 고객 서비스에 우선순위를 둬야 한다는 사실을 깨달았다. 매커두는 세쿼이어의 또 다른 투자처인 신발 업체 자포스로부터 몇 가지 교훈을 얻자고 제안했다. 자포스는 원래 신발에만 집중하다가 무료배송 서비스와 더불어 어떤 질문도 던지지 않고 반품을 받아줌으로써 고객들의 충성심을 얻은 비전통적 전자상거래 업체였다. 며칠 뒤 매커두가 에어비앤비 창업자들과 이야기를 나눴을 때 그들은 이미 그의 충고를 받아들여 라스베이거스에 있는 자포스 본사를 방문하고 온 뒤였다. 자포스 직원들은 일제히 기립해서 손님인 창업자들을 따뜻이 환대해줬다. 창업자들은 장식 소품들이 줄지어 늘어선 사무실들을 돌아다니며 자포스의 CEO인 토니 셰이Tony Hsieh, 그리고 COO이자 나중에 에어비앤비 이사가 되는 앨프리드 린을 만났다. 자포스는 2009년 6월에 아마존에 인수됐지만 원래의 다소 무질서한 분위기는 그대로 남아 있었다.

이 무렵 에어비앤비는 추가 자금 확보를 위해 벤처자본 산업의 활동이

활발한 샌드힐로드로 돌아왔다. 블레차르지크가 페이스북과 구글에 올리는 생산적인 광고들의 광고료가 비쌌기 때문에 체스키는 금고를 계속 채워놔야 했다. 회사의 시장 기회가 늘어나고 있는 걸 목격한 매커두는 그들이 필요로 하는 자금을 세쿼이어 혼자서 모두 지원하게 되길 원했지만 체스키는 또 다른 투자 회사를 끌어들여야 한다고 주장했다. 벤처투자자들에게 지나치게 많은 통제권을 넘기지 않도록 주의를 기울여야 한다는 걸 YC에서 배웠기 때문이었다.

그는 링크드인LinkedIn의 공동창업자이자 회장이면서 그레이록캐피털Greylock Capital의 파트너인 리드 호프먼Reid Hoffman에게 투자 의사가 있다는 걸 알았다. 후에 호프먼은 당시 자신은 '웩, 카우치서핑은 별로 안 땡기는 군.'이라고 생각하며 투자에 회의적이었다고 말했다. 그때 체스키는 주말 동안 샌드힐로드에 있는 그레이록의 사무실을 찾아가 그를 만났고, 세계 최대의 호텔 체인이지만 실제 건물을 유지하거나 벨보이와 메이드 등의 직원을 고용하는 경제적 부담이 없다는 점에서 에어비앤비가 가진 매력적 비전을 제시했다. 호프먼은 이렇게 말했다.

"우리 대부분의 일상생활에 존재하는 이런 거대한 비유동성 자산(방, 아파트, 집, 특별한 공간)을 P2P 시장으로 만들 수 있는 중요한 뭔가로 전환시키겠다는 건 멋진 생각이었어요. 나는 '좋다, 준비됐어.'라고 생각했죠."[12]

호프먼은 체스키가 접근했던 다른 벤처자본회사들이 에어비앤비의 사업 개념을 이해하지 못했고, 에어비앤비에서 누군가 다치거나 아파트가 엉망진창이 되거나 집주인이 어딘가에 몰래카메라를 설치해놓는 등 눈에 빤히 보이는 위험에만 신경을 썼기 때문에 에어비앤비에 대한 투자

기회를 일부 잡을 수 있었다. 하지만 다른 투자회사들은 에어비앤비가 유럽에서 온 20대뿐 아니라 여행할 때 보다 믿을 만한 경험을 추구하는 진짜 성인들, 심지어 은퇴한 부부에게도 매력적으로 보일 수 있는 회사라는 걸 알아보지 못했다.

넷스케이프Netscape의 창업자이자 발명가인 마크 앤드리슨은 에어비앤비의 시리즈 A 투자라운드에 들어가지 않았다. 당시 그는 파트너인 벤 호로비츠Ben Horowitz와 벤처자본회사를 막 시작한 상태였다. 앤드리슨은 자신들의 회사인 앤드리슨호로비츠Andreessen Horowitz가 지향하는 목표는 매년 중요한 기술 스타트업 열다섯 곳을 찾아내서 최대한 많은 수를 지원하는 것이라고 말하는 걸 좋아했다.[13] 회사는 에어비앤비를 장시간 살펴봤지만 투자는 포기했다. 체스키는 말했다.

"마크는 에어비앤비가 주류가 될 수 있을지 고민했습니다."

이듬해 앤드리슨호로비츠는 실수를 바로잡고, 시리즈 A 때에 비해서는 수지가 덜 맞았지만 그럼에도 엄청난 수익을 안겨준 시리즈 B 투자라운드를 주도했다.

샌드힐로드 건너편에 있었던 오거스트캐피털August Capital 역시 투자 기회를 놓친 또 다른 벤처투자회사다. 온라인 화상통화 서비스 회사인 스카이프Skype의 투자자였던 하워드 하텐바움Howard Hartenbaum은 그해 가을 체스키와 자주 만난 뒤 창업자들을 알렉산더스스테이크하우스Alexander's Steakhouse로 초대해 저녁식사를 함께했다. 체스키는 하텐바움은 체스키가 침착함과 똑똑함, 강한 성공 의지를 갖고 있는 듯해서 깊은 인상을 받았지만, 투자 규모에 대한 결론은 내릴 수 없었다. 그러자 에어비앤비의 초기 성장 탄력에 대담해진 체스키는 하텐바움에게 450만 달러를 투자하면 회사 지분의 6퍼센트를 주겠다고 제안했다.

하텐바움은 에어비앤비가 나중엔 20억 내지 30억 달러의 가치를 가지는 기업이 될 수 있다고 생각했다. 하지만 그런 최상의 시나리오에서도 6퍼센트는 오거스트캐피털이 운용하던 5억 달러 규모 펀드의 투자 성과에 영향을 줄 만큼 큰 지분이 아니고, 에어비앤비에 대해 회의적인 몇몇 파트너를 설득하기 위해 노력할 만큼의 중대한 기회도 아니라는 판단이 들었기에 하텐바움은 투자를 단념했다. 하지만 몇 년 뒤까지도 그는 여전히 자책하고 있었다. 그는 투자자들은 스타트업들에 대한 거대한 기대함에 사로잡힌다는 것, 그리고 30억 달러는 에어비앤비의 궁극적 가치를 극도로 과소평가한 금액이었다는 걸 깨닫지 못했다고 말했다. 그는 이렇게 덧붙였다.

"누구나 하루 종일 많은 작은 잘못을 저지를 수 있습니다. 그런 것들은 치명적이진 않죠. 하지만 내 실수는 감당할 수 없는, 전혀 다른 유형의 것이었습니다. 간혹 어떤 경우엔 한 건의 계약으로 전체 자금이 마련되기도 하죠. 그런 큰 계약을 놓친다는 건 베테랑 투자자로서의 임무를 다하지 못하는 거고요."

비록 오거스트캐피털은 투자하지 않았지만 체스키는 하텐바움과 가졌던 저녁식사를 잘 기억할 것이다. 그는 그때 곧 그의 등골을 오싹하게 만들 잠버Samwer 형제의 이름을 처음 들었기 때문이다. 하텐바움은 그날 저녁 스테이크를 먹으면서 세 창업가에게 이렇게 말했다.

"앞으로 이런 일이 일어날 수도 있습니다. 잠버 형제는 독일 출신인데, 아직까지는 아니더라도 조만간 에어비앤비가 아주 잘하고 있는 걸 보게 될 겁니다. 그리고 에어비앤비를 모방한 회사를 차리기 위해 아주 짧은 시간 동안 막대한 자금을 조성할 것이고, 그다음엔 당신들이 그 모방 회사를 인수하게 만들려고 애쓸 겁니다. 그리고 당신들의 삶을 비참하게 만들 거요."

C H A P T E R 5

피, 땀 그리고 라면
_우버는 어떻게 샌프란시스코를 정복했나

나는 예전보다 지금이 더 낫다. 나는 더 강렬해졌다. 나는 더 굉장해졌다. 지난번 신생 벤처기업을 차렸을 때는 실패가 두려웠지만 이제는 더 이상 그렇지 않다는 게 차이라면 차이다. 이제 나는 즐길 것이고, 곧 가서 그것을 없애버릴 것이다.

–트래비스 캘러닉[1]

브라이언 체스키가 잠버 형제에 대한 경고를 들었을 무렵 그들보다 훨씬 더 가까운 위치에 있던 누군가는 트래비스 캘러닉, 그리고 성장하고 있던 스타트업인 우버의 몇 안 되는 직원들의 삶을 힘들게 만들고 있었다.

2010년 10월 20일 우버에게 첫 번째 정지명령을 내렸던 네 명의 사복 집행관은 회사 안을 미친 듯이 수색하기 시작했다. 오스틴 가이츠는 명령서를 사진으로 찍어 퍼스트라운드캐피털에서 열린 이사회에 참석 중이었던 CEO 라이언 그레이브스에게 문자와 함께 보냈다. 그레이브스는 밖으로 나와 가이츠에게 전화를 건 다음 트래비스 캘러닉, 개릿 캠프, 그리고 투자자인 크리스 사카, 롭 헤이즈와 상황을 논의하기 위해 사무실로 돌아왔다. 명령서에는 1회 탑승당 우버에 5,000달러의 벌금을 부과하고, 하루 영업할 때마다 90일씩 수감시키겠다는 협박이 담겨 있었다. 하지만 그들이 정확히 어떤 법을 위반했다는 것일까? 그리고 이 넓고 불가해한 샌프란시스코의 관료 체제 속에서 단시간 내에 지역 기술사회의 충성심을 끌어모으고 있던 회사의 영업을 중단시키려고 애쓰는 배후는 또 누구인 걸까?

택시 업계의 거친 반발

몇 블록 떨어져 있던 원사우스반네스 애비뉴에 있는 전 은행 건물 7층에서는 크리스티안 하야시Christiane Hayashi가 다음 행동을 계획하고 있었다.

메트로폴리탄택시위원회Metropolitan Taxi Agency, 이하 MTA의 택시 서비스 이용국 국장인 하야시는 심각한 기능 장애를 일으키던 시 택시 업계에서 가장 강력한 인물이었다. UC 헤이스팅스 법대를 졸업한 후 시 법무차관으로 일했던 그녀는 환경법과 Y2K(컴퓨터가 2000년을 1900년으로 인식하는 컴퓨터 프로그램의 오류. '밀레니엄 버그'라고도 한다_옮긴이) 문제를 해결하기 위해 각고의 노력을 기울이기도 했다. 그녀는 경쟁 관계에 있던 민주당 파벌들이 끊임없이 서로 싸우고 그 속에선 종종 무분별한 부패가 만연했던 샌프란시스코의 난장판 정치에 문외한이 아니었다. 펀치 카드punch card를 이용했던 기존의 투표 방식을 새로운 것으로 전환하는 작업을 맡았던 선거국에서의 일은 특히 더 힘들었다. 하야시와 다른 두 변호사는 자금을 잘못 관리하고, 근무 시간 기록표를 엉터리로 작성했다는 비난을 받았다. 그들은 결국 특별검사의 조사가 끝난 뒤에야 혐의에서 벗어날 수 있었다.[2] 당시 겪은 경험에 대해 그녀는 이렇게 말했다.

"그 일은 잠시 동안 내 영혼을 으스러뜨렸어요."

무죄가 밝혀진 후 하야시는 시 정치에서 벗어나 멕시코 남동부 치아파스Chiapas 주에 있는 산 크리스토발 데 라스 카사스로 향했고, 그곳에서 몇 달 동안 지역 디스코텍에서 활동하는 하우스 밴드에서 노래를 불렀다. 하지만 화재 때 탈출로가 없어서 무서웠던 적이 있는 건물 안에서 일주일에 6일 동안 공연을 하며 사는 삶은 안전한 사무실에서 일하면서 풍족한 공무원 연금을 받는 삶과 비교할 수 없었다. 2003년 그녀는 과테말라의 정글에서 하이킹을 하다가 무작정 시 감독관을 찾아갔고, 곧이어 다시 샌프란시스코 만의 매력에 이끌려 돌아왔다. 처음에는 시 변호사 사무실에서 SFMTA 국장으로 지내다가 정기 관료조직 개편 때 MTA 내부로 들어와 택시위원회를 넘겨받았다. 그녀는 택시 일이 즐겁고 편할 거라고 생각했지만 곧바로 자신의 생각이 틀렸다는 걸 알았다.

"택시 일은 선거 일이 (오히려) 쉬워 보이게 만들었습니다."

하야시는 시의 택시 시스템을 자세히 살펴봤다. 택시 면허를 취득하려면 15년을 기다려야 했고, 운행이 허용되는 택시 수에는 제한이 있었으며, 시내와 공항 외의 지역에서는 택시를 잡는 것이 불가능했다. 택시 규정이 수정돼야 한다는 건 모든 사람들이 알고 있었지만, 수정 방법에 대해서는 아무도 동의할 수 없었다. 2009년에 개빈 뉴섬Gavin Newsome 시장은 하야시에게 32년 만에 처음으로 택시 면허 시스템의 전면 개편과 더불어 시에 필요한 자금을 모으기 위해 뉴욕 스타일의 면허 경매 절차를 만들어줄 것을 요청했다. 경매를 할 경우 대부분의 기사들은 비용 때문에 택시 면허를 발급받는 것이 어려워질 수 있다는 점을 걱정했던 하야시는 결국 면허 취득 비용을 25만 달러로 높이되 기사들에게 저금리 대출을 지원하고, 고령의 기사들에겐 운행 시간을 줄여주는 방법을 제공하는 새로운 규정들을 만들었다.

몇 년 동안 제안된 다른 많은 변화들은 기사들의 격렬한 반대에 부딪혔고, 미국뿐 아니라 전 세계에서 일어난 다른 택시 사태와 똑같은 드라마가 펼쳐졌다. 기사들은 택시 면허 수를 늘리려는 어떤 시도도 거부했다. 그렇게 하면 자신들의 소득은 줄어들고, 공항 택시 주차장과 관광호텔들 밖의 도로가 더욱 혼잡해진다는 이유에서였다. 그들은 또한 택시에 신용카드 리더기를 의무적으로 설치하게 하려는 조치와도 가열차게 싸웠다. 거래수수료가 자기들 주머니에서 나와야 했고, 소득이 기록되어 정부에 보고될 수 있기 때문이었다. 하야시는 승객들이 주는 팁이 늘어나면서 분명 이런 문제가 해결될 것이고, 아울러 승객들은 현금 대신 신용카드를 쓰길 '원한다'고 지적했다. 그러자 기사들은 MTA 건물을 포위한 채 항의 차원에서 경적을 울려대며 맞섰다. 그중 한 명은 선루프 위에 "크리스티안은 떠나라. 우리를 그냥 내버려둬라."라는 표지판을 세워놓았다.

하야시는 변화에 적대적이고 짜증을 내는 택시 업계의 베테랑들을 상대하기 위해 순발력 있는 기지와 많은 개인적 매력을 발휘했다. 하지만 싸움에는 대가가 뒤따랐다. 신용카드와 택시 면허를 둘러싼 싸움으로 '심한 상처'를 입으면서 그녀는 자신이 힘들기만 할 뿐 보상은 없는 일을 하고 있다는 생각을 하기 시작했다고 이야기했다. 그리고 이렇게 덧붙였다.

"나는 항상 내가 여기에서 잘리는 일은 없을 거라고 농담을 했습니다. 누구도 하고 싶어 하지 않는 일을 하고 있었으니까요. '기사들은 부인이 자기를 사랑하지 않아서, 아이들이 못생겨서, 그리고 그 모든 게 내 탓이라서 나를 미워한다. 택시 회사 관리자들은 조금도 돈을 벌지 못하고 어떤 규정도 너무나 지나치다고 생각해서 나를 미워한다.' 이게 내 생각이었어요."

몇 년 뒤 그녀는 버클리에 사는 친구의 집 뒤뜰에서 열린 바비큐 파티에서 당시 이야기를 털어놓았다. 현재 50대 초반인 그녀는 라스베이거스 지방법원에서 사무원으로 일하면서 산이 보이는 농장에 살고 있다. 유머 감각은 되찾았지만, MTA에서 보냈던 세월이 그녀 인생에서 가장 고달픈 시기였던 터라 그녀는 과거를 회상하는 것을 무엇보다 힘들어했다. 그녀는 말했다.

"그 일을 하면서 엄청난 스트레스를 받았어요. 하지만 여기선 그런 게 없죠. 지방에 살면서 어떤 책임도 지지 않는 걸 좋아하는 이유 중 하나예요."

2010년 가을에 하야시의 전화는 쉴 새 없이 울려대기 시작했고, 그런 일은 4년 동안 멈추지 않고 지속됐다. 택시 기사들은 격분한 상태였다. 우버캡이라는 새로운 앱의 출현 후 경쟁 관계인 리무진 운전사들이 택시 기사들처럼 행동하고 있었기 때문이다.

법적으로 보면 길거리에서 차를 부르는 승객을 태우는 것은 택시만이어야 했고, 택시는 반드시 정부에 의해 검증과 인증을 받은 미터기를 사용해야 했다. 리무진과 타운카는 대개 승객이 기사나 중앙 배차소에 전화를 거는 식으로 '사전 예약'을 한 후 이용해야 했는데 우버는 이러한 차이를 모호하게 만들었고, 휴대폰을 이용한 호출 그리고 아이폰을 요금 미터기로 이용하는 식으로 그 차이를 완전히 없애버렸다. 하야시가 전화를 받을 때마다 또 다른 기사나 택시 회사 사장은 "그건 불법인데 당신은 왜 그걸 허용하는 겁니까? 이 문제에 대해 당신은 뭘 하고 있는 거요?"라고 소리를 질렀다. 이런 사람들과 개인적인 친분이 있었던 그녀는 대중과 그들의 이익 사이에서 균형을 맞추기 위해 최선을 다해왔다. 하지만 결과적으로는 승객이나 시에 모두 특별히 도움이 되지 않는 시스템이 생겨난 것이다. 하야시는 말했다.

"운전사들은 당연히 분노했습니다. 우리는 그런 불쌍한 사람들을 규제하면서 여기 앉아 당시 일어나는 일들을 그냥 무시하고 있었고요."

하야시는 자신이 가진 권한의 한계를 잘 알고 있었다. 리무진과 자가용의 규제는 시가 아닌 주의 책임이었다. 하지만 그녀는 '허점'을 찾았다. 이 스타트업은 택시를 의미하는 '캡cab'이 포함된 이름 '우버캡'으로 자신들을 불렀기 때문에 택시 회사로 홍보하고 있는 것처럼 보였다. 그녀는 리무진과 타운카 규제 업무를 담당하고 있던 CPUC 집행국에 이 사실을 통보했고, 그들은 공동으로 정지명령을 내렸다. 위협적인 편지를 받은 우버는 즉시 회의를 소집했다.

트래비스 캘러닉, 라이언 그레이브스 그리고 사외변호사 댄 로키Dan Rockey는 11월 1일 원사우스반네스의 7층 회의실에서 하야시를 포함한 시와 주 관리들을 만났다. 이것은 우버의 임원들이 그들 서비스의 적법성을 논의하기 위해 정부 관리들과 만나 열었던 무수한 회의들 중 최초로 열린 것이었다. 그레이브스는 당시 초조한 심정이었다고 말했다.

"어떤 일이 일어날지 우린 몰랐으니까요."

앞서 우버 측 사람들은 관리들에게 공손하고, 탐구적이고, 협력적이며, 자신 있는 말투로 말하자고 약속했다.

어쨌든 모든 것이 무너졌다. 캘러닉은 나중에 CPUC 관리들은 말수가 적었고 그들에게 추가 정보를 요구했지만 하야시는 "불과 유황, 깊은 분노, 절규 자체"였다고 말했다.[3] 하지만 하야시는 자신은 절규하지 않았고 그저 귀에 거슬리는 소리만 했을 뿐이라고 말하면서 우버 임원들이 '아주 불쾌했고', 특히 캘러닉은 '오만했던' 걸로 기억한다. 그녀는 그들에게 이렇게 말했다.

"이렇게 해서는 안 됩니다. 무작정 레스토랑을 열어놓고 위생국을 무시하겠다고 말할 수 없는 것과 같은 이치입니다!"

그녀는 당시 회의에서는 어떤 결정도 내려지지 않았다면서 그것을 '완전히 무의미한 회의'로 평가했다. 하지만 그녀 말이 100퍼센트 맞는 건 아니었다. 실제로 시 규제 담당자들과 우버의 첫 번째 충돌은 향후 우버가 나아갈 경로를 바꿔놓았을 가능성이 컸기 때문이다.

"캘러닉, 우버를 맡아줘"

개럿 캠프는 2년 가까이 친구 트래비스 캘러닉이 우버 일에 더 깊숙이 개입하게 만들기 위해 애써왔다. 버락 오바마 대통령의 취임식 날 오전에 미친 듯이 달렸던 때부터 오스틴에서 열린 사우스바이사우스웨스트 콘퍼런스, 하와이에서 열린 로비Lobby 콘퍼런스, 그리고 파리에서 열린 르웹에서의 모험에 이르기까지 캠프는 스마트폰을 한 번 두드리면 고급 자동차를 부를 수 있는 세상을 전도하고 다녔다. 그해 가을, 캘러닉은 일주일 중 며칠을 우버에서 일하며 리무진 회사들과 계약을 맺고, 투자자들과 많은 대화를 나눴으며, 하야시 및 다른 규제 담당자들과 가진 중요한 회의에서도 많은 이야기를 했다. 하지만 여전히 그에게 우버는 사이드 프로젝트였고, CEO는 라이언 그레이브스였다. 하지만 천천히, 그리고 점차 캘러닉은 우버를 믿기 시작했다.

그는 마지막 풀타임 일을 마친 후 '극도로 피로한 상태'에 있었다.[4] 캘러닉은 이상한 카우보이모자를 쓰고 유럽과 남미 지역의 다양한 국가들을 여행하고 다녔다. 그리고 다시 집으로 돌아와서는 위Wii 테니스와 앵그리버드Angry Bird 등의 비디오게임 정복에 미친 듯 집중하며 온갖 역량을 쏟아부었다. 본래 가만히 못 있는 성격인 그는 또한 다양한 스타트업에 투자하고 조언하면서 기업가로서 자신이 과거에 겪었던 불운에 대해 가끔 이야기하기도 했다.

캠프는 캘러닉이 우버에 완벽하게 들어맞는 사람이란 걸 알았다. 친구 캘러닉은 복잡한 사업의 세세한 문제까지 파고들고, 스타트업 창업과 관련된 비밀 과학을 파헤치는 걸 좋아했다. 따라서 여전히 혼자 처음 세운 회사인 스텀블어폰에 힘을 쏟고 있었지만 캠프는 계속 우버를 맡아달라고 캘러닉을 압박했다. 그해 캠프는 우버의 초창기 자문역인 스티브 장Steve Jang에게 이렇게 말했다.

"나는 정말로 캘러닉이 우버를 경영해야 한다고 생각합니다. 지금은 그가 거의 수락하기 일보직전이고요."

하야시와의 첫 번째 운명적 만남이 이루어질 때까지 캘러닉은 친구들에게 자신은 새로운 풀타임 일을 찾을 준비가 됐다고 말했다. 하지만 그것이 반드시 우버에서 일할 계획이라는 뜻은 아니었다. 그가 조언해주고 있던 또 다른 회사이자 1,400만 달러의 투자금을 모은 질의응답 사이트 폼스프링Formspring은 차세대 대형 소셜 웹사이트가 될 만반의 준비를 갖춘 것처럼 보였고, 이 회사는 그와 COO 자리를 놓고 협상 중이었다. 폼스프링의 공동창업자인 아데 올로노Ade Olonoh는 이렇게 말했다.

"협상이 상당 수준 진척돼서 캘러닉에게 COO직을 제안했고, 그에게 줄 보상에 대한 이사회 차원의 논의도 있었습니다."

캘러닉은 내게 당시 그것은 자기가 고려 중인 몇 가지 일 중 하나였다고 말했다.

폼스프링은 캘러닉이 엔젤투자를 했던 열 곳의 회사 중 하나였다. 젊은 CEO들에게 캘러닉은 '실천하는 멘토'로 자신을 포장했다. 어려운 상황에 뛰어들어 자금 조달 내지 계약 협상을 지원할 수 있는, 영화 〈펄프 픽션Pulp Fiction〉에 나오는 해결사 울프Wolf의 실리콘밸리 버전이었다.[5] 올로노는 캘러닉을 이렇게 평가했다.

"그는 기꺼이 소매를 걷어붙이고 나서서 복잡하고 어려운 문제를 해결할 준비와 의지를 보여주는 데 뛰어났습니다. 또한 자신이 투자한 회사들을 도와주는 식의 투자자 역할에 많은 자부심을 갖고 있었죠."

캘러닉은 인터넷을 통해 업무상의 잡무를 독립 근로자들에게 맡기는 또 다른 스타트업인 크라우드플라워CrowdFlower를 발견했다. 그는 이 회사의 고객지원 부서에 임의로 전화를 했다가 CEO인 루카스 비발트Lukas Biewald와 친분을 쌓게 됐다. 이후 2년 동안 두 사람은 일주일에 몇 차례씩 이야기를 나눴고, 비발트는 잼패드의 단골손님이었다. 비발트는 말했다.

"캘러닉은 특별한 이유도 없이 나를 도와줬습니다."

캘러닉은 투자자들을 상대하고, 고위 임원들을 채용하고, 유망한 파트너들과 협상하는 방법에 대한 아이디어를 많이 갖고 있었다. 캘러닉은 루카스에게 말했다.

"모든 사람들이 당신에게 조언을 해줄 겁니다. 그럴 땐 조언 뒤에 숨어 있는 사연도 들려달라고 요청해보세요. 그런 사연이 항상 더 흥미로운 법이니까요."

캘러닉의 성장사, 스카우어의 잔혹사

1976년에 태어난 트래비스 캘러닉은 LA 샌페르난도밸리San Fernando Valley의 중산층 거주지인 노스리지Northridge에 있는, 녹음이 우거진 도로변 주택에서 성장했다. 미군에서 2년간 복무한 아버지 돈Don은 LA에서 토목기사로 일했고, 어머니 보니Bonnie는 「LA데일리뉴스Los Angeles Daily News」에 광고를 팔았다.

캘러닉은 그라나다힐스Granada Hills 고등학교 400미터 계주팀의 리더였고, 멀리뛰기를 전문으로 하며 트랙을 달렸다.[6] 고등학교 졸업앨범에 실린 사진에는 고도로 집중하는 표정의 그가 오른발을 쭉 뻗고 점프하는 모습이 담겨 있다. 그는 말했다.

"나는 전력을 다했어요. 트랙 위에서 모든 걸 쏟아부었죠."[7]

어느 여름에는 1986년식 낡은 닛산 센트라Nissan Sentra를 몰고 이웃집들을 찾아가 당시 학생들이 종종 방문 판매했던 주방용품 브랜드인 컷코

Cutco의 칼들을 2만 달러어치 팔았다. 친구들은 가끔 캘러닉의 '최신식' 패션에 대해 논평하며 그를 놀리기도 했다.[8]

숫자에 재능이 뛰어난 캘러닉은 미국 대학입학시험인 SAT의 수학 과목에서 만점을 받았고, 이웃의 가정교사가 되었다. 그는 말했다.

"나는 30분에 풀어야 하는 수학 영역을 8분 만에 모두 풀었어요. SAT 영어 시험을 볼 땐 어깨와 목이 아팠고 시험 시간 30분을 다 쓰면서 스트레스를 받았지만 수학의 경우엔 풍선 모양의 칸을 그냥 채워 넣으면 됐죠."[9]

고등학교를 졸업한 해 여름, 그는 지역 한국인 교회에 다니던 학교 친구의 아버지와 동업해서 뉴웨이아카데미New Way Academy라는 SAT 학원을 차렸다. 그리고 교회를 통해 광고하자 수백 명의 아이들이 등록했다. UCLA 1학년 때는 토요일 아침마다 흰색 셔츠를 입고 타이를 맨 채 '1,500점 이상(SAT는 1,600점이 만점이고 1,500점은 아이비리그 대학에 지원할 수 있는 고득점을 뜻함_옮긴이)' 목표반의 학생들을 가르쳤다. 이 반 이름 자체가 학생과 부모들을 상대로 한 광고 문구였다. 그는 몇 년 뒤 자랑스럽게 말했다.

"내가 가르친 첫 번째 학생은 점수가 400점 올라갔어요."[10]

캘러닉은 대학 재학 시절 집에서 살았고, 컴퓨터 공학을 전공했다. 하지만 이때는 1990년대 후반이었기 때문에 기업가 정신과 컴퓨터 사이의 교차점에 관심이 있던 사람에게 인터넷은 거부할 수 없는 유혹이었다. 캘러닉은 1998년 대학 4학년을 다니다가 자퇴하고, 최초의 인터넷 검색 엔진 중 하나인 스카우어닷넷Scour.net을 개발 중이었던 여섯 명의 동급생 팀에 합류했다. 구글과 비슷한 시기에 첫 선을 보였던 이 사이트는 사람들이 대학 네트워크에 있는 다른 학생들의 컴퓨터에 저장되어 있는 영화, TV쇼, 노래 등의 멀티미디어 파일을 검색할 수 있게 해주었다. 물론 이런 파일들 대부분은 저작권법을 어기면서 온라인상에서 공짜로 관리 및 다운로드되고 있었다.

사이트가 등장한 첫해에 「L.A. 타임스L.A. Times」와 「월 스트리트 저널Wall Street Journal」 등 수많은 언론들은 사이트를 알리는 기사를 썼고, 이용자 수는 급격히 늘어났다. 일곱 명의 동급생들은 동창들이 모여 있는 곳 근처의 방 두 개짜리 아파트에 몸을 숨긴 채 일하면서 먹고 잤다. 후 캘러닉과 함께 우버에서 일하게 된 공동창업자 제이슨 드로이즈Jason Droege는 당시 생활을 한마디로 이렇게 표현했다.

"위생 개념이 있는 사람이라면 거기에서 벌어지고 있는 일을 보고 불쾌감을 느꼈을 겁니다."

스카우어는 대학 캠퍼스에서 인기를 끌었다. 1999년 6월 웹사이트의 하루 페이지뷰 수는 150만 회, 또 앞서 두 달간 사이트 방문자는 90만 명에 달했다.[11] 집단 내에서 가장 연장자이자 암호 제작자들 중 자칭 기업가였던 캘러닉은 투자자와 미디어 파트너 개발 책임을 맡은 전략 부문 부사장이었다. 드로이즈의 기억에 따르면 당시 22세의 캘러닉은 이미 끊임없이 일하는 걸 선호했고, 전화기가 항상 귀에 붙어 있었으며, 신생 회사를 도와줄 수 있는 사람이라면 누구라도 찾는 데 전력을 다했다.

후에 캘러닉은 이러한 초기 스타트업 때 쌓았던 경험들에 대해 말하며 자신을 만성적으로 '운이 없는' 기업가라 칭하곤 했다. 즉, 다년간 열심히 일하기는 했지만 어떤 휴식도 얻지 못한 것 같은 사람이라는 뜻이었다. 그런 고난의 역사는 온라인 거래의 '거친 서부 개척Wild West' 시절에 해당했던 그때 시작됐다. 1999년에 스카우어는 한 투자사로부터 수백만 달러의 투자를 받기로 되어 있었다. 전 디즈니 사장이자 큰손이었던 마이클 오비츠Michael Ovitz와 슈퍼마켓 사업으로 억만장자가 된 론 버클Ron Burkle이 세운 투자사였다. 다른 인터넷 부동산 네트워크를 합쳐 자신이 만든 전자상거래 웹사이트인 체크아웃닷컴Checkout.com의 규모를 키우고 싶었던 오비츠는 악명 높을 정도로 공격적인 인물이었다. 그는 스카우어와 원칙적인 투자 합의를 체결한 이후에도 9개월 동안 투자를 질질 끌면서 투자 효과를 최대한 높이기 위해 애썼다. 결국 조바심이 난 창업자들이 다른 투자자들을 유치하려 하자 오비츠는 그들이 합의를 어겼다고 주장하면서 LA 상급법원에 스카우어를 고소했다.[12]

분쟁이 해결된 뒤 오비츠와 버클은 회사 지분 51퍼센트를 취득했다.[13] 또한 젊고 감수성이 예민한 스카우어 창업자들은 빅 리그에서의 사업이 얼마나 잔혹한지를 깨닫는 소중한 교훈을 얻었다. 그럼에도 스카우어는 처음에는 번창했다. 창업자들은 베벌리힐스Beverly Hills에 있는 오비츠의 화려한 사무실로 이주했고, 결국 70명의 직원을 채용했으며, 손무孫武의 《손자병법孫子兵法》과 로버트 그린Robert Greene의 《권력의 법칙The Forty-Eight Laws of Power》 등 오비츠 쪽 사람들이 건네준 책을 읽으며 LA의 비즈니스 업계에 대해 배워나갔다. 캘러닉과 동료들은 인터넷을 통한 더 효율적이고 경제적인 미디어 활용 방법을 마련하기 위해 주주들과 협력할 수 있다고 믿었다. 불법 파일공유 서비스 회사인 냅스터Napster가 스카우어의 기술을 한층 더 발전시키면서 사람들이 파일 검색뿐 아니라 파일 주고받기도 가능하게 만들어놓자 스카우어는 재빨리 냅스터를 따라잡기 위해 움직였다. 스카우어는 무료로 음성과 동영상 파일을 더 쉽게 주고받을 수 있게 해주는 스카우어익스체인지Scour Exchange라는 자체 기술을 선보였다.

이러한 P2P 파일 공유 서비스가 미치는 영향을 의식하기 시작한 할리우드는 이를 막기 위한 신속한 조치에 착수했다. 캘러닉과 동료들은 모든 일류 음악 및 영화 스튜디오들을 만나본 뒤 회의가 순조롭게 진행됐다고 믿었다. 하지만 주요 음악과 영화 스튜디오들을 포함한 총 32개 미디어 회사들은 2000년 7월 스카우어를 상대로 무려 2,500억 달러짜리 소송을 제기했다. 미국영화협회Motion Picture Association of America, MPAA의 전설적인 사장 잭 발렌티Jack Valenti는 이렇게 주장했다.

"이번 소송은 도용에 관한 것입니다. 기술은 도용을 더 쉽게 만들 수는 있겠지만 그것을 정당화시켜주지는 못합니다."[14]

스카우어 측 사람들은 몸을 숨길 곳을 찾아 움직였다. 심지어 오비츠조차 멀리 물러났는데, 나중에 캘러닉의 주장에 따르면 오비츠는 한 동료를 시켜서 '이번 분쟁에 내 이름을 더 깊숙이 끌어들이면 캘러닉에게 물리적인 피해를 가하겠다'며 위협했다고도 한다.[15] 하지만 오비츠는 자신은 결코 캘러닉을 위협한 적이 없다고 부인하면서, "업계가 파일 공유에 반대하기 위해 결집했을 때 더 큰 그림을 잘 보진 못했지만 젊고 인상적인 협상가였다."며 그에 대해 그럭저럭 좋은 소리를 해주었다. 2015년 열린 한 기술 업계 콘퍼런스에서 나와 만난 오비츠는 스카우어를 지지하며 이렇게 말했다.

"캘러닉은 우리가 잘못했다는 사실을 몰랐어요. 우리는 우리가 지적 재산권 분야에서 적을 만들고 있다는 사실을 깨닫지 못했습니다. 당신이 모든 분노한 음악과 영화 스튜디오들, 그리고 IP를 갖고 있는 전 세계 모든 사람들로부터 소송을 당하면 그게 무슨 말인지 알게 될 겁니다. 그럼에도 트래비스는 개의치 않았지만 나는 정말 엄청난 부담을 느꼈습니다."

냅스터 쪽의 변호사들과 마찬가지로 스카우어 측의 변호사들 역시 자신들의 회사는 '인터넷 회사들에게 사용자들의 행동에 대한 책임을 지울 수 없다'고 규정한 1998년 디지털밀레니엄저작권법Digital Millenium Copyright의 '면책' 조항에 의해 보호받고 있다고 믿었다. 그들은 스카우어가 콘텐츠 위치를 알려주기만 할 뿐 그것을 호스팅hosting(제공자 등의 사업자가 주로 개인 홈페이지의 서버 기능을 대행하는 것_옮긴이)하지는 않고 있다고 주장했다. 하지만 스카우어는 전체 미디어 업계의 단합된 힘과 맞서 싸우기에 역부족이었다. 2000년 가을 스카우어는 직원 대부분을 정리한 후 소송을 피하기 위해 파산을 선언했다.[16] 드로이즈는 이렇게 말했다.

"그때 우리는 세상이 어떤 곳인지 뼈저리게 느꼈습니다. 옳고 그름은 중요하지 않았어요."

파산 법원에서 15분간 진행된 입찰에서 스카우어의 자산은 900만 달러에 오리건 주에 있는 한 무명 회사에 팔렸다.[17] 당시 24세에 불과했던 캘러닉은 그가 헌신했던 모든 것, 즉 대학까지 포기하면서 추구했던 꿈이 강력한 기업들과 그들이 고용한 고가의 수임료를 자랑하는 변호사들에 의해 짓밟히는 광경을 지켜봐야만 했다. 그것은 젊은 기업가의 성격을 경직시킬 수 있는 일종의 외상적 경험이 되었고, 또한 기분을 우울하게 만든 경험이기도 했다. 나중에 캘러닉은 "사실상 진짜로 파산을 하자 밤에 14시간씩 잤던 것 같아요."[18]라고 말했다. 그는 사람들 앞에서는 의연한 모습을 유지하기 위해 애썼다.

"나는 '이루기 전이라도 이룬 것처럼 행동하자'는 주문을 외우고 있었습니다. 기본적으로 현실과 싸우고 있었던 거죠. 하지만 파산 상태에서 그런 싸움을 너무 오래하면 결국엔 무너지고 말 겁니다."

피와 땀과 라면의 시기

일에 차질이 생겼지만 캘러닉은 마음을 추스르고 재기를 준비했다.[19] 그는 스카우어의 공동창업자였던 마이클 토드Michael Todd와 함께 새로운 논의를 시작했다. 스카우어의 주요 기술들을 다시 개발해서 그것을 온라인 콘텐츠 배포 도구로 쓸 수 있게 미디어 회사들에게 파는 방법에 관한 이야기였다. 당시 대역폭 이용료는 1메가바이트당 약 600달러(현재 광대역 인터넷에서는 1메가바이트당 약 1달러 정도에 불과하다)로 고가였지만, P2P 네트워크가 비용을 줄여줄 수 있었다. 그들은 스카우어의 원래 로고에 있던 쌍둥이 반달 모양을 본떠서 새 로고를 제작한 후 새로운 회사 이름을 레드스우시Red Swoosh로 정했다. 캘러닉은 그것을 '복수 기업revenge business'이라고 불렀고, 만족감을 주는 아이러니를 인정했다.

"새 기업 창업의 핵심 기술은 (예전과) 똑같이 P2P 기술이었지만, 난 나를 고소한 서른세 곳의 원고들을 고객으로 전환시킬 생각이었습니다. 나를 고소했던 그 회사들이 내게 돈을 주게 될 거라는 건 꽤 괜찮은 생각 같았어요."[20]

하지만 사실상 레드스우시도 잘 풀리지는 않았다.

닷컴 거품이 꺼진 2001년, 캘러닉은 투자금을 모으기 위해 동분서주했다. 실리콘밸리는 유령 도시로 변했다. 팰로앨토의 술집에서 한 벤처투자자는 그에게 '소프트웨어 분야에서 일어난 모든 혁신은 끝났고, 투자할 데도 이젠 더 이상 없다'고 말했다.[21] 9월 11일, 그는 보스턴 소재의 스트리밍-미디어 회사 아카마이의 공동창업자 대니얼 르윈Daniel Lewin과 LA에서 만나기로 약속했다. 그날 아메리칸항공 11편을 타고 있었던 르윈은 테러리스트의 공격으로 사망했다.

레드스우시는 웨스트우드에 사무실을 마련했다. 직원들은 대부분 스카우어에서 일했던 사람들(풀타임과 파트타임 직원 총 7명)이었고, 몇몇 유료 고객을 확보한 상태였다. 그런데 처음부터 실패의 기운이 매우 강하게 맴돌았다. 토드와 캘러닉은 회사 전략에 대해 합의할 수 없었고, 대역폭 가격이 하락함에 따라 스우시의 제품이 가진 매력도 떨어지고 있었다. 캘러닉은 토드가 회사 급여세를 제대로 납부하지 않고, 자신을 제외한 엔지니어링 팀을 타사에 은밀히 매각하려 하고 있다는 사실을 알아냈다고 주장했다.[22] 토드는 캘러닉이 제시한 여러 구상에 대해 언쟁을 하고 이견을 보이다가 "캘러닉은 위대한 이야기꾼일 뿐"이라고 말하며 레드스우시를 떠났다.

구글에 정착한 직후 토드는 곧바로 캘러닉에게 마지막으로 남은 소프트웨어 엔지니어마저 스카우트했다. 완전히 외톨이가 되어버린 27세의 캘러닉은 1년간 부모님 집에 얹혀 살았다. 정기 급여 같은 것은 받지도 못했고, 마이크로소프트 및 AOL 등과의 계약 시도도 모두 무산됐다. 몇 년 뒤 그는 내게 이렇게 말했다.

"6년 동안 내리 하루에 100번씩 '거절'을 당했다고 상상해보세요. 어떨 땐 친구들도 '야, 이제 다른 일을 해봐'라고 말했어요. 그런 상황에서 계속 밀고 나가면 외로운 존재가 될 수 있습니다."

캘러닉은 사람들의 이목을 끌기 위해 몇 가지 특별한 묘책을 동원했다. 2003년에 여권을 받으려고 캘리포니아 남부 호손Hawthorne에 있는 사무소에서 기다리던 중 그는 입구 쪽에 주차되어 있던 TV 뉴스 트럭들을 발견했다. 호기심이 발동한 캘러닉은 트럭들이 그곳에 주차된 이유를 물었고, 그들이 그해 주지사 선거에 나가기 위해 등록 중인 후보들을 취재하는 중임을 알게 됐다. 당시 캘리포니아 주지사는 그레이 데이비스Gray Davis였다. 고등학교 시절 자칭 C-스팬C-Span(미국 케이블TV 네트워크 중 하나로 정부 활동과 공공 이슈를 24시간 다룸_옮긴이)의 폐인이었던 캘러닉도 선거에 관심을 갖고 후보자 등록을 마쳤다. 이어 며칠 동안 집 근처의 허모사비치에서 유세를 하며 그는 일광욕을 즐기던 사람들에게 자신의 파일 공유 플랫폼을 알리고, 주지사 선거에 나가는 데 필요한 1만 명의 서명을 받기 위해 애썼다. 그에게 서명해준 사람들은 약 1만 5,000명이었다. 당시 상황에 대해 캘러닉은 이렇게 말했다.

"실은 공약으로 내세울 수 있는 게 몇 가지 없었어요. 아니, 많이 없었죠."

캘러닉은 자신을 주지사 후보로는 진지하게 여기지 않았을지 모르지만, 레드스우시가 잘 돌아가게 만들 수 있는 사람이라고 확신했다. 인터넷 업계의 거물인 마크 큐번Mark Cuban은 캘러닉의 회사에서 가능성을 봤고, 정규 직원이 단 한 명도 없다는 사실에도 개의치 않고 2005년 그의 기업에 100만 달러를 투자했다. 100만 달러는 회사를 굴리기에 충분한 돈이었다. 캘러닉은 말했다.

"나는 당시를 '피와 땀과 라면의 시기'라고 부르고 싶습니다. 나는 항상 우리가 하고 있던 일에 대해 강한 확신을 가지고 있었어요."[23]

새로운 투자금을 확보하자 한 가지 일만 더 하면 됐다. 실리콘밸리로의 이주였다. 캘러닉은 샌프란시스코 남쪽으로 20마일 떨어져 있는 샌마테오San Mateo에서 조그만 사무실을 발견했고, 오직 자신감과 카리스마만을 동원해서 열네 명의 엔지니어를 채용했다. 처음으로 입사 계약서에 서명했고, 훗날 익스펜시파이Expensify라는 클라우드 소프트웨어 회사를 차린 데이비드 배럿David Barrett은 캘러닉에 대해 이런 평가를 내렸다.

"캘러닉은 당시의 사업 상황을 아주 정직하게 말해줬어요. 그의 설명은 설득력이 있고, 매력적이었으며 솔직했습니다."

또한 그는 캘러닉의 열정엔 전염성이 있다는 걸 깨달았다.

"우리는 엄청난 양의 데이터를 갖고 있는 사람에게 그것을 옮기는 방법을 알려줄 수 있었습니다. 다만 그렇게 하길 원한 기업이 전 세계적으로 세 곳밖에 없었다는 게 문제였죠."

조금이나마 사업에 탄력을 받은 캘러닉은 샌프란시스코에서 새로운 사무실을 빌렸지만 이사하기까지 한 달간의 시간이 남아 있었다. 그는 가만히 앉아 기다리기보다는 회사 전체를 태국으로 옮긴 후 바위가 많은 라일레이 비치의 해안가가 내려다보이는 집과 카페에서 레드스우시 코드를 재작성해 하루 18시간씩 일했다. 그것은 생산적 휴식이자, 캘러닉이 말하는 '워케이션workation(일work과 휴가vacation를 합친 신조어로 '휴가지에서 일하는 것'을 뜻함_옮긴이)'의 시작이었다. 워케이션의 전통은 레드스우시에서 지속되다가 나중에 우버로 이어졌다.

다시 베이에어리어로 돌아온 캘러닉은 나중에 에어비앤비 투자 기회를 놓친 오거스트캐피털로부터 추가로 투자를 받았고, 레드스우시를 우아하게 퇴장시키기 위한 노력을 재개했다. 캘러닉은 영업사원으로서의 수완을 재차 발휘하며 위성방송 사업자인 에코스타EchoStar를 고객으로 확보한 후 1,870만 달러, 그리고 특정 목표를 달성할 경우엔 추가 대금을 받는 조건으로 아카마이에게 회사를 통째로 매각했다.[24] 대부분의 실리콘 밸리 기준으로 보자면 이것은 빈약한 퇴장이었지만, 6년 동안 궁핍한 생활을 하면서 아무도 알아주지 않는 노력을 한 끝에 수백 만 달러를 거머쥐게 된 캘러닉에게는 상당한 위안이 되었다. 데이비드 호닉은 오거스트 캐피털과 관련해 이렇게 말했다.

"캘러닉은 그보다 훨씬 전부터 회사를 매각할 수 있었고, 또 그렇게 했어야 했습니다. 그는 그만 한 보상을 받을 자격이 있었어요."

캘러닉은 인생에서 가장 힘든 경험을 참아내며 어느 때보다 더 싸움으로 단련되고 반항적인 사람으로 거듭났다. 이 무렵 그는 냅스터의 공동창업자이자 페이스북 투자자인 션 파커Sean Parker를 포함해서 몇몇 친구와 함께 샌프란시스코에 있는 한 클럽으로 향했다. 밤이 끝나갈 무렵, 술에 취한 캘러닉이 클럽 밖에서 친구들을 기다리고 있을 때 클럽 기도가 그에게 문에서 떨어지라고 지시했다. 캘러닉이 겨우 몇 걸음만을 물러서자 그는 "계속 가세요."라고 했고, 한 걸음 더 물러나자 위협적인 태도로 다시 말했다.

"계속 가세요."

캘러닉은 "난 법을 어긴 게 없습니다. 내가 무슨 법을 어떻게 어기고 있는지 말해봐요."라며 따졌다.

근처에 있던 경찰관이 현장에 도착했을 무렵 기도는 무력으로 캘러닉을 밀어내고 있었고, 캘러닉은 양손으로 주차료 징수기를 붙잡은 채 버티고 있었다. 캘러닉은 통행방해 혐의로 체포됐고, 자초지종을 들은 파커가 보석금으로 2,000달러를 내기 전까지 거의 10시간을 감옥에서 보냈다고 했다.[25]

몇 년 뒤 시카고의 한 스타트업 주최로 열린 행사에서 그는 "두려움은 병입니다. 소란은 해독제고요."라며 덧붙여 말했다.[26]

"2001년 회사를 시작한 사람들은 운이 좋습니다. 안 그런가요? 투자에도, 영업 활동에도 의존할 수 없으니까요. 미친 듯한 소란 외에는 기댈 수 있는 게 없죠 그러니 이를 악물고 성공을 향해 고생하며 앞으로 나아가십시오. 성공을 이루는 데 있어 그저 쉬운 길이란 없었습니다."

레드스우시 매각을 기념하기 위해 캘러닉은 자신이 새로 만든 모토인 '피, 땀, 라면'이 양각된 무늬양말을 한 켤레 샀다.

우버의 CEO가 되다

이제 캘러닉은 결정을 내려야 했다. 친구 개럿 캠프는 그가 우버에서 최고위 직책을 맡아주길 원했다. 하지만 2010년 우버는 조그만 회사였다. 직원 수는 여섯 명 정도에 불과했고, 샌프란시스코에서 플랫폼을 이용하는 리무진 운전사 수는 수십 명에 그쳤으며, 확장 계획 또한 사실상 전무했다. 우버가 내세운 '모두의 개인전용 운전사Everyone's private driver'라는 모토는 일반 대중의 관심을 끈다기보다 화려하고 고급스러운 이미지를 전달했다. 그리고 캘러닉은 라이언 그레이비스를 쫓아내길 꺼렸다. 어쩌면 적어도 그는 마크 저커버그처럼 존경받는 창업자들이 많은 시대의 실리콘밸리에서는 투자자들이 본래의 CEO를 몰아낸 회사에 의심의 눈초리를 보내는 경향이 있다는 걸 알아챌 정도의 상식이 있었던 것일지도 모른다.

이와 동시에 우버는 캘러닉을 채용하고 있던 그곳보다 훨씬 더 규모가 큰 질의응답 사이트 폼스프링이 하지 못했던 방식으로 그를 흥분시켰다. 우버는 복잡한 수학 계산을 잘 풀어야 하는 회사로 드러나고 있었다. 피크 타임 때 더 많은 운전사를 끌어모으고, 가장 수요가 많은 지역에 차량을 배차할 수 있는 방법을 찾아내는 것은 우버의 가장 큰 도전임과 동시에 우버가 잘 해내지 못해서 캘러닉이 좌절하고 있던 일이었다. 우버는 이런 식의 예측적 판단을 할 수 있는 데이터를 이미 확보해놓은 상태였다. 창업자와 이사들은 우버가 시내에서 사람들의 동선 데이터를 과거 어떤 회사들보다 더 많이 갖게 될 것이라는 사실을 천천히 깨닫고 있었다. 몇 년 뒤 캘러닉은 내게 이렇게 말했다.

"난 프로그래머로서의 열정이 가득했습니다. 하지만 수학 덕분에 비로소 혁신을 일으켰습니다. 나는 온갖 복잡한 상황의 한가운데에 서 있을 때 행복감을 느낍니다."

우버가 올리고 있는 실적도 조짐이 좋아 보였다. 우버는 가입 고객들이 서비스를 해지하기보다는 서비스를 계속 이용하면서 이용 빈도를 점차 높여나갈 가능성이 높은 일명 '마이너스 해지negative churn'라는 이례적 현상을 경험하고 있었다. 다시 말해 일단 우버에 가입한 고객들은 일종의 고수익 저축계좌와도 같아지는 것이다. 평생이용자의 가치는 얼마나 될지 알 수 없었지만 아마도 무한대일 듯했다. 초기의 자체 추정에 따르면 우버에 가입한 사람은 가까운 미래에 매달 40~50달러의 총수입 및 8~10달러 상당의 총수익을 올려줄 것으로 파악됐다. 그해 동료 투자자들에게 보낸 이메일에서 캘러닉은 이렇게 썼다.

"우버는 끊임없이 움직이는 기계와 같습니다. 물론 그렇다고 영원히 돌아갈 수는 없겠지만 해지 비율보다 탑승자들이 지출하는 금액이 훨씬 더 빨리 높아지고 있습니다."

이 정도의 실적은 스타트업에서 보기 드물었다. 우버의 실적은 상당 규모의 신규 투자금을 유치하고, 급속한 팽창을 촉진할 수 있는 수준이었다. 캘러닉에게 있어 우버는 자신이 가진 재능과 힘들게 쌓아온 경험, 그리고 야심을 모두 발휘할 수 있는 캔버스였을지도 모른다.

하지만 캠프의 제안은 아직도 받아들일 수 없었다. 그해 가을 연설에서 캘러닉은 여전히 자신을 '스타트업의 상담역'이자 '울프 같은 사람'이라고 불렀다.[27] 이어 그는 크리스티안 하야시와 격정적인 만남을 가졌다.

그 만남은 캘러닉을 다시 '신기술과 오래되고 낡은 방식 간의 낯익은 싸움'의 한가운데로 밀어 넣었다. 몇 주 뒤 캘러닉은 시와 가진 협상의 결과를 우버 이사회에 알렸다. 우버는 택시 회사로 마케팅하던 걸 중단해야 했다. 하지만 그리 어려운 일은 아니었다. 정지명령이 내려지기 전에 이미 창업자들은 우버캡이라는 이름에서 '캡'을 빼기로 결정한 상태였고, 투자자 크리스 사카는 우버닷컴 웹주소를 소유하고 있던 유니버설뮤직 그룹에 우버의 지분 2퍼센트(당시 약 10만 달러)를 제안하며 주소 매입 협상을 벌이고 있었다. 유니버설뮤직은 우버로부터 "사업이 잘 풀리지 않을 경우엔 주소를 반납하겠다."는 약속도 받아냈다.

CPUC는 우버가 리무진 회사 내지는 기술적으로 '용선 계약 운송사 charter party carrier'로 등록하기를 원했지만, 우버의 변호사들은 우버가 실제 차량들의 운영업체가 아니라 운전사와 승객들 사이를 중개하는 회사에 불과함을 주장할 수 있다고 믿었다. 그들은 오비츠Orbitz나 익스피디아Expedia가 항공사와 유사하듯 우버는 리무진 회사에 가깝다고 주장했다.

2010년 말 내려진 다음 판결 때 CPUC는 우버의 주장에 동의했고, 우버는 영업을 중단하지 않았다. 시 변호사 사무실로부터 우버의 규제 권한을 얻어내려고 애썼으나 실패했던 크리스티안 하야시는 놀랐고, 우버는 싸움에서 승리했다.

후에 캘러닉은, 샌프란시스코에서 벌어진 우버의 첫 번째 싸움은 보다 적극적으로 리더 역할을 맡기 시작했던 그가 회사에 대해 더 개인적인 확신을 갖는 계기가 됐다고 말했다. 2012년 나와 만난 자리에서 그는 "내 입장에선 그 싸움이 어떤 이유에서든 올바른 것임을 알게 된 순간이었습니다."라고 말했다. 또한 캘러닉은 기술 팟캐스트에 출연해서 'MTA와 벌인 싸움은 P2P 기술 세계에서 10년 동안 겪었던 모든 소송과 갈등을 상기시켜줬다'고 덧붙였다.

"내가 전에도 이런 일을 겪어봤다는 게 참으로 다행이었습니다. 나는 '오, 맞아, 나한텐 이런 일이 터졌을 때 쓸 수 있는 플레이북이 있잖아. 이렇게 한번 해보자'라고 생각했죠. 일이 터졌을 때는 오히려 마음이 편했습니다."[28]

하야시와의 첫 만남 이후 캘러닉은 CEO로서 받을 보상과 관련하여 개릿 캠프, 그리고 엔젤투자자인 크리스 사카 및 롭 헤이즈와 몇 주에 걸쳐 협상을 벌였다. 어쨌든 창업자와 자문역 자격으로 받은 12퍼센트보다 높은 23퍼센트의 지분이 필요하다는 계산을 마쳤지만 그는 자신의 논리를 설명해주지 않았다. 또 다른 이사들은 자신들의 지분 희석을 원하지 않았지만 결국엔 캘러닉의 안을 수용했다. 롭 헤이즈는 말했다.

"내가 우버를 위해 했던 최고의 일은 캘러닉과의 협상에서 100퍼센트 양보했던 겁니다."

마침내 캘러닉은 라이언 그레이브스에게 이 소식을 직접 전달한 후 이제 두 사람이 동업자로서 보다 긴밀히 협력할 수 있는 기회가 생겼다고 말했다. 우버의 원래 CEO인 그레이브스는 자신의 좌천 사실에 분노하거나 당황했을 수도 있었겠지만 그런 감정을 잘 숨겼다. 이제 총괄 관리자가 됐고, 나중에 영업 부사장이 된 그는 이렇게 말했다.

"나는 먼저 내가 그런 경험을 통해 뭘 얻기를 바라는지 다시 생각해봤습니다."

그는 자신이 캘러닉에게 이렇게 말한 걸로 기억한다.

"동업자 관계가 유지되고, 일을 하는 것 같은 기분이 들지 않는 한 나는 좋습니다. 난 여기 일자리를 얻으려고 온 게 아니었습니다. 회사를 경영한다는 생각에 전적으로 열광했었으니까요. 상황이 이렇게 변해도 상관없습니다. 난 당신을 믿습니다."

2010년 11월 23일 그들은 최종 서류에 서명했고, 한 달 뒤 그 사실을 기술 블로그들에게 공개했다.[29] 그레이브스는 우버의 웹사이트에 자신은 캘러닉이 풀타임으로 우버에서 일하게 돼서 '엄청난 기운이 솟구친다 superpump'라고 썼다. 이 단어는 향후 우버 직원들 사이에게 동기와 활력을 불어넣어주는 표현이 되었다. 캘러닉은 앞서 스카우어와 레드스우시에 불어넣었던 강렬한 열정과 야망을 일부 드러내며 이렇게 썼다.

"결론적으로 나는 우버에 모든 걸 걸었습니다."

우버의 일원이 돼서 느끼는 흥분과 즐거움이 온몸에서 솟구칩니다. 우버가 미국과 전 세계 모든 주요 도시로 진출하는 모습을 보기 위해서라면 전 어떤 일도 서슴지 않을 겁니다. 앞으로 세상은 어떻게 변할까요? 택시를 타려다 겪는 좌절감이 줄어들 거고 도시 교통의 신뢰성, 효율성, 책임감, 전문성은 올라갈 겁니다. 우버가 진출한 모든 도시는 사람들이 그것을 이용했을 때 더 좋은 곳으로 변할 겁니다. 당신이 우버가 진출한 도시에 산다면 그곳의 교통 세계는 영원히 변할 것이며, 그런 변화가 도래할 때 우버의 진가가 드러날 겁니다.

캘러닉과 걸리의 만남

크리스티안 하야시와 우버가 싸우던 중에 의도하지 않은 또 다른 결과가 생겼다. 우버는 실리콘밸리의 기술 블로그들로부터 엄청난 주목을 받았다. 그런 관심과 이미 퍼진 강력한 입소문 사이에서 우버의 탑승객 수는 매달 30퍼센트씩 늘어나기 시작했다.

당시 임시로 퍼스트라운드캐피털 사무실로 이주해 있던 우버는 그곳에서 테이블 축구게임과 벤처자본이 주는 여러 특전을 누렸다. 캘러닉은 며칠마다 새로운 데이터를 갖고 롭 헤이즈의 사무실로 흥분한 채 뛰어들어왔다. 그렇게 들어온 어느 날엔간 1시간 만에 35회의 탑승이 이루어졌다고 알렸다. 신기록이었다. 헤이즈는 말했다.

"캘러닉을 바라보며 '이봐, 당신이 엄청난 일을 해냈어. 이건 실화야.'라고 말한 걸로 기억해요. 그는 내게 그저 사악하게 씩 하고 웃을 뿐이었죠."

이제 캘러닉은 또 다른 기업가의 모험에 매진할 준비를 끝냈다. 그는 엔젤투자를 중단했고, 다른 기업들을 상대로 하는 자문 활동도 줄였으며, 심지어 오랫동안 사귀었던 여자친구와도 헤어졌다. 그는 이 소식을 듣고 놀란 한 동료에게 말했다.

"나는 내가 여자친구보단 이 회사에 더 관심이 많다는 사실을 깨달았어. 다시 또 누군가를 사귀려면 적어도 내 일만큼이나 좋아하는 사람을 찾아야 할 것 같아."

그는 또한 경쟁사들을 향해 호전적 모습을 보여주기 시작했다. 향후 겪게 될 갈등의 전조였다. 캘러닉의 친구 중 하나는 그에게 우버를 비판한 잠재 경쟁사의 트윗을 알려줬고, 친구에게 보내는 메일에 캘러닉은 이렇게 썼다.

"그들은 온갖 잘못된 이유를 들며 내가 지금까지 봤던 것 중 가장 복잡한 사업에 뛰어들 거야. 그러고선 내 맹렬한 공격을 받고 겪게 될 고통을 심각하게 과소평가하겠지."

그는 '피 흘리는 우버'라는 말로 이메일을 마쳤다.

하지만 우선 캘러닉은 우버의 초기 몇 가지 문제부터 해결해야 했다. 당시 우버 앱은 사용자들에게 그들이 있는 위치 인근에서 이용 가능한 자동차 대수를 보여줬다. 하지만 창업자들이 '0대 상황'이라고 표현하는 일이 너무 빈번히 발생하기 시작했다. '0대 상황'이란 사용자들이 앱을 열었지만 이용 가능한 차를 찾을 수 없는 상황을 뜻했다. 이런 일은 사용자들이 우버를 이용하다 겪어서는 안 될 일이었다. 캘러닉과 캠프는 몹시 분노했다. 우버는 이 문제를 해결하기 위해 새로운 운전사들을 추가로 투입하고, 호출이 급증하는 시기와 장소를 예측하고, 운전사들에게 그런 장소들에 모여 있게끔 만들어야 했다.

그러려면 대대적인 정체성의 변화가 필요했다. 캘러닉은 우버가 '모든 사람들의 개인전용 운전사'라는 모토를 지향했지만 사실은 화려한 승차 서비스를 제공하는 일반적인 서비스 회사가 아니라는 사실을 깨달았다.

우버는 기술 기업이었고, 궁극적으로 그에 맞게 행동해야 했다. 캘러닉은 동료들에게 "우버는 데이터를 토대로 돌아가야 하는 회사다."라고 말했다. 그는 채용을 늘렸고, 12월에는 아카마이에서 처음으로 만났던 커티스 체임버스Curtis Chambers를 새 임원으로 들였다. 체임버스는 우버의 새로운 배차 시스템에 대한 연구에 착수했다. 오스카 살라자르가 만든 원래의 배차 시스템은 이미 제 기능을 못했기 때문에 프로그래머인 콘래드 웰런이 이리저리 땜질을 해가며 쓰고 있는 상황이었다.

우버 임원들은 처음으로 접하게 된 계절별 수요 변화의 문제에도 대처해야 했다. 시 교통망의 일, 주, 계절별 변화가 눈에 보이기 시작했다. 핼러윈 시기에는 바빴지만 추수감사절 시기는 놀랍게도 수요가 많지 않았는데, 그 이유를 알아보니 사람들이 외출을 자제했기 때문이었다. 성탄절 휴일 때는 12월 31일의 혼잡함을 예상하고 최초의 수급 유지 작업을 시도했고, 31일 밤에는 최대한 많은 운전사를 확보한 후 요금을 평소보다 두 배로 인상했다. 우버는 또 추첨 분배 시스템을 운영하며 소수의 고객들에게 VIP 자격을 부여했다. VIP 고객들은 평소 때 내던 요금을 그대로 내면 됐고, 몇 십 대의 차량을 독점 배정받을 수 있었다. 캘러닉과 일부 프로그래머들은 돌아가는 상황을 모두 주시하기 위해 서둘러 LA의 마리나딜레이로 이동했다. 그것이 우버의 첫 번째 워케이션이었다.

서버엔 과부하가 걸리고, 서비스는 간혹 중단되고, 앱은 제대로 작동하지 않아 업그레이드가 절실히 요구되는 등 첫 번째 신년 실험은 순조로이 진행되지 않았다. 하지만 당시의 시행착오를 바탕으로 우버는 논란의 소지가 있긴 했지만 수요 변동에 맞춰 요금을 조정하는 전략을 쓰기 시작했다.

2011년이 시작되자 캘러닉은 머릿속에 또 다른 큰 움직임을 구상하고 있었다. 그는 우버가 최초의 대대적인 자금 조달, 즉 시리즈 A 투자라운드를 시작할 시기가 됐다고 판단했다. 그가 특히나 투자받고 싶어 했던 한 사람은 과거 초기 자금 투자라운드 때 관심을 보인 적이 있던 벤치마크의 빌 걸리였다.

걸리는 이후 9개월 동안 우버의 사업 진행 상황을 추적했다. 농구팀 플로리다게이터스Florida Gators의 선수 출신인 그는 당시 상황을 농구 경기의 한 장면에 빗대 "림 주위를 맴돌았다."고 말했다. 오픈테이블과 질로Zillow가 각각 레스토랑들과 공인중개사들을 통합시켰던 것과 똑같은 방식으로 교통 서비스의 온라인화에서 기회를 감지한 그는 공격적으로 나섰다. 그는 우버에 대한 이야기를 하기 위해 캘리포니아 주 트러키에서 크리스 사카와 함께 자전거를 탔고, 어느 날 밤늦게는 샌프란시스코로 차를 몰고 가 W호텔의 술집에서 캘러닉과 2시간여를 보내며 향후 거래 조건을 매듭지었다.

걸리는 큰 기회를 찾아낸 것도 맞지만 운이 좋기도 했다. 그는 우버의 두 경쟁사인 택시매직과 캐블러스에 투자하려고 했으나 실패했다. 만일 그때 투자가 성사됐다면 우버에 대한 투자는 불가능했을 것이다. 이제 그는 택시 운영을 묶어놓는 규제와 가격 통제로부터 자유로워진 우버가 그에게 더 큰 상으로 주어졌음을 깨달았다.

벤치마크는 짓궂은 장난으로 계약을 거의 무산시킬 뻔했다. 캘러닉은 벤치마크 파트너들과 예정된 만남을 갖기 전에 그곳의 경쟁사인 세쿼이어캐피털에 방문하기 위해 멘로파크Menlo Park에 있는 샌드힐로드에 있었다. 걸리와 그의 파트너인 매트 콜러는 캘러닉이 도착하기를 기다리던 중 우버 앱을 열어봤다가 1마일 거리에 떨어져 있는 세쿼이어 사무실 앞에 우버 자동차 한 대가 서 있는 걸 보았다. 당시는 우버가 아직 실리콘밸리에서 영업을 시작하기 전이었기 때문에 그들은 이 이상하게 쉬고 있는 자동차가 캘러닉을 태우고 있을 걸로 추측했다. 콜러는 전화기에 설치한 우버 앱을 이용해서 그 차를 호출했고, 캘러닉이 회의를 끝내고 나왔을 때 차는 떠나버린 뒤였다. 캘러닉은 예복용 구두를 신은 채 벤치마크를 향해 달려가야 했고, 땀을 뻘뻘 흘리면서 약속 시간보다 늦게 도착했다. 그날 밤 벤치마크는 캘러닉 앞으로 운동화 한 켤레를 보냈다. 걸리는 당시 장난에 대해 이렇게 말했다.

"우리가 왜 그걸 좋은 생각이라고 했던 건지 모르겠어요."

그렇다고 캘러닉이 앙심을 품었던 건 아니다. 그리고 벤치마크는 신생 벤처인 우버의 가치를 6,000만 달러로 만든 1,100만 달러의 자금 조달을 주도했다. 당시 투자를 검토했다가 포기한 세쿼이어와 배터리벤처스Battery Ventures 등의 경쟁사들은 기회의 크기, 혹은 새 우버 CEO의 배짱을 과소평가한 사람들의 명단에 이름을 올렸다. 걸리는 말했다.

"스카우어와 레드스우시 생활은 힘들었습니다. 그런데 갑자기 캘러닉의 등 뒤에서 약간의 순풍이 불기 시작했습니다. 그는 모든 가치 있는 일들을 위해 우버를 경영하는 것이 전 세계 기업인들 사회에 대한 자신의 의무라고 생각하고 있는 것 같았어요."

과거의 사업 실패에 이어 이제는 자신의 역량을 입증해 보일 수 있는 뭔가를 갖게 된 전투적 성격의 CEO 캘러닉과 인터넷 시장 구축을 둘러싼 혜택과 도전을 잘 이해하는 노련한 투자자였던 걸리, 이 둘의 조합은 강력했다. 은행에 새로운 자금을 확보해놓은 그들은 우버가 즉시 한 가지 일을 처리해야 한다는 데 동의했다. 바로 샌프란시스코에서 벗어나 전 세계 모든 도시로 사업 영역을 확대하는 것이었다.

2부

제국의 건설

C H A P T E R 6

전시戰時의 CEO
_두 전선에서 벌어진 에어비앤비의 싸움

평화로운 시기의 CEO는 전시의 CEO와는 다르다.

벤 호로비츠, 벤의 블로그[1]

2011년이 되자 금융위기로 실리콘밸리 위에 드리워졌던 짙은 먹구름이 서서히 걷히기 시작했다. 1월 페이스북은 가입자 수가 5억 명을 돌파했다고 발표한 후 투자은행 골드만삭스Goldman Sachs가 주축이 된 투자자들로부터 5억 달러를 유치하면서 앞서 나갔다. 5월에 상장한 전문 네트워킹 사이트인 링크드인의 시가총액은 40억 달러에 달했다. 10억 달러 이상의 가치가 나가는 신생 기술벤처를 일컫는 '유니콘unicorn'이란 용어는 몇 년 뒤에나 등장했지만 당시는 이미 유니콘의 시대였다.[2] 같은 해 스트리밍 음악 서비스 회사 스포티파이Spotify와 클라우드 서비스 회사 드롭박스Dropbox, 그리고 결제 업체인 스퀘어Square는 어떤 기업이든 가입하고 싶

어하는 유니온클럽의 창립 멤버가 됐다.[3]

'시기를 잘 타고난 인터넷 스타트업들은 기술 트렌드들을 융합한 거대한 파도 위에 올라탈 수 있다'는 믿음과 함께 낙관론의 향기가 다시 퍼져나갔다.

이러한 심리 변화에 윤활유 역할을 한 것은 자본이었다. 채권 시장은 지지부진했고 주식 시장도 생기를 잃었다. 하지만 벤처투자자들은 자신들이 이전 세대의 업스타트들에 투자해서 큰 이득을 봤으며, 앞으로도 업스타트들이 급성장하면 큰돈을 만지게 될 것이란 멋진 꿈을 내세우며 여전히 투자자들을 유혹했다. 러시아 출신 벤처투자자인 디지털스카이테크놀로지Digital Sky Technologies, DST의 CEO 유리 밀너Yuri Milner는 몇 년 전 2억 달러를 투자해 페이스북의 지분 2퍼센트를 취득하고 나서 조롱을 받았다. 하지만 그해 3월에 그는 캘리포니아 로스앨토스힐스Los Altos Hills에서 황금빛 샌프란시스코 만이 파노라마처럼 펼쳐지는 18세기 프랑스 시골 대저택 스타일의 맨션을 구입했다. 실리콘밸리에서 이것은 최후의 승자가 됐음을 보여주는 증거로 간주된다.

에어비앤비, 유니콘이 되다

주택 임대 사이트인 에어비앤비는 얼핏 보면 이런 파도를 일으키거나 그 위에 올라탈 수 있을 것 같지 않았다. 연초에도 직원들은 여전히 사우스오브마켓 10번가에 있는 비좁은 사무실에서 생활했다. 사무실 안에선 휴대폰이 불통일 때가 많았고, 거리에는 노숙자들이 진을 치고 있었다.

에어비앤비는 사실상 세 사람의 공동창업자가 쥐락펴락하고 있었다. 둘은 대학에서 디자인을, 하나는 컴퓨터 공학을 전공했다.

하지만 에어비앤비는 은밀히 번창하고 있었다. 그로스 해커인 네이선 블레차르지크가 벌여놓은 일들이 성장의 바퀴를 돌리고 있었고, 브라이언 체스키와 조 게비아가 회사 역사를 카리스마 있게 설명해놓은 덕분에 언론의 대대적 주목을 받으면서 에어비앤비의 성장 속도는 전례 없이 빨라졌다. 집주인들은 새로 인기를 끌고 있는 베니스 비치Venice Beach의 침실 두 개짜리 집에서부터 프랑스 남부의 성, 노던캘리포니아Northern California 북부의 목조 주택, 코스타리카에 있는 퇴역한 727 보잉 제트기 기체에 이르기까지 정말로 다양한 숙박 시설들을 사이트에 올려놓았다.[4] 손님들이 여행객인 까닭에 에어비앤비에 대한 입소문은 강력한 겨울 독감 바이러스가 퍼지듯 전 세계로 빠르게 퍼졌다.

CEO인 체스키 입장에서 에어비앤비의 부상은 특별한 엘리트 기업인 집단으로 들어가는 입장권을 얻은 것과도 같았다. 3월에 투자은행 앨런앤컴퍼니Allen and Company 주최로 열린 애리조나 기술 콘퍼런스에서 연설을 부탁받은 그는 디자인 콘퍼런스에서부터 시리얼 도박에 이르기까지 에어비앤비의 기원에 얽힌 온갖 이색적 이야기들을 늘어놓으며 청중의 마음을 사로잡았다. 몇 달 뒤 체스키는 부자와 유명인들을 모아놓고 아이다호 주 선밸리Sun Valley에서 열린 앨런앤컴퍼니의 정례 모임에도 초대받았다. 이제 그는 오프라 윈프리Oprah Winfrey, 워런 버핏Warren Buffett, 빌 게이츠Bill Gates와 어울렸고, 여배우 캔디스 버겐Candice Bergen에게 숙박공유 서비스에 대해 설명해주기도 했다. 체스키는 말했다.

"가수 머피 브라운Murphy Brown이 내게 다가오더군요. 나는 그 사람도 에어비앤비를 알고 있다는 생각을 계속 했어요. 기분이 진짜 좋았죠. 점점 더 높이 올라가는 비행기를 탄 것 같았어요."

5월에 체스키는 트래비스 캘러닉을 처음 만났다. 뉴욕에서 열린 테크크런치디스럽트TechCrunch Disrupt 콘퍼런스에서 체스키와 캘러닉은 '오프라인 사업 혁명'이라는 패널 토론회에 초대받아 함께 무대 위에 등장했다. 체스키는 라이언 그레이브스가 스타트업 경영과 관련해 조언을 얻고 싶다며 2010년 그를 커피 모임에 초대한 이후부터 우버의 팬이 되었고, 에어비앤비 직원들도 우버를 열심히 이용하게 만들었다. 캘러닉도 과거에 '패드패스'라는 숙박공유 사업을 시작해볼까 생각해본 적이 있었기 때문에 두 사람은 이야기할 거리가 많았다. 콘퍼런스가 열리기 전날 밤 캘러닉은 갑자기 체스키에게 '만나서 놀자'는 제안이 담긴 이메일을 보냈다. 두 사람은 저녁식사를 함께하기 위해 맨해튼 중간 지대에서 만났다. 체스키는 우버 CEO가 느긋하고 매력적인 사람이라고 생각했다.

하지만 이튿날 열린 두 사람의 공동 인터뷰 자리엔 분홍색 양말을 신고 전날보다 훨씬 더 도발적이면서 자신만만한 모습을 한 캘러닉이 등장했다. 사회자인 테크크런치의 에릭 숀펠트Erick Schonfeld는 체스키에게 '에어비앤비는 회사 가치를 유니콘에 해당하는 10억 달러로 끌어올리기 위해 대규모 투자금을 유치 중'이라는 언론 보도에 대해 물었다.

그러자 체스키는 "불행하게도 그 보도에 대해선 언급할 게 없습니다."라고 잘라 말했다. 그러자 엄지손가락으로 다리를 두드리고 있던 캘러닉은 "왜 10억 달러의 가치를 부정하시는 건가요?"라고 끼어들었다(당시 우버의 가치는 6,000만 달러에 불과했다).

"그냥 인정하시죠."

체스키는 그에게 못 믿겠다는 듯 곁눈질을 했다.

숀펠트는 두 CEO가 초기에 지방정부들과 맞붙은 싸움에서 살아남았다는 사실을 지적했다. 당시 샌프란시스코에서 우버에게 내려진 정지명령은 철회된 뒤였지만 캘러닉은 극적 효과를 위해 그것을 여전히 과장해서 말했다. 큰 박수를 받자 그는 말했다.

"저는 앞으로 2,000년 동안 옥살이를 해야 할 것 같습니다."

콘퍼런스에 참가하지 않은 청중까지도 고려했는지 체스키는 "지방정부가 가진 정신은 기본적으로 에어비앤비를 지지합니다."[5]라고 주장했다. 이어 그는 뉴욕시민들이 30일 미만으로 집을 빌려주지 못하게 금지하는 뉴욕 주법이 최근 새로 통과된 데 큰 의미를 부여하지 않았다.

두 사람은 공통점이 많았다. 당시 34세의 캘러닉과 29세의 체스키는 새로 생겨난 실리콘밸리 낙관론의 선봉에 선 젊은 CEO들이었다. 그들은 자신감과 카리스마가 넘쳤고, 경쟁사 및 규제 기관들과 겪게 될 갈등에 개의치 않았다. 세상이 자신들을 받아주는 한 그 둘은 적극적으로, 가끔은 무자비하게, 또 다양한 정도로 도덕적 청렴함을 발휘하며 기회를 추구할 것이다. 이제는 제국을 건설할 시기였다.

본인은 인정하려 들지 않았지만 체스키는 사실상 엄청난 투자유치를 마무리하던 중이었다. 그해 봄 신규 투자유치에 착수한 그는 투자 의사가 있는 사람들을 찾아냈다. 에어비앤비의 예약 건수가 매달 40~50퍼센트씩 증가하자 테크크런치는 그 회사를 '스타트업 세계에서 모두의 예상을 깨고 성공한 회사'라고 불렀다.[6] 에어비앤비의 시리즈 A 투자라운드에 참가하지 않았던 앤드리슨호로비츠는 치열한 경쟁을 뚫고 다른 일류 벤처기업들을 제치며 투자에 성공했다. 이 회사는 시리즈 B 투자라운드를 주도했고, 유리 밀너의 DST와 아마존 창업자인 제프 베조스의 개인 투자 펀드, 배우 애슈턴 커처Ashton Kutcher도 투자에 끌어들이는 등 총 1억 1,200만 달러의 투자를 유치함으로써 에어비앤비의 가치를 13억 달러로 올려놓았다.

투자를 주도한 인물은 이베이 사장을 지낸 앤드리슨호로비츠의 제프 조던Jeff Jordan이었다. 조던은 처음엔 '지금껏 들어본 적 없는 가장 멍청한 개념'이라며 에어비앤비를 폄하했지만 앨런앤컴퍼니 콘퍼런스에서 에어비앤비와 이베이 사이의 유사점을 깨닫고선 대오각성했다. 조던은 말했다.

"에어비앤비 사람들은 이베이가 그랬던 것처럼 소소한 생각을 원대한 꿈으로 만들었습니다."

에어비앤비에 대한 기대감이 컸지만 조던과 파트너들은 투자에 따를지 모르는 네 가지 위험 요소를 찾아냈다.

첫 번째는 안전이었다. 손님이 집이나 아파트를 엉망진창으로 만들어버리는 일이 일어나면 어떻게 해야 하나? 두 번째는 국제적 경쟁이었다. 해외 기업들이 에어비앤비 사이트를 모방하지는 않을까? 세 번째는 규제, 즉 시들이 과연 집주인들에게 아무 제약 없이 집을 빌려줄 수 있게 할 것인가에 관한 것이었고, 네 번째는 임원 채용이었다. 체스키, 게비아, 블레차르지크 세 사람이 똑같은 권한을 갖고 회사를 경영하는 당시의 체제를 계속 유지할 수는 없었다. 따라서 그들은 신뢰할 수 있는 새로운 임원들을 찾아야 했다.

이런 모든 중요한 우려들은 곧바로 합당한 것들임이 입증되었다. 조던은 말했다.

"우리가 하는 어떤 일에도 위험은 따릅니다. 우리의 투자가 위험자본이라고 불리는 이유도 그 때문이고요. 이 일은 정말 흥미롭지만 신경 써야 하는 점들도 분명히 있습니다. 브라이언은 그게 어떤 건지 알고 있었죠."

무엇보다 가장 시급히 답해야 할 것은 체스키가 준비됐는지의 여부였다.

무시무시한 잠버 형제의 등장

그해 봄, 에어비앤비의 엔지니어들은 회사 웹사이트와 모바일 앱들에서 이례적인 움직임을 감지했다. 자동화된 소프트웨어 프로그램들이 사이트를 공격해서 집주인들이 올린 개인정보를 수집하거나 폐기하고 있었던 것이다. 곧이어 다른 숙박공유 사이트의 영업사원들이 전화와 이메일, 직접 방문을 통해 에어비앤비의 유럽 집주인들에게 접근하고 있다는 이야기가 들려왔다. 에어비앤비가 상황을 파악하는 데는 그리 오랜 시간이 걸리지 않았다. 모방업체들이 등장하기 시작한 것이다.

가장 성공한 인터넷 스타트업은 전 세계 기회주의적 기업인들의 모방 대상이 된다. 에어비앤비도 예외가 아니었다. 첫 번째 모방업체인 나인플랫츠9flats는 2011년 2월 등장했다. 독일의 항구도시인 함부르크에 소재한 이 회사의 설립자는 스테판 우렌바허Stephan Uhrenbacher로, 그는 미국의 지역정보 후기 공유 사이트인 옐프Yelp를 모방한 콰이프Qype라는 회사도 차린 적이 있었다. 우렌바허는 나인플랫츠의 투자금으로 약 1,000만 달러를 조달했고(이 회사의 모토는 '여행객이 되지 말자. 전 세계에 어디서나 집

처럼 편안함을 느끼자.'다.) 온라인 여행 업계에서 자신이 '세계적인 인물'이 되길 원했다.[7]

4월에 등장했고 나인플랫츠보다 에어비앤비에게 훨씬 더 강력한 영향을 미쳤던 또 다른 모방업체는 베를린에 있는 빔두Wimdu였다. 빔두는 브라이언 체스키가 경고를 받았던, 독일의 그 무섭다는 잠버 형제가 세웠고, 자금을 댔으며, 운영한 회사였다. 빔두의 웹사이트는 담청색 컬러 배합과 검색창에 이르기까지 에어비앤비를 쏙 빼닮았다. 빔두의 검색창에는 에어비앤비에 접속했을 때 나오는 "어디로 가십니까?"를 살짝 바꾼 "어디로 가시길 원하시나요?"란 질문이 등장한다. 이렇게 뻔뻔하게 영업을 하던 빔두는 홈페이지 하단에 CNN과 「뉴욕 타임스New York Times」가 자사의 사업 아이디어를 특집 기사로 다뤘다고 광고했지만, 실제로 이 매체들이 다룬 것은 빔두가 아닌 에어비앤비였다.

당시 모두 30대 후반이었던 마크Marc, 올리버Oliver, 알렉산더Alexander 잠버 형제는 독일 쾰른에서 개인 영업을 하던 기업 변호사들 부부 사이에서 태어나 성장했다. 형제들은 어렸을 때부터 우애가 돈독했고, 각자의 재능을 합쳐서 시너지 효과를 낼 수 있는 길을 찾았다. 법(마크)과 경영학(올리버와 알렉산더)을 전공한 그들은 실리콘밸리로 넘어와 1세대 인터넷 기업들 사이에서 일자리를 구했다. 미국 기술 업계에서 경력을 쌓는 게 아니라 그곳을 직접 보고 배우는 것이 목적이었다. 1999년 독일로 돌아온 그들은 이베이와 유사한 방식으로 운영되는 독일어 경매 사이트 알란도Alando를 세웠다. 알란도는 독일에서 입지를 굳혔고, 4개월 뒤 이베이에 4,300만 달러에 매각됐다. 잠버 형제는 백만장자가 되었지만 이는 시작에 불과했다.

이후 10년 동안 잠버 형제는 페이스북, 이하모니, 트위터, 옐프, 자포스, 그리고 유튜브를 모방한 기업들을 세우고 투자한 뒤 각각을 종종 모방의 대상으로 삼았던 회사에 되파는 방식으로 수십 억 달러를 챙겼다. 그들은 "BMW는 차를 발명하지 않았다."라고 말하며 진정 중요한 건 스타트업을 세우고 운영하는 방법, 즉 실행 방법임을 지적했을 뿐 자신들의 모방 활동에 대한 사과는 하지 않았다.[8] 그들은 일벌레였고, 전 세계를 돌아다녔으며, 맹렬한 속도로 계약을 체결했다. 그들의 특이한 작업 습관에 얽힌 이야기는 전설이 되었다. 동료들에 따르면 마크 잠버는 장시간 비행기를 탈 때면 좌석에 몸을 완전히 기댄 채 30분 동안 허공에서 자전거 페달을 돌리는 운동을 했고, 올리버는 속옷과 깨끗한 셔츠 한 벌씩만 넣은 조그만 서류가방만을 갖고 세계를 돌아다녔다고 한다. 전날 입었던 옷은 아침마다 호텔 욕실에서 빤 다음 방에 널어두고 말렸다는 것이다.

잠버 형제는 인터넷 스타트업 창업 기술에 군대식 허세와 전투 용어를 접목시켰다. 2011년 그들이 세운 스타트업 인큐베이터인 로켓인터넷 Rocket Internet의 동료들에게 보낸 이메일에서 올리버는 가구 판매 웹사이트를 개발 중인 동료들에게 관례적으로 써온 부자연스러운 영어로 이렇게 썼다.

"기습 공격 시기를 현명하게 결정해야 하기 때문에 각국은 내게 피로써 그 시기를 알려준다. (중략) 이제 우리가 승리하기 위해 죽거나 포기해야 할 때가 됐다. 나는 의외의 결과를 인정하지 않는다. 나는 여러분 세 사람 모두 다음 계획을 확인하길 바란다. 그리고 여러분의 피로 서명하라."[9]

이 이메일은 테크크런치에 유출됐고, 잠버 형제는 자신들이 메일에서 사용한 어조와 함께 독일군 전쟁사에서 악명 높은 용어를 뽑아 쓴 것을 사과했다.

대부분의 미국 스타트업들은 싸우기보다는 포기하고 물러나는 게 더 쉽다는 결론을 내리며 두려움과 허무감 속에서 잠버 형제와의 경쟁에 나섰다. 빔두를 세우기 1년 전에 그들은 소셜커머스 회사 그루폰Groupon의 모방회사인 시티딜CityDeal을 차렸다. 이후 로켓인터넷에서 받은 2,000만 유로로 회사를 지원하면서 그들은 시티딜을 재빨리 유럽의 일류 데일리딜daily-deal(하루에 하나의 서비스나 상품을 선택한 뒤 반값 등 파격적인 할인율 등을 제공하는 것_옮긴이) 사이트로 전환시켰다. 그들은 유럽의 또 다른 모방회사인 데일리딜DailyDeal과도 치열하게 경쟁했다. 「블룸버그 비즈니스위크」의 기자 캐롤라인 윈터Caroline Winter가 쓴 잠버 형제 소개글에 따르면 그들은 데일리딜의 많은 직원들에게 '퇴사하면 승진과 임금 인상을 보장하겠다'며 이직을 제안하기도 했다.[10] 또한 한편으론 데일리딜이 파산 일보직전이라는 소문도 퍼뜨렸는데, 올리버 잠버는 이런 전술에 대해 제대로 사과하지 않았다. 그는 윈터에게 이렇게 말했다.

"나는 그게 모두 통상적인 경쟁법의 범위 안에 포함된다고 생각합니다."

2010년에 그루폰은 약 1억 2,600만 달러를 주고 시티딜을 인수한 뒤 잠버 형제들에게 계속 회사 경영을 맡겼다. 하지만 이는 엄청난 실수였다. 2011년 그루폰의 IPO 이후 잠버 형제가 경영하던 유럽 사업부는 만성적인 기술 문제로 고생하다가 하루에 한 차례가 아닌 두 차례의 데일리딜을 알리는 이메일을 보냄으로써 고객들의 신뢰를 잃었다. 전 그루폰 임원의 말에 따르면 하루에 몇 차례 메시지를 보내는 게 좋은 생각인지를 놓고 올리버 잠버와 그루폰의 CEO 앤드루 메이슨Andrew Mason은 계속 논쟁을 벌였다고 한다. 두 차례 데일리딜은 더 많은 수익 창출로 연결됐지만 데일리딜 본래의 참신함과 수준을 떨어뜨리는 결과로 이어졌다. 메이슨은 2013년 유럽 내 사업과 관련된 문제가 지속된 데 일부 책임을 지고 2013년 그루폰의 CEO 자리에서 물러났다.

따라서 이것은 2011년 봄 브라이언 체스키가 빔두에 대해 알게 되자마자 직면한 엄청나게 중요한 도전이었다. 새로운 경쟁사를 주시하기 시작하고 나서 몇 주 뒤 체스키는 한 통의 전화를 받았다. 애슈턴 커처와 에어비앤비에 공동투자했고 마돈나Madonna와 U2 등 뮤지션들의 매니저를 맡았던 가이 오시리Guy Oseary로부터 걸려온 것이었다. 오시리는 체스키에게 올리버 잠버가 대화를 나누고 싶어 한다는 말을 전하면서, 진지한 목소리로 에어비앤비가 그와 거래를 해야 할지 모른다고 밝혔다.

체스키는 올리버 잠버에게 연락했다. 잠버는 전화상으로는 차분해 보였고, 자신이 직접 빔두를 키우고 싶다고 주장했다. 그럼에도 그는 체스키를 직접 만나기 위해 곧장 샌프란시스코로 가겠다고 했다.

이 모든 일들은 갈피를 잡기 힘들 만큼 순식간에 일어났다. 며칠 뒤 로펌 펜윅앤웨스트Fenwick and West 사무실에서 체스키, 게비아, 블레차르지크는 투자자들인 그레그 매커두 및 리드 호프먼과 함께 올리버 잠버를 만났다(10번가에 있는 에어비앤비 사무실은 너무 위엄이 없었고, 회의실이라고 해놓고 있던 곳도 방음이 되지 않았다). 체스키는 잠버가 랩톱 가방 하나만 들고 공항에서 혼자 온 걸 보고 놀랐다. 후에 그는 말했다.

"'갈아입을 옷도 없이 해외 출장을 온 사람은 처음 봤다'고 생각했던 게 기억나는군요."

잠버는 빔두의 웹사이트와 중국 시장용 자매 사이트인 에어리주Airizu, 그리고 전 세계 많은 국가에서 400명의 직원과 매니저를 채용할 계획을 자신 있게 자랑했다. 당시 에어비앤비 창업자들은 여전히 '회사 문화와의 적합성'을 성심성의껏 알아보기 위해 지원자 개개인과 인터뷰하고 그들에 대해 논의했다. 또한 에어비앤비의 샌프란시스코 사무실에 근무하는 직원이라고는 20여 명이 전부였고, 나머지 직원 몇 십 명의 대부분은 재택근무로 고객서비스 업무를 보며 전 세계에 흩어져 있었다. 올리버 잠버는 에어비앤비와 빔두의 '제휴'를 제안했지만 이 제안에 숨겨진 의도는 분명했다. 그는 경쟁이란 총을 장전해 에어비앤비의 머리에 겨누고 있었던 것이다. 몸값에 해당하는 것은 합병이었다. 체스키는 말했다.

"우리 모두는 서로의 얼굴을 그냥 물끄러미 쳐다보고 있다가 '이런.'이라고 했죠. 상당히 인상적인 제안이었어요."

회의를 마치고 스타벅스에 가서 올리버 잠버와 커피를 마시던 창업자들은 그들끼리 따로 앉아서 제휴 가능성을 논의하기 시작했다. 체스키는 게비아와 블레차르지크의 의견을 물었다. 그는 합의를 염두에 두고 있었지만 그들의 의견은 서로 엇갈렸다. 세 사람은 진정한 최고의 숙박공유 서비스는 여행객들이 어디로 가건 그들에게 최대한 다양한 숙소 선택권을 제공해줄 수 있는 세계적 차원의 서비스여야 한다는 걸 알았다. 또한 그들은 자신들이 내세우는 가치나 디자인 감각, 혹은 친밀하게 연결된 커뮤니티를 건설하고 싶다는 욕구를 올리버 잠버는 공유하지 않고 있다는 사실도 알아챘다. 잠버가 너무 강경하고 무자비한 탓에 세 창업자는 그에게 몰래 '장군General'이라는 별명을 붙였다.

몇 주 뒤 창업자들과 이사인 그레그 매커두는 그들의 가공할 만한 적과 관련된 추가 정보를 얻고자 베를린으로 날아가 빔두의 사무실을 방문했다. 체스키는 베를린미테 지구Mitte District 재활시설 안에 있는 사무실에서 목격한 장면에 깜짝 놀랐다. 대부분 20대 초반인 직원들은 한증막 같은 더위 속에서 서로 어깨를 맞대고 책상 앞에 일렬로 앉아 있었다. 선풍기도 없었던, 말 그대로 '노동력 착취의 현장'이었다.

잠버는 창업자들에게 사무실 견학을 시켜줬다. 수많은 PC들의 화면에는 빔두와 에어비앤비 웹사이트가 동시에 떠 있었다. 잠버는 창업자들에게 한마디 사과도 없이 이렇게 말했다.

"우리의 일하는 방식을 설명하자면 이렇습니다. 당신네 미국인들은 혁신을 하지만, 나와 우리 개미 군단은 빠르게 움직이며 위대한 사업체를 세우는 거죠."

그는 또한 창업자들에게 빔두가 로켓인터넷을 포함한 유럽의 벤처자본사들로부터 9,000만 달러를 투자받았고, 이미 독일에서는 에어비앤비보다 규모가 아홉 배나 더 크다고 주장했다.[11]

이후 창업자들과 매커두는 저녁식사를 마친 후 인근의 에어비앤비에 머물면서 각자의 의견에 대해 밤새워 토론했다. 또다시 체스키는 동료들과 (물론 쉽지는 않았지만) 의견을 통일해가며 모든 일이 순조롭게 잘될 거라는 자신감을 얻으려고 애썼다. 하지만 그들은 곤경에 빠졌다. 잠버 형제와 손을 맞잡으면 그들이 본래 추구하려던 가치를 고수하는 것이 불가능해진다. 반면 그들과 싸울 경우엔 유럽 지역에서의 사업 구축을 위해 채용 속도를 높이고, 잠버 형제들의 흉포한 행동을 어느 정도 따라 할 수밖에 없었다. 그렇다고 한가롭게 앉아 있을 수도 없는 노릇이었다. 매커두는 창업자들에게 "우리는 이번 여정을 시작하기 전에 계획에 없던 일을 하면서 베를린을 떠날 걸세."라고 말한 것으로 기억한다.

한 가지 해결 방법은 빔두와 다른 모방업체들에 맞설 수 있게 신속히 유럽 사업을 추진할 지역 리더를 찾는 것이었다. 창업자들은 이튿날 베를린 공항에 있는 한 카페에서 리더 후보자를 만났다. 연예 매니저인 가이 오시리가 소개했던 올리버 정Oliver Jung이라는 독일 기업인이었다.

정은 장신이고 안경을 썼으며, 잠버 형제처럼 여러 기업을 베껴온 수상한 이력을 갖고 있었다. 지난 몇 년 동안 그는 싱Xing이라는 링크드인 복제회사, 명품 온라인 쇼핑 사이트 길트Gilt와 놀랄 만큼 유사해 보이는 회원전용 쇼핑 사이트 비욘드더랙Beyond the Rack 및 데인딜DeinDeal이라는 스위스의 거래 사이트에 투자했다. 그는 '장군' 못지않게 열정적이었다. 창업자들이 그에게 자신들이 처한 곤란한 상황을 털어놓자 그는 귀에 블루투스 이어폰을 꽂고 커피숍을 서성거리며 바르셀로나와 파리와 기타 지역에 있는 동료들에게 비행기를 타고 와서 대응책을 조율하자고 지시하기 시작했다. 잠버 형제와 함께 몇 차례 스타트업에 투자한 적이 있었던 정은 그들에 대해 잘 알고 있었다. 정은 말했다.

"나는 올리버 잠버가 얼마나 미친 사람인지 알고 있습니다. 너무 존경스러운 나머지 두려울 지경이죠."

창업자들이 샌프란시스코로 돌아올 무렵 체스키는 에어비앤비가 잠버 형제와 손을 잡지 않을 것으로 확신했다. 합리적 확신이었다. 하지만 올리버 정 역시 잠버 형제만큼이나 돈을 버는 데만 관심이 있어 보였기에 그와 손을 잡을 수 있을지는 아직 알 수 없었다. 에어비앤비에서 누가 이 위대한 도전에 대한 대응을 주도할지도 아직까지 불분명했다. 그 주에 한 태국 레스토랑에서 체스키와 저녁식사를 하던 매커두는 바로 체스키가 그 일을 해야 한다는 입장을 고수했다. 29세의 CEO인 체스키는 해외 출장을 다녀본 적이 거의 없었고, 어떻게 세계적인 대기업을 만드는 방법이나 회사를 경영하는 법, 혹은 솔직히 말해 공동창업자들 사이에서 시간이 낭비되는 만장일치범 외에는 결정을 내리는 방법에 대해서도 거의 아는 게 없었다. 하지만 그는 이 난국에 잘 대처해야 했기에 마침내 자신의 직책에 걸맞은 책임을 받아들였다.

매커두는 체스키에게 말했다.

"창업자들 중 회사가 어떤 모습이어야 하는지에 대한 직관적 감각과 회사를 이끌 수 있는 추진력, 그리고 열정을 가진 유일한 사람이 당신입니다. 그래요. 그러니 올리버 정을 채용하고, 그렇지, 나이든 사람들도 모셔와야 합니다. 하지만 당신은 비행기를 타고 다니며 세계적인 대형 조직을 세우고 경영하는 방법을 배우는 데 많은 시간을 투자해야 하죠. 그런 도전에 뛰어들 준비가 되어 있습니까?"

그리고 몇 주 뒤, 체스키가 매커두의 질문에 제대로 답할 기회조차 얻기 전에 질문과 무관한 완전히 새로운 위기가 터졌다.

EJ와 랜색게이트

힘들었던 사흘 전의 이야기다. 나는 일주일 동안 출장을 다녀온 후 녹초가 돼 아파트로 돌아왔다. 그런데 아파트는 내 집이란 걸 알아볼 수도 없을 정도로 변해 있었다. 엉망진창으로 뒤집어져 있었던 거다.

EJ라는 약자를 쓰는 사람이 워드프레스WordPress의 블로그에 이런 글을 올렸다. 에어비앤비를 통해 일주일간 자신의 샌프란시스코 집을 손님에

게 빌려줬는데 집이 털리고 쓰레기통처럼 변했다는 내용이었다.[12]

그들은 잠겨 있는 옷장 문에 구멍을 뚫은 뒤 내가 안에 숨겨놓았던 여권, 현금, 신용카드, 할머니의 보석을 찾아냈다. (중략) 그들은 집 안의 모든 서랍들을 샅샅이 뒤졌고, 내 신발과 옷을 착용해봤으며, 벽장 바닥에 놓인 젖은 수건 더미 위에 내 옷들을 구겨서 던져놨다. 수건더미엔 흰곰팡이가 피어 있었다. (중략) 폭염이었지만 그들은 내 벽난로와 다양한 인조 장작들을 이용해서 물건 더미(내 물건이지 않나?)를 재로 만들었다. (중략) 부엌은 말 그대로 재난 상태였다. 싱크대 위에는 더러운 그릇들이 쌓여 있었고, 솥과 냄비 등은 다 타서 못쓰게 됐다. 화장실에서 풍기는 냄새는 들이마시면 죽을 것 같아서 섬뜩할 정도였다.[13]

EJ는 모든 걸 잃었다. 인간성에 대한 신뢰가 처참하게 무너져내린 그녀는 집주인과 손님 간의 상호신뢰에 대한 환상을 제시한 에어비앤비를 맹렬히 비난했다. 그녀는 "이번 범죄에 대해 (에어비앤비의) 고객 서비스팀이 훌륭하게도 전력을 다해 관심을 가져줬다."라며 자신의 요구에 대한 회사의 대응 방식에 약간의 칭찬을 곁들였다가 종국엔 말을 바꿨다.

EJ의 블로그 포스트는 작성된 후 한 달가량 별다른 주목을 받지 못했다. 그러다가 앤드리슨호로비츠의 투자가 공식적으로 알려지기 전인 7월 말 그녀의 글은 해커뉴스Hacker News 사이트에서 뜨거운 논쟁거리가 되었다. 해커뉴스는 에어비앤비를 맨 처음 도와줬던 YC가 운영하는 온라인게시판 사이트였다. 해커뉴스 사용자들은 EJ가 겪은 사건을 두고 각자의 생각을 털어놓으며 일반 사람들의 정직함에 대해 장황한 논쟁을 벌였다.[14] 테크크런치의 오만한 창업자이자 파워블로거인 마이클 애링턴Michael Arrington이 스레드thread(하나의 주제에 대해 회원들이 게시판에 올린 일련의 의견들_옮긴이)에 주목하고, '집주인의 집이 완전히 쓰레기통이 된 상황에서 에어비앤비를 둘러싼 진실의 순간'이라는 제목으로 EJ 사건을 다룬 기사를 썼다.[15]

애링턴은 기사와 관련해서 체스키와 이야기를 나눴다. 체스키는 그에게 에어비앤비는 사건에 대해 알고 있으며, EJ에게 금전적 보상안과 함께 그녀가 새로운 집을 구할 수 있게 도와주고 "더 편안한 삶을 살 수 있게 돕는 어떤 일도 마다하지 않겠다."는 제안을 했다고 설명했다. 이어 체스키는 추가 피해를 막기 위해 서둘러 테크크런치에 올릴 글을 직접 썼다. 그는 에어비앤비 임직원들은 본 사건으로 '엄청난 충격'을 받았지만, 사건 발생 직후부터 EJ와 '긴밀한 연락'을 취해왔다는 사실을 강조했다.

바로 그때 상황이 정말로 완전히 꼬이기 시작했다.

체스키의 글이 올라온 이튿날 EJ는 격노하며 자신의 블로그에 글을 올렸다. 사실 에어비앤비는 EJ에게 약속했던 보상금을 보냈거나 그 어떤 대체 숙소도 제공하지 않은 것으로 드러났다(내가 이후 에어비앤비의 여러 전·현직 직원들로부터 들은 증언에 따르면 보상금은 승인되거나 송금된 적이 없었다. 다만 증언 내용은 서로 조금씩 엇갈렸다). 그녀가 대화를 나눴던 에어비앤비 측 주요 인사는 똑똑한 블레차르지크였다. 그는 체스키가 최근 회사를 떠난 고객서비스 팀장을 대체할 수많은 후보자들을 인터뷰하는 동안 팀장 역할을 대신 맡고 있었다. EJ는 이렇게 주장했다.

"블레차르지크는 내 블로그 포스트에 대한 본인의 우려와 함께 그것이 회사 성장과 현재의 투자유치 활동에 미칠 수 있는 부정적 영향에 대해서만 떠들어댔다. 그 CTO란 사람은 내 블로그를 폐쇄하거나 희소식으로 '바꿔'줄 것을 제안했다."[16]

EJ는 문제의 사건 때문에 자신이 사실상 노숙자 신세로 전락했고, 공포에 시달리고 있으며, '파산'했다고 말했다. 일부 독자들은 그녀에게 위로금을 보내겠다고 제안했지만 그녀는 그들에게 돈을 갖고 있다가 "나중에 여행할 때 멋지고 안전한 호텔방을 예약하는 데 쓰세요."라고 말했다.[17]

실로 엄청난 파괴력을 가진 비난이었다. 이후 5일 동안 트위터에서 불기 시작해 언론매체들이 더 크게 키운 중단 없는 폭풍은 에어비앤비를 강력한 강풍 속으로 몰아넣었고 도무지 잠잠해질 기미가 보이지 않았다. 기술 뉴스 사이트들까지 가세해서 에어비앤비는 안전한 사람인지 확인되지 않은 낯선 이를 집에 들이고 있다고 주장했다. 또 "한 집주인의 집이 그런 조직적 파괴에 노출됐다면 다른 집주인들에겐 어떤 일이 닥칠 수 있겠는가?"라고 반문하기도 했다. 블로그 논평가들은 창업자들의 집에 찾아가 항의하자고 제안했다. 이 소위 '랜색게이트 사건#Ransackgate('도난'을 뜻하는 ransack과 '스캔들'을 뜻하는 gate를 합친 표현_옮긴이)'은 트위터의 가장 많이 거론된 주제Trending topic가 되었고, 이어 CNN, 「USA 투데이USA Today」「샌프란시스코 크로니클San Francisco Chronicle」 등 주요 언론의 취재 대상이 됐다. 체스키, 게비아, 블레차르지크는 실리콘밸리의 비판가들에게 '신생 기술벤처들은 앞서 등장했던 모든 10억 달러 가치의 기업들만큼이나 탐욕스럽고 부주의하다.'고 믿게 만들 새로운 이유를 제공해 주었다.

불과 1년 전만 해도 에어비앤비는 라우시 가 아파트 안 탁자에 둘러앉은 세 명의 창업자와 소수의 직원들로 이루어져 있었다. 체스키는 말했다.

"우리는 어른 취급을 받았지만, 아직까지 제대로 성장하지 못한 상태입니다."

하지만 그는 그것이 부적절한 변명임을 알고 있었다. 그가 그동안 광고 대상으로 삼았던 모든 상식적 투자자들은 숙박공유로 인해 빈집털이 등의 범죄가 초래될 수 있다는 점을 지적해왔다. 하지만 에어비앤비는 그에 대한 준비를 해놓지 않았고, 13억 달러의 가치가 나가는 회사가 저질러서는 안 되는 부주의한 실수를 한 것이다. 체스키는 말했다.

"대체 어떻게 10억 달러짜리 회사가 이렇게 한꺼번에 욕을 먹을 수 있는지를 묻는 좋은 질문들이 많이 쏟아져 들어왔습니다."

EJ는 이용자들의 안전과 집주인과 손님 간의 중재자로서 에어비앤비가 어떤 역할을 해야 하는지에 관한 질문들을 에어비앤비 사이트에 던졌다. 사건이 터지기 전까지 체스키는 온라인 시장에 대해 순수주의자적 시각을 지지해왔다. 즉, 이용자들은 서로에 대한 경험을 평가함으로써 상호 감시자 역할을 하고, 신뢰하기 힘든 사람은 나쁜 평가를 받아 플랫폼에서 쫓겨나고 웹의 자연면역 체계에 따라 배척될 것이란 게 그의 생각이었다.

이것은 인터넷에 대한 자유의지론자적 시각이기도 했지만 실리콘밸리에서 파는 가짜 약 같다는 느낌도 주었다. 중대한 에티켓 위반이나 범죄 행위가 일어난 뒤에는 부정적 평가가 나와봤자 별 소용이 없다. 하지만 체스키와 동료들은 자정 능력을 갖춘 시장이 가진 힘을 믿었기 때문에 고객서비스나 고객안전을 위해 제대로 투자한 적이 없었다. 다른 창업자들이 고객서비스 부서를 운영할 임원을 찾는 동안 블레차르지크와 회계 담당자인 스탠리 콩Stanley Kong 두 사람만이 직원 수 130명이 넘는 회사의 고객서비스 부문을 책임지고 있었다는 사실은 시사하는 바가 컸다. 체스키는 말했다.

"우리는 에어비앤비를 상품과 기술 회사로 여겼는데, 고객서비스는 그에 해당한다고 느껴지지 않았습니다."

세 창업자는 EJ의 두 번째 블로그 포스트가 올라온 그다음 주가 자신들의 경력에서 가장 힘든 시기였다고 말했다. 그들은 자신들뿐 아니라 모든 사람들에게 이렇게 말했다.

"에어비앤비는 사람들이 다 같이 힘을 모아 더 나은 세상을 만들게 돕고 있습니다."

하지만 이제 회사는 중대한 범죄를 교사한 게 됐고, 이 부정적인 사태에 엉망으로 대응했다. 엄청난 자괴감에 빠진 창업자들은 어느 날 밤 그들의 첫 번째 멘토인 폴 그레이엄의 집으로 45마일의 거리를 운전해 갔다. 그레이엄은 그때보다 더 쓸쓸해 보이는 창업자들의 모습을 본 적이 없었다. 그는 주방에서 그들에게 말했다.

"사람들은 자네들이 고통받는 모습을 보길 원한다네. 약간의 피를 원하는 거지. 그냥 칼을 맞고, 책임을 지면, 모든 사람들이 넘어가줄 걸세."

이후 며칠 동안 체스키는 투자자 및 자문역들을 소집한 뒤 제대로 뉘우친 듯한 인상을 주는 대응책을 만들었다. 회사는 24시간 가동하는 고객서비스 직통전화를 가동하고, 고객지원 인력의 규모를 두 배로 늘리며, 신뢰와 안전을 담당하는 부서를 신설하고, 고객서비스 부서로부터 사기 및 엉터리 서비스와 관련된 문제해결 전담팀을 별도로 분리해서 운영하기로 결정했다. 더불어 이용자들의 신원을 확인하는 방법에 대한 연구에도 착수했다. 고객들이 직접 본인 전화번호를 인증하게 하거나 페이스북

계좌를 에어비앤비에 연결하게 하는 방식 등을 통해 더 투명한 서비스를 만들겠다는 것이었다.

이 계획의 중심에는 '에어비앤비 보장Airbnb Guarantee'이 있었다. 에어비앤비의 이사회에 참석한 앤드리슨호로비츠의 파트너 제프 조던은 이베이에서 이와 유사한 '구매자 보호Buyer Protection'라는 프로그램을 선보인 적이 있었다. 구매자와 판매자 사이에서 벌어진 논쟁을 심사하고, 감정이 상한 고객에게 환불을 해주는 프로그램이었다. 조던은 '에어비앤비 보장'도 좋은 효과를 거둘 거라고 주장했다. 체스키는 보장금액을 일반적 규모인 5,000달러로 책정하려 했다. 하지만 어느 날 저녁 사면초가에 몰린 창업자들을 응원하러 에어비앤비 사무실을 방문한 마크 앤드리슨은 그 금액에 0을 더 붙여 집주인들에게 최대 5만 달러까지 손해배상을 보장해주자고 제안했다. 당시 그것은 상당한 위험이 뒤따르는 금액이었다. 가입해놓은 보험이 없었던 에어비앤비 입장에선 손해가 생기면 고스란히 그것을 직접 감당해야 했기 때문이다.

에어비앤비는 EJ를 괴롭혔던 것 같은 비극은 매우 간혹 일어날 것이라고 전제하고 그동안 끌어모았던 엄청난 벤처자금을 내걸었다(이듬해 에어비앤비의 보장 규모는 런던로이즈Lloyd's of London 보험 가입 덕에 100만 달러 규모로 확대된다).[18] 제프 조던은 말했다.

"창업자들은 절벽에서 뛰어내려야 하는 부치Butch와 선댄스Sundance와 같은 처지에 있었습니다(영화 〈내일을 향해 쏴라〉의 두 주인공 부치와 선댄스는 절벽까지 쫓기다가 뛰어내려 목숨을 구한다_옮긴이). 그들은 사실 사람은 기본적으로 선하고, 거의 모든 여행이 긍정적인 여행이라는 믿음을 갖고 있었어요."

에어비앤비는 또한 위기 커뮤니케이션 회사인 브런즈윅Brunswick을 고용했고, 브런즈윅은 체스키에게 고객들에게 편지를 써서 보내라고 권유했다. 브런즈윅이 편지의 초안을 제시했지만, 체스키는 그것이 지나치게 전문적인 느낌을 풍겨서 고객들이 감을 잘 잡지 못할 거라고 생각했다. 그는 이런 의외의 조언에 고민했지만, 자신의 본능이 맞는지도 확신하지 못했다. 과거에 자신이 본능에 따라 취했던 조치들이 사태를 오히려 악화시키기도 했었기 때문이다. 하지만 결국 그는 자신이 직접 나서서 고객들에게 솔직히 말하기로 결심했고, 초창기 에어비앤비 마케팅 담당 임원인 리가야 티치Ligaya Tichy와 함께 편지를 다시 작성했다.

체스키는 그레이엄이 해준 조언의 참뜻을 되새기며 직접 칼을 맞았다.

"지난 4주 동안 우리는 실로 사태를 엉망진창으로 만들었습니다. 저는 이것이 다른 기업들에게도 위기의 순간에 해서는 안 되는 일이 무엇이고, 왜 항상 자신의 가치를 유지하고 본능을 믿는 게 중요한지를 가르쳐 주는 소중한 교훈이 될 수 있기를 기대합니다."[19]

그는 편지에 개인 이메일 주소를 첨부했다. 이것도 앤드리슨이 조언해준 대로였다.

체스키는 주말에 이사들과 전화로 논의한 후 편지 발송 계획을 발표했다. 8월 1일 오전, 편지는 에어비앤비의 100만 이용자에게 이메일로 전송됐고, 언론은 편지 내용을 광범위하게 분석했다. 폴 그레이엄이 예상했던 대로 인터넷에서 불던 폭풍은 진정됐고, 군중의 마음은 움직였다. 편지 내용에 실망감을 드러내는 사람들도 일부 있었다. 어쨌든 새로 성유聖油를 바른 것 같은 스타트업이 무너져 불타는 장면을 지켜보는 건 누구에게나 자극적인 오락거리였다.

EJ 사건은 대중의 관심에서 점차 멀어졌지만 그들의 눈에 보이지 않는 곳에선 여전히 진행 중이었다. 그해 여름 EJ의 집을 엉망진창으로 만든 손님이었던 19세의 페이스 클리프턴Faith Clifton은 장물臟物과 메탐페타민Methamphethamine(각성제의 일종_옮긴이) 소지 및 사기 혐의로 샌프란시스코에서 체포되어 구속영장이 발부됐다.[20]

EJ는 에밀리Emily라는 이름을 가진 30대 후반의 이벤트 플래너였다. 그녀는 자신이 겪은 사건과 관련해서 에어비앤비를 계속 압박했다. 전 에어비앤비 직원에 따르면 양측은 그해에 중재 협상을 시작했고, 에어비앤비가 그녀에게 거액의 합의금을 주는 대신 상호 합의한 내용는 공개하지 않는다는 조건하에 전체 사건을 봉합하기로 결정했다. 그녀는 나중에 내게 이메일로 "그건 내가 이후 오랫동안 파묻은 뒤 다시는 들춰보고 싶지 않은 내 인생의 한 장입니다."라며 당시 합의 내용에 대해 침묵했다. 체스키와 에어비앤비 역시 EJ 사건의 결과에 대한 이야기를 내게 해주지 않았다.

에어비앤비는 큰 소동을 마무리 지었고, 가장 위대한 도전 중 하나를 버텨냈으며, 새로운 고객보호 장치를 추가했다. 하지만 회사가 사람들의 인간성을 바꿔놓을 수는 없었다. 전 에어비앤비의 직원은 이렇게 말했다.

"EJ에게 해준 보상은 비극적으로 엉망진창이 된 경험을 겪은 고객들에게 해줄 많은 보상 중 첫 번째에 불과했다."

진정한 CEO로 거듭난 체스키

같은 해 여름, 그 고통스러웠던 모든 일이 일어난 적이 없었던 듯 에어비앤비는 샌프란시스코의 멋진 포트레로힐 지구Potrero Hill District 아래쪽에 있는 로드아일랜드Rhode Island 99번가에 새로 마련한 사무실로 이사했다. 체스키와 게비아는 처음으로 업무 공간에 자신들의 디자인 감각을 발휘했다. 그들은 사무실 안에 멋진 긴 책상, 몸에 맞게 디자인된 의자, 빈백beanbags, 직원들이 낮잠을 잘 수 있는 나무집을 갖다놓았고 화장실 벽에는 영양羚羊의 머리를 걸었다. 세 개의 회의실은 사이트에 올라온 임대 가능한 방들을 모델로 디자인했고, 벽에는 '인생은 아름답다Life is Lovely'처럼 영감을 주는 말들을 적어놓았다.[21]

8월, 에어비앤비는 이 새로운 '셋방' 축하파티를 열었다. 손님들이 춤추고, 스키볼Skee Ball(딱딱한 고무공을 경사진 탁자 크기의 대臺 아래에서 굴려 표적의 길쭉한 홈에 떨어뜨려 득점하는 실내 놀이_옮긴이)을 즐기고, 칵테일을 마시는 동안 가수 MC 해머MC Hammer는 옥상에서 디제이를 맡았다. 창업자들은 잠시 시간을 내서 책상 위로 올라가 사람들에게 연설을 했다. 조 게비아는 앞쪽에 흰색과 푸른색 장식이 세로로 달린 흰색 턱시도 셔츠를 입고 파나마모자를 썼다. 기술 분야의 언론매체들 모두는 이 생동감 넘치는 행사를 터질 수밖에 없는 운명의 또 다른 기술 거품을 보여주는 증거로 간주했다. 하지만 당시는 고작 2011년 여름이었고, 그들은 아직까지 아무것도 보지 못한 상태였다.[22]

이렇게 겉으로는 흥에 넘쳐 보였지만 에어비앤비는 여전히 전쟁 중이었다. 올리버 정은 베를린 공항에서 브라이언 체스키와 정신없이 급하게 만난 이후 한 달간 그로부터 아무런 연락을 받지 못했다. 그럴 만한 충분한 이유가 있었다. 그 기간에 체스키는 EJ 사건에 시달렸기 때문이다. 그 몇 주 동안 정은 에어비앤비 입사를 점점 비관적으로 생각하게 됐지만 회사의 전망에 대한 견해는 더욱 열광적으로 변했다. 그는 에어비앤비를 통해 6개월 동안 자신의 아파트를 임대해서 번 돈으로 여행을 왔다는 마드리드 친구와 우연히 커피를 마시게 됐다. 에어비앤비는 그 친구의 서비스 가입을 유도하기 위해 광고를 한 적이 없었다. 그 친구는 그저 신문기사만을 보고 에어비앤비에 가입했다. 정은 고객확보 비용을 거의 들이지 않고서도 전 세계로 영업망을 확대해나갈 수 있는 에어비앤비의 가능성을 그때 확인했다.

늦여름이 되자 마침내 정은 체스키에게 확인차 전화를 걸었고, 체스키는 잠버 형제 및 그들이 만든 모방회사인 빔두 모두와 제휴하지 않기로 결정했다는 소식을 들려줬다. 세쿼이어의 파트너 앨프리드 린에 따르면 체스키는 공동창업자, 직원, 투자자들에게 "테러범과 협상하지 않고, 굴복하기보다는 싸워서 지는 쪽을 택할 겁니다."라는 한마디 말로 자신의 결심을 요약해서 알렸다. 냉정하면서 말수가 적은 올리버 잠버와의 짧은 전화통화에서 체스키는 자신의 결심을 직설적으로 전달했다. 이제 대응을 조율할 준비를 마친 체스키는 이 문제에 대해 논의하기 위해 정을 미국으로 초대했다.

이튿날 정은 샌프란시스코로 향했고, 로드아일랜드의 사무실에 도착해서 점심시간의 요가와 매주 전사적으로 열리는 킥볼 게임 등 에어비앤비 사무실에서 펼쳐지는 별난 의식들을 보고 소스라치게 놀랐다. 정신없이 바쁘게 돌아가는 빔두 사무실과 그곳의 '개미 군단'에 대한 이야기는 익히 들어서 알고 있었지만, 이곳의 분위기는 그와 정반대였다. 정은 말했다.

"사무실엔 불과 30명 정도만 있었는데도 모두 아주 느긋해 보였어요. 탁구 치는 사람들도 있었고 개를 데리고 온 사람들도 있었지요. 내가 방문했던 그날은 그 개의 생일이었는데, 모든 사람들이 축하해주더군요."

정은 처음에 '공포심'을 느끼며 이렇게 생각했다. '이런! 빔두가 곧 에어비앤비를 집어삼키겠군!' 이어 체스키가 정을 맞이하러 나왔고, 그를 전 직원들에게 일일이 소개해주었다. 정은 그날 일련의 인터뷰를 하다가 궁극적으로 매커두와 통화를 하게 됐다. 매커두는 지사장으로서 누구를 채용할 것이며, 어떻게 세계적인 팀을 꾸릴 것인지에 대한 질문들을 던지며 정을 괴롭혔다. 초저녁이 되자 체스키와 파트너들은 만족한 듯 보였다. 정이 에어비앤비에 개인적으로 투자함과 더불어 세계로 사업을 확장하는 책임을 맡겠다는 계약서에 서명하자 체스키는 그에게 "이건 당신 인생에서 최고의 계약이 될 겁니다."라고 말했다. 정은 이미 유럽과 이스라엘 스타트업들에 투자해서 수백만 달러를 벌었지만 번 돈의 액수를 놓고 보면 체스키의 말이 옳았다.

체스키는 해외 사업의 확장을 추진하는 계획을 세웠다. 올리버 정이 세운 각 신규 지점이 임대 부동산 공급과 집주인 지원 업무를 맡기로 했다. 샌프란시스코팀은 기본 기술을 개발하고 수요 창출을 위한 마케팅과 홍보 조율 업무를 책임 지기로 했다. 빔두가 갖고 있거나 모방하려 하지 않았던, 에어비앤비의 사명감과 이용자들 간의 친밀한 커뮤니티를 육성하는 방식을 수출하는 게 목적이었다. 체스키는 초기 직원인 리자 두보스트Lisa Dubost를 시켜 정을 돕게 했다. 또한 신규 채용 인력을 심사하고, 모든 새로운 국가 책임자들에게 에어비앤비의 가치를 구현하며, 신원이 확실한 직원을 뽑는 일은 해외사업부의 새 책임자인 마틴 라이터Martin Reiter에게 돌렸다.

그해 가을, 벽지도壁地圖에 핀을 꽂은 채 잠버 형제의 부상浮上을 막을 최선의 방법을 고민하던 정은 베를린, 런던, 바르셀로나, 코펜하겐, 밀란, 모스크바, 파리, 인도의 델리, 브라질의 상파울루에 새 사무실을 열었다. 6월에 회사는 독일의 작은 에어비앤비 모방회사 중 하나인 아콜레오Accoleo를 인수한 뒤 함부르크에 사무실을 마련했다.[23] 정은 유럽과 아시아 전역을 두루 여행했고, 매일 유망 지사장들과 수십 차례씩 인터뷰를 실시했다. 마치 스피드데이트speed date(독신 남녀들이 애인을 찾을 수 있도록 여러 사람들을 돌아가며 잠깐씩 만나보게 하는 것_옮긴이)를 하는 것 같았다. 인터뷰 말미에 그는 항상 후보자들에게 인터뷰한 소감을 물었다. 인터뷰에 나온 사람이 새로운 기회에 대한 열정을 보이고, 그가 마음에 들면 정은 체스키가 최종 결정권을 갖는 샌프란시스코로 그 사람을 보냈다.

에어비앤비는 각 신참 지점장에게 사업건전성을 주시할 수 있는 도구들과 함께 체스키가 소위 '상자 안 사무실office in a box'이라고 부른 것을 제공했다. 상자 안에는 에어비앤비와 유사한 근무 환경을 만드는 데 필요한 안내서, 휴대용 탁구대, 자포스의 창업자인 토니 셰이가 쓴《딜리버링 해피니스Delivering Happiness》, 작가 닥터 수스Dr. Seuss의《오, 당신이 지나갈 장소들Oh, the Places You'll Go》등 다양한 것들이 들어 있었다. 에어비앤비의 출장사업부 부사장으로 일하다 2016년 퇴사한 두보스트는 이렇게 말했다.

"브라이언은 항상 우리가 우리 문화를 어떻게 키워나갈지, 그리고 모든 에어비앤비 사무실이 어떤 느낌을 줄지를 걱정했습니다."

새로운 지사장들 중 일부는 체스키를 모델로 삼았다. 정은 모스크바에서 그루폰 임원을 지냈던 오이겐 미로폴스키Eugen Miropolski를 채용했다. 미로폴스키는 자신이 살던 집을 곧장 임대로 내놓고 체스키가 샌프란시스코에서 했던 대로 도시 주변의 에어비앤비들에서 생활하기 시작했다. 파리에선 전 맥킨지McKinsey 컨설턴트인 올리비에 그레밀론Olivier Gremillon이 집주인들을 맞이하기 위한 커뮤니티 회동을 계획했다. 그는 집주인과 손님들이 항상 문의 전화를 걸 수 있도록 프랑스어 구사 가능자들로 채운 연중무휴 고객지원 라인을 도입했다.

2012년 1월 에어비앤비는 해외 사무실 개소식을 발표했다. 세 창업자는 각자 다른 도시에서 열린 개소식 파티에 참석한 뒤 파리와 베를린에서 열린 파티에 함께 모였다. 당시 체스키는 18일 동안 거의 잠을 자지 못했던 걸로 기억한다.

그들은 새로운 직원들을 훈련시켰고, 에어비앤비 커뮤니티의 따뜻함과 잠재력을 광고했으며, 수백 명의 집주인을 만났고, 무수히 많은 포옹을 해주었다. 에어비앤비가 최초로 개최한 지방회동에 참석한 해에 서비스에 가입한 뒤, 정이 고용한 총괄관리자로부터 즉각 환대받았던 걸 기억하는 인도 델리의 초창기 집주인 나린 지하Nalin Jha는 이렇게 말했다.

"에어비앤비는 영리를 추구하는 회사가 아니라는 느낌을 줬습니다. 사소한 포옹이었을 수 있지만 그건 에어비앤비의 사업에 영혼이 깃들어 있다는 걸 시사했어요. 아주 매력적인 경험을 했다고 생각한 나는 에어비앤비 커뮤니티에 가입했습니다."

올리버 정은 잠버 형제가 신년에 미국 외의 지역에서 분주히 움직이고 있다는 걸 알았다. 하지만 빔두는 오래가지 못했다. 잠버 형제가 세웠던 그루폰 모방회사와 마찬가지로 빔두는 만남도 아니고 분명 포옹은 더욱 아닌, 인간미 없는 마구잡이식 판촉전화에 기대 성장을 도모했던 공허한 회사에 불과했다. 에어비앤비는 블레차르지크와 샌프란시스코 엔지니어들 팀이 갖추어 놓은 강력한 기술 도구들을 갖고 있었고, 세계적 네트워크로서의 여러 혜택을 누리고 있었다. 유럽으로 향한 미국 여행객들은 빔두의 초기 지배력에 신경을 쓰지 않는 듯했고, 미국으로 향하며 대안적인 숙소를 찾았던 유럽의 여행객들은 에어비앤비에 의존해야 했다.

버티고 버텼지만 숙박공유 시장에서 존재감 없는 업체로 전락한 빔두는 결국 2013년 중국 자회사인 에어리주의 문을 닫았고, 유럽 외 지역에서의 야심을 줄였다. 에어비앤비는 실리콘밸리에게 모방업체들을 받아들이기보다 그들과 맞서 싸우는 게 더 낫다는 결론을 보여줬다. 체스키는 올리버 정에게 이렇게 농담 섞인 말을 해줬다.

"당신을 모방한 사람에게 해줄 수 있는 최악의 일은 그가 세운 모방회사를 계속 갖고 있을 수 있게끔 해주는 겁니다. 그는 자기가 모방해서 세운 회사를 원하지 않습니다. 그 회사를 만든 목적은 그걸 처분하기 위해서니까요."

한편 에어비앤비는 고도성장을 지속했다. 2012년 1월, 회사는 사업 시작 이후 500만 박의 숙박 예약이 이루어졌다고 발표했고, 6월이 되자 다시 이 숫자를 1,000만 박으로 상향 조정했다.[24]

해외 사업 확장도 성공적이었다. 그해에 정은 싱가포르와 홍콩 사무실들을 추가로 열었고, 2012년 말이 되자 유럽과 파리는 각각 에어비앤비의 최대 시장과 최대 도시가 됐다.

하지만 완벽한 성장은 아니었다. 새로운 사무실의 이직률은 높았고,

정 역시 2013년 초에 에어비앤비를 나왔다. 일부 사무실은 통합됐고, 일부는 다양한 지역에 여러 채의 숙소를 올린 집주인들에게 지나치게 의존했다. 에어비앤비는 단 한 채뿐인 자기 집을 공유하는 사람들을 위해 그런 다가구 집주인들에겐 지나치게 의존하지 않으려고 애썼다. 미국 본사에서는 급속한 해외 팽창에 대한 부작용을 우려하는 목소리가 커졌다. 규모가 크지 않아 모두가 서로를 잘 알고 있던 에어비앤비 본사 직원들은 이제 전 세계에 만나본 적이 없는 수백 명의 새로운 동료들이 존재한다는 사실에 불쾌감을 느꼈다. 체스키는 당시 상황을 이렇게 회상했다.

"모든 사람들은 모든 상황들이 어떻게 돌아가고 있는지 알고 있는 것 같았는데, 그러다 갑자기 아무것도 모르는 상태가 되었습니다. 그러자 논란이 커졌죠. 사람들은 그런 논란을 좋아하지 않았습니다."

체스키는 내부 불화를 보며 행복하진 않았지만 그것을 극복하며 살아가는 법을 배우고 있었다. 2011년 일어난 이런 혼란의 와중에 그는 회사의 최고의사결정자로서 기반을 다지고 맡은 일을 열심히 했다. 그는 EJ 사건 같은 혼란의 해결에 필요한 행동 지침을 만들었고, 잠버 형제와 협력하는 식으로 더 쉬운 길을 걷기보다는 그들과 싸우기로 결심했다. 그는 여전히 동료 및 공동창업자들의 말을 경청했지만, 그해 이후로는 더 이상 합의를 모색하기 위해 애쓰지 않았다. 대신 여러 의견을 들어본 후 자신의 본능을 믿고 결정을 내렸다. 몇 년 뒤 그는 내게 "그제야 비로소 저는 의미 있는 CEO가 됐습니다."라면서 이렇게 덧붙였다.

"전 스타일을 바꿨습니다. 그리고 저에 대한 그들의 첫 호칭이 '얼간이'가 아니길 바랍니다. 하지만 2011년은 제가 진정한 CEO가 되고, 에어비앤비의 옹호자가 되고, 사람들이 그 사실을 믿길 원하게 만들고, 돈을 조달하고, 우리가 진짜 위기에서 벗어나게끔 해야만 했던 해였습니다. 우리는 우리가 휘말려 들어갔을 때보다 더 강해진 상태로 EJ와 잠버 형제로부터 벗어났습니다."

자신의 집을 임시 호텔로 전환하는 사람들로 인해 생기는 문제들을 여러 도시들이 인식하기 시작하면서 체스키의 패기는 조만간 시험대에 오르게 된다. 그는 회의적 시선을 보내는 변호사들과 규제 담당자들에게 에어비앤비는 순수한 의도를 갖고 있으며 도시에 건설적인 영향을 미치고 있다는 사실을 입증해야만 했다. 그것은 지금까지 체스키가 접한 가장 심각한 도전임과 동시에 그의 새 친구이자 '공유경제sharing economy' 확산 운동에 참여한 동료 트래비스 캘러닉이 체스키의 경우보다 더 강력한 형태로 접하게 될 도전이었다.

C H A P T E R 7

플레이북
_우버의 성장이 시작되다

나는 기업가로서 그만큼 열심히 일한 사람을 본 적이 없다. 그는 우버와 같이 살고, 먹고, 호흡한다.

셔빈 피셔버Shervin Pishevar, 멘로벤처스Menlo Ventures 파트너들에게 쓴 이메일 중

트래비스 캘러닉에게 우버는 단순히 초기 성과가 좋아서 미래가 기대되는 '대박' 투자 기회나 전도유망한 스타트업 차원 이상의 의미가 있었다. 2011년 초 친구와 동료들에게 우버를 소개했을 때, 우버는 그에게 있어 한평생 갈망해왔던 열정을 꽃피울 수 있게 해준 보석 같은 존재였다.

캘러닉은 이 새로운 애정의 대상에 모든 에너지를 쏟을 준비를 했고, 직원들도 자신만큼 열심히 일해주기를 바랐다. 그리고 그는 핵심 인력 중 샌프란시스코를 벗어나 전 세계를 지배할 만큼 성장하게 될 우버의 확실한 운명을 가로막을지 모른다고 판단되는 사람을 발견하면 적극적

으로 맞서 쫓아냈다.

에어비앤비와 달리 우버는 세계적으로 뻗어나가기 위해 해야 할 일이 많았다. 에어비앤비는 사업 시작 직후 세계적인 기업이 됐다. 잠버 형제와의 경쟁에 자극을 받은 체스키와 동료들은 그 기회를 정면으로 공략했다. 하지만 도시별로 체계적으로 접근한 우버는 모든 도시에서 운전사를 채용하고, 승객들에게 서비스를 알리고, 규제기관들과 소통할 수 있는 직원을 찾아내야 했다. 체스키가 걸은 다소 쉬운 길과 비교했을 때 세계 제국을 건설하기 위해 캘러닉이 벌인 노력은 더 힘들 수밖에 없었다.

캘러닉의 첫 번째 공략 도시는 미국 내 택시 탑승 건의 절반을 기록하는 뉴욕이었다. 무질서한 자동차 문화와 고속도로 정체로 악명 높은 사통팔달 도시인 LA와 달리 뉴욕은 거주자 대부분이 자동차 소유를 꺼릴 정도로 미국에서 가장 혼잡한 대도시다. 우버가 그곳에 진출할 수 있다면 다른 도시에 진출하는 것도 어렵지 않았다.

우버는 코넬 대학을 졸업한 매튜 코흐먼Matthew Kochman을 새로 뽑아 그에게 뉴욕을 맡겼다. 코흐먼은 대학 3학년 때 이미 MESS익스프레스MESS Express라는 이름의 캠퍼스 전세버스를 운영했다. MESS는 '모든 학생들을 안전하게 수송한다'는 뜻의 Moving Every Student Safely의 첫 글자들을 딴 것이었다. 학내 동아리 회원들이 온라인에서 서비스 이용 예약을 할 수 있게 되자 그들의 음주운전 확률이 낮아졌다. 사업은 성공했고, 잘생기고 키가 큰 코흐먼은 버스 운행 때 자주 앞좌석에 앉아 인터컴을 통해 동료 학생들에게 재미있는 이야기를 들려주었다.

졸업 후 뉴욕으로 건너간 그는 부모들이 아이들에게 문자로 택시 요금을 송금할 수 있게 해주는 회사를 세웠다. 그는 뉴욕 중남부 이타카Ithaca

에 있는 택시 회사와 함께 이 서비스를 시범 실시한 후 본격적인 서비스 구축을 위해 우간다에 있는 한 개발단체와 계약을 맺었다. 하지만 우간다 사람들은 계약을 지키지 않았다. 사업의 성사 여부가 의심되기 시작할 무렵 그는 샌프란시스코에서 열린 한 기술 콘퍼런스에 참석했다가 우버에 관한 글을 읽었다. 그는 라이언 그레이브스에게 이메일을 보냈고, 그와 만나 커피를 마셨다. 그레이브스는 코흐먼이 겪은 경험과 그가 가진 젊은 패기에 감명을 받았다. 그로부터 몇 주 뒤, 그레이브스는 그에게 샌프란시스코 외 지역에서 최초의 우버 총괄관리자를 맡아달라는 부탁이 담긴 이메일을 보냈다.

우버에 몸담았다 떠난 매튜 코흐먼

코흐먼은 로어맨해튼에 있는 브로드웨이와 그랜드Grand 가의 모퉁이에 있는 개방형 사무 공간에서 우버의 첫 번째 사무실을 열었고, 처음 몇 달 동안은 뉴욕에서 우버의 존재감을 부각시키기 위해 애썼다. 샌프란시스코 내 타운카 운전사들을 상대로 큰 효과를 봤던 '승객을 기다리며 앉아 있지 말고 발로 뛰며 돈을 벌자'는 광고는 안타깝게도 뉴욕의 타운카들에게 통하지 않았다. 뉴욕의 불가사의하지만 중대한 규제 때문이었다. 그곳의 복잡미묘한 택시 규정에 따르면 타운카 기사들(회사차들)은 적절한 면허를 발급받았는지 확인받고, 중앙 배차기관 역할을 하면서 배차하는 전문 택시 회사나 소규모 지역조합 같은 일종의 '차고지base'에 가입되어 있어야 했다. 하지만 캘러닉은 우버를 차고지로 등록하는 걸 거부했다.

그렇게 할 경우 회사가 뉴욕뿐만 아니라 우버가 진출하려 하는 다른 도시에서 다양한 요금과 면허 요건들에 대한 책임을 져야 할 것이라 믿었기 때문이다. 그는 또한 우버가 불쾌한 규제의 굴레로부터 벗어나 자유롭게 영업할 수 있어야 한다고 느꼈다. 차고지 법이 집행된 적은 드물었지만, 우버는 운전사들이 부차적 탑승 조직에 등록해서 법을 어기게끔 유도하기 위해 기술적으로 애쓰고 있었다.

4월이 되자 코흐먼은 손님이 없는 시간에 차를 놀리지 않기 위해 애쓰는, 몇몇 모험심 많은 택시 기사들을 찾아내 5개 자치구 전역에서 서비스를 테스트했다.[1] 서비스는 다음 달 지역 기술협회 모임에서 조용히 출범했지만 운행차량은 고작 몇 대에 그쳤고, 코흐먼은 엄청난 압박을 받았다. 캘러닉은 브라이언 체스키와 함께 등장하기로 되어 있던 6월의 테크크런치디스럽트 콘퍼런스에서 우버의 두 번째 서비스 도시를 대중에게 공개하려 했다. 우버는 사업에 활력을 불어넣기 위해 샌프란시스코에서 효과를 냈던 것과 똑같은 비금전적 혜택을 제공하기 시작했다. 운전사들은 우버 앱이 깔려 있는 아이폰을 받았고, 시간당 최소 25~35달러를 보장받았다. 앱을 실행했지만 어떤 차도 보이지 않을 경우 승객들은 10달러를 지급받았다. 그리고 곧 우버는 거액의 손실을 입기 시작했다.

운행차량 수가 제한적이었기 때문에 뉴욕에서 우버의 대기 시간은 용인하기 힘들 만큼 길었다. 코흐먼의 기억에 따르면 디스럽트가 열린 날, 우버는 뉴욕 거리에 약 100대 정도의 차량을 확보하고 있었다(2016년 기준 우버는 뉴욕에서 3만 5,000명이 넘는 운전사를 확보하고 있다).[2] 세계 최대 미디어 시장에서 활동하는 고객들은 우버 앱에 들어가서 봐도 가용차량을 볼 수 없거나('0대') 차를 타보려 해도 10분 이상 기다려야 했다. 캘러닉은 행복하지 않았다. 디스럽트 무대 위에서 그는 이렇게 말했다.

"수요가 서비스 품질을 넘어서면 픽업 시간 등이 우리가 원하는 대로 아주 잘 조절되지는 않습니다."

이후 몇 달 동안 코흐먼은 엄청난 스트레스에 시달렸고 24시간 내내 일에만 몰두하며 살았다. 그는 캘러닉이 전화로 "더 많은 차를 확보하란 말이야!"라고 소리쳤던 걸로 기억한다. 그레이브스는 "더 많이 움직여야 해요. 생산성을 높이세요."라는, 그에게 그다지 도움이 되지 않는 위로의 말을 건넸다.

우버가 뉴욕에서 겪은 많은 곤혹스런 문제들에 대한 코흐먼과 캘러닉의 의견은 서로 엇갈렸다. 여전히 크리스티안 하야시와 SFMTA 때문에 겪은 일을 분석하던 캘러닉은 코흐먼에게 뉴욕 택시 및 리무진 위원회New York's Taxi and Limousine Commission, 이하 TLC와 그곳이 정한 규정을 무시하라고 가르쳤다. 그는 소비자 안전이란 명분하에 정해놓은 규정이 실은 택시 업계의 이익을 지키기 위해 존재하는 것이라고 주장했다.

코흐먼이 캘러닉의 생각에 반드시 동의하지 않은 건 아니었다. 하지만 그는 이타카 시의회로부터 MESS익스프레스의 운영 승인을 따내는 데 성공했었다. 즉, 규제 담당자들과 생산적인 만남을 가져본 전력이 있었던 것이다. 그래서 코흐먼은 캘러닉의 명령을 무시하고 TLC 과장과 만나기로 했다. 그는 당시 상황에 대해 이렇게 말했다.

"나는 시가 곧장 폐쇄해버릴 서비스를 출시하기 위해 필사적으로 매달릴 생각은 없었습니다."

캘러닉은 회동 소식에 분노했다. 코흐먼은 "그는 엄청나게 분노했고 내 행동을 하극상으로 규정했습니다."라고 말했다. 분노가 가신 후 캘러닉은 뉴욕으로 향했고, 두 사람은 함께 TLC 본사를 방문했다. 앞으로 TLC 측과 가질 수많은 만남 중 첫 번째였던 그날의 만남은 순조롭게 진행됐다. 두 사람은 우버 차량들이 택시처럼 길에서 잡거나 콜택시용 기기를 써서 부르는 것도 아니고, 리무진 자동차livery car 법규에 들어맞고, 사전예약제로 운행된다는 점을 강조했다. 3년 뒤 우버에 정책계획팀장으로 입사하게 되는 애시위니 치하브라Ashwini Chhabra 차장은 처음에 우버 측에 "앱에서 운전자의 허가번호와 기본 소속처를 볼 수 있게 해달라."고 요청했다.

우버는 한 사람의 규제 담당자로부터는 확실한 승인을 받았을지 모르지만 여전히 운전사의 수를 충분히 확보하진 못한 상태였다. 묘책을 찾던 코흐먼은 캘러닉과 그레이브스가 처음에 샌프란시스코에서 그랬던 것처럼 중간 규모의 리무진과 타운카 회사들을 방문했다. 어느 날 그는 브루클린의 고와너스 수로Gowanus Canal에서 한 블록 떨어져 있는 사무실로 무작정 쳐들어갔다. 콜택시 회사 10여 곳의 통솔기구인 기업수송단체Corporate Transportation Group의 우크라이나 출신 창업가 에두아르 슬리닌Eduard Slinin을 만나는 게 목적이었다. 슬리닌에게 요청해서 그가 통제하는 차량 수천 대의 도움을 받을 수 있다면, 코흐먼은 우버의 운전사 공급에 대한 걱정을 단칼에 해결할 수 있었다.

그는 2시간 동안 슬리닌, 그리고 모두 세로줄 무늬의 양복 차림으로 냉랭한 표정을 짓고 있던 그의 동료 일곱 명에게 우버를 선전했다. 그러자 슬리닌은 사람들이 우버가 뉴욕에서 통하지 못할 거라고 생각하는 많은 이유들을 설명해줬다. 규제 당국이 반대할 것이고, 운전사들은 너무 바빠 스마트폰을 이용하기 힘들 것이며, 대형 은행과 로펌들은 이미 리무진 회사들과 거래 중이라는 이유들이었다. 슬리닌은 마지막으로 이렇게 말했다.

“이봐요, 나는 당신이 마음에 듭니다. 하지만 뉴욕에선 우버 서비스를 출시하지 말라는 당부를 드리고 싶습니다. 그래봤자 결과는 좋지 않을 거니까요.”

그 말을 물리적 협박으로 해석한 코흐먼은 당황한 표정을 지으며 사무실을 빠져나왔다(슬리닌은 한 인터뷰에서 자신은 코흐먼을 협박한 적이 없다고 부인했다). 이 사건에 대해 전해 듣고도 캘러닉은 차분했다. 그는 “당신이 행여 얻어맞기라도 했다면 우리가 엄청난 부담을 받지 않았을까요?”라는 농담을 던졌다. 코흐먼은 약이 올랐다. 몇 년 전 심리스웹의 제이슨 핑거처럼 그도 길거리에서 리무진 차량을 보면서 공포를 느끼며 살아가야 할지 궁금했다.

코흐먼은 캘러닉의 호전적이고 전투적 성격이 우버 사업에 역효과를 불러일으킬 수 있다고 느꼈다. 그는 약 2,000대의 타운카를 운행하던 회사인 ETGExecutive Transportation Group와의 협상에서 진척을 보였다. 하지만 그가 캘러닉을 ETG 임원들과 가진 회의에 데려온 날 그들의 의심은 커졌다. 거기엔 그럴 만한 이유가 있었다. 회의가 끝난 후 캘러닉은 우버 차 뒷좌석에 앉아 있던 코흐먼을 향해 “우리는 저 친구들의 뒤통수를 칠 거야.”라고 말했던 것이다. 캘러닉은 나중에 자신은 당시 진정한 ‘파트너 모드’에 있었다면서 그렇게 말하지 않았던 것으로 기억했다.

그럼에도 우버와 대형 리무진 회사들과의 제휴는 사실상 실패로 끝날 운명이었다. 우버는 궁극적으로 운전사들에게 꾸준히 승객을 공급하고, 그들이 CTG와 ETG 등의 택시 회사 사장들에게 줘야 했던 돈을 훨씬 줄

일 수 있게 해줌에 따라 결과적으로 리무진 회사들에게 맞서게 됐기 때문이다.

코호먼은 ETG 회의를 끝내고 돌아가던 차에서 캘러닉이 했던 다른 말도 기억한다. 당시 캘러닉은 2008년 트위터에서 해고됐지만 결제 회사 스퀘어를 만들어 보다 세련된 이미지로 변신한 뒤 최근 다시 등장한 잭 도시Jack Dorsey에 대해 경외감과 질투심을 느꼈다. 캘러닉은 인터넷에서 이룬 성공이 개인 혁신 플랫폼, 즉 과거의 모든 과오를 없애줄 수 있는 길이 될 수 있을 것이라 생각했다. 후에 코호먼은 이렇게 말했다.

"내 기억에 캘러닉은 그날 차를 같이 타고 가면서 잭이 초창기 때와는 아주 다른 사람이 됐다고 말했습니다. 잭은 트위터에서 나온 후 지도에도 없는 먼 곳으로 떠나 자기성찰의 시간을 가졌고, 완전히 다른 사람으로 변신해서 돌아왔다고요."

봄이 되자 캘러닉과 코호먼 사이의 관계는 급속도로 악화됐다. 캘러닉은 뉴욕에서 우버가 더 빨리 성장하길 원했다. 벤처투자자들로부터 추가 투자금을 얻어내고, 미국 내 다른 주요 도시들로 팽창하는 데 필요한 자금을 확보하기 위해서였다.

한편 코호먼은 투자자들을 만난다는 핑계로 로어맨해튼의 사무실에 와서는 '식사 배달용 우버 차량'처럼 부적절해 보이는 미래의 서비스에 대한 꿈을 떠들어대는 그의 상사가 오히려 업무에 방해만 된다고 생각했다. 또한 대학에서 주목을 받는 데 익숙했던 그는 항상 캘러닉만 언론의 관심을 받는 게 개인적으로 못마땅했다.

그러다 두 사람의 관계는 완전히 틀어졌다. 코호먼은 샌프란시스코 외의 지역에서 우버의 첫 번째 총괄관리자로서 자신이 우버의 지분을 충분히 확보했다고 믿었다. 하지만 뉴욕에서 신규 채용을 하던 중 그는 당초 믿고 있었던 것처럼 시리즈 A 투자라운드 '후'가 아니라 '전'에 이미 자신의 몫에 해당하는 지분이 벤치마크와 빌 걸리로부터 할당되어 있던 상태임을 알게 됐다. 예상했던 것보다 그의 지분율이 훨씬 적었던 것이다. 이는 우버의 신규 투자자들이 구 주주들의 지분을 희석했기 때문이었다. 코호먼은 자신이 의도적인 속임에 넘어갔다고 생각하며 분노했다. 소호의 몬드리안Mondrian 호텔에서 캘러닉과 팽팽한 긴장감이 흐르는 설전을 벌이면서 코호먼은 캘러닉이 자신에 대한 보상을 협상할 당시 불투명하고 부정직하게 행동했다고 주장했다. 코호먼의 말을 듣고 싶지 않았던 캘러닉은 이렇게 외쳤다.

"당신은 직원입니다. 임금을 주는 사람은 우리라고요. 당신 일이나 똑바로 하세요!"

코호먼은 수상한 음모를 꾸몄다. 그는 코넬 대학 시절 때부터 알고 지내던 퍼스트라운드캐피털의 파트너 빌 트렌차드Bill Trenchard에게 캘러닉 및 그레이브스과 관련된 자신의 불만을 장황하게 정리한 이메일을 보냈다. 그는 직원들 사이에서 우버의 리더들에 대한 신뢰와 자신감이 대폭 줄어들었고, 최소 다섯 명의 핵심 직원이 퇴직을 고려하고 있으며, "경영진은 직원들의 말을 끔찍할 정도로 듣지 않습니다."라고 썼다. 편지 말미에는 '경영진 개편'을 제안하면서, 트렌차드에게 다른 우버 투자자들에게도 이메일을 회람시켜줄 것을 요청했다.

하지만 아무 일도 일어나지 않았다. 따라서 몇 주 뒤 여전히 분노가 사그러들지 않았던 코호먼은 다시 캘러닉을 점심식사에 초대했다. 캘러닉이 지난 번 자신이 한 말의 취지를 설명하면서 사과했지만 코호먼은 퇴사 의사를 밝혔다. 그는 석 달 뒤 퇴사하겠다고 알린 후 9월에 회사를 그만뒀다. 근무일수가 1년 미만이었기 때문에 그는 자신의 몫으로 할당됐던 우버 주식 50만 주 중 일부도 받지 못했다. 당시 그는 불과 몇 년 뒤 그 주식들의 가치가 1억 달러 이상이 될 거라는 사실을 알지 못했다.

내가 2015년 초에 코흐먼을 만났을 때 그는 여전히 자신에 대한 캘러닉의 대우, 그리고 경쟁사와 운전사에 대한 우버의 치졸한 사업 전략에 분노하고 있었다. 하지만 몇 달 뒤 두 번째 만났을 때 놀랍게도 그의 분노는 사그러들었고, 어조 또한 한결 부드러워졌다. 그는 마침내 자신이 저지른 치기 어린 섬뜩한 실수를 받아들이려고 애쓰는 중이었다. 그는 윌리엄스버그Williamsburg의 한 카페에서 나와 만났다. 자신이 새로 세운 전세버스 벤처회사 버스터Buster, 이 회사는 얼마 못 가 파산했다의 작은 사무실 근처에 있는 카페였다. 코흐먼은 내게 이렇게 말했다.

"그때 난 스물세 살이었습니다. 머릿속에선 캘러닉이 추방되고, 내가 그의 자리에 앉는 그림을 그리고 있었죠. 당시의 내게 그건 정당한 계획이었어요."

그는 우버를 떠난 뒤 언론에서 우버의 문제들을 이야기했고 우버에 입사하길 원하는 사람들에겐 우버에서 일하지 말라고, 또 벤처자본사들에겐 우버에 투자하지 말라고 조언했다고 전했다. 또한 리프트 및 영국의 택시 호출 앱인 헤일로Hailo에게는 자문을 해주었다.[3] 코흐먼은 말했다.

"나는 당연히 과장해서 떠들어댔어요. 비록 우리가 많은 면에서 이견을 보이긴 했지만 캘러닉은 거대 기업을 일군 똑똑한 인재죠. 그런 기업에 다녔던 내가 자랑스럽습니다."

그는 캘러닉과 연락하려고 애썼지만 성공하지 못했다. 하지만 캘러닉이 자신의 연락을 받지 않는다 해서 그를 비난하지는 않았다. 그는 뉴욕 메츠New York Mets의 야구경기가 열린 메츠의 홈구장 시티필드Citi Field에서 캘러닉과 지나간 일에 대해 이야기하는 생생한 꿈을 꿨다고 말했다. 코흐먼은 한숨을 내쉬면서 말했다.

"하지만 그런 일은 결코 일어나지 않겠죠. 캘러닉은 나를 미워하니까요."

플레이북은 곧 경전이다

우버에서 처음 일을 시작했을 때 오스틴 가이츠는 한창 방황 중이었다. 그녀는 바리스타 자리를 거절당한 후 우버 최초의 인턴사원으로 입사했다. 회사에서 자신에게 의미 있는 역할을 찾는 데 애를 먹긴 했지만 입사 첫해에 그녀는 '깜짝' 깨달음을 얻었다. 주변 사람들 모두가 살아가면서 여러 가지 것들을 스스로 만들어내고 있었던 것이다.

이런 깨달음을 얻은 이후 가이츠는 자신이 겪고 있던 문제를 보다 건설적인 차원에서 바라보기로 했다. 라이언 그레이브스가 또 다른 초창기 직원인 슈테판 슈마이저Stefan Schmeisser를 해고한 후 3월에 그녀를 운전사 사업부장으로 앉힌 것이 그녀에겐 변화하는 데 필요한 충분한 기회가 되었다. 어느 날 그녀는 샌프란시스코 사무실에서 한 운전사를 훈련시킨 뒤 커피를 마시러 나갔다가 그 운전사가 분홍색 미니밴에 올라타는 모습을 목격했다. 그녀는 문득 '우리 차량들이 우버가 세운 높은 기준에 부합하는지 확인하는 조치를 취해봐야겠다'고 생각했다.

나중에 가이츠는 운전사들이 적어도 시의 랜드마크들(이때는 우버가 승객들이 앱에 행선지를 입력할 수 있게 만들기 전이었다)에 대한 최소한의 피상적 지식이라도 갖고 있는지를 확인해보기로 결심했다. 그녀는 유니콘이라고 불리는 2003년식 흰색 링컨 타운카를 몰던 소피앙 오알리Sofiane Ouali에게 자기 대신 시의 택시 기사 자격 시험지를 구해달라고 부탁했다. 이후 가이츠는 오알리와 다른 운전사들의 도움을 받아 스마트폰을 사용하는 우버의 모든 부자 고객들의 수준에 맞춰 몇몇 질문들을 바꿨다. 가령 운전사들에게 시의 감옥으로 가는 길의 방향보다는 리츠칼튼호텔의 위치를 알고 있는지 묻는 식이었다.

가이츠는 그해에 뉴욕에 있던 코흐먼과 전화로 긴밀히 협력했고, 캘러닉에 대한 그의 불만을 막는 공명판 역할을 했다. 7월에 우버가 세 번째 진출 도시를 시애틀로 정한 후 전국적인 사업 확대에 본격적으로 착수했을 때 캘러닉은 새로운 사무실을 열고 가이츠와 그레이브스를 시켜 착수팀원들을 채용했다. 가이츠는 샌프란시스코에서 아파트 임대차 계약에 서명한 직후였지만 그곳에서 단 하룻밤도 보내려 하지 않았다. 그리고 유랑자 생활을 하며 1년 반의 시간을 보냈다.

가이츠와 그레이브스는 뉴욕의 3인 경영 체제를 모델로 해서 시애틀 사업을 경영했다. 총괄관리자는 시의 전체 사업을 감독했고 사업 성장에 책임을 졌다. 또 기업가적 성향이 강하고 공세적이면서, 규제 기관들과의 대화에서 적극적인 모습도 보여야 했다. 일반적으로 경영 컨설턴트나 투자은행가처럼 분석적인 유형의 운영관리자는 운전사들과 계약을 맺고, 앱을 사용하는 모든 승객들이 확실히 차량을 이용할 수 있게 만드는 책임을 맡았다. 끝으로 마케팅 실력이 좋은 창조적 유형의 커뮤니티관리자는 승객들 사이에서 수요를 진작하는 업무를 맡았다.

이것은 우버의 특수공격대SWAT격인 각 지점들이 여러 도시로 뛰어들어 빠른 속도로 신규 사업을 일으킬 때 요긴한 초창기 '틀template'이 되었다. 캘러닉은 자가용 서비스의 초기 확장 단계 때 나와 가졌던 인터뷰에서 이렇게 말했다.

"기술 기업의 입장에서 보자면 이건 완전히 특이한 사업 방식입니다. 일반적인 기술 기업들은 본사에만 머물면서 제품 개발과 엔지니어링에 몰두하는 데 익숙하죠. 하지만 규모를 키울 때 우리는 지상에 더 많은 자동차를 확보하고, 질적으로 뛰어난 경험을 제공할 운전사들을 반드시 더 확보하는 전략을 가동해야 합니다."

가이츠는 캘러닉 및 그레이브스와 함께 사업모델의 다른 여러 면들도 개척하면서 우버가 새로운 도시로 진입할 때 교본 역할을 할 수 있게끔 그와 관련된 모든 사항들을 온라인 구글 문서로 기록해놓았다. 그들은 온라인 전화번호부 옐프에 올라온 리무진 회사 명단을 철저히 파헤치거나 공항 리무진 대기 주차장에 가서 운전사들을 확보해야 했다. 또한 서비스 출시 파티 때는 지역 언론사와 기술 분야 전문가들을 모두 모으고, 지역의 명사名士를 그 시에서의 첫 번째 승객으로 뽑은 뒤 블로그 포스트를 통해 그 사실을 알려야 했다.

그들은 또 보조금 지급과 외상 등을 통해 운전사와 승객 모두를 끌어모으는 전략을 썼고, 도시마다 우버 트위터 계정을 만드는 등 기본적이지만 중요한 몇 가지 조치를 취했다. 구글 문서는 회사의 경전이 됐고, 직원들은 그것을 '플레이북'이라고 부르길 좋아했다. 가이츠는 말했다.

"시애틀은 우리 플레이북의 초판이 되었습니다."

가이츠는 9월 우버의 네 번째 시장인 시카고에서 서비스를 출범할 때는 그곳에 가지 못하고 이후 몇 주간 시애틀에서 머물렀다. 하지만 몇 주 뒤 다섯 번째 시장인 보스턴에서 서비스를 출범할 때는 갈 수 있었다. 3년 동안 잠잠했던 회사에 이 모든 일은 빛의 속도로 일어났다. 우버는 이제 창조 벤처타운인 로켓스페이스RocketSpace에 입주했고 본사 사무실에 여섯 개의 책상을 마련했다. 그곳에서 캘러닉은 각 시장에서 올린 일별 성과를 분석하고, 그것을 샌프란시스코에서 얻은 초기 패턴과 비교했다. 모든 총괄관리자는 원래의 성장 추세선trend line 이상을 유지하는 책임을 맡았다. 주위에서 이 모습을 지켜보던 빌 걸리는 깊은 감명을 받았다.

"그간 다른 도시들로 성급히 진출했다가 완전히 망해버린 기업들을 수백 곳 봐왔지만, 우버에 관한 한 그런 걱정은 한 적이 없었습니다. 우버는 체계적으로 움직였고, 의사결정 과정에는 엄청난 계산이 동원됐으니까요."

보스턴 서비스 출시 다음 날, 가이츠는 그레이브스로부터 뉴욕에서 그녀를 원하고 있다는 전화를 받았다. 매튜 코흐먼이 떠나면서 그가 맡았던 책임도 그를 따라 사라졌다. 우버는 미국에서 가장 크고 중요한 뉴욕 택시 시장의 도움을 절실히 필요로 했다. 운전사 증가세는 여전히 더뎠지만, MTA가 샌프란시스코에서 겪었던 것처럼 TLC 역시 택시와 리무진 운전사들이 우버에 대해 쏟아내는 엄청난 불만을 감당하기 힘들 지경이었다. 관리들은 이제 우버의 규제 준수와 관련해 우려를 표명하며 우버에게 정지명령을 내리겠다고 위협했다.

호텔에서 머무는 데 질린 가이츠는 맨해튼 이스트빌리지East Village에 있는 에어비앤비를 계약했다. 그녀는 그곳에서 5개월 동안 거주할 생각이었다. 그리고 인근에 새로 문을 연 브루클린 그린포인트 뉴욕 사무실로 가는 우버를 잡기가 운에 맡겨야 할 정도로 힘든 일임을 그녀가 알게 되기까진 그리 오랜 시간이 걸리지 않았다. 자동차 수는 부족했고, 대기 시간은 길었다. 대형 콜택시 회사들은 막강한 영향력을 발휘하면서 우버앱을 자기 회사의 기사들에게 제공하는 조건으로 우버에게 터무니없는 수준의 최소 대금을 요구했다. 우버는 모든 기존 전략을 재고해야 했고, 캘러닉은 가장 고집스럽게 유지해왔던 몇 가지 신념을 양보하기에 이르렀다.

가장 먼저 해야 할 것은 TLC와 심도 깊은 대화를 나누는 것이었다. 향후 모든 도시에서 겪게 될 온갖 규제 문제들이 집약된 뉴욕에서의 공략을 유리하게 이끌기 위해 캘러닉은 처음으로 로비스트를 고용했다. 로비스트는 바로 당시 시장인 마이클 블룸버그Michael Bloomberg의 전 측근이자 선거사무장이었던 브래들리 터스크Bradley Tusk였다. 캘러닉은 도심 사무실에서 터스크를 만나 의뢰비용에 대해 물었고, 터스크는 매달 2만 5,000달러를 요구했다. 생각에 잠긴 캘러닉은 "현금으로 달라는 건가요? 보수가 세군요. 대신 일부를 주식으로 받는 건 어떻습니까?"라고 물었다.

캘러닉의 제안에 동의한 터스크는 매튜 코흐먼이 포기했던 양과 똑같은 5만 주의 주식을 받았다. 당시 그것은 그 꼴보기 싫은 로비란 직업 역사상 가장 수지맞는 계약이었을 것이고, 지금도 여전히 마찬가지다.

터스크가 컨설턴트로 합류한 후 우버 임원들은 애시위니 치하브라 및 그의 상사인 TLC 회장 데이비드 야스키David Yassky와 정기 회의를 시작했다. 시 관리들 중 블룸버그가 이끄는 친기업적 인사들에겐 차량 현대화와 신용카드 전자리더기 설치를 거부해온 뉴욕의 수구적 택시 산업을 변화시키기 위해 애쓰는 기술 스타트업을 우호적 시각으로 바라볼 의사가 있었다.[4] 그럼에도 우버는 처음에는 규정에 따라 사업을 해야 했다. 진정 뉴욕 운전사들에게 관심을 끌려면 차고지로 등록해야 했던 것이다.

거침없이 호전인 성격임에도 캘러닉은 나중에 그랬던 것과 달리 이때까지는 완벽한 규정 파괴자로서의 대중적 이미지를 구현해내지 못하고 있었다. 그는 이제 뉴욕에서 차고지로 등록하는 것이 회사에게 가장 큰 이익이 된다는 걸 깨달았다. TLC 규정에 따르면 허가받을 업체에 대해 10퍼센트 이상의 지분을 보유한 사람은 누구나 지문 날인을 하고 개인적으로 기본 신청서에 서명해야 했다. 따라서 2011년 10월 19일 캠프와 걸리, 캘러닉은 형광등이 켜진 칙칙한 TLC 지사에 모여 1시간 동안 줄을 서서 기다렸다. 캠프는 말했다.

"그것은 걸리 자신도 말이 안 된다고 생각하는 일을 해야 했던 첫 순간이었습니다."

소호 전략과 파리 서비스 개시

차고지 등록은 뉴욕에서의 전략을 변경하기 위한 첫 번째 조치에 불과했다. 시에서 첫 7개월 동안 벌인 영업활동에서 얻은 데이터를 분석해본 우버 임원들은 운전사 부족 현상이 780제곱킬로미터에 달하는 시 전역에 퍼져 있는 문제임을 깨달았다. 더 빠른 속도로 운전사를 충원할 수 없다면 기존에 확보해놓은 운전사들을 가장 바쁜 지역으로 보내야 할 수도 있었다. 가이츠와 임시 뉴욕팀은 운전사들을 월스트리트와 어퍼이스트사이드, 소호 등지로 보내기 시작했다. 그 지역에는 요금이 35달러에 달하는 고가의 차량 탑승 서비스를 이용할 가능성이 높은 사람들이 많기 때문이었다.

우버는 기본적으로 뉴욕을 소도시들로 쪼개서 공략했다. 임원들은 그것을 '소호 전략'이라고 불렀고, 이는 곧 전개될 전 세계 시장을 공략하는 핵심 전략이 됐다. 즉, 가장 많이 필요로 하는 곳에 운전사들을 보냄으로써 우버 이용의 가능성이 가장 높은 사회집단이 우버를 확실히 좋게 경험하게 한다는 전략이었다. 그런 경험을 가진 이 집단의 사람들은 자신의 친구들에게 이 사실을 알리고, 결과적으로 운전사들이 더 많은 돈을 벌 수 있게 해줄 수요가 창출된다. 라이언 그레이브스는 말했다.

"우리는 샌프란시스코에서 썼던 방법을 뉴욕에서 똑같이 썼다간 별 효과를 얻을 수 없다는 걸 배웠습니다."

소호 전략은 즉시 효과를 나타냈다. 우버의 엔지니어들은 서비스 감시와 탑승 요청이 가장 많이 들어오는 지역들을 찾아내는 데 익숙해졌다. 대기 시간은 감소했고, 뉴욕 운전사들에게 우버가 주는 매력은 높아졌다. 그리고 차고지로 등록함으로써 우버는 더 이상 운전사들에게 스마트폰 앱을 통한 탑승 요청을 받아 위법 행위를 저지르라고 할 필요가 없어졌다. 이러한 두 가지 결정적인 변화 이후 우버의 자가용 서비스는 샌프란시스코에서 그랬듯 뉴욕에서도 급성장하기 시작했다.

그러자 이미 의욕이 넘치던 트래비스 캘러닉은 더욱 대범해졌다. 그해 가을, 다수의 세계 최대 도시들에서 서둘러 모방회사들을 물리쳐야겠다고 느낀 그는 엔지니어들에게 여섯 번째 시장인 파리에서의 서비스 준비를 지시했다. 또다시 산업 콘퍼런스 무대 위에 올라 관심을 끌고 싶었던 캘러닉은 3년 전 그와 캠프가 가상의 주문형 자동차 서비스 계획에 대해 논의했던 유럽 기술 콘퍼런스인 르웹에서 우버의 첫 번째 국제 도시 서비스 계획을 선보이길 원했다.

그때 우버는 마침내 800마켓800 Market 가에 있는 건물 7층에 사무실을 마련해서 이사한 상태였다. 그곳에는 넓은 창문들을 통해 시의 주요 상업지역인 마켓 가를 내려다볼 수 있는 둥그런 회의실이 있었다. 새 사무실에서 일하는 스무 명의 직원 중 대부분은 엔지니어와 데이터과학자였고, 현장에서는 또 다른 열두 명이 일했다.

엔지니어들은 서둘러 해외 서비스를 출시하겠다는 생각에 반발했다. 파리에서 서비스를 하려면 무엇보다 해외 신용카드를 받고, 유로를 달러로 환전하고, 앱을 프랑스어로 번역해야 했기 때문이다. 하지만 캘러닉은 팀원들에게 더 열심히 일하라고만 지시했다. 당시 그와 함께 일했던 한 직원의 말에 따르면 그는 당시 "'그게 가능할까요?'라는 질문은 하지 말고 그 일을 어떻게 할 수 있을지에 대해서만 물어보십시오."라고 말하길 좋아했다.

캘러닉은 르웹으로 떠났지만 호텔에서 스카이프 영상통화로 직원들과 소통했다. 사무실을 떠나 있던 그는 여전히 사무실 내에서 시끄럽고 부담스런 존재였다. 잠도 못 자며 밤낮을 가리지 않고 일하던 모든 사람들은 점차 인내심이 고갈되고 있었다. 전 구글 관리자를 지낸 후 우버에 제품책임자로 입사한 미나 라드하크리시난Mina Radhakrishnan은 캘러닉이 제 시기에 파리 서비스를 준비하지 못했다는 이유로 직원들을 꾸짖자 "누구라도 좋으니 트래비스 영상 좀 꺼요!"라며 소리를 질렀다고 했다.

우버의 첫 번째 엔지니어인 콘래드 웰런은 파리 서비스 시작 전 3주간 주말을 포함해서 하루도 빠짐없이 오전 7시30분부터 자정까지 사무실에서 내리 일했던 걸로 기억한다. 몇 년 뒤 그는 내게 이렇게 말했다.

"캘러닉의 가장 대단했던 점은 이거였습니다. 그가 우리에게 '이봐요, 우리는 파리에서 서비스를 시작하는 세계 시장 진출 작업을 하고 있습니다.'라고 말하자 단 한 명도 빠지지 않고 모든 엔지니어들이 '그건 불가능합니다. 너무 할 일이 많아서 그렇겐 할 수 없을 겁니다.'라고 했습니다. 하지만 우리는 그 일을 해냈어요. 물론 완벽하지는 않았지만 나는 그 순간 '이 트래비스라는 사람은 정말 우리에게 무슨 일이 가능한지를 보여주고 있다'고 느꼈습니다."

캘러닉은 계획대로 르웹 무대 위에서 서비스를 소개했다. 우버의 투자자들은 경외심과 함께 약간의 두려움까지 느꼈다. 캘러닉의 가장 가까운 자문역이자 카우보이 셔츠를 입고 있던 엔젤투자자 크리스 사카는 "당시 파리 서비스 개시는 전혀 납득이 가지 않는 얘기였다."라며 이렇게 덧붙여 말했다.

"우리는 LA나 휴스턴 등 대형 검은색 차량 시장에서도 제대로 된 서비스를 제공하지 못했습니다. 그런 점에서 파리 서비스 발표는 세계에서 가장 위대한 기업인 중 한 명이 투자자들과 갖는 차이는 순전히 진취성에 있음을 증명해주는 순간이었습니다. 파리 서비스를 해서는 안 될 온갖 이유를 우리가 들이댔지만 캘러닉은 어쨌든 그것이 성공할 것임을 알고 있었던 거죠."

서지프라이싱으로 촉발된 논란

2011년 내내 캘러닉은 전년도에 했던 요금인상 실험을 통해 배운 교훈들을 곰곰이 따져봤다. 우버는 사람들로 붐비는 밤에 더 많은 운전사들이 운행하게끔 독려하기 위해 전년도 12월 31일에 샌프란시스코에서 탑승 요금을 두 배로 인상했다. 수입을 늘려 더 많은 운전사들의 운행을 유도하는 한편 돈 없는 사람들은 호출하기 어렵게 만들면 피크타임 때 수급 균형을 맞출 수 있다는 계산이 깔린 결정이었다. 또한 술 마시는 사람이 많은 주말 밤 혹은 휴일이나 비가 올 때처럼 택시 수요가 많을 때 택시를 절대 이용할 수 없는 일이 벌어지는, 택시 업계가 겪는 가장 심각한 문제를 해결하는 데도 이 결정은 유용할 것이라 판단했다.

캘러닉은 우버 앱에 차량의 수요가 급격히 높아지면 요금도 같이 높아지는 서지프라이싱Surge Pricing 기능을 넣기 전인 8월에 '디스위크인스타트업This Week in Startups'이라는 팟캐스트에 출연해서 이렇게 말했다.

"12월 31일이나 핼러윈, 대규모 음악 축제가 열리는 날에는 수요가 폭발적으로 늘어납니다. 사람들이 차를 잡기 위해 20번쯤은 버튼을 눌러야 하는 상황으로 치닫기 때문에 수요를 억제하기 위해서라도 요금을 올리는 게 고전적인 경제학 이론과도 부합하죠."[5]

이런 논리 내지는 가변적 가격책정dynamic pricing(특정 소비층의 지불 능력을 감안한 가격을 책정하는 것_옮긴이) 방식을 광범위하게 도입해서 실험해보기로 한 계획에 회사 내 모든 사람들이 동의한 건 아니었다. 다수의 직원들은 일시적인 요금 인상이 고객들을 소외시킬 수 있고, 반드시 운전사들에게 운행 동기를 불어넣어주는 것은 아닐 수도 있다고 생각했다. 라이언 그레이브스는 가변 요금의 호칭을 둘러싸고 논란이 있었다고 말했다. 캘러닉은 그것을 '가변적 가격책정'이라고 부르는 데 반대했다. 탑승 요금이 기준 요금 이하로 떨어지는 법은 없었기 때문이었다. 그는 그보다 '서지프라이싱'이라는 용어가 더 적절하다고 믿었다. 이 용어는 승객들에게 다소 불길한 예감이 들게 했지만, 사실 캘러닉이 그 표현을 좋다고 생각한 것 역시 바로 그 점 때문이었다. 일부 승객들이 다른 교통수단을 찾아보게끔 만들려면 "약간 겁을 주긴 했어야 했다."는 것이 그레이브스의 설명이다.

우버는 다시 정상 요금의 두 배까지를 상한선으로 정하고선 핼러윈 때 또 다른 서지프라이싱 테스트를 진행했다.[6] 테스트 과정에는 손이 많이 갔다. 여섯 개 도시 사무실의 총괄관리자들은 저녁에 스카이프 대화방에 모여 우버 서비스의 차량들을 관찰했다. 차량 수가 부족하고 요금을 올리고 싶다면 관리자들은 요금 인상을 요구했다. 샌프란시스코에서 캘러닉은 소프트웨어에 새로운 요금제를 끼워 넣었다.

하지만 캘러닉은 고객들이 몰리는 밤에 진정한 수급 균형을 이루려면 우버가 요금 상한선을 아예 없애고 시장의 '전능한 손'이 가격을 결정하게 만드는 게 맞다고 생각했다. 내부의 모든 반대는 기각됐다. 우버에게 대단히 중요한 목표는 밤낮 가리지 않고 언제나 이용 가능한 차를 확보하는 것이었는데, 이 목표를 달성하는 데 서지프라이싱이 도움을 줄 수 있었다.

12월 31일에 캘러닉과 대부분의 엔지니어들은 또 다른 워케이션을 위해 코스타리카로 서둘러 떠났다. 과거 미시건 주립대학에서 핵물리 연구원을 지냈던 케빈 노박Kevin Novak이 이끄는 엔지니어링팀은 이용 가능 차량이 부족하면 자동적으로 요금을 올리는 알고리듬을 당시 이미 만들어 놓은 상태였다. 캘러닉과 동료들은 해안가에서 상한선이 없는 알고리듬적 서지프라이싱이 실시간 적용되는 모습을 지켜봤다. 결과는 한 마디로 재난 그 자체였다. 당시 기억을 떠올리던 캘러닉은 "힘들 거라는 거야 알았지만 그 정도까지일 거라고는 예상하지 못했어요. 72시간 동안 겨우……."라면서 말끝을 흐렸다.

자정 이후 요금은 뉴욕과 샌프란시스코에서의 평소 요금보다 일곱 배가 뛰었고, 비교적 짧은 거리를 이동하기 위해 탑승한 승객들조차도 100달러가 넘는 돈을 내야 했다. 분노한 사람들은 소셜미디어로 몰려가 불만을 토로했다. 우버 앱이 1.8배 혹은 2.5배 등 요금 인상 승수乘數를 표시해놨음에도 고객들은 그것을 보지 못했거나 그 숫자의 의미를 제대로 이해하지 못했다. 우버는 최초의 심각한 대외적 위기를 맞았다. 한 뉴욕시민은 트위터에 이렇게 썼다.

"안전하게 귀가해서 기쁘다. 하지만 밤늦게 우버 차량을 타고 3킬로미터도 안 되는 거리를 이동하는 데 107달러를 내야 한다는 건 지나치게 바가지 같다."[7]

캘러닉은 코스타리카에서 이 모든 상황을 지켜보면서 자신의 첫 번째 본능에 충실했다. 그것은 전투적으로 대응하면서 자기가 사랑하는 브랜드를 지켜야겠다는 것이었다. 그는 한 고객에게 이런 트윗을 남겼다.

"손님께서 탑승하시기 전에 이미 요금은 정해져 있었습니다. 이건 단순히 선택의 문제일 뿐입니다. 차량을 이용하기로 한 분들은 정해진 요금을 내겠다는 선택을 하신 겁니다."[8]

더불어 차를 겨우 3분만 이용하고도 36달러를 내야 했다고 투덜댄 또 다른 고객에게는 이렇게 말했다.

"비싼 요금이 부담스러우셨겠지만, 우리 기록을 보면 손님께선 탑승 요청 전에 요금 인상 안내문을 4차례나 별도로 확인하셨습니다."[9]

캘러닉의 이런 대응은 우버를 비난하던 고객들을 당연히 더 자극했다. 바가지 요금과 관련된 이야기들이 기술 블로그들뿐 아니라 「뉴욕 타임스」와 「보스턴 글로브Boston Globe」 등 주요 언론 매체에 실렸다. 캘러닉은 역사적으로 보면 공급 여건에 따라 연료비가 급등해왔다는 사실을 사람들이 인식하고, 70년 동안 길들여진 육상 교통의 고정 요금제에서 벗어나야 한다고 지적했다.

우버 임원들은 자신들이 미숙하게 대응하고 있다는 걸 개인적으로는 알고 있었다. 시카고 사무소의 관리자이자 라이언 그레이브스의 대학 동창인 앨런 펜Allen Penn은 당시 우버는 여전히 차량 연결 알고리듬이 요금과 고객 반응에 어떤 영향을 미치는지 학습하던 중이었다고 말했다. 그는 덧붙여 말했다.

"우리가 홍보 활동을 아주 잘 하지는 못했습니다. 요금 인상에 대해 사람들에게 잘 알리지 못했던 거죠."

언론의 집중포화를 맞은 캘러닉은 몇 달 뒤 나를 만난 자리에서 자신이 저지른 행동을 조금이나마 뉘우치면서 요금 인상을 알릴 때 세세한 면들은 물론 심지어 글자 크기와 어조 등 모든 것들에 상당히 신경을 써야 했었다고 말했다.

"우리는 수십 년 동안 이어져온 개인 운송 시스템의 고정 요금제를 하룻밤 사이에 해체하려 들었고, 그로 인해 약간의 불안감이 퍼졌습니다."

언론의 집중포화에 캘러닉이 대응하는 방식을 보고 분노한 투자자가 적어도 한 명은 있었다. 다름 아닌 크리스 사카였다. 그는 캘러닉의 대응 방식을 2006년 시작된 페이스북 뉴스피드 서비스에 대한 항의가 빗발쳤을 때 마크 저커버그가 대응했던 방식과 비교하며(당시 저커버그는 "침착해주세요."라고 시작하는 글을 블로그에 올렸었다) 이렇게 주장했다.

"큰 소리로 '빌어먹을, 그런 것쯤은 좀 이겨내봐!'라고 하면 안 되죠. 그런 상황에서 해야 할 말은 '우리가 이렇게 애쓰고 있으니 좋은 피드백을 주세요. 앱을 개선하겠습니다.' 같은 것이어야 합니다."

당시 캘러닉은 서지프라이싱이 특별한 경우에만 쓰는 수단이라고 확신한 것 같았다. 그는 「뉴욕 타임스」와 가진 인터뷰에서 이렇게 말했다.

"우버의 요금 체계가 계속해서 바뀌어야 한다고 생각하진 않습니다만, 핼러윈과 신년 때는 그래야 할 필요가 있습니다."[10]

하버드 MBA 출신의 직원 마이클 파오Michael Pao가 캘러닉이 생각을 고쳐먹게 도왔다. 캘러닉은 MBA 출신자들의 고용을 꺼렸지만 파오는 우버에 입사했고, 그레이비스가 이끄는 운영팀에서도 인기가 좋았다. 그는 몇 주 동안 시카고에서 일한 뒤 10월에 보스턴으로 이동해서 오스틴 가이츠를 만나 지방팀 조직을 위한 인재 발굴에 애썼다. 하지만 적임자를 찾지 못해 결국은 파오 본인이 직접 그 일을 맡았다.

보스턴에서 6년 동안 산 적이 있던 파오는 택시 잡기가 어려운 주말의 생활에 익숙했다. 보스턴에 있는 술집들 대부분은 새벽 1시에 영업을 마쳤다. 금요일과 토요일 저녁에는 술에 취한 사람들이 비틀거리며 거리로 쏟아져 나왔고, 그 시간이면 늘 일어나는 불쾌한 일에 말려들고 싶지 않아서 택시 기사들은 즉각 집으로 방향을 틀었다. 극적인 사건을 겪거나 뒷자리의 토사물을 치워야 하는 상황에서 벗어나고 싶었던 것이다.

우버 운전사들도 당연히 택시 기사들과 똑같이 행동했다. 이런 상황을 보고 고민에 빠진 파오는 술집 영업시간 종료와 관련된 이 문제를 해결하지 못하면 보스턴에서 우버 사업을 키울 수 없을까봐 초조해하면서 여러 실험에 착수했다. 그는 승객들을 위해 일주일 동안은 요금을 고정시켰지만, 밤에는 운전사들을 위해 요금을 올렸다. 그러자 운전사들은 어쩔 수 없이 술집이 문을 닫을 때까지도 운행을 계속했다. 사실 요금 인상은 운전사들을 상당히 고무시킴과 동시에 동기부여도 해주었다. 파오는 이어 두 번째 주에는 보스턴 내의 우버 운전사들을 두 집단으로 나눠서 실험결과를 재차 확인해보는 시간을 가졌다. 역시나 피크타임 때 높은 요금을 받은 운전사들은 더 장시간 운행했고, 운행 횟수도 많았다.

파오는 이제 이전에 대충 실시했던 서지프라이싱 실험에선 얻지 못했던 중요한 뭔가를 알아냈다. 그것은 바로 '명확한 수치'였다. 그는 캘러닉에게 특정 시간대에 운전사들에게 더 많은 돈을 줬더니 운행차량 수가 70~80퍼센트 늘어났고, 처리할 수 없던 호출 요청의 3분의 2도 해결할 수 있었다는 자료를 보여줬다.[11] 파오는 캘러닉의 마음을 움직였다. 뉴욕 실험 때의 반응이 부정적이긴 했었지만 서지프라이싱은 우버 내에서 확고히 자리를 잡았다. 이후 언론으로부터 쏟아진 엄청난 비난과 규제 담당자들이 보여준 적개심, 그리고 서지프라이싱에 대한 승객들의 비호감에도 불구하고 캘러닉은 더 이상 그것에 대해 얼버무릴 필요가 없었다. '명확한 수치'는 그의 편이었기 때문이다. 2012년 그는 내게 이렇게 말했다.

"우리 원칙은 분명합니다. 첫째, 우버는 항상 신뢰할 수 있는 탑승 서비스여야 합니다. '항상' 말이에요. 시의 다른 몇몇 교통 시스템은 그렇다고 말할 수 없습니다. 사실, 아예 없다고 봐야죠. 둘째, 우리는 가변적 가격

책정 방식, 즉 서지프라이싱을 실행합니다. 단, 이 방식이 탑승 수를 늘릴 수 있을 경우에만 말이죠. 요금이 올라가면 운전사 수가 많아지고, 그에 따라 탑승 수도 늘어납니다. 이는 차를 못 잡는 사람들이 줄어들고, 선택권을 갖는 사람들이 늘어난다는 뜻입니다."

물론 그렇다고 서지프라이싱 논란이 끝난 건 아니었다. 우버는 추가 요금 지불 능력이 있는 사람들을 위한 맞춤 서비스를 제공함으로써 수요가 폭증할 때 생기는 만성적인 차량 부족 문제를 해결하고 있었다. 하지만 이는 잔인한 경제학 논리가 개입되어 있었고, 승객들은 똑같은 차를 타는데도 시간대에 따라 더 많은 요금을 지불해야 한다는 것에 계속해서 강한 거부감을 드러냈다. 전문가들은 캘러닉이 이런 전략을 쓴 배경을 그의 트위터 아바타와 연결해서 설명했다. 당시 캘러닉은 작가 아인 랜드Ayn Rand가 쓴 철학적 소설 『파운틴헤드The Fountainhead』의 표지를 자기 트위터의 프로필 이미지로 사용하고 있었다. 2012년 「워싱턴 포스트」의 기자가 그 이미지에 대해 묻자 캘러닉은 이렇게 답했다.

"그 책은 정치적 선언과 아무런 상관이 없습니다. 그냥 제가 좋아하는 책일 뿐이에요. 전 건축학을 좋아하거든요(『파운틴헤드』 표지에 그려진 건축물들을 두고 한 말_옮긴이)."

서지프라이싱에 대한 캘러닉의 고집스런 옹호에 깊은 인상을 받은 한 사람이 있었다. 아마존의 CEO인 제프 베조스였다. 걸리에 따르면 서지프라이싱을 둘러싼 논란이 있은 후 베조스는 "트래비스는 진정한 기업가더군요. 대부분의 CEO는 캘러닉을 조심해야 할 겁니다."라고 말했다.

캘러닉과 사카의 결별

2011년 가을, 트래비스 캘러닉은 또다시 자금 조달에 착수했다. 이제 서지프라이싱을 둘러싼 불만은 은밀히 커지고 있던 우버에 대한 적대감과는 비교가 안 될 정도에 이르게 된다.

여전히 규모는 작았지만 우버의 전망은 밝았다. 당시 투자자들 사이에서 공유된 자료에 따르면 9월에 우버는 요금과 수수료로 각각 900만 달러와 189만 달러를 벌었다. 9,000명의 고객이 우버 앱을 이용 중이었고, 다른 도시들에서도 고객들이 급증하고는 있었지만 사용자의 90퍼센트는 샌프란시스코 거주자였다. 뛰어난 영업사원인 캘러닉은 투자자 모임에서 매력적인 비전을 제시했다. 더 낮은 요금과 신종 자동차 서비스를 선보일 수 있는 잠재력을 가진 우버는 페덱스FedEx처럼 세계적 브랜드가 될 수 있다는 것이었다. 투자은행 골드만삭스의 사장 게리 콘Gary Cohn은 말했다.

"차트에 적혀 있던 모든 숫자들은 정말 매력적이더군요."

마켓 가 사무실에서 캘러닉을 만난 적이 있던 콘은 나중에 골드만이 우버에 500만 달러를 투자하게 했고, 이를 골드만과 우버는 긴밀한 관계를 맺게 된다.

모든 사람들이 캘러닉의 선전에 빠진 건 아니었다. 유리 밀너의 DST 등 여러 벤처자본사들도 차트를 봤지만 페이스북과 구글의 내성적인 CEO들과 캘러닉은 전혀 다르다고 판단한 그들은 우버에 투자하지 않았다. 몇몇 다른 기업 역시 우버 투자에 관심을 드러냈지만 캘러닉이 투자를 받길 원한 곳은 멘로 파크의 샌드힐로드에 등장한 지 2년밖에 안 된,

자금력이 풍부한 기업 앤드리슨호로비츠였다. 몇 달 전 앤드리스호로비츠는 에어비앤비의 시리즈 B 투자라운드를 주도해서 그곳을 유니콘으로 만들기도 했었다.

앤드리슨호로비츠에 대한 캘러닉의 관심은 브라이언 체스키가 보였던 관심과 매한가지였다. 마크 앤드리슨과 벤 호로비츠가 공동 경영한 앤드리슨호로비츠는 기업 가치를 상당히 높게 평가해주면서 우호적인 투자 조건을 제시하는 걸로 유명했다. 캘러닉은 자신도 체스키처럼 앤드리슨의 새로운 파트너이자 온라인 시장의 독특한 역학에 대한 전문가인 제프 조던의 도움을 받고 싶어 했다.

앤드리슨호로비츠는 처음에 우버의 가치를 3억 달러 이상으로 평가하면서 매우 공격적으로 투자를 주도했다. 하지만 「베니티 페어Vanity Fair」의 보도에 따르면 이후 넷스케이프의 공동창업자이기도 했던 마크 앤드리슨은 마음을 바꿨다. 그는 캘러닉과 저녁식사를 하면서 우버의 재정 상태가 그처럼 높은 가치평가를 뒷받침해주지 못한다는 점을 지적하며 우버의 가치를 2억 2,000만 달러로 하향 조정했다.[12]

캘러닉은 실망했지만 새로운 조건에 잠정 합의했다. 그러나 계약서에 작은 글씨로 적혀 있는 내용을 본 캘러닉은 허를 찔린 것 같았다. 신규 채용이 있을 걸로 예상한 앤드리슨호로비츠는 거대한 옵션 풀option pool, 새로운 임원과 직원들에게 나눠 줄 주식들을 만들기를 원했다. 이는 다시 말해 우버의 예전 투자자와 직원들의 보유 지분이 추가로 희석될 것이란 의미였다. 캘러닉에게 있어 그 계약은 결정적 실수였고, 그는 그제야 자신이 속았다는 걸 느꼈다. 하지만 다행히도 그에겐 플랜 B가 있었다.

실리콘밸리에서 가장 오래된 벤처자본사 중 하나인 멘로벤처스의 파트너인 셔빈 피셔버도 당시 투자경쟁에 참여하고 있었다. 이란 출신으로 수염이 덥수룩하고 곰처럼 생긴 피셔버는 쉽게 사람을 포용하는 버릇이 있는 감상적인 사람이었다. 직접 스타트업도 창업하면서 때론 좋은 결과를, 때론 나쁜 결과를 내기도 했지만 어쨌든 그는 벤처투자자로서는 실리콘밸리 투자자 집단을 대표하는 인물이었다. 그에게는 힘들게 얻은 경험과 사업적 지혜보다는 사회적 인맥과 카리스마가 있었다. 그는 유행하는 참신한 아이디어를 수용하고, 트윗 발송에서부터 투자 포트폴리오에 담아둔 기업들의 로고 문양을 본따 머리를 깎는 것(그는 두 차례 그렇게 했다.)에 이르기까지 자신이 좋아하는 일을 공개적인 행동으로 보여주려는 의지가 강한 선구자적 사상가이자 '치어리더' 같은 인물이었다. 미 동부와 서부 해안 지대에서 모두 완벽한 네트워크를 구축해놓은 피셔버는 마크 앤드리슨이 줄 수 없었던 중요한 것을 캘러닉에게 줬으니, 바로 유명인사와 정치인들을 만날 수 있는 기회였다. 그 기회가 캘러닉에게는 도움이 되었다.

캘러닉은 피셔버를 좋아했지만 앤드리슨호로비츠와 손잡기로 결정함으로써 그를 다소 실망시킨 적이 있었다. 하지만 피셔버는 캘러닉에게, 투자라운드가 끝난 뒤라도 혹시 뭔가 잘못되는 불상사가 생기면 자신에게 연락하라고 말하는 자상함을 보여줬다. 실제로 그런 상황이 발생하자 더블린에서 열린 기술 콘퍼런스에 참석 중이었던 캘러닉은 피셔버에게 전화를 걸어 멘로벤처스가 여전히 투자에 관심이 있는지를 물었다. 당시 피셔버는 튀니지에서 열린 행사에서 연설하면서 온전치 못한 허리를 치료하고 있는 중이었지만, 캘러닉과 통화한 뒤 즉시 비행기에 올라탔다.

캘러닉과 피셔버는 더블린의 자갈길을 걸으며 맥주를 마시고 우버의 미래에 대해 이야기했다. 엄청난 기회를 직감한 피셔버는 우버의 가치를 2억 9,000만 달러로 평가했다. 2,500만 달러의 투자를 제시하면서도 우버 이사회에서의 자리를 요구하지 않은 피셔버 덕분에 캘러닉은 어쩔 수 없이 이사회에 미칠 자신의 영향력을 투자자에게 양보해야 하는 사태를 피할 수 있었다. 피셔버는 회사에 대한 캘러닉의 광적인 헌신과 우버 서비스가 가진 중독성에 깊은 인상을 받았다고 말했다. 피셔버가 기억하기로 당시 우버 이용자는 한 달에 평균 세 차례 반 정도 탑승했고, 일곱 명의 친구에게 앱을 보여줬다. 그는 말했다.

"그런 숫자를 근거로 내가 추정한 우버의 연간 매출은 총 1억 달러였습니다. 그리고 우버는 6개월 만에 그 추정치에 도달했죠."

캘러닉은 이제 중대한 결단을 앞에 둔 캘러닉은 스카우어 시절부터 알고 지냈던 샌디에이고의 음악 기업가 마이클 로버트슨Michael Robertson에게 전화로 조언을 구했다. 캘러닉은 자신이 사실상 무명인 투자자(피셔버)로부터는 좋은 조건의 거래를, 그보다 훨씬 더 유명한 투자자(앤드리슨)로부터는 가치가 떨어지는 거래를 제안받았다고 이야기하며 자신이 어떻게 하면 좋을지 물었다. 로버트슨은 대답했다.

"벤처투자자로부터 확인 같은 걸 받을 필요가 없습니다. 당신은 이미 그 수준을 넘어섰으니까요. 중요한 건 최대한 부담이 덜한 투자금을 받는 겁니다. 돈은 힘이에요. 돈이 많을수록 취할 수 있는 옵션들도 더 늘어납니다."

로버트슨의 조언을 마음에 새긴 캘러닉은 더블린 셸번Shelbourne에 있는 호텔방 밖에서 피셔버를 만나 주요 거래 조건에 서명했다. 10월 28일 금요일, 그는 개릿 캠프와 우버의 다른 이사들 그리고 로펌 펜윅앤웨스트의 변호사들에게 계약 사실을 알리는 이메일에 이렇게 써서 보냈다.

"지난 24시간 동안 나와 대화를 나누지 않은 분은, 앤드리슨호로비츠에게 무슨 일이 일어났는지 궁금해하고 있겠죠. 음, 그들은 이미 우버에 대한 낮은 가치평가(2억 2,000만 달러)와 더불어 상당한 요구조건을 들먹이며 우리의 심기를 불편하게 만들었습니다. 계산을 해보니 그들의 투자는 우리 입장에서 수지타산이 안 맞더군요. 그래서 우린 우버의 다음 단계를 시작해야겠다고 결정했습니다."

투자자 교체는 우버뿐 아니라 나중에 등장한 우버의 신생 경쟁사 한 곳에도 큰 영향을 미쳤다. 자신들이 큰 실수를 했음을 깨달은 앤드리슨호로비츠는 리프트에서 투자금 유치에 나섰다. 우버와 피셔버가 맺은 계약은 캘러닉과 그의 가장 친했던 친구 사이의 우정에 금이 가게 만드는 데도 간접적인 영향을 미쳤다.

이후 몇 달 동안 피셔버는 그가 자랑하는 네트워크를 맘껏 활용해서 유명 할리우드 스타 및 실리콘밸리 명사들에게 지원을 요청했다. 배우들로는 소피아 부시Sophia Bush, 올리비아 문Olivia Munn, 에드워드 노튼Edward Norton, 애슈튼 커쳐, 재러드 레토Jared Leto, 가수와 뮤지션들로는 제이 지Jay Z, 제이 브라운Jay Brown, 브리트니 스피어스Britney Spears와 그녀의 전 매니저 애덤 레버Adam Leber, 그리고 탤런트 에이전트인 윌리엄 모리스William Morris와 음악 매니저 트로이 카터Troy Carter 등이 우버에 새로 투자했다. 최첨단 분야에서는 제프 베조스와 구글의 CEO 에릭 슈미트Eric Schmidt가 금전적 도움을 줬다. 이 모든 인사들은 각자 적게는 5만 달러부터 많게는 35만 달러를 투자했고, 2016년이 되자 그들의 투자 지분액은 20배로 뛰었다.

이들 말고도 또 한 사람이 우버에 투자했으니, 다름 아닌 에어비앤비의 창업자 브라이언 체스키였다. 그는 캘러닉의 권유로 투자를 결심했다고 말했다.

“나는 우버가 엄청나게 커질 거란 걸 알았습니다. 얼마나 커질지까지는 몰랐지만요.”

우버의 초기 투자자들 중 일부는 회사가 이렇게 장기간 끊임없이 투자를 유치하는 이유를 의심했다. 그들이 특히 우려했던 것은 공식 투자라운드가 끝나고 오랜 시간이 지났는데도 유명인사들이 그들과 똑같은 조건에 투자 계약을 체결했다는 사실이었다. 그때 우버는 새로 진입한 도시들에서 급성장 중이었는데, 우버가 점차 거대해지자 고대로부터 대죄大罪인 탐욕도 고개를 들기 시작했다.

크리스 사카는 대부분의 사람들보다 빨리 잡을 수 있는 엄청난 크기의 기회를 인식했다. 우버의 초기 엔젤투자자인 그는 선별적으로 투자를 늘려 인상적인 투자성과를 거두고 있었다. 초기 스타트업들을 지원한 후 투자금을 정산받거나 지속적인 위험을 감수할 의사가 없는 동료 투자자들부터 추가로 주식을 매입하는 것이 그의 방식이었다. 사카는 트위터의 공동창업자 에반 윌리엄스Evan Williams와 가깝게 지낸 덕도 일부 보면서 이런 식으로 트위터에 투자해서 큰돈을 벌었었다.

이제 그는 우버를 상대로도 똑같은 전략을 추진했다. 캘러닉은 처음에 고분고분할 것처럼 굴었지만 이어 생각을 고쳐먹은 듯 보였다. 사카는 우버가 2010년에 우버닷컴 웹주소에 대한 권리를 얻기 위해 유니버셜 뮤직에게 팔았던 주식들을 환매수하기 위해 애썼다. 하지만 캘러닉은 사카보다 한 발 빨랐다. 회사를 위해 그 주식들을 환매수해놓은 상태였다. 사카는 몇몇 초기 투자자들과 접촉해 그들이 보유하고 있는 지분의 일부를 인수하는 데 합의했지만, 거래를 매듭지으려면 우버의 승인을 받아야 했다. 캘러닉은 그것을 승인해줄 경우 회사가 신입 사원들에게 줄 스톡옵션의 시가가 바뀔 것이 우려되어 승인을 거부했고, 한편으로는 사카가 우버의 주식을 매각하려 하고 있다고 믿었다. 사카는 그런 사실을 강하게 부인했다.

두 사람은 잼패드에서 몇 시간씩 브레인스토밍을 하고, 샌프란시스코에 있는 사카의 온수 욕조에 몸을 담그고, 타호Tahoe 호수 부근에 있는 사카의 집에서 휴가를 보내며 다년간 우정을 쌓았던 친구였다. 사카는 오바마 취임식 때 캘러닉과 개릿 캠프를 워싱턴에 데리고 갔었다. 하지만 이제 캘러닉에게 남은 건 우버뿐이었다. 그는 우버와 우버가 가진 엄청난 잠재력과 약혼했다. 캘러닉의 눈에 사카는 자기 잇속만 챙기는 것 같았다.

두 사람 사이의 긴장은 2011년 이급주二級株 문제를 둘러싸고 고조됐다가 셔빈 피셔버 및 그의 유명인사 친구들로부터의 투자유치가 끝난 후 폭발적으로 높아졌다. 캘러닉 입장에선 사카가 투자를 마무리하는 서류에 서명을 해줘야 했다. 사카는 당시 새로 태어난 아기 때문에 며칠간 제대로 못 자서 서류를 충분히 읽지 못한 채 서명했다고 말했다. 그런데 서류에는 퍼스트라운드캐피털로부터 일부 이사회의 권한을 가져오기로 하는 합의도 포함되어 있었다.

사카는 자신이 서명한 것이 뭔지 정확히 알았을 때 분노가 치밀었다고 말했다. 롭 헤이즈의 파트너인 퍼스트라운드의 조시 코펠만Josh Kopelman은 사카가 엔젤투자자 일을 시작할 수 있게 도와준 사람이었다. 그런데 이제 사카는 코펠만이 자신의 입지를 약화시키고 있는 것처럼 느꼈다. 초기 투자자들은 이사회 자리와 다음번 투자 기회를 종종 자발적으로 포기하긴 하지만 그런 기회를 억지로 빼앗기는 건 싫어한다. 사카는 캘러닉에게 불평했다.

"이봐, 난 이 업계에서 살아남아야 한단 말이야!"

그리고 바로 뒤, 캘러닉은 샌터모니카에 있는 사카의 집에서 하룻밤을 묵었다. 두 사람이 주방에서 이야기를 나누고 있는 동안 사카는 이 문제를 다시 꺼냈고, 캘러닉은 냉랭하게 대답했다.

"서류에 서명하기 전에 그것을 읽는 법부터 배우게."

사카와 그의 부인은 캘러닉을 집에서 내쫓아버렸다.

사카는 참관인 자격으로 이사회에 계속 참석했지만 그와 캘러닉의 이별은 점점 가까워졌다. 결별 이유에 대한 두 사람의 설명은 조금씩 다르지만 2012년 9월 사카와 피셔버가 나눈 대화에서 시작한다는 점은 같다. 사카에 따르면 그들은 CEO로서 캘러닉의 성장을 뒷받침하는 방안에 대해 이야기를 나누고 있었는데, 그때 사카는 다른 투자자라면 서류 서명 같은 문제로 소송을 걸었을 가능성이 있을지 곰곰이 생각해봤다. 피셔버에 따르면 사카는 다소 직설적이었다. 사카는 서류에 서명하라는 압박을 받고 있었고, 그런 상황에선 우버를 고소하는 것 외에 다른 방법이 없다고 느꼈다.

그다음에 일어난 일에 대해서는 두 사람의 말이 정확히 일치한다. 피셔버는 즉시 캘러닉에게 연락해서 실제 내지 가상의 소송 위협을 알렸고, 캘러닉은 사카에게 연락했다. 그에 대해 사카는 이렇게 말했다.

"캘러닉은 '자네가 감히 나를 고소한다고? 마음대로 해!'라며 고래고래 소리를 질렀습니다."

몇 주 뒤 사카는 예정대로 우버의 이사회에 참석할 준비를 하고 있었다. 캘러닉은 그에게 단도직입적으로 이사회가 그를 환영하지 않는다고 말했다. 사카는 자신은 어쨌든 이사회에 참석할 것이며, 소송 문제에 대해 철저히 따지고 싶다고 했고, 캘러닉은 만일 그렇게 하면 경비원들이 내쫓아버릴 것이라고 경고했다. 로펌인 펜윅앤웨스트는 사카에게 더 이상 참관인으로 우버 이사회에 참석할 수 없으며, 회사와 관련된 어떤 사적 정보도 취할 권리가 없다는 내용이 담긴 내용증명을 보냈다.

이후 몇 년 동안 사카는 캘러닉에게 거듭 사과 메일을 보냈고, 수없이 많이 화해를 시도했다. 그는 잡지 「포브스Forbes」에 기고한 글에서 캘러닉과의 사이가 틀어진 이유는 순전히 자신이 우버 주식을 더 많이 매입하려 했기 때문이라고 말했다. 이 말은 반만 사실이었다.[13] 하지만 이 책이 출간되는 지금까지 캘러닉과 사카의 관계는 여전히 소원한 상태다.

더 빠른 성장을 위한 전략

온라인 와인 판매회사에서 마케팅 과장으로 일했던 조시 모러Josh Mohrer가 매튜 코흐먼을 대신해 뉴욕의 새로운 총괄 관리자로 부임하자, 2012년 초 오스틴 가이츠는 마침내 샌프란시스코로 돌아왔다. 몇 주 동안 집에 머물 수 있게 된 그녀는 듀이Dewey라는 이름을 가진 잡종 개를 구했지만, 또 갑자기 길을 떠나야 하는 상황이 되었다. 가이츠는 LA와 필라델피아 지사를 열면서 듀이와 함께 묵을 호텔을 물색했고, 어디에나 그를 데리고 다녔다. 하지만 그러다 보니 듀이를 개집에 머물게 만드는 훈련은 성공하지 못했다. 그녀는 말했다.

"당시는 내 인생에서 개를 키우기에 그리 좋은 시기가 아니었어요."

당시 크게 뻗어나가고 있던 LA는 우버가 소호 전략을 실행에 옮기기에 완벽한 장소였다. 우버는 과거 자동차 정비소였다가 레스토랑으로 바뀐 스모그숍SmogShoppe에서 올리비아 문, 애슈튼 커쳐, 미식축구리그NFL 선수인 레지 부시Reggie Bush, 모델 앰버 아부치Amber Arbucci를 포함한 유명인사 손님들을 초대해 출시 파티를 열었다. 피셔버의 친구 배우 에드워드 노튼이 첫 번째 탑승 고객 중 한 명이었고, 우버는 이 사실을 자사 블로그 포스트에 광고했다. 곧바로 시는 가장 뜨거운 신생 스타트업, 그리고 그곳과 관련된 유명인사 집단에 대한 이야기로 부산스러워졌다.

소호 전략을 채택한 우버는 먼저 운전사들에게 일일 최소 지불금 보장을 약속하며 할리우드와 산타모니카에서 서비스를 출시했다. 그 지역들에서 강한 성장세가 나타나자 우버는 모든 탑승에 대해 20퍼센트의 수수료를 부과하는 전략으로 즉각 선회했고, 최소 일일 지불금 보장 제도는 시의 다른 지역들에서 적용했다. 이런 식의 성장 촉진을 위해 우버는 은행에 확보해놓은 투자금을 활용했다. 가이츠는 말했다.

"우리가 하루 만에 LA에 서비스를 전격 출시하려고 했다면 처참하게 실패했을 겁니다."

우버 서비스는 이제 북미 지역 전역으로 빠르게 확산되었다. 2012년 초를 기준으로 우버는 12개 도시에서 서비스를 제공하고, 50명의 직원(이들 중 절반은 현장에서 활동했다)을 두고 있었다. 다수의 잠재 경쟁사들이 갑자기 레이더망에서 사라지자 은행에 자금을 확보해놓고 있던 캘러닉은 가속 페달을 밟을 준비를 했다. 가이츠는 말했다.

"나는 캘러닉이 속도를 늦추라고 말하길 기다렸지만 그런 일은 결코 일어나지 않았습니다."

CHAPTER 8

트래비스의 법칙 _차량공유 서비스의 부상

내가 이상주의자인 게 항상 문제였습니다. 미리 사과드립니다.

트래비스 캘러닉, 워싱턴 시위원들에게 보낸 공개서한에서[1]

이때까지 짧지만 파란만장한 역사를 보내는 동안 우버는 비교적 신중하게 새 도시들로 진출했다. 트래비스 캘러닉과 동료들은 택시 관련 법규들을 '신규 경쟁으로부터 기존 택시 업체들과 그들의 조잡한 서비스를 보호하기 위해 만들어진 책략'이라며 불신했지만, 동시에 지방법들을 자세히 검토하고 필요할 경우 융통성 있는 모습을 보였다. 우버는 대체로 법을 회피하기보다는 법을 준수하는 회사였다. 그런데 이후 2년 동안, 놀라운 이유 때문에 우버의 그런 모습이 바뀌었다.

2012년에 우버는 냉정한 규제 담당자들, 공격적 팽창 계획을 가진 해외 경쟁사, 그리고 가장 가능성이 낮긴 했지만 택시법을 완전히 무시할 준비가 되어 있었던 다른 두 실리콘밸리의 업스타트들이 일으킬지 모를 혼란과 정면으로 맞섰다. 이러한 사건들은 캘러닉의 놀라운 적응력과 함께 그의 전투적인 승부사 기질을 드러내면서 우버와 미국 도시들, 심지어 전 세계에 자극적인 영향을 미쳤다.

이 모든 일은 하나의 트윗에서 시작됐다.

워싱턴에서의 싸움이 시작되다

2012년 1월 11일 오전 10시 35분, DC택시워치DC Taxi Watch라는 탑승자 권익보호 단체가 보낸 짧은 암호 같은 트윗에는 미국 수도의 고위 택시 담당 관리가 한 말이 인용되어 있었다. "린턴 회장: @우버 DC가 불법 운영 중"이라는 트윗이었다.

이 트윗은 애너코스티어Anacostia(컬럼비아 동남부 지구 중 하나_옮긴이)에 있는, 제2차 세계대전 이후 설립된 칙칙한 분위기의 DC택시기사위원회DC Taxicab Commission 본사가 보낸 것이었다. 시의 택시 기사들은 자신들의 목소리를 내기 위해 따분하기 일쑤인 청문회 개최를 준비해놓은 상태였다. 그들은 우버의 타운카 운전사들이 지난 두 달간 불법 영업을 해왔다고 주장했다.

론 린턴Ron Linton도 이 주장에 동의하려고 했다. 불과 6개월 전 빈센트 C. 그레이Vincent C. Gray 시장이 택시기사위원회장으로 임명한 80대 초반의 그는 친척 아저씨 같은 느낌을 풍기는 정책기획관이었다. 오랫동안 시 경찰부서에서 예비역 장교로 활동했던 린턴은 단호한 성격의 소유자였으며, 티가 나는 부분 가발을 쓰고 다녔다. 샌프란시스코에서 같은 일을 하는 크리스티안 하야시처럼 그는 스스로 변화의 주역이 되기로 했다. 소수인종을 무시하고 신용카드도 받지 않았던, 한심할 정도로 고루한 시 택시들의 현대화 작업에 나서기로 결심한 것이다. 택시들은 심지어 실내등조차 갖추지 않았고, 다른 차들과 구분하기 위한 유니폼 색깔 같은 것도 정해놓지 않았다. 하지만 린턴은 업계 내부로부터의 변화를 추진하면서 택시 면허를 가진 지역 내 운전사 8,500명의 일자리를 보존해줄 작정이었다. 린턴은 회의에 모여 부산하게 굴고 있던 운전사들에게 이렇게 약속했다.

"우리는 불법 운영을 하고 있는 우버를 상대로 조치를 취할 계획입니다."[2]

우버의 워싱턴 총괄관리자인 레이철 홀트Rachel Holt는 새로 마련한 사무실을 막 정리하고 있을 때 청문회에서 보내온 트윗을 봤다. 우버가 진입한 다른 도시들처럼 도무지 종잡을 수 없을 정도로 복잡한 워싱턴의 택시법은 우버 서비스를 명확히 금지하고 있는 것 같진 않았다. 워싱턴에선 택시들이 요금 계산을 위해 미터기를 이용해야 했지만 리무진들의 경우 사전에 약속된 요금을 부과하면 끝이었다. 하지만 컬럼비아 구 지방자치 규정 1299.1항 아래엔 이러한 두 규정과 모순되어 보이는 '여섯 명 이하의 승객을 실어 나르는 자가용은 시간과 거리에 비례해 요금을 부과할 수 있다'고 정해놓은 세 번째 규정이 있었다.[3] 따라서 우버는 분명 시장에 진입할 자격이 있었다.

베인앤컴퍼니Bain & Company의 컨설턴트 출신인 홀트는 오클랜드의 소비재 제조업체인 클로락스Clorox에서 마케팅 매니저로 일했고, 워싱턴에서 일하는 약혼자가 있었다. 워싱턴에서 자신의 일자리를 찾기 시작하면서 그녀는 한 가지 중요한 조건을 내걸었다. 그녀는 "나는 내가 유일하게 싫어하는 일이 정치라는 걸 알고 있었어요."라고 말했다.

한 친구가 그녀에게 우버의 구인광고를 보여줬다. 우버는 워싱턴 진출을 감독할 사람을 찾고 있었다. 그레이브스와 캘러닉을 만난 그녀는 자신이 '시의 CEO'가 됨으로써 갖게 되는 자율성과 전도유망한 젊은 스타트업에서 일한다는 생각에 흥분했다. 그녀는 첫 한 달을 샌프란시스코에서 보냈고, 그다음 한 달간은 뉴욕 사무실에 출근해서 일을 익히며 그레이브스와 가이츠가 뉴욕에서의 전략을 다시 짜는 일을 도운 뒤 워싱턴으로 왔다. 워싱턴에서 우버는 2011년 11월에 서비스를 시작했고, 12월엔 정식 서비스를 출시했다. 하지만 얼마 안 가 이 새로운 경쟁에 익숙하지 않은 택시 기사들은 미친 듯이 분노하기 시작했다.

택시기사위원회 청문회가 보낸 트윗을 본 홀트는 확인차 린턴 사무실로 이메일을 보냈다. 그녀는 48시간 내에 회신을 받게 될 거라는 말을 들었다. 그날은 수요일이었고, 린턴은 약속을 지켰다. 금요일에 린턴의 사무실은 지방 언론사 기자들에게 코네티컷 애비뉴에 있는 메이플라워Mayflower 호텔 밖에서 모이라고 알려줬다. 이어 클리블랜드파크Cleveland Park에서 우버 타운카를 불러 호텔로 온 린턴은 그곳 회전진입로에서 DC택시기사위원회에서 나온 다섯 명의 택시 조사관을 만났다.

기자들에게 둘러싸인 조사관들은 놀란 우버 운전사에게 구내에서 무면허 차량을 운전했으며, 다른 무엇보다도 보험증 소지 규정을 위반했다는 이유로 1,650달러의 벌금을 부과했다. 이어 그들은 마틴 루터 킹Martin Luther King 목사의 탄생일이 낀 긴 연휴 동안 그의 차를 몰수했다. 기자들 앞에 서 있던 린턴은 시 규정에 큰 혼란을 일으켰다면서 우버를 맹비난했다.

"우버는 택시와 리무진 사업을 모두 하려고 하는데, 법적으로 그건 불가능합니다."[4]

운전사로부터 문제가 생겼다는 긴급 연락을 받고 3분 뒤 현장에 도착한 홀트는 당황했다. 당시 사건에 대한 자초지종은 이랬다. 린턴은 사실 우버가 아니라 그가 탔던 차를 운전한 버지니아 출신 운전사가 규정대로 일하고 있는지 확인하고 있었다. 리무진 운전사들에게 시간과 거리를 측정하는 미터기를 사용하지 말고 승객에게 미리 요금을 알려주라는, 가장 고리타분하고 무의미한 규정이 제대로 지켜지는지 알아보려 했던 것이다. 벌금은 우버가 시에서 영업을 계속할 수 있을지의 여부에 영향을 미치지 않았다. 또한 벌금의 주 목적은 운전사들에게 위협을 가하면서 그들이 무엇보다 우버와 계약을 맺지 못하게끔 막는 것인 듯했다.

논쟁은 인터넷으로 확산됐다. 라이언 그레이브스는 우버 웹사이트에 이 사건을 적은 글을 올리면서 우버가 운전사의 벌금을 대납하고, 일주일간 일하지 못하게 된 것에 따른 보상도 해주겠다고 밝혔다. 그는 이렇게 덧붙였다.

"우리는 시 공무원이 위법 행위를 구체적으로 적시한 통지문도 보내지 않고서 우버가 법을 위반했다고 주장하고 있다는 데 놀랐습니다."[5]

그는 또한 이용자들에게 우버를 지지하는 트윗을 올리고, DC택시기사위원회에 직접 전화를 걸거나 이메일을 보내 항의해달라고 요청했다. 이것은 그해에 점점 더 중요해진 일, 즉 고객들을 동원해서 우버 대신 싸우도록 하는 제1단계 작업에 해당했다.

린턴(그는 2015년 세상을 떠났다)은 자신은 법을 집행해야 하지만 기존의 택시 회사들도 보호해야 한다고 주장했다. 며칠 뒤 그는 지역 사이트인 DCist에 이런 주장을 올렸다.

"나는 우버의 영업방식 때문에 택시 기사들로부터 엄청난 압박을 받고 있다.[6] 누구도 규제 담당자를 좋아하지 않는다. 우리는 규칙을 마련했고, 규정을 마련했고, 법을 마련했다."

아마도 자신이 빠져 있는 규제의 늪을 의식하는 듯, 그는 당시의 사태를 시 법무장관인 어빈 B. 네이선Irvin B. Nathan에게 알리면서 우버의 법적 상태를 평가해달라고 요청했다. 그해 봄 홀트는 네이선 등의 시 관리들을 만났고, 그들은 우버를 보호해주는 것 같았던 조항인 1299.1항 전체가 인쇄 오류에 불과할 거라고 추측했다. 우버는 당분간 더 영업을 지속할 수 있었지만 워싱턴에서의 싸움은 이제 막 시작됐을 뿐이었다.

헤일로의 등장과 쇠락

트래비스 캘러닉은 파리 등 유럽 도시들을 여행하고 있던 중 한 신생 경쟁사를 발견했다. 템스 강에 정박되어 있던, 제2차 세계대전 때 쓰인 후 퇴역한 상선의 하갑판에서 영업 중인 스타트업 헤일로였다. 미국의 택시가 노란색이듯 런던 택시의 상징은 검은색인데, 헤일로는 그런 검은색 택시의 기사들에게 스마트폰 앱을 공급하고 있었다.

헤일로의 설립자는 런던 경제대학에서 미디어 커뮤니케이션으로 석사학위를 받은 미국인 제이 브레그먼Jay Bregman이다. 2003년 브레그먼은 보다 효율적으로 경로를 찾을 수 있게 자전거 배달원에게 GPS 기기를 제공하기 시작했다. 그의 회사 이쿠리어eCourier는 시대를 앞서 나갔지만 2009년 금융위기가 터지면서 몰락했다. 브레그먼은 이쿠리어의 보유자산을 대형 경쟁사에 매각한 후 회사가 망한 이유를 조사하면서 미국에서 우버의 등장을 지켜보다가 아이폰을 통해 런던 택시 기사들을 도울 수 있는 기회를 찾아냈다. 당시 택시 기사들은 임대용 차량들이 확대된 형태인 콜택시, 즉 전화로 혹은 회사 사무실로 미리 예약을 해서 이용하는 차량들과의 경쟁에 직면해 있었다. 이쿠리어의 매각을 도왔고 헤일로의 공동창업자이자 회장이 된 투자은행가 론 제그하이베Ron Zeghibe는 이렇게 말했다.

"런던의 택시 기사들을 지금 시대로 데려와 그들을 자극하여 일을 되찾을 수 있게 돕는 도구를 주겠다는 게 브레그먼의 생각이었습니다."

브레그먼은 헤일로 창업 팀에 들어올 런던의 택시 기사 세 명을 채용한 후 반백의 노인 기사들을 상대로 이 서비스를 홍보하기 시작했다. 런던 택시는 콜택시보다 요금이 높았기 때문에 회사는 승객들에게 헤일로 앱의 사용료를 단 한 푼도 청구하지 않았다. 대신 승객들에게 팁을 권장했고, 기사들로부터는 요금의 10퍼센트를 수수료로 받았다. 기사들은 처음엔 불평했지만 앱 덕분에 더 많은 승객들을 태울 수 있었고, 따라서 택시를 잡기 위해 허공에 대고 손을 흔드는 사람들을 찾아 길거리를 돌아다닐 필요도 없어졌다. 2012년 초가 되자 헤일로의 다운로드 수는 20만 회에 달했고, 이용 기사 수는 2,000명에 이르렀다.[7] 헤일로는 곧 우버의 레이더에 분명히 잡힐 몇몇 가공할 해외 경쟁사들 중 첫 번째로 눈에 띄는 곳이 됐다.

그때 제이 브레그먼은 첫 번째 결정적인 실수를 저질렀다. 헤일로는 벤처자본사인 액셀파트너Accel Partners와 아토미코Atomico로부터 1,700만 달러의 투자를 받았다. 이어 2012년 3월 19일에는 모두 우버의 시장에 해당하는 시카고, 보스턴, 워싱턴, 뉴욕에서 허가를 받고 택시 회사들로 사업을 확장하겠다는 계획을 테크 뉴스 사이트 테크크런치를 통해 발표했다. 하지만 이는 허술한 계산에 근거해서 과시한 허세에 불과했다. 테크크런치는 기사의 마지막 문장에 이렇게 썼다.

"이미 시카고 출신의 총괄관리자를 채용한 헤일로는 향후 몇 달간 신속하게 사업을 확장하는 방법을 모색 중이다."[8]

헤일로의 팽창 소식은 전 세계로 울려 퍼졌다. 이 소식은 저 멀리 중국까지 퍼졌고, 중국의 기업가와 벤처투자자들은 곧바로 모바일 앱을 통해서 택시와 리무진을 탑승객들과 연결하는 게 여러 대륙을 건너서도 퍼질 수 있을 만큼 강력한 아이디어라는 사실을 깨달았다. 다만 헤일로가 이후 몇 달이나 지나서야 공개한 공략 목표 도시들로 진출한 게 문제였다. 관련 기사 내용을 면밀히 검토한 우버 임원들은 특히 헤일로의 시카고 진출을 두고 바짝 긴장했다. 우버의 시카고 사무소 관리자 앨런 펜은 전투 모드에 돌입했고, 그날 밤 즉시 대응책을 논의하기 위해 동료들과 화상회의를 개최했다. 그래서 찾아낸 확실한 해결책은, 헤일로보다 선수를 쳐서 시카고의 택시 회사들을 우버 앱으로 끌어들이자는 것이었다.

그것은 우버의 기존 영업 방식뿐 아니라 우버가 전 세계에 자신들을 알리는 방식에도 영향을 미친 중대한 결정이었다. 그때까지만 해도 우버를 호출한다는 건 고급스런 상류층이나 가능한 고가의 서비스를 이용한다는 뜻이었다. 당시 우버의 이용요금은 일반 택시 요금에 비해 50퍼센트나 더 비쌌다. 창업자 개릿 캠프의 추정에 따르면 우버란 이름은 '의미 있는 무엇'을 상징했다. 말하자면 '우버답다'는 건 검은색 BMW에서 내려서 나이트클럽 밖에 서 있는 친구들을 만나는 식의 것이었다. 그렇다면 미시간 애비뉴와 왜커드라이브 거리 구석에 서서 뒷자리에선 이상한 냄새가 풍기는 가지각색의 택시를 부르는 것도 그렇게 우버다운 것이었을까?

이후 며칠간 우버 내에서는 전통적인 택시들을 시스템 내에 편입시키는 문제를 두고 열띤 논쟁이 벌어졌다. 우버는 그들의 미터기 요금제도와 엄격한 면허요건들을 수용함과 더불어 팁과 이용 요금을 대체해주기 위해 기사들에게 수수료 대부분을 양보하면 우버가 기본적으로 챙기던 20퍼센트 마진이 상당히 크게 줄어들 수밖에 없었다. 다수의 우버 직원과 이사들은 그런 조치에 반대했다. 초기 우버에 합류했던 엔지니어 라이언 맥킬렌은 말했다.

"우리는 '모든 사람들이 개인전용 운전사를 두는' 경험을 하게 만드는 고급스러운 일을 했습니다. 우리가 원했던 건 그런 고급스러움을 유지하면서도 놀라운 서비스를 만드는 거였는데, 택시 일을 한다는 건 그와 정반대의 것처럼 느껴졌어요."

캘러닉은 우버 초기의 성공 비결에 대한 예리한 통찰을 제시하며 단숨에 논란에 종지부를 찍었다. 펜의 말에 따르면 캘러닉은 회의에서 이렇게 이야기했다.

"누구라도 또 다시 '브랜드 이미지가 망가질까봐 걱정스럽다'고 말하면 난 정말 이 테이블을 엎어버리겠습니다. 우버의 고급스러움은 차가 아니라 시간과 편리성과 관련되어 있습니다."

캘러닉은 우버보다 저렴한 가격에 서비스를 제공하는 기업이라면 어떤 곳이든 경계했던 이사 빌 걸리로부터 독촉을 받고 '우버가 반드시 고급 브랜드 전략을 추종해야 할 필요는 없다'는 중요한 결론에 도달했다. 가격을 불문하고 최고로 효율적이면서도 고급스런 선택권을 제공하는 우버는 모든 형태의 대체 교통수단들과 경쟁할 수 있었다.

테크크런치의 기사가 나오고 나서 일주일 뒤, 켄터키에 있는 가족을 방문했던 앨런 펜은 캘러닉으로부터 연락을 받았다. 캘러닉은 그에게 일주일 안에 우버택시Uber Taxi라는 새로운 서비스를 출시할 수 있는지를 물었다. 서비스 출시까지는 3주가 걸렸다. 샌프란시스코 엔지니어들은 일전에 사우스바이사우스웨스트 콘퍼런스의 참가자들이 바비큐와 자전거 택시를 주문할 수 있게 해주는 우버의 특별한 '마케팅 곡예marketing stunt'를 보여줄 때 썼던 코드를 사용하여 새로운 기능을 우버 앱에 집어넣었다. 시카고 탑승객들이 자가용과 택시 중에 선택할 수 있게 하는 기능이었다. 시카고 거리에서 펜과 팀원들은 택시들을 잡고, 택시 기사들을 우버 사무실로 초대하고, 앱을 광고하기 시작했다.

2012년 4월 18일, 우버는 택시 서비스를 출시했다. 사람들의 반응이 불안했던 캘러닉은 우버택시를 당시 아직 소규모였던 우버의 산하에 있는 '우버 거라지Uber Garage'가 출시한 서비스라고 표현했지만, 이는 100퍼센트 허구인 부서였다.[9] 이에 대해 캘러닉은 내게 이렇게 말했다.

"구글에 구글 X(구글의 비밀연구조직_옮긴이)가 있는 것처럼, 우리에게는 '우버 거라지'가 있습니다. 맘에 들지 않는 아이디어는 주차장에 보관해두는 거죠."

시카고의 택시 회사를 확보하는 경쟁에서 우버는 헤일로를 상당한 차이로 앞서 나갔다. 헤일로는 5개월 동안 시카고에서 영업을 개시하지 못했다.

하지만 우버가 최초의 주요 해외 경쟁업체를 옭아맬 수 있었던 이유는 그것만이 아니었다. 양사는 전략 면에서도 확실한 차이가 있었는데, 그 차이는 몇 주 뒤 캘러닉과 제이 브레그먼이 런던의 웨스트민스터센트럴 홀Westminster Central Hall에서 열린 르웹 콘퍼런스의 무대에 함께 올랐을 때 확연히 드러났다. 두 사람은 콘퍼런스 주최자들이 "두 CEO와 그들의 후원자들 사이에서 택시 앱을 둘러싸고 벌어지는 격렬한 대립"이라고 묘사한 패널 모임에 참석했다. 브레그먼은 액셀파트너 출신의 투자자 애덤 발킨Adam Valkin과, 캘러닉은 셔빈 피셔버와 함께 무대 위에 올랐다. 피셔버는 뒤통수에 우버 로고 모양이 나타나게 머리카락을 자르면서 토론을 시작했다.

두 기업인은 점잖게 자신들의 차이점을 정의했다. 헤일로는 택시 기사들이 쓸데없이 낭비하는 시간을 줄이고 보다 생산적으로 일하게 만들려고 애쓰면서 기존 면허 택시 공급망을 연결시키고 있었다. 우버(우버택시에 대한 실험은 빼더라도)는 고급 차량들을 구비한, 완전히 새로운 전문 운전사 네트워크를 구축하기 위해 애쓰고 있었다. 헤일로의 운전사들은 도로에서 자신들을 호출하는 승객들을 태우기 위해 인도 쪽으로 훅 꺾어 들어갈 수 있었다. 하지만 우버 운전사들은 법적으로 그렇게 할 수 없었다.

그러다 두 사람은 수사修辭적 공격을 가하기 시작했다. 캘러닉은 자신이 새로 산 스포츠 코트 소매에 여전히 태그가 달려 있다는 사실도 모른 채 이렇게 말했다.

"우리는 시장이 바라는 상품을 만들기보다는 고객이 바라는 경험을 창조했습니다. 그것이 우버가 헤일로와 가지는 근본적인 차이점입니다."

브레그먼은 면허 택시를 이용했을 때의 장점을 소개하면서 우버가 여전히 뉴욕에서 접하고 있는 장애(대기 시간이 5분을 넘기곤 하는 문제)를 지적했다.

"헤일로는 택시 기사들에게 앱을 제공함으로써 우선 가용 가능한 택시 공급을 크게 늘려 대단한 서비스를 제공할 수 있습니다. 또한 확보한 운전사와 고객 수가 늘어나고 있으니 앞으로 우리의 서비스는 더욱 좋아질 일만 남았습니다."

캘러닉은 뉴욕 등지에서 언제나 면허택시의 제한적 공급, 교대, 수요 폭증 등 많은 요소들 때문에 택시 기사 수가 제한되어왔다는 사실을 조곤조곤 지적하며 이렇게 말했다.

"택시 공급은 융통성 있게 유지되어야 합니다. 그럴 때 진정으로 새로운 네트워크가 등장할 수 있습니다."

패널 토론이 끝날 무렵에도 어떤 게 더 나은 전략인지에 대한 결론은 나지 않았다. 하지만 그로부터 몇 년 뒤 나는 웨스트빌리지West Village의 한 카페에서 브레그먼을 만났다. 그는 헤일로를 북미 지역에 진출시켰다가 우버에게 완패한 후 회사를 떠난 상태였다. 그는 말했다.

"우리는 사람들이 더 이상 길거리에서 택시를 부르지 않고 앱으로 택시를 호출할 수 있게 만드는 배차 사업을 하게 될 거라고 생각했습니다. 그런데 실제로 사람들은 여행하면서 자가용 운전과 차량 렌트를 중단하고 그 대신 차량 호출 앱을 쓰기 시작했어요."

수요가 증가하자 캘러닉의 예상대로 택시 앱들은 공급을 유지할 수 없었다.

헤일러는 나중에 우버가 시카고에서 택시 대안으로 선보였던 것과 똑같이 자신들의 앱에 콜택시 옵션을 추가하면서 런던에서 반전을 꾀했다. 하지만 통하지 않았다. 고리타분한 운전사들은 배신감을 느꼈고, 항의차 헤일로 사무실들로 쳐들어왔으며, 소셜미디어를 통해 헤일로의 세 공동 창업자들을 공격하며 반역자라고 비난했다.[10] 헤일로는 콜택시 서비스도 중단해야 했다. 브레그먼은 아쉬운 듯 말했다.

"어느 한쪽 편을 택해야 한다는 게 문제입니다."

워싱턴 시의원회와의 첫 번째 충돌

그해 여름, 우버는 우버택시를 실험하며 얻은 교훈을 면밀히 검토했다. 시카고에서 우버는 저가의 서비스보다 고가 서비스에 비중을 뒀는데, 내부 자료에 따르면 두 사업 모두가 번창하고 있었다. 당연히 탑승객들은 저가 서비스에 더 우호적으로 반응했다.

그래서 우버 브랜드가 세균 뒤범벅인 택시 뒷자리를 받아들일 수 있을 정도로 충분한 융통성을 보인다면 그 외에 또 어떤 서비스를 추가할 수 있을까? 캘러닉과 동료들은 이 질문에 두 가지 답변을 내놓았다. 첫째는 규모가 큰 단체들이 사용하는, 전통적인 우버 자가용에 비해 요금이 비싼 고급 SUV 서비스였다. 둘째는 원래 우버 서비스보다 요금 부담이 덜한 4도어짜리 하이브리드 차량 서비스였다. 이 서비스의 이름인 '우버X'는 그야말로 우버가 생각해낼 수 있는 최고의 이름이었다. 당시 우버의 제품 책임자였던 미나 라드하크리시난은 이렇게 말했다.

"우버X는 이를테면 대체 텍스트placeholder에 해당했습니다. 우리는 적합한 이름을 찾아낼 수 없어서 우버X라고 불렀고요."

그녀는 우버그린Uber Green과 우버에코Uber Eco란 이름도 잠시 생각해봤지만 포기했다고 덧붙였다.

이제부터의 설명이 중요하다. 바로 그 순간 샌프란시스코에서 나타나기 시작한 차량공유 회사 리프트나 사이드카Sidecar와 달리 원래의 우버X는 택시 면허를 갖고 있는 전문 운전사들만을 고용했다. 캘러닉은 다른 우버 차량들을 운전하는 사람들과 똑같은 종류의 면허증을 소지한 자가용 운전사들이 운전하는 검은색 토요타 프리우스 차량들을 머릿속에 그렸다.

2012년 7월 4일 우버는 '선택은 아름답다Choice is a beautiful thing'고 약속하는 블로그 포스트와 함께 이러한 다양한 옵션들을 선보였다.[11] 캘러닉은 그날 가진 「뉴욕 타임스」와의 인터뷰에서 이렇게 말했다.

"이것은 우버가 대중에게 다가서기 위해 밟고 있는 중요한 제1단계에 속한다."[12]

샌프란시스코, 뉴욕, 그리고 조만간 시카고와 워싱턴에서 SUV와 하이브리드 차량 서비스가 개시됐다.

이제 워싱턴에서 우버의 사업이 매달 30~40퍼센트씩 성장하자 회사 매니저들조차 깜짝 놀랐다.[13] 레이철 홀트가 워싱턴에서 시작했을 당시 그레이브스는 그녀에게 연말까지 시에서 총 800만 달러의 매출을 달성할 수 있게끔 사업을 키우라고 지시했다. 그녀는 4월에 그 목표를 달성했다.

"나는 '와, 일이 잘 풀리네'라고 생각했습니다."

하지만 축하는 오래가지 못했다. 우버의 높아진 인기와 우버X의 출시 계획으로 인해 얼마 뒤 또 다른 5개월간의 맹렬한 정치적 싸움이 시작됐기 때문이다.

임원들과 워싱턴 법무장관 사이의 비효율적 토론이 끝난 후 우버의 규제를 둘러싼 문제는 워싱턴 시의원이자 교통환경위원회Committee on Transportation and the Environment 의장인 메리 체Mary Cheh의 판단에 맡겨졌다. 하버드 법대를 졸업한 체는 당시 62세로, 시대착오적인 워싱턴 택시들을 시대에 맞게 변화시키려고 다년간 힘써온 민주당 의원이었다. 그녀는 말했다.

"우버가 등장했지만 나는 20세기 혹은 19세기 사고방식에 빠진 택시 업계의 개혁을 위해 애쓰고 있던 중이었습니다."

그녀는 많은 강력한 지역 택시들의 이해관계들 사이에서 평화로운 타협을 모색한 실용주의자이기도 했다. 그해 봄, 체는 론 린턴과 DC택시기사위원회에게 우버 차량의 견인 중단을 요청하는 편지를 보낸 뒤 우버의 성공에 점점 더 격분하고 있던 모든 당사자들 사이에서 타협점을 모색하기 위한 작업에 착수했다.

그녀는 모순적 규제들 사이의 빈틈을 파고들어 시에서의 영업이 가능할 수 있었던 우버의 법적 상태에 대해 확실한 설명이 필요하다고 생각했다. 체는 2012년 전몰장병 추모일 다음 주를 레이철 홀트 및 우버의 로비스트인 브래들리 터스크의 친구 마커스 리스Marcus Reese, 그리고 유명한 지역 변호사이자 우버가 시에서 대리인 역할을 맡기려고 채용했던 로비스트 클라우드 베일리Claude Bailey와 협상하면서 보냈다. 그녀는 또한 나비넥타이를 매고 다니는 왜소한 체구의 구 의원이자 시 택시 회사들과 그들의 기사들(그리고 기사 대표는 2011년 택시법 선전을 위해 '불법 사례금'을 받은 혐의를 인정했다.)을 목소리 높여 옹호해온 짐 그레이엄Jim Graham과 만

났다.[14]

체는 이러한 대화의 결과가 자칭 '우버 개정안'이라고 부른 명쾌한 단기적 타협이라고 생각했다. 광범위한 운송법에 덧붙은 규제들은 우버에게 합법적인 운행 허가를 내줬다. 하지만 그들은 또한 우버에게 택시 요금의 최소 몇 배에 달하는 기본요금제를 추가했다. 그러한 합의에는 익숙했을지언정 불타는 이상주의를 표방한 캘러닉의 브랜드에는 그렇지 않을 수도 있었던 클라우드 베일리는 협상 결과를 수용할 의사가 있음을 시사했다. 그러자 체는 7월 10일 그 결과를 시의회에서 표결로 부치면서 각 조항들은 일시적인 것들이고 후년에 재검토하겠다고 약속했다. 그녀는 말했다.

"나는 그들에게 조항은 '대체텍스트' 같은 것에 불과하다는 설명을 하기 위해 애썼습니다. 내겐 작전을 펼칠 수 있는 여유가 필요했어요."

그다음에 일어난 일은 우버의 정치적 전략들과 함께 향후 몇 년 동안 우버를 모방한 많은 기술 스타트업들을 만들어냈다.

샌프란시스코에서 캘러닉은 기본요금에 100퍼센트 동의한 적이 없었다. 하지만 이제 헤일로 같은 기업들과의 경쟁이 심화되고 있음을 인식한 그는 우버X 서비스 등이 공격적인 요금 인하에 나서야 한다는 걸 깨달았다. 그는 싸우고 싶다는 결정을 내렸고, 이 결정은 이미 체의 제안에 동의한 우버의 로비스트들조차도 놀라게 했다.

캘러닉은 트위터에서 체의 제안을 '가격 단합을 위한 술책'이라고 부르고, 체를 '택시 업계를 보호하기 위해 무슨 일이든 하는 사람'이라고 비난하며 수사학적 수류탄을 투하하기 시작했다.[15]

하지만 워싱턴의 시위원회를 흔들려면 우버에게는 트윗 이상의 것들이 필요했다. 첫째, 동료들은 캘러닉이 워싱턴 기술 커뮤니티의 지원을 모색하고, 버지니아에 있는 온라인 거래 업체 리빙소셜Living Social의 지원을 요청하기 위해 애썼던 걸로 기억한다. 하지만 리빙소셜 측이 반응하지 않자 캘러닉은 고객들에게 직접 다가가기로 결정했다. 그는 워싱턴에 있는 수천 명의 우버 이용자들에게 열정적인 편지를 써서 보냈다. '시위원회는 우버가 요금을 인하하고 신뢰할 만한 서비스를 보장할 수 없게 할 것'이라는 불만을 담은 편지였다. 그는 기본적으로 체와 그녀의 동료들이 부패를 저질렀다고 비난하면서 "(우버 개정안의) 목표는 본질적으로 지역 정치인들에게 영향을 준 경험이 상당히 많은 택시 업계를 보호하는 것입니다."라고 썼다.[16] 이어 그는 워싱턴 시의회 의원 열두 명의 전화번호, 이메일 주소, 트위터 계정을 고객들에게 알려주며 '그들에게 여러분의 목소리를 들려주라'고 촉구했다.

이튿날 그는 "당신들은 왜 당신들을 뽑아준 유권자의 이익보다 특정 이익을 대놓고 우선시하는 겁니까? 국민들은 워싱턴의 관리들이 무엇을 위해 애쓰고 있는지 지켜보고 있습니다."라는 불손한 내용이 담긴 공개 서한을 시의원들에게 부쳤다.

메리 첸은 강렬한 반응에 화들짝 놀랐다. 불과 24시간 만에 시의원들은 5만 통에 달하는 이메일과 해시태그 '#UberDCLove'가 붙은 3만 7,000개의 트윗을 받았다.[17] 7월 10일 여름 마지막 회기 때 이런 일이 일어나자 체의 동료들은 모두 혼란과 두려움 속에서 그녀를 바라봤다. 몇 년 뒤 체는 문제의 개정안이 "짐 그레이엄과 택시 운전사들에게 골칫거리였다."고 말했다. 이제 인터넷의 무게가 시의원들을 짓누르게 된 이상 개정안은 분명 별 가치가 없었다.

"나는 그 한 가지 때문에 더 중요한 법안 처리를 실패하고 싶지 않았습니다."

하한 요금제에 관한 안은 오전 중에 폐기됐고, 9월 다음 회의 때 이 사안을 재검토할 때까지 워싱턴에서 우버의 합법적 영업을 허용하는 대체 개정안이 제시됐다.

나중에 체는 우버가 보여준 반응을 눈곱만큼도 양보하지 않으려는 총포 규제 반대 압력 단체의 완고함에 비유했다. 그때까지 그녀는 그저 먼 발치에서 트래비스 캘러닉을 상대하고 있었다.

트래비스의 법칙, 새로운 전술이 되다

그러한 첫 번째 충돌 이후 캘러닉이 워싱턴에서 보내는 시간이 늘어났다. 로비스트 마커스 리스Marcus Reese에 따르면 캘러닉은 펜실베이니아 애비뉴의 유서 깊은 윌슨빌딩Wilson Building에서 시의원들과 대면 회의를 가졌을 때 매력적이고 설득력 있는 모습을 보여줬다. 이어 9월 그는 체가 이끄는 환경-공적사업-운송위원회Committee on the Environment, Public Works, and Transportation의 종일 회의에서 증언해달라는 요청을 받았다. 론 린턴의 택시기사위원회는 스무 대 미만의 차량을 보유한 리무진 회사들의 운행금지안을 포함해서 새로운 규제안 한 묶음을 또다시 제출했는데, 이는 우버를 위해 독자적으로 일하는 운전사들을 겨냥해 작정하고 쏜 듯한 또 한 발의 화살이나 마찬가지였다.

증언에 앞서 캘러닉은 로비스트들로부터 많은 조언을 받았다. "(시의원들을) 공정하게 대하세요." "논점을 유지하고, 철학적 갑론을박에 빠지지 마세요." "다른 토론회에서 우버를 진짜 옹호하는 목소리가 나올 겁니다." "공개 청문회에서는 상냥하고 공손하게 처신해야 합니다." 등이었다.

캘러닉은 오후 1시 15분에 증언을 시작했다. 오전 증언 때는 론 린턴과 여러 운전사들, 그리고 양복과 넥타이 차림의 제이 브레그먼이 참석했다. 브레그먼은 헤일로가 런던 및 더블린 규제 담당자들과 사이좋게 일했고 워싱턴에서도 그렇게 할 계획이라고 이야기했다. 하지만 캘러닉은 상냥한 태도로 시의원들의 환심을 사고 싶은 마음이 없었다. 그가 가진 무기는 매력이 아닌 사실과 지적 주장이었다. 또한 그는 브레그먼과 달리 어떤 정치집단에게도 굽신거릴 준비가 되어 있지 않았다. 흰색 셔츠에 푸른색 콤비의 상의를 입은 그는 "나는 그런 묘사에 동의할 수 없습니다."라며 체의 첫 번째 질문을 가로막았다. 그때부터 일이 꼬이기 시작했다.

캘러닉은 체에게 말했다.

"당신은 중산층이 아닌 부자들만이 우버 서비스를 이용할 수 있도록 우리 서비스에 기본요금이 책정되기를 원했습니다."

체는 자신이 제안했다가 폐기한 기본요금 안은 보다 영구적 협의로의 평화로운 전환을 보장하려는 차원에서 기획된 것이라고 지적하며 이렇게 말했다.

"나는 당신이 이번 일을 일종의 싸움으로 간주하고 싶어 한다는 걸 압니다. 하지만 알고 계시나요? 나는 당신과 싸우고 있는 게 아닙니다."

캘러닉이 대답했다.

"당신이 우리에게 사업 방법을 알려주면서 우리가 더 낮은 요금을 부과하거나 최적의 요금에 최고의 서비스를 제공할 수 없다고 말한다면 그것은 당신이 우리와 싸우자는 것입니다."

격분한 체는 "당신은 여전히 싸움을 원하는군요!"라고 말했다. 대화 주제는 서지프라이싱으로 넘어갔다. 체가 물었다.

"그건 어쨌든 바가지가 아닌지 의심됩니다. 수요가 더 늘어난다면 승객이 왜 더 많은 요금을 지불해야 하는 건가요?"

캘러닉은 러시아의 경제와 그곳에서 화장실 휴지 등의 생필품을 구하기 위해 상점 앞에 얼마나 많은 사람들이 줄을 서서 기다리는지를 설명하기 시작했다.

"그것은 휴지 가격이 너무 낮았기 때문에 벌어진 일입니다. 공급이 충분하지 않았던 거죠. 화장실 휴지를 살 능력은 모두에게 있었지만, 휴지를 원하는 사람은 너무 많았던 반면 그것을 공급하려는 사람은 충분하지 않았기 때문에 사람들은 휴지를 살 수 없었습니다. 요금을 조정할 수 없을 때도 그런 일이 벌어집니다."

체는 어처구니없다는 표정으로 "그래서 러시아 사람들이 화장실 휴지를 전혀 사지 못했단 말인가요?"라고 물었고, 캘러닉은 이렇게 대답했다.

"힘든 상황이었습니다. 보세요. 아시다시피 정부의 가격통제가 항상 좋은 효과를 내는 건 아닙니다. 전 실제로 문서화된 사례들 중 99퍼센트가 잘되지 못한다고 말하고 싶습니다."

체는 1968년 케네디 전 대통령이 암살된 후 안치되어 있는 모습을 보기 위해 더운 날씨에도 불구하고 사람들이 긴 줄을 서서 기다리고 있던 날을 떠올렸다. 그날 그 자리에서 생수값을 올려 받는 상인들의 모습을 보고 깜짝 놀랐던 기억을 되새기면서 그녀는 "하지만 왜 당신 회사가 이득을 봐야 하는 건지 알고 싶습니다."라고 말하며 이렇게 덧붙였다.

"나는 이것이 정말로 모든 사람들을 행복하게 만드는 경제 메커니즘이라는 당신 생각에 전적으로 동의하지는 못하겠군요."

당시 우버에 입사한 지 비교적 얼마 안 됐던 법무담당 샐리 유Salle Yoo는 이 청문회를 샌프란시스코에서 인터넷 생방송으로 보고 있었다. 마커스 리스에 따르면 청문회가 이 정도쯤 진행되고 있었을 때 유는 그에게 '최대한 빨리 캘러닉을 증인석에서 끌어내리라'는 문자메시지를 보냈다. 리스는 유에게 답신을 보냈다.

"캘러닉은 청문회 중이지 않습니까. 캘러닉한테 걸어가서 내려오라고 할 순 없어요!"

당시 67세로 친택시 성향의 의원이었던 짐 그레이엄은 두더지색 양복과 황금색 나비넥타이 차림으로 체의 우측에 앉아 있었다. 그는 캘러닉을 이렇게 꾸짖었다.

"요점만 말하겠습니다. 우버가 규제 무풍지대에 남아 있는 데 반해 택시 기사들은 점점 더 많은 규제를 받을 경우엔 서로 조건이 불평등해진다는 사실입니다."

이어 그는 캘러닉에게 기본요금을 재고해달라고 촉구하면서 덧붙여 말했다.

"나는 이 도시가 (모두) 우버로 뒤덮이길 원하지 않습니다. 진심입니다. 우리 택시 산업은 유구한 역사를 갖고 있기 때문입니다."

캘러닉은 말했다.

"경쟁을 허용하신다면 택시 업계도 발전할 겁니다."

그레이엄이 말했다.

"한쪽은 구속되지 않고 원할 때 하고 싶은 일을 뭐든지 할 수 있는데 그

반대쪽은 손발이 묶여 있는 상태에서는 제대로 된 경쟁이 불가능합니다. 그건 경쟁이 아닙니다."

캘러닉이 말했다.

"경쟁은 곧 운전사들은 더 나은 삶을, 승객들은 더 나은 서비스를 누리게 된다는 뜻입니다. 그리고 그런 일이 제 생각엔 나쁜 것 같지 않습니다."

그레이엄은 지역에서 활동하는 많은 택시 업체들이 영세업체라고 말했다.

"우린 좋은 일을 하고 있습니다. 우리는 그런 업체들을 보호하고 육성해주고 싶습니다. 그들은 우리가 대기업으로 통합시키기 위해 파괴해버리고 싶은 곳들이 아닙니다."

캘러닉이 말을 가로막으려고 애쓰자 그레이엄은 "부탁인데, 내가 이 위원회 의원의 자격으로 말해도 되겠습니까? 괜찮은가요?"라며 그의 말을 다시 끊었다. 캘러닉은 웃으면서 "계속하십시오."라고 말했다.

캘러닉이 증언대를 떠난 후 눈에 띄게 분노한 모습을 한 그레이엄은 기존에 제시했던 기본요금을 다시 도입하고 심지어 요금도 올리자고 제안했다. 빈센트 그레이 시장의 부수석 보좌관이었던 잔 D. 잭슨Janene D. Jackson은 마커스 리스와 클라우드 베일리에게 다가가 캘러닉의 증언에 대해 잊지 못할 정도의 가혹한 평가를 내렸다. 리스에 따르면 그녀는 "다시는 저 사람(캘러닉)을 여기 데려오지 마세요!"라고 말했다. 훗날 잭슨은 당시 자신이 무슨 말을 했는지 구체적으로 기억하지는 못했지만 내게 이렇게 말했다.

"캘러닉이 거의 모든 사람들을 열 받게 만들었다는 사실을 제외하고는 기억나는 내용이 없는 걸로 봐서 그 청문회는 엉망이었던 것 같아요."

꼭 그런 것만은 아니었다. 12월이 되자 우버의 서비스는 시 전역에 걸쳐 들불처럼 확산됐고, 우버 이용자들이 서비스를 지킬 용의가 있음을 알게 된 체와 동료들은 불길한 징조를 느꼈다. 12월 4일 통과된 '공적유료차량 혁신개정법Public Vehicle-for-Hire Innovation Amendment Act'은 스마트폰 앱을 통해 배차가 가능하고 시간과 거리당 요금을 부과할 수 있는 새로운 부류의 세단들에 대해 확실히 정의해놓았다. 이 법안은 만장일치로 워싱턴시의회를 통과했고, 짐 그레이엄 역시 논란을 일으키지 않고 통과 쪽에 표를 던졌다.[18] 몇 년 뒤 캘러닉은 내게 이렇게 말했다.

"진짜 문제는 정부가 사람들의 발전을 수용하려고 하는가의 여부입니다. 시의회나 정부가 문제가 아니라는 거죠. 기존 산업이 그들에게 내가 잘못된 일이라고 생각하는 일을 하게 만드는 게 문제예요."

그는 이렇게 덧붙였다.

"결과적으로 보건대 워싱턴은 매우 수용적이었습니다. 하지만 사람들의 변화를 보고 느끼기까지는 시간이 걸렸죠."

우버는 처음으로 정치적 영향력을 보여줬고, 또 승리했다. 이어 우버의 플레이북에 새로운 전술이 첨가됐다. 그것은 전통적인 변호 방식이 실패했을 땐 기존 고객층이 가지고 있는 열정을 선출 관리들을 향해 돌릴 수 있다는 것이었다. 이런 전술을 쓴 게 우버가 처음은 아니었지만, 우버는 곧바로 이 전술의 활용 면에서 최고의 회사가 됐다. 이어 케임브리지, 매사추세츠, 필라델피아, 시카고 등지에서 일어난 1차 정치적 싸움의 파도 속에서 우버는 고객층의 도움을 받아 대개 승리를 거두었다.

캘러닉은 변호 안내서에 나와 있는 모든 규칙을 깨뜨렸다. 그렇지만 그에게 '타협을 모색하고 공손하게 증언하라'고 조언했던 우버의 변호사 및 로비스트들은 자신들이 세워놨던 예전의 모든 전제들에 어긋난 새로운 정치적 법칙을 숭배하는 말투로 소근대기 시작했다. 트래비스의 법칙이 만들어졌다. 핵심은 이것이었다.

"우리 제품은 기존 제품에 비해서 워낙 뛰어납니다. 따라서 정부가 사람들의 요구에 적어도 어느 정도라도 호응해서 세계 어디서라도 우리가 사람들에게 그것을 보거나 써볼 기회를 준다면 그들은 그것을 요구하고 그것의 존재 권리를 옹호할 것입니다.": 미국에서는 '서비스'라고 안 하고 보통 'product'라고 합니다."

경쟁자들이 나타났다

그해 가을에는 축하할 거리가 많았다. 우버는 헤일로의 미국 급습을 차단했고, 워싱턴에서 승리를 거뒀으며, 트래비스 법칙의 우월성을 입증해 보였다. 100명이 넘는 직원을 거느리고 급성장하던 우버는 소마 지역 하워드 가 405번지에 있는 5층짜리 사무실로 이사했다. 사무실은 회의실이 세 개나 있었으나 주방은 없는 단출한 구조였고, 엘리베이터는 항상 만원이었다. 운전사들은 정기적으로 로비에 모여 회사에서 제공해주는 아이폰을 수령하기 위해 기다렸다. 엔지니어들은 아침나절부터 밤늦게까지 사무실에서 일했고, 가끔은 다닥다닥 붙어 있는 작은 사무 공간들 사이에서 무리를 지어 플로어 하키 게임을 하면서 스트레스를 해소했다. 이런 모든 소란스러운 상황의 한가운데에 캘러닉이 있었다. 사람들은 조용히 앉아 있지 못하고 사무실을 서성거리며 돌아다니는 그의 모습을 자주 목격했다.

우버는 이제 연매출 1억 달러 속도로 성장하고 있었다. 캘러닉은 연매출 1억 달러 돌파를 기념하기 위해 샌프란시스코에서 차로 4시간 거리에 있는 타호 호수에서 서로 이웃해 있는 몇 채의 집을 빌렸다. 우버의 전 직원은 일주일간 그곳에 머물면서 휴식을 취했다. 초기의 엔지니어였던 라이언 맥킬렌은 콘래드 웰런과 함께 호수를 바라보며 현관에 앉아 있었던 기억을 떠올렸다. 웰런은 맥킬렌에게 말했다.

"지금으로부터 몇 년 뒤에 사람들은 '내가 우버 타호 호수에 있었다'고 말하겠지."

훗날 맥킬렌은 전 직원들이 좁은 회의실에 끼어 앉아 일하던 작은 스타트업이 이제는 세상을 바꿔놓고 있다는 생각이 들었던 그때를 '압도적 순간'이라고 칭하며 "정말 말도 안 됐죠."라고 말했다. 하지만 진짜 말도 안 되는 일은 아직 시작조차 하지 않은 상태였다. 회사로 돌아오자 그보다 훨씬 더 많은 중대한 사건들이 펼쳐지고 있었다.

그 아이디어는 이상한 분위기 속에서 시작됐다. 아마도 우버 현상을 신중하게 연구하고, 우버가 내린 논리적 결론을 이해할 수 있는 사람들에게 있어서는 확실한 아이디어였을지도 모른다. 그 아이디어는 위험 감수자들과 이상주의자들 모두의 관심을 끌었다. 전자의 사람들은 수십 년 동안 존재해온 엄격한 운송법을 무시할 의사가 있는 이들이었고, 후자의 사람들은 그 계획이 매우 강력하고 필요한 것이라서 정책 수립자들은 그것을 수용하기 위해 법을 고칠 수밖에 없을 것이라고 믿는 이들이었다.

그 아이디어란 바로 이런 것이었다. 그 시점까지 우버는 허가받은 자가용과 택시 기사들에게만 우버 시스템의 이용을 허용했다. 하지만 그것을 자동차를 가진 누구에게나 개방하고, 스마트폰 앱을 통해서 차를 찾는 승객을 태울 수 있게 한다면 어떨까? 차의 빈자리는 채워질 것이고, 미국 고속도로의 만성적인 정체는 줄어들 것이며, 운전사들은 부업으로 돈을 벌 수 있을 터였다. 이는 거대한 규모의 카풀, 즉 지정된 주차장에 차를 세워 승객들을 태운 뒤 다인승차량 전용차선을 이용하는 캘리포니아의 '511.org'나 워싱턴의 슬러그라인Sluglines 같은 조직화된 프로그램들의 디지털 버전이 될 수도 있었다.

10년 전이었다면 그것은 '모바일 히치하이킹'이라는 말로 불렸을지도 모른다. 하지만 그것의 창시자들은 그 아이디어를 주州의 법이 평상시 카풀에 적용하는 법적 보호범위에 맞추기 위해 조심스럽게 애쓰면서 카풀보다 위험하지 않은 용어인 '차량공유ridesharing'란 용어를 고안해냈다.

인터넷을 통한 차량공유는 그것이 엄청난 부가가치를 창출하는 기회가 되기 훨씬 전부터 눈에 잘 안 띄는 곳에서 불분명한 형태로 존재해왔다. 많은 도시의 크레이그리스트뿐 아니라 2008년 세워진 아르바이트 소개 사이트인 태스크래빗TaskRabbit에서 차량공유는 인기 있는 독립 카테고리였다. 특히 창업자 리아 부스케Leah Busque에 따르면 태스크래빗에서는 공항까지 태워다달라는 요청이 초기 트래픽의 10퍼센트를 차지했다.

1997년 기업보안 회사 브라이트메일Brightmail의 설립자인 인도 출생의 수닐 폴Sunil Paul은 전화가 언젠가 같은 방향으로 여행하는 사람들의 합승을 도와주는 데 이용될 것임을 직감했다. 그가 개발한 '효율적 운송경로결정 시스템 및 방법System and Method for Determining an Efficient Transportation Route'은

2002년 미국특허상표청U.S. Patent and Trademark Office의 특허를 받았다.[19] 폴은 2004년에 브라이트메일을 PC 보안회사인 시만텍에 매각했고, 몇 년 동안 벤처투자자 생활을 하다가 우버의 성공에 고무돼 샌프란시스코에서 사이드카라는 회사를 공동창업했다.

사이드카는 2012년 2월 아이폰과 안드로이드 스마트폰용으로 개발한 앱을 통해 탑승 서비스를 개시했다. 비록 자금과 능력 면에서 우버와 리프트에 밀려 2016년에 파산했지만 이 회사는 자신들이 차량공유 회사의 선구자였다고 주장할 자격이 충분하다.[20] 택시 기사는 물론 허가를 받은 자가용 운전사, 도색이 벗겨질 정도로 낡아빠진 2008년식 혼다 어코드Honda Accord 차량을 소유한 삼촌 프랭크에 이르기까지 누구든 온라인 신원조사를 통과하고 운전면허증과 보험가입증을 보여주고 승객들로부터 좋은 평가를 유지하는 한 사이드카의 운전사로 일할 수 있었다. 처음에 사이드카 이용객들은 요금을 지불할 의무가 없었다. 대신 회사는 제안된 기부금을 운전사에게 지불해줄 것을 이용객들에게 권장했고, 그 금액 중 20퍼센트를 자기 몫으로 가져갔다. 이는 고용 택시가 아닌 일반 카풀에 맞춘 서비스를 제공하려는 시도였다. 그해에 폴은 내게 말했다.

"사람들이 돌아다니는 데 있어 스마트폰이 자동차만큼이나 강력한 힘을 발휘할 수 있게 만드는 게 우리의 비전입니다."

하지만 장기적으로 봤을 때 공유경제의 선구적 기업이었음과 동시에 성공할 가망이 거의 없는 듯했던 짐라이드 이상으로 공유경제 아이디어와 더 많이 관련되어 있는 기업, 그리고 캘러닉과 동료들에게 더 무서운 위협처럼 보인 기업은 없었다. 로건 그린과 존 짐머가 세운 이 장거리 카풀 서비스 기업은 4년간의 고투 끝에 수십 곳의 대학 및 기업들과 맞춤형 서비스 제공 계약을 체결했다. 짐라이드는 몇몇 주요 도시들 사이를 운행하는 버스 서비스도 운영 중이었다. 짐머는 말했다.

"우리는 수백 만 달러의 수익을 내는 기업을 탄생시켰습니다."

하지만 짐라이드는 빠르게 성장하지 못했고, 세계 고속도로들을 막고 있던 대부분의 빈 차 좌석들을 채우겠다는 로건 그린의 이상주의적 꿈(이 꿈은 그가 대학 때 짐바브웨에 여행을 하다가 갖게 됐다)을 실현시키지 못했다. 또한 짐라이드는 우버처럼 스마트폰이 가진 보다 효율적이고 신뢰할 수 있는 놀라운 시내 수송 능력을 입증해준 회사가 아니었다.

2012년 봄에 우버가 시카고와 워싱턴 등의 도시에서 비상飛上하고 있을 때 짐라이드 창업자들과 몇몇 직원들은 신제품에 대한 난상토론에 돌입했다. '장기 자동차여행의 사진을 공유하게 하자' 혹은 '사람들이 스마트폰을 통해 자신의 위치를 가족 및 친구들과 공유할 수 있게 하자' 등의 아이디어들이 나왔다. 하지만 처음에 '짐라이드인스턴트Zimride Instant'라는 별칭으로 불린 세 번째 아이디어가 그곳에 모인 모든 사람들의 상상력을 사로잡았다. 운전사들의 행선지가 어디건 그들이 각 시들의 사이뿐 아니라 시내에서도 회사 앱을 통해 승객들을 태울 수 있게 하자는 것이었다.

이 아이디어는 브래넌Brannan 가 58번지에 있는 회사 사무실에서 열린 짐라이드 이사회 때 논의됐다. 이사들은 그것이 합법적일지 궁금했다. 실리콘리걸 스트래티지Silicon Legal Strategy 로펌의 파트너이자 당시 짐라이드의 사외변호사였던 크리스틴 스베체크Kristin Sverchek, 그녀는 몇 달 뒤 짐라이드에 입사했다는 모든 논의를 중단시킬 수도 있었다. 하지만 그녀는 택시 규제가 스마트폰과 인터넷 평가 시스템이 개발되기 수십 년 전에 만들어졌다는 점을 지적하면서 그렇게 하지 않았다. 그녀는 말했다.

"개인적으로 나는 페이팔처럼 세계적으로 위대한 기업들은 규제를 두려워하지 않는다는 철학을 항상 갖고 있었습니다. 무작정 '안 된다'고 말하는 변호사가 되고 싶지도 않았고요."

엔지니어들이 시스템 개발에 착수했다. 시스템은 해리슨 보우덴Harrison Bowden이라는 디자인 인턴사원의 제안을 받아들여 리프트로 개명됐다. 리프트는 사이드카와 주재료(제안을 받긴 지만 자발적인 기부금 납부, 운전사와 승객 평가, 신원조회)가 똑같았지만 사이드카보다 석 달 늦게 샌프란시스코에서 공개 시험운행에 돌입했다. 리프트는 독창성이 결여된 추종 기업이라며 쉽게 무시되기보다는 참신한 기업으로 환영받았다. 낯선 사람과의 동승을 편안하면서도 안락한 경험으로 바꿔놓는 데 필요한 새로운 의식들에 대해 짐머와 그린이 신중히 고민했던 공이 컸다.

리프트의 창업자들은 차를 공유하는 낯선 사람들을 위해 일종의 매칭 댄스 같은 걸 고안해냈다. 탑승객들은 뒷좌석이 아닌 앞좌석에 타야 했고, 운전사와 주먹을 맞대며 인사해야 했으며, 대화가 권장됐다. 차 안의 모든 사람들은 멋진 미래의 대체 교통수단을 통해 사람과 커뮤니티를 연결해주는 새로운 인터넷의 파도 위에 올라탄 동료 승객들이었다. 짐머는 말했다.

"낯선 사람의 혼다 어코드에 올라탄다는 게 통상적인 일은 아니었습니다. 부모라면 자식들에게 절대 해선 안 된다고 할 만한 일이었죠. 우리는 그런 경험 전반에 대해 고심해야 했습니다."

사업이 웅장하게 번창하는 가운데 짐머는 리프트 서비스를 이용하는 모든 운전사들에게 자동차 전면 그릴에 분홍색 차량용 콧수염을 부착하게 하기로 결정했다. 또 다른 샌프란시스코 기업에 의해 별난 차량용 액

세서리로 최근 대중화됐던, 거대한 털로 덮인 이 특대형 콧수염은 짐라이드 직원들끼리 마케팅 행사 때 주고받거나 사무실 벽에 붙여놓았던 재미있는 선물이었다. 짐머는 그것이 브랜드 아이콘이 될 수 있으며, 자칫 무서운 느낌을 줄 수도 있는 차량을 따뜻하고 매력적인 리프트 차로 전환시키는 데 유용하리라고 판단했다. 2012년에 샌프란시스코 시민들은 왜 갑자기 저런 기이한 분홍색 차량용 콧수염을 도처에서 볼 수 있게 됐는지 궁금해했고, 그들의 궁금증은 점점 더 커졌다.

짐라이드 창업자들은 설사 장시간 동안 고문을 받는다 해도 숙적인 우버의 사용자 인터페이스가 그들의 디자인에 영감을 줬다는 사실을 인정하지 않을 것이다(혹은 이 문제의 경우 그와 반대일 수도 있지만, 양사 모두가 서로의 상품 특성들과 수사법을 상당히 모방했다는 건 분명했다). 짐라이드 창업자들의 눈에 우버와 리프트는 완전히 다른 것이었다. 짐머는 말했다.

"우리는 우버가 리프트와 비슷하다고 생각해본 적이 없습니다. 우리의 비전은 항상 모든 자동차와 모든 운전사에 초점이 맞춰져 있었지 결코 '모두의 개인전용 운전사'가 아니었으니까요. 우리가 원했던 건 더 나은 택시가 되는 것이 아니라 차량 소유권을 대체하는 것이었습니다."

하지만 리프트의 정체를 꿰뚫어본 캘러닉은 그들이 경쟁사임을 즉시 알아차렸다. 리프트는 확실히 몇 가지 좋은 아이디어를 갖고 있었다. 예를 들어 차량용 콧수염들이 도시 곳곳에 등장하기 시작한 직후에야 비로소 우버는 자체 운전사들에게 우버 로고가 새겨진 유리 스티커를 나눠주기 시작했다.

하지만 역사적으로 아이러니하게도 캘러닉은 무면허 운전사들을 활용하는 서비스는 법에 저촉되기 때문에 그런 회사들은 문을 닫게 될 거라는 강한 확신을 갖고 있었다. 그는 심지어 리프트와 사이드카가 서비스를 시작하기 전에 '디스위크인스타트업' 팟캐스트에서 이렇게 말했다.

"그런 서비스는 불법이 될 겁니다. 운전사가 캘리포니아에서 교통허가증Transportation Charter Permit, TCP 면허를 갖고 보험에 가입되어 있지 않다면 말이죠."[21]

우버의 엔젤투자자이자 팟캐스트 진행자인 제이슨 캘러캐니스가 "당신은 그런 식의 사업을 하고 싶지 않죠?"라고 묻자 캘러닉은 이렇게 대답했다.

"결론적으로 말해서 우리는 시에 진출하려고 애쓰고 있고, 100퍼센트 합법적으로 영업하려고 노력 중입니다."

캘러닉은 약간의 딜레마에 빠졌다. 자신이 하고 있던 무면허 차량공유 서비스를 동원해서 대응했다가 그것이 불법이라고 신고되면 경쟁사들보다 더 크고 오래된 우버에겐 훨씬 더 많은 벌금이 부과될 수도 있었다. 하지만 그렇다고 대응하지 않고 가만히 있으면 리프트와 사이드카가 무경쟁 상태로 성장하면서 우버보다 낮은 가격에 서비스를 제공하게 될 위험이 컸다. 그해에 캘러닉은 내게 이렇게 말했다.

"우리는 검은색 차량 사업 때문에 너무나 많은 규제 논란에 시달렸습니다. 그리고 우리 사업은 너무나도 명백하게 합법적인 것이었죠. 때문에 제가 '규제에 혼란을 주는 사태'라고 일컫는 상황을 목격했을 때 우리는 짐라이드가 뜰 거라고는 생각하지 못했습니다."

캘러닉에게 있어 최고의 선택은 지켜보면서 기다리는 것인 듯했다. 그 무렵 짐라이드의 공동창업자이자 그린을 짐바브웨에 데리고 갔던 고등학교 친구인 매트 밴 혼은 대개 비어 있는 채로 운행하는 뮤니Muni 지하철의 시내행 안에서 우연히 캘러닉을 만났다. 그는 캘러닉에게 리프트에 대해 어떻게 생각하는지를 물었다. 밴 혼에 따르면 캘러닉은 "합법적인 게 아니지."라고 투덜대며 이렇게 덧붙였다.

"리프트가 합법적이라면 우리도 똑같은 서비스를 할 거야."

리프트와 사이드카, 영업을 허가받다

그해 가을에 CPUC는 캘러닉의 의심을 확인시켜주는 듯했다. CPUC는 리프트, 사이드카, 그리고 방금 샌프란시스코로 이주해 와서 아이폰용 자체 차량공유 앱을 선보인 프랑스 회사 티켄고TickenGo에 정지명령 서한을 보냈다.[22] 이 회사들은 영업은 허가됐지만 리무진, 공항 콜밴, 이사 서비스, 그리고 주의 공공시설 등 통상적인 수송 차량들을 규제하는 CPUC와 대화를 나누라는 지시를 받았다.

리프트는 싸움 전 미리 자사의 이익을 대변하기 위해 아널드 슈워제네거Arnold Schwarzenegger의 수석보좌관을 지냈으며 앞서 CPUC의 다섯 위원 중 한 명이었던 수전 케네디Susan Kennedy를 고용했다. 적극적 성격에 엄청난 인맥을 가진 케네디는 매컬리스터McAllister 가와 반네스Van Ness 애비뉴 교차로에 위치한, 우아한 둥근 석조 외관의 건물에 있는 이전 직장 내의 사소한 부분과 내부 경쟁 구도까지 속속들이 꿰뚫고 있었다. 2010년 CPUC 직원과 그녀의 10대 딸을 포함해서 여덟 명의 사망자를 낸 샌브루노 인근에서 일어난 가스 송유관 폭발사건 뒤 CPUC는 최근 강력한 감사를 받았다. 그녀는 또한 정지명령은 발목에 찬 권총집에 총을 넣고 다니는 걸로 유명한 잭 헤이건Jack Hagan 준장이 이끄는 2층의 집행부서에서 나왔지만 실제 정책수립 결정은 전 상사이자 CPUC 회장인 마이클 피비Michael Peevey의 5층 사무실에서 내려졌다는 것도 알고 있었다. 집행관리와 변호사들이 모여 있는 2층과 5층 부서들은 성향과 목표가 아주 달라서 종종 서로 으르렁거리곤 했다.

5층에 있는 정책수립자들과 케네디가 쉽게 친해진 게 이 이야기의 진행방향에 영향을 준 것 같다.

캘리포니아는 차량공유 운동의 그라운드 제로ground zero(핵폭탄이 터지는 지점_옮긴이)나 마찬가지였다. 캘리포니아는 차량공유 업스타트들을 최초로 규제했고, 우버의 트래비스 캘러닉뿐 아니라 조만간 차량공유 서비스가 시작될 것임을 알고 있었던 다른 주들은 이곳의 심의 내용에 계속 촉각을 곤두세우고 있었다. 케네디가 사실상 제일 먼저 한 일은 당당하게 피비의 사무실로 걸어 들어간 것이었는데, 놀랍게도 그녀는 거기서 우버를 대표하는 지역 변호사 제리 홀리지Jerry Hallisey를 만났다. 홀리지는 피비에게 "이 사람들을 언제 문 닫게 만들 겁니까? 대체 언제요?"라고 묻고 있었다. 두 사람은 당시 대화 내용을 생생히 기억했다.

케네디는 의자에 털썩 주저앉아 대화를 경청했다. 홀리지가 떠난 후 그녀는 몇 주 동안 계속 피비를 구슬리기 시작했다. 그녀는 그에게 이렇게 말했다.

"이건 기념비적인 변화고, 또 완전히 새로운 산업입니다. 이건 요람이며, 당신은 그것의 앞길을 가로막고 서서 산업을 뭉개버리는 사람이거나 아니면 반대로 완전히 새로운 세상을 가능하게 하는 사람 중 하나가 될 겁니다.”

그들의 대화는 이메일로 계속됐다. 케네디는 나중에 그 이메일들을 내게 보여줬다. 그녀는 CPUC는 진정 새로운 뭔가를 위한 지침을 만드는 OIR, 즉 공식 규정 수립 절차를 시작해야 한다고 주장했다. 그녀는 리프트와 사이드카는 운전사를 고용하지 않았기 때문에 공식적으로 피비의 사법권이 미치지 못하고 어떤 지시에 대해서도 법정 다툼을 벌일 수 있다는 점을 지적하면서 “정지명령은 잘못된 방법입니다.”라고 썼다. 그리고 이렇게 덧붙였다.

“당신은 특히 경쟁이 심한 초기 시장에서 규제를 통해 대체 어떤 문제를 해결하려고 애쓰는 건가요? 택시 업계를 보호해야 해서 그러는 겁니까? 아니면 승객의 안전을 위해서입니까? 규제를 위한 규제 때문입니까? 당신은 이런 서비스들을 폐쇄하기 전에 이 질문들에 답해야 합니다. (중략) 직원들이 깊은 슬픔에 빠지기 전에 우리가 이 문제를 갖고 좀 더 이야기할 수 있을까요?”

피비는 케네디에게 말했다.

“당신은 몇 가지 좋은 지적을 했습니다. 하지만 나는 기술의 도움을 받은 차량공유 분야가 계속 성장하다가 운전사들이 최소한의 보험만 보장받는 상태에서 끔찍한 사고를 당할까봐 계속 걱정하고 있습니다.”

피비에겐 선견지명이 있었다. 하지만 케네디는 그런 두려움을 사람들이 휴대폰 배터리가 방전될 경우 911 응급 서비스를 받지 못할까 걱정해서 무선전화기 서비스의 확대를 제한하려는 지역의 불합리한 노력에 비유했다. 그녀는 리프트와 사이드카는 운전사의 개인보험을 보완해주는 차원에서 100만 달러의 지원보험을 추진 중에 있다고 지적했다. 그리고 그녀는 차량공유 서비스를 베이 교Bay Bridge(샌프란시스코와 오클랜드를 연결하는 다리_옮긴이) 건너편에 있는 체계적인 카풀과 연결지으면서 "이제 상황이 돌이킬 수 없게 변했다."며 이 서비스는 이제 필연적인 운명처럼 됐다고 주장했다.

경제학자이자 평생 공무원이었던 피비는 당시 70대 중반이었다. 그는 구닥다리 안경을 썼고, 피부암과 싸운 기념품으로 인공 코를 하고 있었다. 그는 2014년 PG&E(미국의 천연가스 및 전기 공급회사_옮긴이)와 주州의 에너지 공익회사인 서던캘리포니아에디슨Southern California Edison을 대상으로 자신이 지원하는 조사단체들에게 자금을 기부하라는 압력을 행사했다는 혐의로 범죄 수사를 받다가 CPUC를 떠났다.[23] (2016년 말 현재까지 그는 어떤 혐의로도 기소되지 않았다.) 하지만 피비는 자신의 친혁신적 성향에 상당한 자부심을 느꼈고, 샌프란시스코의 장기 거주자로서 지역 택시 업계가 경험한 유명 실패 사례들을 몸소 겪기도 했다. 우리가 2015년 LA에 있는 그의 집 근처 스타벅스에서 대화를 나눴을 때 그는 "나는 택시 업계 사람들과 이런 논쟁을 벌이곤 했습니다."라며 말을 이었다.

"'당신들은 그들을 비난하지만, 정작 어떤 조치도 취하지 않고 새로운 시도도 안 합니다. 당신들이 오로지 하고 싶어 하는 건 당신들의 택시를 끌고 와서 우리 건물을 에워싸고 우리를 향해 경적을 울려대는 거요.'"

피비가 리프트와 사이드카 폐쇄를 검토하려고 하면 케네디는 재빨리 그가 생각을 고쳐먹게 만들었다. 그해 가을, 그는 정책국장 마지아 자파Marzia Zafar에게 차량공유 기업들의 영업을 허락하되 탑승객들의 안전을 보호하기 위한 방법을 찾아내라고 지시했다.

이후의 규정 제정 절차를 담당했고, 최종적 규제를 마련하게 되는 자파는 규제담당자로서는 이례적인 사람이었다. 그녀는 모호크족Mohawk(북미 원주민의 한 부족_옮긴이) 스타일을 하고 다니는 아프가니스탄 출신 이민자였다. 그녀는 한때 샌버너디노 카운티에 있는 삼촌의 택시 회사에서 직접 택시를 몬 적이 있었다. 자파와 동료들은 대화를 나누기 위해 모든 다양한 이해당사자들을 초대했고, 그곳에서 그녀는 이런 신생 시장들 사이의 심각한 차이점에 대해 배웠다.

택시와 리무진 회사들은 모두 각기 도착해서 리프트, 사이드카, 우버에 대해서뿐만 아니라 웃기게도 수십 년 동안 끓어오른 증오 때문인지 서로에 대해서도 불만을 쏟아냈다. 트래비스 캘러닉도 그해 가을 변호사 홀리시, 법무담당 샐리 유와 함께 CPUC의 5층 회의실을 방문했고, 거기서 깊은 인상을 남겼다. 자파는 회의에 대해 이렇게 말했다.

"지금 생각해봐도 그건 가장 이상했던 회의였어요. 캘러닉은 자기 의자를 벽 쪽으로 돌려놓고 앉았거든요. 그래서 그 사람 등이 우리를 향하고 있었죠. 아주 의도적인 행동이었어요."

자파는 캘러닉이 처음 꺼낸 말이 "왜 리프트를 시장에서 퇴출시키지 않습니까? 리프트는 당신네 규정을 준수하지 않고 있습니다!"였다고 전했다.

동료이자 CPUC의 상무이사인 폴 클래넌Paul Clanon은 나중에 자파에게 캘러닉에 대해 이렇게 말했다.

"저 사람은 얼간이지만 난 뭐랄까, 그를 약간 좋아한다는 사실을 인정합니다. 우버만큼 성공한 조직을 세우는 방법은 규제 담당자들이 기대하는 걸 쥐꼬리만큼도 주지 않는 겁니다."

수전 케네디가 대동하고 온 로건 그린과 존 짐머 역시 5층으로 향했다.

그들은 진지하고 매력적으로 평상시처럼 대단한 열정을 발휘하며 자동차의 빈자리를 채우려는 자신들의 목표를 설명했다. 케네디는 그들에 대해 이렇게 말했다.

"그들은 항상 성가대 소년들 같은 인상을 줬습니다. CPUC는 새로운 법규를 만들 때 누군가를 믿어야 해요. 외부와 단절된 상태에서 법규를 만들 수는 없고, 업계의 목소리를 들어야 하는 거죠."

그녀는 우버가 맨 처음으로 차량공유를 옹호한 회사였다면 새로운 운전사들을 대상으로 하는 마약 검사 같은 조항들을 마련했을 것이고, 그로써 운전사들의 가입 속도가 둔화되어 업계의 성장을 가로막았을지도 모른다고 추측했다. 케네디는 말했다.

"운전사들을 위해 자신들이 한 일을 우버가 알고 있는지 궁금하군요."

CPUC는 2013년 1월 리프트 및 사이드카와 합의의결consent decree에 도달했다.[24] 두 기업은 운전사들에게 보험 가입 여부를 제시하게 하고 그들의 전과기록을 확인하는 등 기본적인 안전 수칙을 따르겠다는 데 동의했다. 사실 두 기업은 이미 그런 일들을 하고 있었다. 합의의결에 따라 그들은 또한 아직까지 하지 않고 있던, 운전사들의 운전법규 위반에 대한 차량관리국의 기록들을 확인해야 했다. 이어 그들은 그해 봄에 의견수렴 기관과 공청회 뒤 확정될 새로운 규정들이 만들어질 때까지 영업이 허용됐다.

몇 주 뒤 리프트는 LA로 사업 영역을 넓혔고, 사이드카는 보다 적극적으로 LA, 필라델피아, 보스턴, 시카고, 오스틴, 브루클린, 워싱턴으로 들어갔다.

차량공유 전쟁이 시작됐다.

막 오른 차량공유 전쟁

트래비스 캘러닉은 지켜봤고, 기다렸고, 심지어는 리프트와 사이드카의 폐쇄를 조용히 주장했다. 그러나 그들은 우버보다 저렴한 요금을 내세우며 사세를 키웠다. 그들의 전략이 승인을 받은 이상 캘러닉은 그들에 대한 반대를 접고, 그들과 같이 행동하는 수밖에 없었다. 2013년 1월에 우버는 CPUC와 그들과 똑같은 합의의결에 서명한 후, 전문 운전사들뿐 아니라 운전면허증과 보험증권이 있는 사람이라면 누구나 자기 차를 유료 이용객들에게 개방하도록 권유하면서 캘리포니아에서 우버X를 차량공유 서비스로 전환시켰다.[25]

캘러닉은 기념비적 백서를 갖고서 차량공유 회사들과 전국적 경쟁을 벌이겠다는 의사를 대대적으로 발표했다. 그는 '원칙적 혁신: 차량공유 앱을 둘러싼 규제적 모호성을 해결하기'라는 거창한 제목하에 이 백서를 우버 홈페이지에 올려놓았다. 그는 백서에 이렇게 썼다.

"지난 1년 동안 우리는 규제 위험을 감안하여 차량공유 경쟁에서 물러난 채로 두 경쟁사가 우리와 거의 똑같은 정도의 제약이나 비용을 감당하지 않고서도 훨씬 더 저렴한 상품을 선보이며 우리가 이미 영업하고 있던 몇몇 도시에서 서비스를 시작하는 모습을 지켜봤습니다. 이러한 도전 앞에서 우버는 그저 가만히 있거나 혹은 경쟁사들을 물리치기 위해 규제를 이용하는 방안을 선택할 수 있었습니다. 하지만 우리는 우리 회사의 핵심적 가치를 반영하는 길, 즉 경쟁을 선택했습니다."

그는 우버가 전국적으로 우버X에 차량공유 서비스를 추가하고, 묵시적 승인을 받거나 규제가 모호하거나 관련 법이 마련되지 않은 도시들에서 그 서비스를 선보이겠다고 썼다. 운전사들은 온라인 신원조회를 거쳐야 했고, 우버가 지분 전체를 갖고 있었던 레이저Raiser, 독일어로 '면도'라는 뜻이다라는 자회사가 가입해놓은 100만 달러짜리 책임보험 보장을 받았다.

다시 말해, 콧수염을 민 우버가 오고 있었다.

기업들과 그들의 융통성 없는 임원들 사이에는 서로에 대한 반감이 상당했다. 이 무렵 캘러닉과 존 짐머는 상대가 부적절한 보험에 가입했고 비효율적인 신원조사를 한다고 비난하며 트위터에서 유치한 싸움에 열을 올렸다. 캘러닉은 이렇게 썼다.

"존 짐머 씨, 당신은 아직 한참 멀었군요. 복제품이나 만드쇼."[26]

하지만 4월에 CPUC가 차량공유 서비스를 규제하기 위해 새로 만들 법들에 필요한 정보를 얻으려고 마련한 공개 워크숍에서 두 사람은 실질적으로 같은 편에 섰다. 2013년 4월 10일과 11일 CPUC 건물 강당에서 공개적으로 열린 이 워크숍은 이후 몇 년 동안 무수히 많은 전 세계의 시, 주, 국가에서 약간씩만 변형되어 되풀이될 서커스 같은 일에 불과했다. 분노한 택시 기사들과 그들이 속한 노조들, 우버와 다른 차량공유 회사들의 임원들, 그리고 장애인과 맹인을 대표하는 이해단체들이 모두 큰 소리로 각자의 불만을 분명히 전달하기 위해 반네스가 505번지에 있는 강당으로 몰려들었다.

첫 번째 연사로 나선 샌프란시스코 MTA 수장이자 우버의 규제와 관련해 첫 번째 적이었던 크리스티안 하야시는 그곳에 모인 택시 기사들의 박수를 받기 위해 이런 열변을 토했다.

"사람들은 이런 경쟁이 우리 택시 업계를 사장시킬 거라는 사실을 말하길 싫어합니다. 하지만 이렇게 규제되지 않는 불법 경쟁이 업계를 초

토화시켰을 때 우리 거주자들에게는 누구나 접근 가능한 호별door-to-door 운송 서비스를 제공해줄 곳이 남아 있지 않을 것입니다. 그들이 택시 기사들처럼 규제를 받아야 할까요? 맞습니다!"

하야시는 앞서 리프트 차량을 두 번 이용해봤지만 제시된 기부금을 한 푼도 내지 않았더니 리프트 운전사들이 더 이상 그녀를 태우려 하지 않는다는 걸 알고 놀랐다. 어느 날 아침식사를 하던 중 존 짐머에게 그 이유를 물었더니 그는 전화로 그녀의 탑승 기록을 살펴본 후 그녀가 전혀 돈을 내지 않았다는 사실을 지적했다. 하야시는 짐머가 프라이버시를 위반한 걸로 판단하고 격분했다.

제한적인 성공에 그치긴 했지만 어쨌든 마지아 자파는 워크숍이 질서정연하게 계속 진행될 수 있게 노력했다. 운집한 택시 기사들의 야유와 조롱 속에서 차량공유 회사들이 하나씩 증언을 했다. 워싱턴에서 큰 낭패를 봤던 우버 변호사들은 캘러닉을 연단에서 멀리 떨어뜨려놨고, 캘러닉을 대신해 샌프란시스코 사업 총괄관리자인 일야 아비초프Ilya Abyzov가 연단에 올라 우버는 단지 소프트웨어 회사일 뿐이라고 주장했다.

"우리 사무실에는 운전사가 아닌 프로그래머들이 있습니다. 우버는 차량공유 서비스에 회의적입니다. 어떻게 결정이 나든 우리는 그 결정을 따를 것입니다."

자파가 질의응답 시간을 가졌고, 자리에서 일어난 한 이민자 출신의 운전사는 우버가 신중하게 공들여 생각해낸 이 차이점을 무너뜨렸다. 그는 소리쳐 말했다.

"조만간 당신들은 당신들이 자동차 서비스 회사라는 문제와 직면해야 할 겁니다."

리프트의 변호사 크리스틴 스베체크의 증언은 분위기를 더욱 뜨겁게 달궈놓았다. 논의의 초점이 보험으로 이동하자 지역택시면허를 갖고 있던 한 운전사는 그녀에게 비속한 말을 쏟아내기 시작했다. 스베체크는 연단에서 "잠시만요, 잠시만요! 저분이 방금 저한테 '바보 같은 년'이라고 하셨어요. 그건 완전히 부적절한 표현이라고 생각합니다."라며 항의했다. 그녀의 생각에 동의한 자파는 문제의 운전사를 강당 밖으로 내쫓았다.

차량공유 회사들에 대해 다섯 명의 CPUC 의원들은 결국 만장일치로 결론을 내렸다. 마이클 피비의 영향력 있는 지도와 에드 리Ed Lee 샌프란시스코 시장 및 에릭 가세티Eric Garcetti LA 시장의 후원 편지들을 갖고서 피비와 네 명의 다른 의원들은 차량공유를 공식적으로 합법화하기로 결정했다. 그들은 차량공유 회사들을 '운송 네트워크 회사'로 분류하면서 연내에 이 결정을 재검토하겠다고 밝혔다. 새로운 규정에 따라 기업들은 무엇보다 운전사별로 매년 도로에서 보내는 시간과 평균 주행거리를 보고해야 했다. 우버는 이후 이 요구 사항을 무시하다가 수백 만 달러의 벌금을 물었다.[27] CPUC는 또한 기업들이 운전사들을 위해 100만 달러 상당의 추가 보험에 가입해야 한다는 것을 재차 강조했다. 단, 이 보험은 승객들이 차에 타고 있을 때만 유효한 것이면 됐는데, 이것은 곧 비극적이리만큼 부적절한 조항으로 드러났다.[28]

그럼에도 운송 네트워크 회사들 TNCsTransportation Netwrok Companies의 합법화 결정은 그들에게 다른 주와 국가에서 합법적인 싸움을 할 수 있는 실탄을 제공함과 동시에, 더 많은 도시에서 더 많은 재원을 가진 우버에게 유리하게끔 경쟁의 양상을 다시 기울여놓았다. 이제 라이언 그레이브스와 오스틴 가이츠, 그리고 그들이 이끄는 출범팀들은 새 도시 시장들을 분석하고, 우버블랙과 우버X 및 우버택시 서비스의 출시 여부와 시기를 결정할 수 있게 됐다.

판결은 또한 몇 가지 의도하지 않은 결과를 낳았다. 마지아 자파가 이 새로운 규정을 자신이 만들었다고 샌 버나디노San Bernardino의 삼촌에게 말하자 삼촌은 1년간 그녀와 말을 하지 않았다.

판결은 우버의 최초이자 가장 큰 팬들, 즉 검은색 차량 운전사들에게도 압력을 가했다. 소피앙 오알리는 샌프란시스코 주변에서 유니콘이라고 알려진 2003년식 흰색 링컨 차량을 운전한다. 예전에 그는 자신이 저축했던 돈을 우버 플랫폼에서 운영하고 있던 검은색 사업용 차량 여섯 대를 리스하는 데 투자했다. 그가 세운 회사 글로벌웨이리무진Global Way Limousine은 1년 동안 번창했고 한때는 교대로 일하는 운전사 수만 16명에 달했다. 하지만 차량공유 서비스가 뜨자 오알리는 곧 문제가 닥칠 것임을 직감했다. 요금은 내려갔고, 운전사들은 더 이상 차량을 소유한 회사 측과 수수료를 나눌 이유가 없었다. 그냥 자기 차를 몰면서 우버와 직접 일할 수 있었기 때문이다. 남는 자동차를 반납했지만 운전을 계속했던 오알리는 이렇게 말했다.

“그 문제 때문에 화가 난 적은 없었어요. 나는 우버가 위험을 무릅쓰고 사업을 할 순 없다고 생각했으니까요.”

정말 엄청나게 아이러니하게도 그의 흰색 링컨 차량은 술 취한 운전사가 적색 신호를 무시하고 달려오는 바람에 성 패트릭의 날St. Patrick's Day에 사고로 수리가 불가능할 정도로 부서졌다(아무도 중상을 입지는 않았다). 오알리는 차량을 수리하지 않기로 결정했다. 그는 말했다.

“그게 올바른 결정이었을지도 몰라요. 유니콘들은 원래 이런 식으로 일하거든요. 사라졌다가도 언젠가 마술처럼 다시 나타날 수 있죠."

우버는 지금까지 겪어본 가장 심각한 도전에서 살아남았고, (처음에는 마지못해서였지만) 훨씬 더 큰 사업임이 증명될 사업으로 선회했으며, 스마트폰용 교통앱 분야에서 선두 자리를 빼앗길 의사가 전혀 없는 유연한 기업임을 직접 입증해냈다. 우버는 사이드카와 리프트에게 감사해야 했다. 기분이 좋을 때의 캘러닉은 기꺼이 이런 사실을 인정했다. 2014년 그는 내게 말했다.

"그들이 흔들어놓았던 한 가지 영역은 '규제'였어요. 나는 기업가정신 entrepreneurism을 위험의 경중을 놓고 거래하는 것이라고 봅니다. 예를 들어 어떤 위험을 놓고 이렇게 판단할 수 있는 것이죠. '내 생각에 사람들이 여기에 대해서 잘못 판단하고 있어. 대신 나는 해볼 거야' 하고요."

캘러닉은 위험을 과대평가하고, 그것을 잘못 다루고, 그것에 의해 상처받았던 적이 있는 사람이다. 우버는 7개월간 차량공유 서비스를 옆에서 지켜보면서 기다렸고, 그렇게 기다리는 시간 동안 새로운 경쟁사들은 결정적인 성장동력을 확보했다. 캘러닉은 리프트와 사이드카가 해낸 일이 대단하다고 인정하면서도 "우린 그런 일이 재발하도록 결코 좌시하지 않을 겁니다."라고 다짐했다.

사이드카는 지나칠 정도로 공격적으로 사업을 확장했고, 그곳 운전사들이 모는 차량들은 뉴욕, 오스틴, 필라델피아에서 몰수당했다.[29] 그보다 좀 더 신중했던 리프트는 독특한 브랜드를 구축 중이었다. 리프트는 미국에서 가장 집요한 우버의 경쟁사가 되었다.

이제 지난 1년 동안 배운 교훈은 분명해보였다. 신중하게 움직이고 규칙을 준수하며 행동한다는 건 고비용의 실수임이 입증됐다. 전 세계 사람들은 이러한 새로운 운송수단을 원했고, 트래비스의 법칙에 따르면 고객의 열정은 급속한 성장을 촉진할 정치적 엄호를 제공해줄 수 있었다. 택시 업계의 로비와 업계의 정치 대리인들이 새로운 미래의 도래를 원하지 않았더라도 캘러닉은 과거 파일공유 시대에 음악 업계에서도 그런 장면을 목격한 적이 있었다. 그들과 협상하려고 애써봤자 소용이 없었다. '운송 업계를 변화시키는 업스타트들의 선봉'이란 우버의 위치를 유지하기 위해 이미 공격적이고 단호하게 굴었던 캘러닉은 이젠 더욱 공격적이고, 단호해지며, 좀 더 무자비해져야 할 수도 있었다.

이것은 우버에 대한 세상의 인식을 바꿔놓는 태도였다. 그리고 그런 우버의 태도는 동료 스타트업 중 하나인 에어비앤비로 전염됐다.

CHAPTER 9

규제하기에는 너무 큰 _뉴욕에서 벌어진 에어비앤비의 싸움

당신, 누구한테 내 아파트를 임대해주고 있는 거야? 내 집에서 대체 무슨 일이 벌어지고 있는 거냐고!

2012년 9월 집주인 아베 캐리가 세입자 나이절 워런에게

에어비앤비 최초의 사내변호사 벨린다 존슨Belinda Johnson은 2012년 봄에 입법의원들을 방문하기 시작했다. 급성장하고 있던 스타트업 에어비앤비는 자사 서비스가 집주인들에게는 돈을 벌 수 있는 기회가 될 것이고, 더 많은 관광객을 끌어오기 위해 노력 중인 지역사회에 경제적 혜택을 선사할 것이라고 선전하고 있었다. 하지만 인근 단체와 일부 규제 담당자들은 그것을 평판이 나쁜 집주인들이 세입자들을 쫓아내고, 그들이 소유한 건물의 용도를 콘도나 불법 호텔로 변경할 수 있는 방법이라 여기며 그런 선전을 그다지 신뢰하지 않았다.

세련된 40대 임원 존슨은 이전 직장인 야후에서 사생활과 온라인 아동 안전 등의 문제를 다루면서 규제 담당자 및 법집행 관리들과 긴밀히 협력했었다. 그녀는 투명함, 협력, 타협을 에어비앤비 공공정책팀의 합법적 운영 원칙으로 만들겠다고 다짐했다.

하지만 에어비앤비를 대표해서 나간 첫 번째 만남은 순조롭지 않았다. 대부분의 의원들은 숙박공유 사이트 에어비앤비에 대해 금시초문이었거나 그것의 사업 의도를 도통 이해하지 못했다. 집주인들이 집을 떠나는 건가? 그들이 실제로 생면부지 사람들과 같은 지붕 아래에서 같이 잔다는 건가? 뉴욕을 여행 중이던 한 관리는 엄지와 검지를 입에 댄 채 대마초를 피우는 시늉을 해 보였다. 존슨과 동료들이 그런 식의 숙박공유 서비스가 유행할 거라고 생각한다면 그들은 대마초를 피워 정신이 오락가락하는 상태임이 분명하다는 걸 암시한 행동이었다. 그녀는 내게 말했다.

"우리 회사는 그때까지도 아주 소규모였기 때문에 사람들에게 알려지지 않은 상태였어요. 좀 특이한 느낌이었죠. 그래요, 우리는 우리 자신의 이야기를 만드는 데 힘써야 했어요."

존슨은 1990년대에 주니어 변호사로 법조계에서 경력을 쌓기 시작했다. 그녀는 숨 막힐 듯한 댈러스의 로펌 여기저기서 6년 동안 일했다. 그러나 어느 날 체육관에서 운동을 하던 중에 마크 큐번이라는 유명 지역 기업인을 만났다. 그녀는 그가 세운 인터넷 라디오 스타트업 오디오넷 AudioNet을 도와줄 일이 없는지 물었다. 1996년이었던 당시 오디오넷의 직원 수는 30명 정도였고, 그들은 댈러스 시내에 있는 280제곱미터 규모의 창고에서 일하고 있었다. 화장실에서는 쥐가 나왔고 직원들이 앉을 의자

조차 충분하지 않았다. 오디오넷의 첫 번째 변호사로 입사한 존슨은 텍사스 대학생들에게 그들이 만든 스포츠 방송을 온라인에 올리도록 권유하고, 당시에는 완전한 미개척 분야였던 저작권법 처리 업무를 도왔다. 오디오넷은 회사명을 브로드캐스트닷컴broadcast.com으로 바꿨다.

이후 미국 프로농구팀인 댈러스 매버릭스Dallas Mavericks 구단주가 되고 벤처 창업 투자 리얼리티 TV쇼 프로그램 '샤크 탱크Shark Tank'에 출연하게 될 큐번은 예지력이 있는 사람이었다. 그는 스포츠 등의 프로그램들이 온라인 스트리밍으로 방송되면 그간 미디어 업계를 장악해온 TV의 힘을 무너뜨릴 거라고 예상했다. 큐번과 공동창업자 토드 와그너Todd Wagner는 시대를 앞서갔고, 당시에는 그들의 회사가 약속의 땅에서 높은 수익을 낼 가능성이 전무해 보였다. 그럼에도 1999년, 야후는 57억 달러어치 주식을 주고 브로드캐스트닷컴을 인수했다. 당시 야후는 인터넷 주식이란 금전적 마약에 취해 있었고, 주가도 고평가되어 있었다.

이후 샌프란시스코로 이주한 존슨은 야후의 법무자문 부위원으로 10년을 보냈다. 그녀는 사면초가에 몰린 이 웹포털에서 네 차례나 각기 다른 CEO를 모셨다. 2011년이 되자 그녀는 다른 기업에 관심이 생겼다. 그녀가 기술 분야 언론들에 소개된 에어비앤비에 대한 기사를 읽기 시작했던 것도 그때다.

에어비앤비의 강력한 성장이 인상적이었던 존슨은 은밀히 에어비앤비 입사 작전에 돌입했다. 그녀는 브라이언 체스키에게 그가 청하지도 않은 이메일을 보내기보다는 유명한 실리콘밸리 투자자 론 콘웨이에게 체스키와의 만남을 주선해달라고 부탁하는 방법을 썼다. 처음부터 풀타임 일자리를 얻으려고는 하지 않았던 그녀는 체스키에게 컨설턴트 서비스를 해주겠다고 제안했다. 그녀는 세상을 변화시킬 만큼 역사적으로 새로운 공유경제의 선봉에 서 있는 그 회사만의 장점을 열정적으로 수용함으로써 체스키의 신뢰를 얻었다.

존슨은 2011년 12월 에어비앤비에 풀타임 법무담당 임원으로 합류했다. 당시 에어비앤비는 정체성 문제에 시달리고 있었다. 직원들은 레이철 보츠먼Rachel Botsman과 루 로저스Roo Rogers가 공저한 신간 《위 제너레이션What's Mine Is Yours》을 열심히 읽고 토론했다. 두 저자는 이 책을 통해 21세기에는 개인의 구매 습관이나 전통적인 소유의 개념이 아니라 인터넷 커뮤니티, 온라인 평판, 그리고 미사용 재원의 효율적 공유가 중요해졌다는 사실을 이론화했다.

임원들은 몇 달 동안 토론해서 '주인host이 되자' '모든 프레임frame이 중요하다' '단순화시키자' '모험을 받아들이자' "시리얼cereal' 기업가가 되자' '임무의 주인공이 되자' 등 회사의 여섯 가지 핵심 가치를 만들어냈다. 마지막 가치는 다음과 같은 어색한 선언으로 이어졌다.

"당신이 어떤 곳이든 집처럼, 즉 당신의 집이 아니어도 당신이 있는 곳 어디든 진짜 집처럼 느낄 수 있는 세상에 살게 만드는 게 우리의 임무다."

체스키는 예전에 디자인 학교에 다닐 때 우상화했던 유명 가구 디자이너 찰스 임스Charles Eames의 딸 루시아 임스Lucia Eames와 손녀딸 엘리사 드미트리오스Elisa Demetrios의 소노마 집에서 회사 모임을 열었다. 이 모임에서 그는 그 가치들을 직원들에게 소개했다. 여섯 가지 가치는 채용 결정과 직원 성과 평가의 기준을 정하고, 에어비앤비의 생각을 세상에 분명히 알리는 데 쓸 예정이었다.

이러한 장기간의 자기성찰 과정에서 회사 임원들은 고객들 사이에서의 차량이나 사무실 공간 등 다른 분야의 공유경제로 진출할지의 여부도 함께 토론했다. 하지만 체스키는 그런 식의 팽창은 미뤄두고, 사이트에서 임대와 손님맞이 과정을 연구하고 세심히 조정하는 식으로 숙박공유 활동을 강화하기로 결정했다. 디즈니 중독자였던 그는 이러한 내부검토 절차를 디즈니 대표작의 제목인 '백설공주Snow White'라고 불렀다. 그리고 픽사Pixar 출신 컴퓨터 애니메이터를 채용해서 에어비앤비 고객들이 경험하는 '감정적 순간들'을 스토리보드storyboard로 만들었다.[1] 부수입을 갖고 할 일을 생각하는 집주인과 서비스에 대한 입소문을 열정적으로 퍼뜨리는 손님들의 관점에서 에어비앤비의 경험을 명확히 드러내준 이 스토리보드를 체스키는 로드아일랜드 가의 사무실 내, 일명 에어크루Air Crew라는 메인 회의실의 벽에 붙여놓았다.

산만하고 혼란스러운 야후에서 일하다 에어비앤비에 새로 입사한 벨린다 존슨은 깊은 인상을 받았다. 그녀는 이렇게 말했다.

"나는 창의성을 사랑했습니다. 많은 기회를 가졌을 때 (어떤 기회에 대해) 거절할 수 있다는 건 앞으로 이 기업이 길을 잃지 않고 잘할 수 있다는 것을 보여줍니다."

에어비앤비에서 존슨의 공식 직함은 법무담당 임원이었다. 하지만 체스키가 처음으로 채용한 연배 있는 직원이었던 그녀는 상담역 역할을 했다. 그녀는 체스키가 첫 최고재무책임자Chief Financial Officer, CFO 앤드루 스웨인Andrew Swain을 채용하는 일을 도왔다. 스웨인은 회계 소프트웨어 제조사 인튜이트Intuit 출신이었다. 또한 그녀는 페이스북 출신 엔지니어링 부문 부사장 마이크 커티스Mike Curtis의 채용도 도왔다. 커티스는 네이선 블레차르지크가 대형 엔지니어팀과 전 세계적으로 빠르게 규모를 키워나가고 있었던 에어비앤비 웹사이트의 관리를 도왔다. 체스키는 존슨을 신뢰했고, 그녀와 친구가 되었다. 그들은 여러 친구 및 동료들과 함께 매년 네바다 사막에서 열리는 버닝맨Burning Man 축제에 두 차례 참여했다. 체스키는 말했다.

"우리는 매일, 하루에도 여러 번 대화를 나눴어요."[2]

체스키가 외부에서 채용할 주요 인사 중 첫 번째 사람을 베테랑 변호사로 결정한 데는 그럴 만한 이유가 있었다. 에어비앤비는 전 세계적으로 늘어나고 있던 규제 관련 문제들을 해결해야 했기 때문이다. 그들이 옳다고 믿고 맹렬히 추진하던 임무는 샌프란시스코, 바르셀로나, 암스테르담뿐 아니라 특히 당시 최대 시장이었던 뉴욕 등의 도시에서 점점 더 커지는 적대적 반응과 충돌했다.

2012년 내내 트래비스 캘러닉이 워싱턴과 샌프란시스코 등지에서 벌인 치열한 싸움을 목격한 존슨은 에어비앤비는 우버와 다른 방식으로 일해야 한다고 믿었다.

그녀는 "에어비앤비는 규제를 지키는 브랜드" 같은 멋진 개념에 대해 말했고, 회사가 원칙적 방식에 따라 운영된다는 점을 감안해서 진정성을 보여줘야 한다고 주장했다. 그녀가 취한 첫 번째 조치는 영향력 있는 의원들과 일대일로 만나 대화를 나누는 것이었다.

"우리는 각 도시들 내에서 긍정적 신뢰를 쌓고 싶었습니다. 그것이 장기적으로 좋은 효과를 내겠지만 무엇보다 중요한 건 창업자들의 진정성이었습니다."

하지만 그러한 사업 전략이 통할 거란 기대가 지나쳤다고 비난받은 지 불과 1년 만에 한 뉴욕 정치인이 보여준 또 다른 반응은 에어비앤비가 생각보다 훨씬 더 전투적이었음을 보여준다. 그때까지 그녀는 역시 야후 출신인 데이비드 한트먼David Hantman을 채용해서 에어비앤비의 공공정책팀을 맡겼다. 뉴욕시를 바쁘게 돌아다니며 에어비앤비가 지역사회에 미치는 긍정적인 영향을 퍼뜨리기 위해 애쓰던 한트먼과 동료들은 몇 년 동안 시 내의 불법 호텔들과 싸워온 맨해튼 출신의 다혈질 상원의원 리즈 크루거Liz Krueger를 만났다. 크루거 의원의 사무실은 분노한 이웃들, 그리고 자신의 아파트를 인터넷에 단기임대 목적으로 올려놓았다가 놀랍게도 집주인들로부터 퇴거 요구를 받은 세입자들(뉴욕시의 많은 임대차계약들은 어떤 종류의 전대sublet도 엄격히 금지하고 있다)이 토로하는 불평에 시달려왔다.

크루거는 에어비앤비의 임무, 그것을 내세운 '규제를 지키는 브랜드'의 이미지, 기업 가치, '백설공주', 혹은 세 창업자들의 티 없이 맑은 마음 모두를 안 믿는 것 같았다. 그녀는 하트먼과 직원들에 대해 신통치 않은 평가를 내렸다. 그녀는 말했다.

"나는 에어비앤비만큼 반복적으로 부정직하게 행동하는 기업을 상대해본 적이 없습니다.

토시 찬과 호텔토시

일부 의원들이 보인 공개적 반응이 에어비앤비의 고상한 자평과는 큰 차이를 보이는 이유를 이해하려면 로드아일랜드 가에 있는 멋진 사무실로부터 시간을 되돌려 10번가 차고를 거치고 라우시 가에서 맨 처음 장만했던 아파트로 거슬러 올라가야 한다. 지금은 벨린다 존슨이 입사하기 2년 전인 2009년이고, 에어비앤비는 다시 에어베드앤드브렉퍼스트닷컴이라고 하자.

스타트업 참호에서 1년 동안 싸우다가 상처를 입었지만 브라이언 체스키와 조 게비아는 여전히 야욕이 넘쳤다. 파트타임 배우이자 뉴욕의 유명 파티플래너인 집주인으로부터 한 통의 이메일을 받았을 당시 그들은 YC 스타트업 학교를 다니고 있었다. 뉴욕에서 에어비앤비의 사업에 불행의 그림자를 드리운 이 집주인의 이름은 로버트 '토시' 찬Robert 'Toshi' Chan이었다.

찬은 부모님이 캐나다 이주자인 샌프란시스코 토박이로 컬럼비아 대학에서 수학을 전공했다. 그는 졸업 후 월스트리트의 씨티은행에서 국공채 거래를 통해 수백 만 달러를 벌었다. 하지만 7년 뒤 그는 많은 돈을 버는 삶은 지나치게 답답하고 무미건조하다는 걸 깨달았다. 그는 뉴욕에서만 가능한 제2의 삶을 살기 위해 로버트란 이름을 토시(그의 고등학교 시절 반에서 가장 인기 있었던 소년의 이름)로 바꾸고 배우로서 새로운 경력을 쌓기 시작했다. 그는 내게 이렇게 말했다.

"'이 세상의 주인은 나'란 자부심이 있었던 25세 때, 나는 '수십 억 달러를 거래할 수 있다면 아카데미상을 타는 게 얼마나 힘든 일인지 몰라도 된다'고 생각했었죠."

카리스마가 넘치고 무자비할 정도로 자기계발에 매진하는 찬은 범죄-법률 드라마인 '로 앤 오더Law and Order'와 토크쇼 '코난 오브라이언 레이트쇼Late Night with Conan O'Brien', 그리고 마틴 스콜세지Martin Scorsese 감독의 영화 〈디파티드The Departed〉에서 단역을 따냈다. 특히 이 세 번째 영화에서 그는 늘 초조해하는 마피아 단원으로 출연했다. 하지만 그는 영화 출연보다는 입장료가 1,500달러이고 보디페인팅을 한 채 상반신을 드러낸 여성들이 모이는 열광적 파티를 1년에 수차례 개최하는 것으로 유명해졌다.[3] 무가지 「AM 뉴욕AM New York」은 '그는 잠들지 않는 도시의 왕이다'라는 제목의 기사를 쓰기도 했다.[4] 월스트리트에서 번 돈으로 그는 미국 남부 윌리엄스버그의 한 조용한 거리에 있는 4층짜리 건물을 샀다. 찬은 예전에 예시바yeshiva(정통파 유대교도를 위한 대학이나 학교_옮긴이)로 사용됐던 이 건물 전체를 리노베이션하면서 천장 높이만 약 5.5미터에 달하는 호화로운 2층짜리 펜트하우스를 새로 만들었다.

뉴욕주 주택법과 에어비앤비의 미래에 영향을 주게 될 일련의 사건들은 2007년부터 일어났다. 찬에게 연기 일은 이따금씩 들어오는 정도에 불과했다. 그리고 그는 주류 판매허가를 얻고 파티 장소를 빌리기가 점점 더 힘들어진다는 걸 깨달았다. 그는 기본적으로는 무직이었다. 당시 약혼녀 차 창Cha Chang에 따르면 찬은 이 무렵 자신의 펜트하우스에 있는 손님 방 하나를 스웨덴에서 온 친구에게 몇 주간 빌려줬다고 한다. 친구가 떠나자 찬은 그가 묵었던 방을 크레이그리스트에 올렸다. 숙박비는 하룻밤에 150달러였다.

토시 찬처럼 똑똑하면서도 기회주의적인 사람들에게는 단기임대가 짭짤한 수익을 안겨준다는 사실이 금세 분명해졌다. 그는 펜트하우스의 방들을 매달 1,500달러에 임대해줄 수 있었다. 인터넷에서 여행객들에게 1박엔 150달러를 청구할 수 있고, 한 달에 20일 동안 임대해주면 방 하나로 3,000달러를 벌 수 있다는 게 그의 계산이었다. 찬은 곧바로 이웃 6층짜리 건물의 방들을 크레이그리스트에 올리기 시작했다. 그가 건물

주인으로부터 좋은 조건에 빌린 방들이었다. 공항에서 갓 도착한 여행객들이 열쇠를 받으려고 몰려들기 시작했다. 차 창은 아침 메뉴를 개발한 뒤 손님들에게 달걀 값으로 5달러를 받거나 그들에게 인근 식당을 소개해줬다.

2008년 뉴욕 부동산 시장에는 불황의 골이 깊어지기 시작했다. 집주인들은 빈 방 처리와 방값을 낼 수 없는 많은 세입자들 때문에 골머리를 앓았다. 이것이 찬에게는 결정적인 기회였다. 그는 근처에 있는 침실 두 개짜리 아파트 수십 곳과 연 단위로 임대 계약을 체결한 다음 이 아파트들도 크레이그리스트에 올렸다. 하지만 크레이그리스트의 온라인게시판은 여러 게시물을 같이 올리기에 지나치게 불편했기 때문에 찬은 호텔토시닷컴HotelToshi.com을 직접 만들어 사업을 확장했다. 그는 유럽에서 인기 있는 필엔와이씨닷컴FeelNYC.com 및 그해에 문을 연 뉴욕 위주의 아파트 임대 사이트 루모라마Roomorama 등의 여행 서비스 업체들에게 방을 광고했고, 에어베드앤드브렉퍼스트에 대한 기사를 읽은 차 창은 그곳도 주요 게시 사이트들 명단에 추가했다.

2009년 초에 에어비앤비 창업자들이 여전히 YC에 있었을 때 찬은 체스키와 편지를 주고받기 시작했다. 체스키는 찬에게 연간 29달러를 내면 단기 프리미엄 회원으로 승격시켜주겠다고 조언했다. 집주인이 프리미엄 회원이면 하룻밤에 300달러가 넘는 집을 올릴 수 있었다. 체스키는 2월 찬에게 보낸 이메일에 "프리미엄 회원들 중 다수는 우리의 최고 집주인들입니다."라고 썼다. 찬은 나중에 그 이메일을 내게 보여줬다. 이메일에는 이렇게 적혀 있었다.

"당신과 우리 회원제에 대해서 이야기하고, 당신에게 유익한 뭔가를 주선할 수 있어서 행복합니다. 얼마나 많은 게시물들을 올릴 생각이신가요?"

나중에 에어비앤비는 여러 게시물을 올리는 집주인들과 거리를 두려고 애썼지만, 당시만 해도 체스키와 공동창업자들은 그런 사람들을 환영했다.

찬의 기억에 따르면 그는 체스키와 게비아는 브루클린에 있는 그의 아파트에서 1박을 함께 한 적이 있다. 또 한 번은 로어맨해튼 트라이베카Tribeca에 있는 한 스시 식당에서 체스키, 게비아, 그리고 투자자 그레그 매커두와 함께 저녁식사를 하며 숙박수속 절차를 효율화하는 방법 등을 주제로 논의를 하기도 했다. 2009년 6월에 신생 에어비앤비가 뉴욕시에서 확보한 게시물은 불과 800개 정도였는데, 그것들 중 최소 50개는 토시 찬이 제공한 것이었다.[5]

금융위기가 심화되자 찬은 계획추진 속도를 높였다. 그는 공동투자자를 찾아서 브루클린과 맨해튼 어퍼웨스트사이드에 있는 약 200곳의 아파트와 임대 계약을 체결했다. 심지어 그의 펜트하우스 옥상에도 텐트와 퀸 사이즈 침대를 설치한 후 에어비앤비를 통해 1박에 100달러를 받고 빌려줬다. 그곳에 머물렀던 「데일리 뉴스Daily News」의 한 기자는 그 달에 이런 기사를 썼다.

"찬은 손님들이 자기 아파트 화장실을 쓸 수 있게 해줬다."[6]

사업이 성장하자 찬은 집의 사무실을 윌리엄스버그 인근 건물의 지하실로 옮겼고, 그곳에서 그는 35채의 집 중 약 절반을 임대했다. 그는 여행객들이 열쇠를 가지러 사무실로 오게 하기보다는 호텔토시 측의 자전거 배달원들, 나중엔 머리를 베개에 기댄 모습의 만화 로고가 장식된 승합차를 아파트로 보내서 손님들을 맞이하게 했다. 호텔토시에 직원으로 들어갔던 차 창은 이 모든 일을 관리하는 게 정말로 복잡했다고 회상한다. 수속을 조율하고 매일 깨끗한 시트를 충분히 마련해야 하는 것이 특히 악몽 같았지만, 그중 최악은 끊임없이 전화를 걸어 고함을 쳐대는 그 건물의 장기 거주자들을 상대하는 일이었다. 쉴 새 없이 몰려드는 여행객들과 그들이 밤늦게까지 열어대는 파티 때문에 장기 거주자들이 몹시 화가 나는 건 당연했다.

사업이 정점에 달했을 때 호텔토시의 직원 수는 100명이 넘었다. 그들 모두는 그 사업이 불법이 아닌지 의심했고, 회사가 망하고 자신들이 체포되는 건 아닌지 두려워하며 늘 공포 속에서 살았다. 차 창에 따르면 토시는 호텔토시를 시 당국에게 알리겠다고 위협하면서 협박했던 어느 두 사람에게 돈을 줬다. 협박 시도에 대한 질문을 받자 찬은 말했다.

"일종의 사업비였습니다. 돈을 주지 않았으면 훨씬 더 안 좋은 결과가 생겼겠죠."

하지만 시는 이미 호텔토시 및 그와 유사한 사업체들을 감시하고 있었다. 에어비앤비가 설립되기 훨씬 전인 이전 5년간 마이클 블룸버그 시 정부는 '탐욕스러운 집주인들'이라는 골칫거리를 해결하기 위한 방법을 찾고 있었다. 그런 집주인들은 아파트를 불법 호텔이나 콘도로 용도변경을 하고, 주요 여행지 인근에서 주방이 딸린 값싼 방을 찾는 수요를 맞추기 위해 기존 저소득 거주자들을 괴롭혀서 내쫓았다.

2006년경 주택 공급 옹호자들 및 광범위한 시와 도시 기관들에서 온 공무원들이 이 문제를 논의하기 위한 회의를 열었다. 결국 이 태스크포스는 아파트의 장기거주자들은 30일 미만에 해당하는 어떤 기간 동안에

라도 손님들에게 집을 빌려줄 수 없도록 규정한 복합거주법Multiple Dwelling Law이라는 1968년 법령의 개정안을 제안했다. 이제 뉴욕에서는 사실상 초단기간의 숙박공유와 임대를 불법행위로 만들겠다는 것이었다. 호텔 토시와 에어비앤비에 대한 불만이 극도로 달아오르고 있었던 2010년 여름, 이 법령은 주의회에서 표결에 부쳐졌다.

체스키는 투표를 불과 며칠 앞두고서야 이 법에 대한 이야기를 들었다고 말했다. 이에 맞서 그는 에밀리 기스케Emily Giske라는 올버니 출신 유명 변호사를 에어비앤비의 첫 번째 로비스트로 고용했다. 이 변호사는 주의원들을 찾아가기 시작했다. 한편 토시 찬은 로펌 프라이드프랭크Fried Frank의 시내 사무실에서 여러 방안들을 논의하기 위해 뉴욕에서 가장 크게 영업 중이었던 몇몇 집주인들을 만났다. 그들은 궁극적으로 시 계획에 대한 반대의견을 모으는 일명 '전대업 구하기Save Sublets'이라는 시민단체의 발족을 도왔다.

7월 21일, 집주인들과 아파트 게시 웹사이트 단체들은 시청에서 항의 시위를 벌였다. 에어비앤비의 공동창업자 조 게비아는 시위에 참석하기 위해 뉴욕으로 날아갔고, 그의 팔로워들에게 '전대업 구하기' 시위에 동참해달라는 트윗을 올렸다.[7] 찬은 게비아와 함께 시위에 참가해서 푯말을 흔들고 사람들에게 탄원서에 서명해달라고 부탁했던 걸로 기억한다. 찬에 따르면 게비아는 그에게 이렇게 말했다.

"토시, 당신은 앞에 나서지 않는 게 나을지도 몰라요. 그 사람들은 당신을 좀 싫어하니까요."

찬은 맨해튼 26번가와 브로드웨이 모퉁이에 있는 플랫아이언Flatiron 호텔의 펜트하우스에서 이 모든 광경을 지켜봤다. 그는 2011년에 이 비즈니스 호텔에 투자했고, 2014년에 호텔의 주요 소유자가 되었다. 로비 밖에는 '토시의 거실Toshi's Living Room'이라는 나이트클럽이 있고, 거기서 손님들은 거의 매일 밤 재즈 4중주단의 연주를 들을 수 있다. 펜트하우스에는 파티 공간과 함께 만화로 그린 토시의 얼굴로 장식된 외부 데크가 있다. 추억에 잠긴 찬은 소파에 기댄 채 흰색 애완견을 쓰다듬으며 말했다.

"한 달에 500만 달러를 벌던 나는 불과 몇 달 만에 한 달에 1,200만 달러를 벌게 됐어요. 엄청났었죠."

하지만 그런 상황은 그리 오래 지속되지 못했다. 그는 약간 장난기 있게 말했다.

"호텔토시는 너무 유독성이 강했습니다. 모든 이웃이 나를 미워했죠. 나는 반기독교인 같았고, 그들 눈에 나는 히틀러보다도 못했어요. 집주인들은 내게 아파트를 빌려주려고 세입자들을 내쫓고 있었는데, 그건 좋은 일이 아니었습니다. 되돌아보면 나이가 들수록 배우게 되는 어떤 사회적 책임 같은 게 있더군요."

찬이 갑자기 이런 깨달음을 얻은 건 아니었다. 복합거주법은 통과됐다. 하지만 데이비드 A. 패터슨David A. Paterson 주지사가 서명했음에도 2011년 5월까지 공식적으로 시행되지는 못했다.[8] 찬의 회사는 폐쇄되지 않고 벌금만 냈다. 찬은 회사명을 스마트아파트먼트Smart Apartments로 바꿨다. 호텔토시라는 브랜드가 혹독한 평가를 지나치게 많이 받았던 게 개명의 일부 이유였다. 그는 에어비앤비에 계속 게시하려고 했지만, 복합주거법이 통과된 후 에어비앤비가 그의 게시물을 취소했다고 말했다.

"그들은 나를 뜨거운 감자처럼 내던져 버렸어요. 나는 이해합니다. 그들은 똑똑한 결정을 내렸어요."

하지만 체스키와 게비아는 그들이 불미스러운 일을 겪은 사람과 연루됐다는 사실을 너무 늦게 깨달았다. 사법당국과 언론의 눈에 토시와 에어비앤비는 서로 밀접하게 얽혀 있는 걸로 보였다. 2011년 10월 찬은 생활속 유해 문제 해결을 주 업무로 하는 주지사실 산하의 특별집행국Office of Speical Enforcement으로부터 고발당했다.[9] 시는 그에게 장황한 소방규칙 위반 및 위험한 불법 숙박업소 운영 혐의를 씌웠다. 찬은 말했다.

"소송은 토르의 망치만큼이나 위력적이었죠."

그는 결국 합의금으로 100만 달러를 낸 후 스마트아파트먼트의 셔터를 내렸다. 「뉴욕옵저버New York Observer」는 '악명 높은 에어비앤비 호텔 경영자 토시, 뉴욕에 100만 달러를 내다'는 제목의 기사를 실었다.[10]

브라이언 체스키와 조 게비아는 토시 찬과 친하게 지냈고, 그의 아파트에서 같이 묵었으며, 그와 식사를 함께했고 그의 사업을 도왔다. 따라서 그들은 그렇게 쉽게 관계를 청산할 수 없었다. 에어비앤비는 이제 토시 찬과 그 같은 사람들 때문에 제정된 숨 막히는 법으로 야기된 결과를 감수해야 했다.

나이절 워런의 싸움

2012년이 되자 벨린다 존슨과 동료들은 그들이 심각한 장애물에 가로막혔다는 사실을 깨달았다. 뉴욕 에어비앤비의 최우수 고객들 중 다수가 사실상 불법 행위를 저지르고 있었던 것이다. 설상가상으로 에어비앤비는 과도할 정도로 구속력이 강하다고 판단되는 법을 바꿀 수도 없었다.

법안이 통과되자 게비아는 자신과 함께 시청 항의시위에 나설 지지자들을 모으려 애썼지만 에어비앤비의 규모가 너무 작아서인지 회사를 대신 옹호해줄 수 있는 실제 커뮤니티를 확보하지 못했다. 아직까지 트래비스의 법칙이 적용되지는 못했던 것이다.

집주인들을 법적 위험에 빠뜨리게 되긴 하더라도 분명한 해결책이 있긴 했다. 에어비앤비는 집주인들에게 그들이 법을 어기고 있다는 사실을 말하지 않았다. 이어 회사는 그들의 환심을 사려고 애썼다. 회사가 뉴욕에서 상장하고, 서비스 이용자들이 회사 대신 시 관리들에게 영향력을 행사할 수 있게끔 만들기 위해서였다. 당시 에어비앤비를 위해 일했던 한 변호사는 이렇게 말했다.

"우리는 승리할 수 있을 만큼 덩치를 키워야 했습니다."

에어비앤비는 복합거주법의 내용과 표현이 광범위하긴 했지만 그것은 자기 집을 비워주고 그 집을 여행객들에게 30일 미만으로 빌려준 거주자들에게만 적용된다는 확인을 시와 주 관리들로부터 받았다고 믿었다. 하지만 이런 식으로 주인이 없는 상태에서 집을 빌려 쓰는 건 불법 단기전대에 해당했다. 뉴욕 주 관리들에 따르면 이런 주인들은 잠자리와 조식을 제공해주는 숙박업체 주인들이 아니라 호텔 소유주처럼 행동하고 있다는 게 문제였다. 하지만 에어비앤비는 자신의 집에 체류하면서 남는 방이나 소파를 빌려준 사람들(사람들을 만나고 돈을 벌기 위해 에어비앤비 사이트를 이용하고 있다고 크게 선전한 사용자처럼)은 100퍼센트 법의 테두리 내에서 행동하고 있다고 믿었다. 그럼에도 시는 그러한 행위들이 전면 축소하길 원한다는 걸 보여주는 불길한 신호들이 등장했다. 2012년에 에어비앤비와 다른 단기 임대 사이트들에 분노한 이웃들의 불만이 관공

서들로 계속 쏟아지는 가운데 시의회는 원래 3,000달러 미만이었던 복합 거주법 위반 재발 벌금을 2만 5,000달러까지 높였다.[11]

에어비앤비는 의원들로부터 파도처럼 밀려드는 적대감에 직면했고, 자기 자신이나 집주인들을 옹호할 수 있는 방법을 찾을 수 없을 듯 보였다. 그러던 중인 2012년 9월 어느 날 오후, 집으로 귀가한 30세의 이스트빌리지 거주자 나이절 워런Nigel Warren은 보통 때는 차분했던 집주인이 격분해서 걸어 온 전화를 받았다. 퀸즈 출신의 진짜 집주인 에이브 캐리Abe Carrey는 이렇게 소리를 질렀다.

"당신, 누구한테 내 아파트를 임대해주고 있는 거야? 내 집에서 대체 무슨 일이 벌어지고 있는 거냐고!"

워런은 가슴이 철렁 내려앉는 느낌이었다.

워런은 이스트빌리지 사람들이 그렇듯 유행에 밝고 말투가 상냥한 웹디자이너다. 그는 전년도에 여행하는 동안 에어비앤비를 통해 자신의 방을 불과 세 차례 정도 임대해줬을 뿐이었다. 그의 룸메이트인 줄리아Julia도 그녀의 방을 한 차례 임대해줬고, 그들은 하룻밤에 100달러 이상을 벌었다. 한마디로 짭짤했고 돈을 벌어서 좋았다. 이 돈은 침실 두 개에 화장실 하나가 딸린, 엘리베이터 없는 6층 집의 월세 3,000달러를 내는 데 그럭저럭 보탬이 됐다. 에이브로부터 전화를 받기 일주일 전, 워런은 닷새 동안 친구들과 콜로라도로 놀러갔고, 그동안 영어를 거의 하지 못하는 러시아 관광객에게 에어비앤비를 통해 자신의 방을 빌려줬다. 줄리아는 집에 머물렀다. 그 손님이 복도에서 경찰관들을 만났다며 알아듣기 힘든 설명을 한 걸 제외하고는 모든 일이 순조롭게 돌아갔다. 워런은 말했다.

"끔찍한 일 따위는 일어나지 않았어요. 모든 게 완벽하게 잘 풀렸으니까요."

그렇지 않았다는 걸 몰랐을 때까지는 그랬다. 특별집행국은 워런과 그의 룸메이트가 그들의 아파트 공간을 전대해주고 있다는 제보를 받았다. 짜증 난 이웃들이 흘린 제보였을 수도 있다(나중에 전 집행국 직원은 내게 그들이 나이절 워런이 사실상 또 다른 토시 찬이었다고 믿을 만한 이유가 있었다고 말했는데, 후에 그 믿음은 부정확한 것으로 드러났다). 줄리아가 집을 비운 사이에 건물 조사관들이 와서 복도에서 그 러시아 손님에게 질문하고, 건물에 몇 가지 안전위반 사항을 적어놓은 후 떠났다. 이어 그들은 퀸즈에 있는 에이브의 집에 '아파트 세입자들이 불법 단기숙박 호텔을 운영하면서 안전규정을 어겼다'는 주장이 담긴 편지를 보냈다. 에이브가 물게 될 벌금 액수는 4만 달러가 넘었다. 워런은 분노한 에이브에게 자신이 책임을 지고 이 사태를 해결하겠다고 했지만 당시 그는 프리랜서로 일하고 있었기에 꾸준히 들어오는 수입이 없는 상태였다. 그는 말했다.

"그때부터 꽤 오랫동안 스트레스를 받았습니다."

그의 분노는 에어비앤비로 향했다. 나이절 워런은 앉아서 자신이 어겼다고 하는 규정들을 조사해보다가 에어비앤비가 고객들에게 경고해주지 않았던 2010년 법 조항들을 찾아냈다. 주인들에게 그들이 지역 규제를 알아둬야 할 책임이 있음을 알려주는, 1만 2,000단어 이상으로 된 거래약관이 작은 글자로 적혀 있었다. 물론 워런은 그렇게 긴 문건을 읽어본 적이 없었다.

워런의 여동생은 그에게 변호사의 도움을 받으라고 제안했다. 변호사는 손님이 머물렀을 때 줄리아가 그와 같이 집에 있었기 때문에 워런은 아무 문제가 없을지 모른다는 결론을 내렸다. 그럼에도 시간당 415달러에 이르는 변호사비는 그의 경제적 어려움을 심화시켰다. 워런은 돈을 아끼기 위해 자신이 직접 변론을 하기로 결심했다. 첫 번째 심리는 허리케인 샌디 때문에 취소됐다. 이후로도 심리가 장기간 지연되자 워런은 자신의 혐의가 풀린 걸로 오해했지만, 나중에 법원 출석 명령을 받았다. 시는 에어비앤비 이용을 막기 위한 사례를 만들 작정으로 나이절 워런을 엄벌에 처하려 했다.

당시 에어비앤비는 새로 선보인 기능 덕분에 수많은 언론으로부터 긍정적인 반응을 얻고 있었고, 페이팔의 공동창업자이자 페이스북 초기 투자자인 벤처투자자 피터 틸Peter Thiel이 운용하는 펀드로부터 추가로 2억 달러의 투자도 받았다. 자기 같은 주인들이 법적 문제에 휘말려 있는 동안 에어비앤비는 이런 모든 찬사를 받고 있는 걸 본 워런은 분통이 터졌다. 마침내 그는 행동에 나서기로 결심했다. 그는 두 가지 일을 했다. 하나는 "이 모든 상황이 전적으로 놀라울 뿐입니다. 나는 뉴욕 대부분의 지역에서 에어비앤비 주인 노릇을 하는 게 불법이라는 사실을 몰랐습니다."라는 불평이 담긴 이메일을 에어비앤비 측에 보냈다.

에어비앤비는 5일 뒤에 답장을 보내왔다. 고객서비스 담당자인 마리아 CMaria C가 보낸 이메일에는 이렇게 적혀 있었다.

"고통스러운 시간을 보내게 되셨다니 유감입니다. 모든 중단기 임대 계약이나 선임 합의 및 적용 가능한 지방, 주, 국가, 국제 규정을 숙지하고 준수해주실 것을 권합니다. 임대 계약 시 지방과 주의 특별세가 청구될 수 있습니다. 이 모든 규정과 세법을 따르는 건 전적으로 주인들의 책임입니다."

마리아 C는 "이런 사실들을 숙지해주시기 바랍니다!"라는 도움이 안 되는 결론으로 이메일을 끝마쳤다.

워런이 두 번째로 한 일의 결과는 좀 더 나았다. 한 친구가 그를 「뉴욕타임스」 재테크 칼럼인 '유어 머니Your Money'의 칼럼니스트인 론 리버Ron Lieber에게 소개시켜줬다. 워런은 리버에게 자신이 겪은 일을 이야기했고, 2012년 11월 30일에는 '에어비앤비 여행객을 맞는 주인들에게 보내는 경고'라는 제목의 기사가 실렸다. 리버는 이렇게 썼다.

"많은 사람들이 인터넷에서 생활하다 보면 낡은 법이 적용될 수 없는 고귀한 계급의 구성원이 될 거라고 믿는다. 이러한 종류의 오만함은 당신이 기업 전략이란 게 얼마나 똑똑한지를 깨달을 때까지 당신을 즐거운 착각 속에 머물게 만든다. 80년의 역사를 가진 모든 토지사용제한법을 무시하지 않거나 당신 고객들이 위반할 것임을 알았던 법들을 바꾸려 한다면 당신은 결코 사업을 할 수 없을 것이다."[12]

리버의 기사가 나온 지 몇 시간 뒤에 워런은 에어비앤비 고객서비스 대표로부터 보다 뉘우치는 듯한 연락을 받았다. 그리고 그는 또다시 고가의 변호사 없이, 자신의 무용담을 연대기순으로 기록하고 있던 미국공영라디오National Public Radio 기자와 함께 다음 심리에 출석했다. 그때 워런은 데이비드 한트먼과 다른 두 변호사를 보고 깜짝 놀랐다. 그들은 워런에게 에어비앤비는 다른 어떤 인터넷 기업과 마찬가지로 자사 서비스를 이용한 모든 사람을 도울 책임을 지게 되는 선례를 남길 수 있기 때문에 법적 조언이나 경제적 지원은 해줄 수 없다고 말했다. 하지만 그들은 워런을 대신해서 소송 사건의 적요를 제출했고, 소송 과정을 지켜보고 싶어 했다.

뉴욕 이용자들에게는 집이 있다면 최소한 그 집을 공유할 수 있는 권한도 있다고 믿었던 에어비앤비에게 이 일은 중요한 사건이었다. 당시 소송에 참여했던 한 변호사는 내게 말했다.

"나쁜 결정은 끔찍한 선례를 남길 수 있었습니다. 일부 판결 때문에 법이 바뀐다면 그것은 큰 문제였고요."

추가 예심과 지연 후 워런의 사건 판결일은 2013년 5월로 정해졌다. 여전히 돈을 아끼려고 애쓰던 그는 로어맨해튼에 있는 시 청사 10층에 있는, 칙칙한 차량관리국 사무실 같은 환경통제위원회Environmental Control Board 심리실에서 자신의 입장을 직접 변호했다. 뉴욕에서 에어비앤비의 운명이 어떻게 될지 모르는 상태에서 워런은 소송 절차를 엉망으로 만들고, 증인(러시아 손님과 만났던 건물 조사관을 포함해서) 대질 심문을 엉터리로 하고, 질문을 고쳐서 다시 말해달라는 요청을 계속 받았다. 이 모든 일이 일어나는 동안 몸값 비싼 에어비앤비의 변호사들은 방청객 자리에 조용히 앉아 있었다. 워런은 말했다.

"나는 머리가 돌아버릴 지경이었습니다. 정말 어처구니가 없었어요."

심리가 끝나고 5일 뒤, 워런은 법원으로부터 연락을 받았다. 판사가 안전규정 위반 혐의를 기각하고, 워런이 단기체류 호텔을 운영했다는 혐의도 인정하지 않았다는 것이었다. 하지만 이상한 어떤 법률적 추론에 의거해서 판사는 러시아 여행객과 줄리아가 서로 '몰랐던 사람들'이고, 여행객이 아파트 내의 모든 공간, 즉 이 경우에는 줄리아의 침실까지는 들어가지 않았다는 이유로 확실히 법을 위반했다고 판결했다. 따라서 그 여행객은 "기술적으로는 영구 입주자 가구 내에 살지 않았다."는 것이다.[13] 이런 법 위반 행위에 따라 부과된 벌금은 2,400달러였다. 그렇지만 워런은 자신이 겪은 시련이 끝났다고 생각하고, 행복하게 벌금을 납부했다. 그는 말했다.

"내가 보기에 나는 이긴 거였습니다.

하지만 에어비앤비에는 그렇지 않았다. 나이절 워런이 법을 위반했다면 뉴욕에 있는 모든 에어비앤비의 집주인도 그런 것이었고, 그렇다면 이는 심각한 문제였다. 에어비앤비는 뉴욕에서 합법적 사업을 하는 게 아니었고, 당장 규정을 바꿀 수 있을 만큼 충분히 커질 수도 없었다.

회사 내부에서 격렬한 토론이 벌어졌다. 벨린다 존슨과 데이비드 한트만은 에어비앤비는 이 선례가 계속 유효하게끔 내버려둘 수 없으며, 그것은 급성장하는 공유경제에 제한을 두는 방안을 고려 중인 다른 도시들에게도 끔찍한 신호가 되리라고 믿었다. 회사에 조언을 해주고 있던 다른 변호사들은 에어비앤비가 항소할 경우 집주인들이 관련된 다른 소송들에도 개입하게 될 수밖에 없을 거라며 걱정했다.

체스키는 최종 결정을 내렸다. 물론 에어비앤비가 집주인들을 옹호하고 나서야 한다는 결정이었다. 벨린다 존슨은 말했다.

"우리는 우리 커뮤니티를 지켜야 했습니다. 우리에겐 그것이 잘못된 법 해석이라는 건 분명했어요."

에어비앤비는 뉴욕의 대형 로펌인 깁슨 던Gibson Dunn을 통해 나이절 워런 사건의 항소에 착수했다. EJ 사건 때와 마찬가지로 에어비앤비는 냉담하면서 중립적인 플랫폼으로부터 벗어나는 또 다른 중대한 발걸음을 뗀 후 집주인들을 옹호하고 기꺼이 그들의 편에 서는 서비스 회사를 향해 나아갔다.

항소가 진행되는 데는 추가로 3개월의 시간이 걸렸다. 이제 에어비앤비가 중대한 법적 압박을 받는 가운데 환경통제위원회는 복합거주법이 실제로는 단기 손님과 영구 거주자 사이의 개인적 관계를 요구하지 않는다는 사실을 알아냈다. 1심은 뒤집혔고, 마침내 워런이 무죄임이 밝혀졌다. 하트먼은 나중에 에어비앤비의 공공정책 블로그에 이렇게 썼다.

"항소심 판결은 공유경제와 에어비앤비 커뮤니티를 역동적이고 강력하게 만든 무수히 많은 뉴요커들이 거둔 승리다."[14]

테크크런치와 버지Verge 같은 기술 뉴스 사이트들도 승리를 축하했다. 아마도 축하에 동참하지 않았던 유일한 사람은 나이절 워런 자신이었을지도 모른다. 그는 2014년부터 상품 관리자로 일해오고 있는 크라우드펀딩 웹사이트인 킥스타터Kickstarter의 브루클린 사무실에 있는 조용한 회의실에 앉아 자신이 겪은 모든 낯선 무용담을 떠올리며 "나는 행복했지만 고맙지는 않았습니다."라고 말했다. 나는 그에게 그가 휘말린 사건에서 에어비앤비가 명예롭게 행동했다고 생각하는지를 물었다. 그는 이렇게 답했다.

"진정 명예로운 행동이라는 말과는 안 어울리죠. 특정한 때에 시장이 요구하는 것의 테두리 밖에서 명예롭게 행동하는 기업들이 일부 있긴 하지만, 그 사례의 경우 나는 에어비앤비가 취한 행동은 순전히 실리적인 것이었다고 생각합니다."

그는 말을 이어갔다.

"에어비앤비는 자신들에게 필요한 일까지만 했습니다. 그런 그들의 행동을 분하게 여기지는 않아요. 그들이 무엇을 고려해야 할지는 분명했으니까요. 그들은 뉴욕에서 자신들의 사업을 보호해야 했습니다."

판결이 있고 며칠 뒤, 체스키는 에어비앤비 웹사이트에 '우리는 누구고, 우리는 무엇을 대변하는가'라는 의기양양한 제목으로 글을 올렸다. 그 글에서 체스키는 회사가 스스로에 대해 내린 정당한 평가를 제시하면서 슬로건을 발표하기 위해 워런이 거둔 승리를 이용했다. 그는 이스트East 강 위의 석양을 바라보고 있는 젊은이들의 사진 밑에 이렇게 썼다.

"우리 모두 불법 호텔은 뉴욕에게 해가 된다는 데 동의하지만, 그것이 우리의 커뮤니티는 아니다."라고 썼고, 이렇게 덧붙였다.[15]

"우리 커뮤니티는 선한 마음을 가진 수천 명의 놀라운 사람들로 이루어져 있다. 우리는 지금보다 더 많은 사람들이 방문하고, 사람들의 집에 남는 공간이 헛되이 버려지지 않으며, 5개 자치구 어디서나 수백만의 방문객들이 이웃한 소기업들을 후원하는, 보다 접근성이 좋아진 뉴욕을 상상한다. 뉴욕은 이처럼 번창하는 새로운 생태계를 지원하기 위해 사진사, 여행 안내원, 요리사들 같은 사람들에게 필요한 수만 개의 일자리가 만들어지는 도시가 될 것이다."

체스키는 뉴욕이 에어비앤비 임대물에 대해 호텔세를 거두는 것, 그리고 근린 주거지역에서 소란을 일으키는 나쁜 사람들을 퇴치하는 것에 도움을 제공하고 싶다고 밝혔다. 그는 주로 연중무휴로 불만을 받는 핫라인 설치를 통해 이런 일을 하겠다고 제안했다.

시와 주 관리들 사이에선 이런 장황한 말이 제대로 받아들여지지 않았다. 에어비앤비가 솔직하지 못하다고 비난했던 뉴욕 상원의원인 리즈 크루거는 당시 그녀의 사무실에 유권자들의 항의가 빗발쳤다고 말했다. 뉴욕 부동산 시장이 경기침체로부터 회복하기 시작하고 있는 상황에서 집주인들은 아파트의 집세 규제를 풀어 높은 시장 시세로 다시 임대하기 위한 구실들에 매달리고 있었다.

에어비앤비 대표들을 만난 크루거는 그들에게 분명히 눈에 잘 띄는 글자로 집주인들이 주법과 임대차 계약을 모두 위반하고 있을지 모른다는 경고문을 써서 올릴 것을 촉구했다. 그녀는 에어비앤비는 왜 그렇게 하기가 너무 복잡한지, 혹은 그렇게 할 경우 회사가 어떻게 법적 책임을 질 수밖에 없는지 등을 번갈아 설명하면서 대응했다고 말했다(인터넷 언론인 '고커Gawker'의 평가에 따르면 에어비앤비 사이트는 1년 뒤에도 여전히 뉴욕 고객들에게 적절한 경고를 내보내지 않았다).[16] 건조한 위트와 함께 자체적으로 만든 규정에 따라 영업 활동을 하려는 실리콘밸리 스타트업들에 대한 비관적 견해를 가진, 한평생 뉴욕 민주당원이었던 크루거는 에어비앤비가 그렇게 행동했던 데는 더 간단한 이유가 있다는 걸 깨달았다. 즉, 에어비앤비는 뉴욕에서 급성장하고 있는 자신들의 사업을 축소하고 싶지 않았던 것이다. 그리고 그녀는 이웃 핫라인을 설치할 경우 한밤중 내지는 주말에 불평들이 접수될 때 제대로 대응할 수 있을지 모르겠다는 에어비앤비의 생각을 황당한 것이라 여기며 비웃었다.

한편 주의 최고 법집행 관리인 법무장관 에릭 슈나이더만Eric Schneiderman 밑에서 일한 변호사들은 크루거의 생각에 동의하고 싶어 했다. 그들은 에어비앤비가 시를 도울 의사가 있다고 선언했지만 사실은 불법 호텔 단속 요구를 거부해왔고, 반드시 납부해야 하는 14.75퍼센트의 숙박세 징수 노력을 열심히 하지 않았다고 느꼈다.[17]

당시까지 공개되지는 않았지만 법무장관은 체스키의 도움을 요청하고 있었다. 2013년 8월, 슈나이더만은 에어비앤비가 뉴욕주에 있는 모든 에어비앤비 집주인들의 이름, 주소, 연락처뿐 아니라 손님이 머문 날짜와 기간 및 2010년 초 이후 집주인들이 벌어들인 수입을 모두 제출하도록 소환했다. 개별 만남에서 에어비앤비는 이를 거부했고, 이어 나이젤 워런의 판결 이후 슈나이더만은 표현을 약간 수정한 소환장을 재차 발부했다.[18] 그는 물러서지 않았다. 그는 에어비앤비 사이트를 통해 집을 공유하는 1만 5,000명의 뉴요커들 중 얼마나 많은 수가 에어비앤비가 직접 그린 자애로운 공유경제 선구자들에 대한 그림에 적합한지, 또 불법적으로 돈을 벌기 위해 2010년 복합거주법을 위반하면서, 시장에서 아파트를 매물로 내놨다가 거둬들이는 사람은 얼마나 되는지를 정확히 파악하고 싶었다. 다시 말해 그는 뉴욕시의 에어비앤비 집주인들이 토시 찬이나 나이젤 워런 중 어느 쪽과 더 비슷한 건지, 그들은 호텔 주인인지 아니면 잠자리와 조식을 제공하는 숙박업체 주인인지가 궁금했다.

이제 체스키는 잠버 형제와의 싸움과 EJ로 인해 겪은 위기 이후 가장 어려운 결정을 내려야 할 때가 됐다. 에어비앤비는 소환 요구에 어떻게 대응해야 했을까? 냉정한 하드데이터hard data(논쟁의 여지가 거의 없는 명백한 사실_옮긴이)는 과연 세상에 에어비앤비의 진짜 성격을 드러내줄까?

이어지는 법적 공방

샌프란시스코에서 회사는 번창하고 있었다. 그해에 에어비앤비는 백설공주 훈련을 마치고 개선한 새로운 모바일 앱을 출시했고, 마치 호텔방을 예약하듯 손님들이 집주인들과 시간이 걸리는 이메일 교환을 하지 않고서도 에어비앤비 사이트에 올라온 집들 중 하나를 골라 예약할 수 있는 일명 '즉석 예약' 기능을 선보였다.[19]

이러한 변화들은 회사가 강력한 성장을 하게 만드는 데 기여했다. 전 세계에서 사실상 무한대로 많은 수의 임대 가능 방, 아파트, 집들 및 사람들 사이에서 높아지고 있는 새로운 종류의 인터넷이 진정 용이하게 만들어주는 여행 경험에 대한 관심 덕분에 에어비앤비는 회사의 많은 투자자와 임원 들이 지금까지 봤던 것 중 가장 믿을 만한 구조적 성장 모멘텀을 확보했다. 이 점에서 에어비앤비는 점점 더 빠르게 회전하는 플라이휠 같았다. 집주인들이 손님들을 끌어오면, 그 손님들이 다시 더 많은 집주인들을 끌어오고, 이런 획기적 생각을 소개하는 기사들이 끊임없이 등장하면서 전체적인 회전 속도는 더 빨라졌다. 한편 뉴욕에서 일어난 문제들은 아이러니하게도 공짜로 에어비앤비가 더 유명해지게 해줬다.

체스키는 이 순간을 만끽하고 있었다. 2013년 1월 「포브스」의 표지에는 '누가 억만장자가 되고 싶은가?'라는 기사 제목 옆에 웃고 있는 그의 얼굴이 실렸다. 불과 5년 전만 해도 고통스런 자기회의에 가득 차 있었던 이 젊은 CEO는 이제 세간의 이목을 끄는 워런 버핏, 제프 베조스, 그리고 누구보다도 디즈니의 CEO인 밥 아이거Bob Iger 등의 멘토들을 능숙하게 끌어모았다. 회사 역사에서 혼란스러웠던 이 시기에 대해 털어놓은 여섯 명의 전 직원들에 따르면 체스키는 자신의 어떤 동료와 경쟁자들보다 더 크고 대범하게 생각하기로 결심했다. 2013년 에어비앤비의 연간 매출은 2억 5,000만 달러에 달할 예정이었지만 체스키는 이미 연간 20억 달러를 계획하고 있었다. 에어비앤비는 1,000만 회의 누적 숙박예약 건수를 달성했지만 체스키는 이듬해까지 이 수를 2,000만 회로 늘리라며 직원들을 채근했다. 그는 약 500명의 직원을 두고 있었지만, 불과 몇 년 뒤엔 2,000명의 직원을 둘 게 확실할 거라 예상하고 있었다. 익명을 요구한 한 고위 직원은 말했다.

"에어비앤비가 몸통이었다면 블레차르지크는 머리였고, 게비아는 심장이었죠. 그리고 체스키는 배짱이었습니다."

여전히 주로 샌프란시스코 주변의 에어비앤비에서 살고 있었지만, 체스키는 이런 성공에 뒤따르는 화려한 생활을 받아들였다. 2012년 말, 그는 투자자 애슈턴 커처와 그의 부인이 될 여배우 밀라 쿠니스Mila Kunis와 함께 아시아 및 호주로 여행을 떠났다. 일본어 에어비앤비닷컴을 출시하기 위해 일본을 여행하던 중 한 쌍의 사무라이 검을 사기 위해 1만 5,000달러를 썼다. 한 전 직원은 체스키와 커처는 그 검들을 샀지만 나중에 갖고 오지는 못했다고 말했으나 회사 측은 체스키는 당시 검들을 매입한 사실에 대해 아는 바가 없다고 밝혔다.

2013년 1월에 체스키는 2005년 나온 책 『왜 그들은 할리와 애플에 열광하는가?The Culting of Brands』의 저자이자 광고대행사 임원을 지낸 더글라스 앳킨Douglas Atkin을 새로운 커뮤니티 사업부 대표로 채용했다. 앳킨은 대의에 대한 체스키의 헌신적 관심을 공유했고, 하레크리슈나 교단Hare Krishnas(힌두교의 크리슈나 신을 믿는 종파) 같은 헌신적 종파로부터 경영의 교훈들을 얻어냈다. 앳킨은 책의 후기에서 이렇게 주장했다.

"이보다 더 컬트 브랜드를 만들기에 좋은 기회는 없었다. 사실상 자신들의 브랜드와 고객들 사이에 가장 끈끈한 유대감이 형성되기 직전에 방어적 태도를 취해온 마케터들은 지나치게 많았다."

앳킨은 에어비앤비가 극적으로 다른 세대에 만들어진 주법을 초월한 왕국에 존재하는 회사일 뿐만 아니라 이데올로기이자 전 세계적 운동이라고 열렬히 믿었다.

에어비앤비에서 앳킨이 맨 처음 취한 행동 중 하나는 회사로부터 재정적 후원을 받아 공유경제 회원들을 지원하는 임무를 맡은 피어스Peers라는 독립단체의 출범을 돕는 것이었다. 피어스는 에어비앤비와 동료 업스타트들이 정치적 난관에 부딪치는 도시들에서 모임을 개최하고, 의원들에게 영향을 미칠 수 있는 정치적 행동을 조직화하곤 했다. 따라서 뉴욕 싸움에 대해 앳킨이 체스키에게 했던 조언은 명확했다. 그는 회사가 에릭 슈나이더만과 맞서 싸우기를 원했다. 모두가 주에서 가장 높은 자리에 있는 법집행관의 뜻을 거스르는 게 똑똑한 행동이라고 동의한 건 아니었지만 결국 벨린다 존슨과 에어비앤비의 다른 변호사들은 회사의 모든 이용자들에 관한 자료 요구는 거북하게 거슬리는 행동이라는 데 공감했다. 나중에 존슨은 내게 이렇게 말했다.

"기업들은 항상 정보 때문에 소환당합니다. 어떤 기업들은 정보를 넘겨주고, 어떤 기업들은 막후에서 그것과 관련해서 협상을 하지요. 우리는 정보가 그저 지나치게 광범위하다는 결론을 내리고, 집주인들과 우리 커뮤니티의 프라이버시를 지켜야 했습니다. 그런 사실이 사람들에게 알려진 만큼 우리로선 그렇게 하는 게 올바른 행동이었어요."

2013년 10월, 자문역들과 회사의 맹렬한 성장 및 정의감, 그리고 아마도 무적이라는 느낌에 고무된 체스키는 법무장관의 소환에 불응하기로 결심했다. 에어비앤비는 자료를 넘겨주는 대신 소환 사유가 비합리적일 정도로 광범위하며 자사 고객들의 프라이버시를 어기는 것이라 주장하면서 뉴욕주 법원에 소환 청구를 각하해달라는 신청서를 제출했다. 그는 사실상 뉴욕검찰에게 꺼지라고 말하고 있는 셈이었다. LA, 샌프란시스코, 바르셀로나, 암스테르담, 베를린, 파리, 그 외 자신들의 지역을 비롯한 세계 여러 도시들에 진입하는 모습을 지켜보고 있던 변호사들은 이 상황을 면밀히 관찰했다. 그들은 모두 숙박공유 웹사이트와 자신들의 지역경제를 근본적으로 혼란에 빠뜨려서 알 수 없는 결과를 초래할 듯한 기술에 대해 똑같이 걱정하고 있었다.

소환과 그 이후의 엄청난 언론 보도는 뉴욕 에어비앤비의 일반 사용자들을 두려움에 떨게 만들었다. 언론인인 세스 포지스Seth Porges는 2010년부터 브루클린 윌리엄스버그에 있는 자신의 2층짜리 복층 아파트에서 남는 침실을 임대해주고 있었다. 윌리엄스버그가 부유층이 자주 찾는 장소가 되기 전이었던 당시 그의 아파트는 접근성이 떨어지는 곳에 있었다. 때문에 그는 "시골 여관 주인이 돼서 마을로 한가로이 걸어 들어오는 이 모든 놀라운 사람들을 만나는 기이한 판타지"를 실현시키기 위해서라도 아파트가 도시 횡단 기차역에서 가깝다고 홍보해야 했다.

2년 뒤 남성 잡지 「맥심Maxim」에서 정리해고됐을 때 그는 에어비앤비를 통해 올린 수입 덕에 또 다른 풀타임 일자리를 구하기보다 열정적으로 추진하고 싶던 프로젝트에 매진할 수 있었다.

또한 그는 자신이 에어비앤비 사이트의 열렬한 옹호자이자 전파자가 되어가고 있다는 걸 깨달았다. 그는 내게 말했다.

"에어비앤비는 내게 내 인생의 선택들에 대해 숙고해보고, 그들에 대해 충분히 생각해본 다음 위험을 무릅쓰게 해주었습니다."

손님들에게 하룻밤에 100달러 정도를 받으면 포지스는 그 돈으로 매달 모기지 대출금을 낼 수 있었고, 나중에는 손님 방 옆에 또 다른 욕실을 추가로 설치했다. 에어비앤비 덕분에 그는 이제 공짜로 뉴욕에서 살게 되었다. 하지만 소환 이후 포지스는 다른 많은 집주인들과 마찬가지로 갑자기 쏟아지는 걱정과 오보를 맞고 있었다. 그는 말했다.

"사람들이 예약하고 나서 내게 '숙박하러 가도 되는 거죠? 지금 무슨 일이 났나요?'라는 메시지를 보냈습니다."

그는 "여긴 북한이 아닙니다."라는 상냥한 확인 메시지를 보내줬다. 숙소를 특정한 방식으로 사용하는 것만이 불법이었다.

"경찰이 들이닥쳐서 문을 열라고 두드릴 일은 없습니다. 그들의 불평 대상은 대형 불법호텔 업주들이니까요."

여성의류 제조회사의 포장 기술자인 리치 차머스Rich Chalmers는 알파벳 라운지Alphabet Lounge라는 술집 위에 있는, 엘리베이터 없는 3층짜리 아파트에서 침대 세 개가 딸린 방에 대한 임대 계약을 룸메이트 둘과 함께 체결한 뒤부터 에어비앤비 사이트를 이용하기 시작했다. 아파트가 너무 시끄러워서 그곳에서 잘 수 없었던 차머스는 종종 마을 건너편에 있는 여자친구 집으로 갔다. 하지만 그 방은 곧 그에게 짭짤한 부가수입원이 됐다. 유행을 좇는 여행객들이 에어비앤비를 통해 알파벳시티Alphabet City에 머물기 원했고, 그들에게 그가 방을 임대해줬기 때문이다.

1년 뒤에도 여전히 그 방을 유지하고 있던 차머스는 이스트빌리지의 퍼스트 애비뉴와 세컨드 애비뉴 사이에 있는 9번가에서 방 하나짜리 아파트를 빌렸다. 그는 이어 두 방과 에어비앤비에서 빌린 친구들 집 두 곳을 오가며 지냈다. 새로 빌린 집의 임대료는 월 1,850달러였지만 차머스는 에어비앤비에서 하룻밤 임대비 165달러, 공휴일엔 250달러씩을 받으며 임대료를 쉽게 충당했다. 그는 말했다.

"2011년이 되자 나는 임대업에 익숙해지기 시작했습니다."

그는 이어 그의 친구들이 여행을 떠나서 비어 있던 집을 에어비앤비에

번갈아가며 추가했다. 이런 모든 일이 합법인지가 의심스러웠던 차머스는 누군가가 자신을 알아볼 가능성을 낮추기 위해 사이트에 옛날에 찍었던 자기 사진을 올렸다.

부업이 점점 더 복잡해지자 그는 자신의 아파트 인근에 있는 식품점과 잡화점 주인들에게 한 가지 부탁을 했다. 도착하는 손님들에게 줄 여분의 열쇠를 갖고 있어달라는 것이었다. 각 장소에는 손님들이 나가고 들어오는 몇 시간 사이에 그곳을 청소할 수 있는 가정부가 있었다.

차머스는 그의 노력들은 3년 동안 약 20만 달러의 이익과 함께 몇 가지 훌륭한 얘깃거리를 만들어줬다고 했다. 어느 날 그는 에어비앤비에서 빌려준 적이 있던 그의 친구 제프Jeff의 아파트에 갔다. 새로운 손님을 맞으려면 그곳을 청소해야 했기 때문이다. 그런데 놀랍게도 그는 이전 손님들이 여전히 그곳에 머물고 있는 걸 봤다. 그는 당시 상황을 이렇게 회상했다.

"그들은 버지니아에서 온 사람들이었고, 도시에 온 목적은 담배와 마리화나를 팔기 위해서였습니다. 나는 집으로 들어가서 '어떻게 된 겁니까?'라고 물었고, 그들은 물론 술과 마약에 취한 상태였습니다."

몇몇 사람들에게는 이 이야기가 에어비앤비 괴담으로 여겨질 수도 있겠지만 차머스에게도 꼭 그랬던 것은 아니었다.

"나는 결국 그들을 다른 아파트로 데리고 갔습니다. 난 정말 미쳤었죠. 여자들은 예뻤고, 모두 파티를 열려던 참이었습니다."

슈나이더만의 소환 사건 이후 리치 차머스는 세스 포지스와 달리 이제 에어비앤비 일에서 손을 뗄 대가 됐다고 생각했다. 부동산 중개업을 하는 한 친구가 그에게 그 일은 너무 위험한 데다 일부 집주인들은 자신들이 임대해준 집이 전대되고 있다는 사실을 알고선 그 일을 강제로 엄격히 금지하기 시작했다고 말해준 것이다. 임대관리법상 그들이 자기 소유 부동산에 대해 시장 시세대로 숙박비를 받는 게 금지된다면 세입자들이 그들을 배신한 후 에어비앤비를 통해서 100퍼센트 시장 시세대로 숙박비를 받지 못하게 만들어야 했다. 차머스는 2012년 에어비앤비에 집을 올리는 걸 중단하고, 거기서 번 수입에 대한 숙박세 전액을 지불했다. 그는 심지어 1년 동안 세금 영수증을 보관해놓고 있을 만큼 조심성을 보였다.

체스키가 자신의 소환을 막기 위해 법무장관을 다시 법정으로 돌려보냈을 때 보호하려고 했던 것이 바로 이렇듯 성실한 집주인들과 노골적 기회주의자들 간의 다양한 조합이었다. 체스키는 2013년 10월 7일 집주인들에게 보낸 이메일에서 이렇게 썼다.

"이런 집주인들 중 압도적 다수는 우리가 매일 만나는 공유지를 가끔씩 공유하는 뉴요커들입니다. 소환 사유는 비합리적일 정도로 광범위하고, 우리는 우리가 갖고 있는 모든 걸 동원해서라도 그에 맞서 싸울 것입니다다."[20]

에어비앤비는 자사가 뉴욕에 미치는 경제적 영향에 대한 자체 조사를 실시한 후 그 결과를 공표했다. 에어비앤비는 1년에 시가 경제활동으로 6억 3,200만 달러를 버는 데 도움을 줬고, 그 돈의 약 15퍼센트 정도는 맨해튼 밖에서 번 것이라고 주장했다.[21] 에어비앤비 투숙객들은 평균 6일 반가량을 머무르면서 지역 상권에서 880달러 가까이를 썼다. 그에 반해 호텔 투숙객들은 평균 4일 머물면서 690달러를 지출했다.

하지만 시 관리들은 이런 수치에 감명을 받지 않았다. 뉴욕 및 많은 다른 시들이 내려야 했던 가장 어려운 결정을 내려야 하는 심판관이었던 그들은 '거주자들을 위해 적절한 가격의 주택 제공을 보증하는 것'과 '타처에서 온 손님들에게 새로운 호텔방을 제공하는 것' 중 한쪽을 택해야만 했다. 에어비앤비를 비판하는 사람들의 눈에 그 회사는 시장에서 거주용 부동산을 없애고 있을 뿐 아니라 공유된 방들과 부재자 집주인들 사이의 경계를 의도적으로 모호하게 만들고 있었다.

2014년 4월, 슈나이더만과 에어비앤비는 법정으로 돌아왔고 에어비앤비가 잠정적 승리를 거뒀다. 판사는 복합거주법을 위반한 뉴욕의 집주인들뿐 아니라 주 내의 모든 주인들이 소환 대상에 포함되어 있어 범위가 지나치게 광범위하다고 판시했다.[22] 슈나이더만은 하루 뒤 수정 소환장을 재발부했고, 이제 사면초가에 빠진 에어비앤비는 다수의 주택을 등록한 124명의 집주인들에 대한 구체적 정보를 포함해서 뉴욕 내 1만 6,000명의 집주인에 대한 익명 처리 자료를 넘겨주겠다고 약속했다.[23] 자료를 검토한 법무장관실은 5개월 뒤 '뉴욕 내 에어비앤비 임대 계약 중 3분의 2 이상이 법을 위반했고, 다주택 소유주들 중 소수가 시에서 에어비앤비가 올리는 전체 매출의 37퍼센트를 차지한다'는 결론이 담긴 중요 보고서를 발표했다. 이어 법무장관실은 5개 자치구 내에 있는 불법 호텔을 조사하고 폐쇄하기 위해 이미 과도할 정도로 많은 일을 맡고 있는 특별집행국을 포함한 몇몇 시 부서들과 합동 태스크포스를 결성했다.[24]

우버와 에어비앤비의 공통점

뉴욕에서의 첫 번째 회의를 연 후 몇 년 동안 브라이언 체스키와 트래비스 캘러닉은 간헐적으로 만나 우정을 쌓기 시작했다. 그들은 1년에 몇 차례씩 샌프란시스코에 가서 함께 저녁식사를 했다. 처음에는 두 사람뿐이었지만 나중에는 다른 기업인들이나 그들의 여자친구들이 가세해서 그들 기업이 나란히 거둔 성공과 더불어 규제기관 및 의원들과 싸우며 겪은 경험들에 대해 이야기했다. 체스키는 말했다.

"우리는 서로의 모습을 지켜보면서 많은 걸 배웠다고 생각합니다. 세상에서 당신의 입장과 관련될 수 있는(혹은 그런 입장을 공유하는) 사람들은 한정되어 있을 뿐입니다."

에어비앤비와 우버의 직원들도 이런 저녁식사 자리를 기억하고 있다. 우버의 직원들과 친하게 지냈다는 에어비앤비의 한 임원은 말했다.

"브라이언은 '우리는 더 강해져야 합니다!'라고 말하면서, 또 트래비스는 '우리는 더 상냥해져야 합니다!'라고 말하면서 돌아오곤 했습니다."

에어비앤비의 임원들은 논란이 많았던 차량공유 서비스를 받아들인 뒤 우버가 겪은 고생을 목격했고, 자사의 전략은 우버와 다르고 더 부드럽다는 다소 믿기 힘든 주장을 펼쳤다. 2014년 에어비앤비의 최고마케팅책임자Chief Marketing Officer, CMO로 입사한 조너선 밀든홀Jonathan Mildenhall은 당시 상황에 대해 이렇게 말했다.

"그들에겐 성장을 추구하는 그들 나름의 방법이 있습니다. 나는 우리와 우리가 속한 커뮤니티, 그리고 그런 커뮤니티가 가진 인간애가 사실상 우리가 하는 많은 일들에 동기를 부여해준다고 생각합니다. 따라서 우리는 어떤 종류의 어색한 상황이나 도전에 대해서도 많이 공감하고, 또 공개적으로 많이 협력하겠다는 마음가짐을 갖고 접근합니다. (중략) 우리는 성공을 위해 일종의 불도저처럼 우리만의 방식대로 밀어붙이길 원하지 않습니다. 우리는 사실상 우리가 가는 길의 파트너가 되고 싶습니다."[25]

이 말은 벨린다 존슨이 말했던 '규제를 준수하는 브랜드'가 가진 뜻과 일맥상통한다. 하지만 에어비앤비가 뉴욕과 다른 도시들에서 비우호적인 정부와 씨름하고 있을 때 두 업스타트 사이에는 체스키와 그의 동료들이 인정하려고 했던 것보다 더 많은 공통점이 있는 것으로 드러났다.

두 CEO는 혁명적 열정을 갖고서 자신들의 회사에 대해 이야기했다. 그들의 참모들은 이제 캘러닉이 지나치게 전투적이고 체스키는 지나치게 알랑거리고 성실한 것일 수도 있다고 걱정하며 실제 규제 논란과는 아주 먼 거리를 유지했다. 두 CEO는 커뮤니티의 행동 변화를 야기하고 있었다. 다만 그런 행동이 사회에 어떤 전면적인 영향을 미칠지 알 수 있으리라고 기대할 수는 없었다. 그리고 그 둘 각각은, 규제할 수 없을 만큼 회사의 덩치를 키우기 위해 사용자 기반이 가진 정치적 영향력을 이용하면서 무조건 성장하는 게 최고의 전략이라고 믿었다.

제국 건설을 위해 이처럼 열을 올렸던 시기가 지난 뒤 체스키에 대한 평판은 캘러닉에 대한 것보다 훨씬 더 긍정적인 상태를 유지했다. 우버의 CEO는 활발한 토론과 지적 논쟁을 위해 정치적 세세함을 버렸고, 그 결과 호전적인 자본주의자라는 인상을 주었다. 에어비앤비의 CEO는 보다 신중하고 정치적으로 영악했는데, 이것은 자유분방한 캘러닉이 나중에 배워야 했던 태도였다. 하지만 체스키도 캘러닉과 마찬가지로 부당하거나 혹은 아마도 그냥 거북하게 여겼을 수도 있는 법에 직면했을 때는 물러나지 않았다. 그가 벌인 사업은 우버의 그것 못지않게 모든 면에서 혁신적이었고, 새로운 경제적 승자와 패자들을 만들었다.

2011년부터 2013년까지의 시간을 되돌아본 사람들은 둘 중 한 회사가 보다 윤리적으로 경영된 회사였다고 결론 짓기 힘들다는 생각을 할지 모른다. 우버는 경쟁사들이 전략적 토대를 확보하고 있는 것처럼 보였을 때 지역 운송법을 마구 무시하고 다니기 시작했다. 체스키는 에어비앤비가 뉴욕과 다른 곳의 엄격한 주택 규제를 위반했다는 걸 알았지만 어쨌든 그대로 밀어붙였고, 에어비앤비는 그곳의 사용자들이 위법 행위를 저지르는 걸 막지 않았다. 두 CEO 모두 강철 같은 결단력을 발휘하며 그들 앞에 놓인 엄청난 기회를 잡았다. 그들은 몸을 추스르고, 뒤에 남긴 대혼란의 일부를 수습할 시간 동안만 쉬었을 뿐이다.

그러다가 2014년이 되었다. 실리콘밸리와 월스트리트 밖의 투자자들은 이러한 스타트업들이 특별하다는 사실을 이해하기 시작했고, 그들이 하는 일에 끼어들기를 원했다. 멀리는 중국의 기회주의적 기업가들도 이들을 주목했다. 유럽의 택시 회사들, 전 세계의 호텔 체인들, 호텔 노조들, 그리고 정부 내에 있는 그들의 모든 힘 있는 우호세력들도 마찬가지였다. 이제 새로운 업스타트들은 트래비스 캘러닉과 브라이언 체스키가 상상할 수 없었던 여러 사건들을 실리콘밸리와 전 세계에서 일으키려 하고 있었다.

3부

업스타트들의 시련

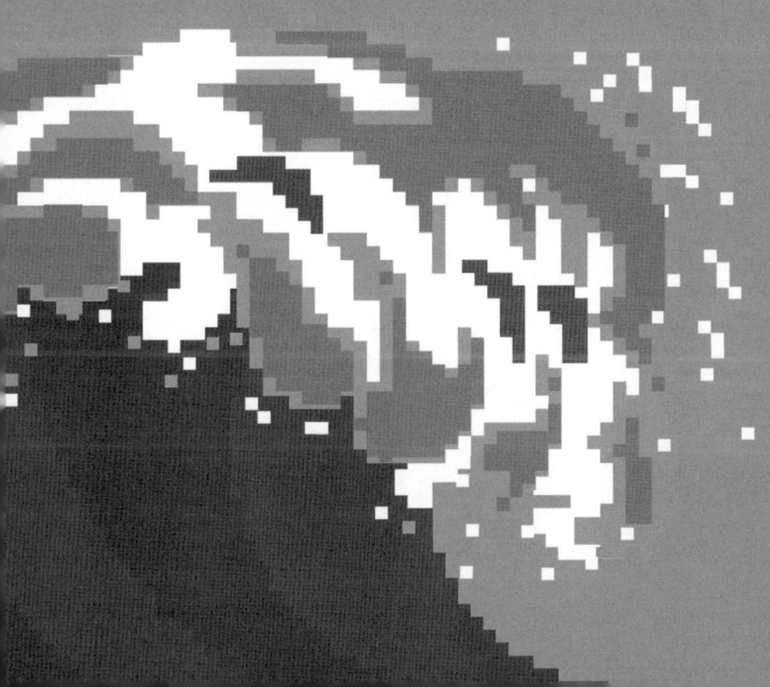

C H A P T E R 1 0

신의 시선
_우버의 고난기

예상할 수 있는 어떤 일도 감당할 수 있을 것이라 예상한다.

트래비스 캘러닉이 우버의 CTO 투언 팜Thuan Pham에게 보낸 글 중

2012년 5월 18일 실시된 페이스북의 IPO는 일대 혼란 속에서 진행됐다. 나스닥에서 기술적 문제가 생겨 거래가 30분간 지연됐고, IPO 첫날에 찔끔 올랐던 주가는 이후 장기간 하락세로 접어들었다. IPO는 세상이 실리콘밸리와 그곳에서 급증하고 있는 기술 혁명을 어떻게 바라보고 있는지를 보여주는 리트머스 시험지였다.

하지만 이듬해 페이스북 임원들과 그들의 완고한 리더인 마크 저커버그는 훌륭한 업적을 일궈냈다. 회사는 스마트폰의 파도를 이용할 수 있게 사업을 구조조정했고, 그 결과 4분기 뒤에 광고매출과 주가가 상승했다. 2013년 6월 31일 페이스북 주가는 공모가를 뛰어넘었고, 그해 말까지

45퍼센트의 강한 상승률을 기록했다. 이는 러시아 투자자 유리 밀너와 마이크로소프트, 골드만삭스 등 페이스북이 나중에 투자유치에 나섰을 때 몰려든 투자자들조차 많은 이익을 거두었음을 의미했다.

페이스북과 투자자들이 이룬 승리는 업스타트들과 모든 실리콘밸리가 걸어갈 경로를 바꿔놓는 결과로 이어졌다. 그들이 발걸음을 내디딜 때마다 비평가들은 투자자들이 가치평가의 거품이 심해 보이는 이 소셜네트워크 회사를 후원하는 건 미친 짓이라고 말했다. 하지만 이런 생각은 틀린 것으로 드러났다. 낙관론은 압도적 승리를 거두었다.

투자자들은 돈을 잃을지 모른다는 걱정과 기회를 놓칠지 모른다는 걱정, 이 둘 사이에서 안절부절 못하는 경향을 보인다. 페이스북의 성공은 새로 시작된 디지털 시대에 과도한 경계는 기우임을 시사했다. 하지만 같은 패턴을 따르는 투자자들이 단순히 제2의 페이스북을 찾아내서 그곳에 투자하기가 쉽지는 않았다. 이제 IPO에 성공해 3개월에 한 번씩 재무제표를 공개해야 하는 고통에 익숙한 최첨단 분야의 일류 스타트업들은 상장에 더 오랜 시간이 걸렸다. 투자자들에게 최고이자 아마도 유일할 기회는 가장 뜨거운 민간기업들의 투자유치 기회에 어떻게든 뛰어드는 것이었다.

따라서 역사적으로 상장기업들을 후원하는 데 익숙했던 금융기관들은 민간기업 투자를 물색하기 시작했고, 페이스북의 부활 이후 몇 년 동안 실리콘밸리로 유입된 막대한 신규 자금은 투자경쟁을 심화시키면서 기업가치를 천정부지로 끌어올렸다. 뮤추얼펀드 운용사인 피델리티인베스트먼트Fidelity Investments는 사진공유 사이트인 핀터레스트Pinterest의 기업가치를 35억 달러로 평가해서 투자를 유치했고, 투자운용사 블랙록BlackRock

은 온라인 저장 스타트업인 드롭박스의 기업가치를 100억 달러로 평가하며 투자를 주도했다. 이 모든 일들은 불과 반 년 사이에 이루어졌다. 그들이 내세운 숫자들은 실리콘밸리가 과거 민간기업들에서는 목격하지 못했던, 눈이 튀어나올 정도로 대단한 것들이었고 그들은 최초의 닷컴 호황의 특징인 비이성적 분위기를 강력히 내뿜었다. 하지만 당시 상황과 달리 많은 새로운 인터넷 기업들은 소비자들 사이에서 인기를 끌었고, 광고와 서비스 사용료 수입으로 실제 돈을 벌고 있었다. 전 세계적으로 인터넷과 스마트폰 보급률이 급성장하고 있는 가운데 이들 기업은 사용자들을 유인하면서 투자자들이 그들을 외면하기 어렵게끔 만들었다.

우버와 에어비앤비는 이러한 자본과 확신의 대화재大火災로부터 새로운 시대의 쌍둥이 거인으로 부상하게 된다. 2014년이 시작될 때까지 에어비앤비는 3억 2,000만 달러의 벤처자본 조달에 성공했고, 투자자들에게 25억 달러 가치의 기업으로 평가받았다. 3억 1,000만 달러를 조달한 우버의 평가가치는 35억 달러였다. 향후에 비하면 이런 평가는 하찮은 수준이었다.

이후 2년 반 동안 월스트리트가 업스타트들의 성공에 편승해 돈을 벌려고 안간힘을 쓰고, 중국의 대형 차량공유 업체인 디디Didi가 전 세계 패권의 확보를 위해 구글과 싸울 엄청난 군자금을 마련하고 있는 가운데 두 기업은 함께 150억 달러 이상을 조달했다. 일반인들을 상대로 단 한 주의 주식도 판매하기 전에 그들의 가치는 이미 1,000억 달러에 육박했다.

기업들이 규모, 가치, 야심을 키우면서 세계는 그들이 미칠 영향을 점점 더 걱정했다. 에어비앤비의 경우 이 회사가 주택 가격과 주거용 부동산에 미칠 영향, 그리고 주요 도시들과 가끔 벌이는 거북하고 어색한 타협 시도는 정치인과 규제기관들의 새로운 반발을 일으켰다. 우버는 통상적인 고용 개념을 무시하고 풀타임 직원들 대신 계약직 운전사들을 고용하는 한편 적절한 신원조회와 적합한 보험 가입 및 서비스를 이용하는 운전사와 승객 모두의 안전과 관련된 많은 논란을 끊임없이 야기했고 심지어 더 큰 비판을 받아야 했다. 우버와 다른 차량공유 서비스 때문에 생계에 지장을 받게 된 택시 기사들과 그들의 대표들은 가끔씩 전 세계 무수히 많은 도시들에서 분노에 찬 폭력 시위까지 동반하는 반反우버 운동을 주도했다.

공유경제의 찬성론자와 반대론자들이 종종 동시에 거론하는 업스타트인 우버와 에어비앤비는 거칠 것 없이 성장하며서도 전 세계적으로 많은 재판에서 피고로 등장했다. 소송이 제기된 문제들은 상당히 중요했다. 그들의 지배에서 비롯된 혜택이 공공연히 알려진 문제점보다 더 대단했는가? 그들이 도시들에 미친 진짜 영향은 무엇이었는가? 그들은 사회에 이로운가, 해로운가? 이런 질문들을 접한 트래비스 캘러닉과 브라이언 체스키는 둘 다 자신들의 회사를 대표해 신뢰할 수 있는 증언을 통해 과거의 짐을 털어버리고 당당히 미래에 맞서야 했다.

우뚝 솟아오른 회의론의 벽에 먼저 부딪친 것은 우버였다. 캘러닉과 그의 동료들은 2013년 우버X를 선보인 후 승승장구하고 있었다. 지속된 성공으로 그들은 자신들이 무적인 듯 느꼈고 그들이 이미 경쟁사와 규제 담당자들을 상대할 때 드러냈던 오만함 역시 더욱 높아졌다. 우버의 임원들은 높은 곳에서 내려다보면서 역사적 가치가 있는 기회들이 자신들 앞에 존재함을 확인하고 세상을 정복하려고 애썼다. 세상은 우버를 장시간 올려다보면서 보이는 것이 마음이 드는지를 확신하지 못했다.

끝이 보이지 않는 우버의 성장

다시 2013년 여름, 실리콘밸리의 투자자들이 낙관론에서 '전면적 과열outright exuberance'로 이동하고 있을 무렵 트래비스 캘러닉은 우버의 네 번째 투자금 모금에 착수했다. 동료들에 따르면 캘러닉은 주도적으로 투자 조건을 정했다. 여섯 명의 대형 투자자들과 논의를 시작하면서 그는 최고로 높은 가치평가를 기준으로 최고의 투자금을 제시할 투자자와 앞으로 전 세계적으로 시작될 우버의 사업 확장을 촉진해줄 수 있는 강력한 파트너를 찾기 위해 투자유치 절차를 경매 형식으로 진행했다. 입찰에는 유리 밀너의 펀드인 디지털스카이테크놀로지와 벤처자본사인 제너럴캐털리스트파트너스General Catalyst Partners가 참여했지만, 캘러닉의 관심은 미국을 지배하고 있는 기술 기업 구글에 꽂혔다.

캘러닉은 구글의 투자부서인 구글캐피털Google Capital과 협상을 시작했지만, 구글의 더 오래된 벤처자본 그룹인 구글벤처스Google Ventures, 혹은 줄여서 GV와 그곳의 파트너인 데이비드 크레인David Krane 쪽으로 점차 마음이 기울었다. 초기 구글의 PR 관리자였다가 투자자로 변신한 크레인은 디자이너가 만든 화려한 스니커즈 운동화를 애용하는 인물이었다. 그는 6만 명에 이르는 구글 직원들이 가진 집단적 에너지와 업무시간의 20퍼센트에 해당하는 자유시간이 우버의 이상 실현을 돕는 데 효율적으로 활용될 것이라는 비전을 갖고 캘러닉에게 구애를 펼쳤다. 캘러닉은 구글과 공동전선을 편다는 생각에 강한 흥미를 느꼈지만 구글의 고위층으로부터 확인을 받고 싶었기 때문에 창업자이자 CEO인 래리 페이지와의 만남을 요구했다.

그에 따라 2013년 8월 어느 날 저녁, 캘러닉은 구글이 요금을 지불한 이스트팰로앨토 소재의 포시즌스Four Seasons 호텔 스위트룸에 투숙했고, 이튿날 오전 10시 실리콘밸리에서 가장 막강한 영향력을 가진 페이지와의 만남을 위해 일어났다. 크레인은 캘러닉을 크게 흥분시킨 이 만남을 조율했다. 캘러닉이 로비로 내려왔을 때 호텔 앞에서는 구글X에서 만든 무인자동차 시제품이 그를 마운틴뷰Mountain Veiw로 데려가기 위해 기다리고 있었다. 앞좌석에는 그가 던질 모든 질문에 답할 수 있는 구글 엔지니어가 앉아 있었다. 캘러닉이 실제 도로를 주행하는 자율주행차를 타본 건 그때가 처음이었다.

구글 캠퍼스에서 캘러닉은 래리 페이지와 구글의 수석변호사인 데이비드 드럼몬드David Drummond, 그리고 당시 GV에서 크레인의 상사였던 빌 매리스Bill Maris를 만났다. 페이지는 우버가 앱에 내비게이션으로 쓰고 있던 구글 맵스를 양사가 공동으로 개발할 수 있다고 캘러닉을 설득했지만 더 이상 많은 말을 하거나 아주 오랫동안 머물지는 않았다. 그날 남은 더 중요한 유산은 캘러닉이 우버의 사업을 획기적으로 바꿔놓을 수 있는 기술을 처음 만났다는 것이었다.

회의를 마친 캘러닉은 흥분한 채 크레인에게 말했다.

"구글의 무인자동차가 현실화되면 우린 운전석에 앉은 사람을 끌어내릴 수 있습니다. 나는 그걸 '마진 확대margin expansion'의 기회라고 부르겠습니다."

캘러닉의 계산에 따르면 우버는 운전사들에게 줘야 할 돈을 매출에서 차감해야 했다. 따라서 그는 로봇자동차가 열 필연적인 미래는 자신의 사업에 상당한 이익이 될 거라고 추측했다.

크레인은 이후 캘러닉, 그리고 우버의 재무 담당자인 골드만삭스 임원 출신의 가우탐 굽타Gautam Gupta와 4시간의 회의를 미친 후 자신이 구글벤처스를 위해 독점투자 계약을 체결했다고 생각했다. 하지만 아직 꼭 그의 생각대로 된 건 아니었다. 그날 밤, 크레인에게 연락한 캘러닉은 두 번째 투자자에게도 투자 기회를 주고 싶다고 말했다. 그 주인공은 바로 콘티넨털 항공, J. 크루, 버거킹 같은 기업들의 레버리지 인수leveraged buyout(차입자금을 이용해서 회사를 매수하는 것_옮긴이)를 기획한 샌프란시스코의 사모펀드 TPG캐피털TPG Capital이었다. 캘러닉은 당시 제너럴모터스 이사였던 TPG의 전설적인 창업 파트너 데이비드 본더만David Bonderman의 경험과 연줄을 필요로 했고, 본더만이 전 세계에서의 규제 문제를 해결하며 우버를 도와줄 수 있을 거라고 생각했다.

구글은 우버에 2억 5,800만 달러를 투자했다. 데이비드 드럼몬드는 우버 이사회에 들어왔고, 크레인은 이사회 참관인이 되었다. 당시의 거래에 정통한 한 사람의 말에 따르면 8,800만 달러를 투자한 TPG는 창업자인 개릿 캠프로부터 직접 주식을 샀고, 우버의 기업가치가 27억 5,000만 달러 미만으로 떨어지는 일이 발생할 경우 추가 주식을 확보할 수 있는 조항을 마련했다. 분명 스타트업 투자에 불안감을 느낀 이 사모펀드는 투자를 헤징hedging(가격 변동으로 인한 손실을 최소화하기 위해 선물시장에서 현물과 반대되는 선물포지션을 설정하는 것_옮긴이)해놓았다. TPG는 또한 6개월 내에 같은 가격으로 8,800만 달러 상당의 주식을 추가 매수할 수 있는 권리를 받았다. 데이비드 본더만은 우버의 이사회장이, 이 투자를 조율했던 그의 동료 데이비드 트루질로David Trujillo는 이사회 참관인이 되었다(벤치마크 역시 우버에 추가로 1,500만 달러를 투자했고, 래퍼이자 기업가인 제이 Z Jay Z는 200만 달러 투자에 동의한 후 더 많은 지분을 얻길 기대하며 우버 측에 500만 달러의 돈을 보냈다. 캘러닉은 그가 우버에 표시한 신뢰감에 감동했지만 300만 달러를 되돌려보냈다).

이제 우버의 곳간에는 돈이 넘쳐났다. 투자가 마무리된 후 캘러닉은 아시아 국가들을 방문하여 그곳에서의 사업 확장 기회를 가늠해보기 위해 보더만, TPG 공동창업자 제임스 쿨터 James Coulter, 트루질로, 그리고 투자자 서빈 피셔버와 그의 파트너 스콧 스탠퍼드 Scott Stanford와 함께 TPG의 비즈니스용 비행기인 걸프스트림 Gulfstream에 올라탔다.

세상은 넓게 열려 있는 것 같았다. 하지만 2013년 가을에 캘러닉과 그의 투자자들이 미래에 대해 했던 거의 모든 가정은 결국 적어도 부분적으로는 틀린 것으로 드러났다. 구글은 무인자동차 연구결과를 타사에 넘기고 싶어 하지 않았고, 조만간 우버의 우군이 아닌 철천지원수처럼 보이게 됐다. 1년 안에 데이비드 보더만은 GM 이사회를 떠나고, GM은 2016년에 우버의 숙적인 리프트에 대규모 투자를 하게 된다.

그리고 놀랍게도, 계약에 정통한 다수의 사람들의 전언에 따르면 1차 때와 같은 평가액에 8,800만 달러 상당의 우버 주식 2차분 매입에 나설 시기가 닥치자 TPG는 투자를 망설이면서 최대한 마지막 순간까지 버티다가 매입 시도에 나섰다. 무엇보다 우버의 주식을 내주고 기존 투자자들의 소유지분 희석을 내켜하지 않았던 캘러닉은 TPG의 투자를 거부했다. TPG는 그때부터 2016년 말 사이에 우버의 가치가 크게 높아질 것으로 계산했지만 확신이 부족했기 때문에 수억 달러에 달하는 미실현 이익의 손해를 봤다.

가장 중대한 엉터리 계산은 캘러닉이 했던 것일지도 모른다. 아시아는 그가 지금껏 예상했던 것보다 더 도전적이면서도 돈이 많이 드는 시장으로 드러났다. 그는 특히 실리콘밸리 자금 조달 환경의 변화를 잘못 읽었다. 그는 구글과 TPG로부터의 투자유치를 마무리한 후 새로 뽑은 사업개발 부문 부사장인 에밀 마이클Emil Michael에게 신나서 말했다.

"우리가 투자금을 유치해야 하는 일은 두 번 다시 없을 겁니다."

에밀 마이클은 캘러닉이 우버의 투자라운드가 끝났다고 생각한다는 걸 알고선 실망했다. 캘러닉이 가진 재능 중 하나가 그것이라고 생각했기 때문이다. 카이로에서 출생한 마이클은 어렸을 때 부모와 미국으로 이민 와서 뉴욕주 뉴로셸New Rochelle에 있는 고등학교를 졸업했고, 하버드 대학에서 학사학위를, 스탠퍼드 대학에서 법학 석사학위를 받았다. 그는 골드만삭스에서 잠시 일하다가 닷컴 거품이 정점에 이르던 1999년에 실리콘밸리로 왔다.

업계에서 10년을 일하는 동안 마이클은 효율적으로 일하고, 충성심이 강하고, 긍정적인 시각을 가진 사람으로 명성을 쌓아갔다. 캘러닉을 처음 만났던 2011년 당시 그는 백악관에서 로버트 게이츠Robert Gates 국방장관의 특별보좌관으로 일하기 위해 최첨단 분야에서 벗어나 잠시 쉬고 있었다. 캘러닉은 그를 회사로 데려오려고 애썼지만 당시 우버는 전 세계적 대규모 수송기업이 아닌 고급 타운카 서비스 회사처럼 보였다. 마이클은 우버의 회사 규모가 커질 수 있을지 의심했다.

하지만 마이클은 캘러닉과의 친분을 유지했고, 2013년 가을 우버에 들어왔을 때 그는 자신이 당초 믿었던 것보다 우버의 미래가 더 밝다는 걸 깨달았다. 우버블랙은 기존 택시에 비해요금이 1.5배 더 비쌌지만, 우버X는 평균적으로 25퍼센트 저렴했고 이제 막 벌어진 차량공유 전장에서 지배력을 높이기 시작하고 있었다.

리프트와 사이드카도 차량공유 서비스를 출시한 상태였지만 우버가 처음에는 2013년 미국에서, 이후 2014년 유럽에서 공격적으로 서비스를 확대해나가자 이 두 경쟁사는 우버를 따라잡느라 벅차했다. 우버는 보다 체계화된 브랜드와 은행에 예치해둔 보다 많은 돈, 그리고 벌어들인 이익을 우버X 서비스의 보조금으로 사용했다. 또한 새로운 운전사들을 데려오는 데 있어 경제적 유인책으로 제공할 수 있는 우버블랙과 우버SUV 등 부자들 대상의 서비스 라인도 갖고 있었다.

우버는 매달 20퍼센트씩 성장했다. 또 과거에는 샌프란시스코, LA, 보스턴에서 별 존재감 없었던 회사였지만 우버X에 힘입어 거의 하룻밤 만에 어디서나 접할 수 있는 회사로 발돋움했다. 그해 가을 우버는 하워드가에 있던 비좁은 사무실을 벗어나 더 넓은 임대 사무실로 옮겼다. 이전 사무실에서 몇 블록 떨어진 샌프란시스코 근대미술관San Francisco Museum of Modern Art에서 모퉁이를 돌면 있는 미션 가 706번지 9층이 새 사무실의 위치였다. 캘러닉의 책상은 에밀 마이클의 책상 건너편에 있었고, 두 사람은 새로운 성장통계를 보고 놀라기 위해 컴퓨터 스크린 너머로 서로의 모습을 응시하곤 했다. 마이클은 말했다.

"우리는 서로에게 '이거 봤습니까?'라고 묻곤 했습니다. 그런 일이 지속됐어요."

오스틴, 라스베이거스, 덴버, 마이애미 등 몇몇 미국 도시는 규제를 받지 않는 차량공유 서비스를 거부했다. 흥미롭게도 뉴올리언스는 우버가 심지어 그곳에서 영업을 개시하기 전에 정지 가처분 명령이 담긴 서한을 보냈다.[1] 하지만 캘러닉은 여전히 믿고 의지하고 있는 플레이북뿐 아니라 '국민은 정치인들에게 기존 대안 서비스보다 현저히 더 나은 서비스를 수용해달라고 요구할 수 있다'고 규정한, 일명 '트래비스 법칙'으로 알려진 정치적 정리定理(논리적 규칙에 따라 도출된 명제_옮긴이)를 갖고 있었다.

2013년 10월, 400명에 달하는 우버 직원 대부분은 또 다른 워케이션차 마이애미로 떠나 사우스비치South Beach에 있는 화려한 호텔 쇼어클럽Shore Club에 방을 잡고 머물렀다. 우버의 로고에서 딴 대형 U자를 물 위에 비춰놓은 호텔 풀장 주변에서 열린 저녁식사나 파티에 참석하지 않을 때면 직원들은 우버 엽서를 나눠주고 등주燈柱에 친親 우버 포스터들을 붙이면서 해안가를 걸어 다녔다. 사우스캐롤라이나에서 차량공유를 합법화하는 데 필요한 대중적 지지를 얻기 위해 애쓰면서 벌인 우버의 이런 활동에는 웹사이트, 인스타그램 페이지, 그리고 트위터 해시태그(#마이애미에겐우버가필요하다)도 동원됐다.

우버에게 마이애미는 도전적인 시장이었다. 개인 임대 리무진과 세단은 법에 의거하여 손님들을 태우기 전에 1시간을 기다리고, 승객을 태울 시엔 70달러 이상의 요금을 받아야 했다. 지역 택시 회사들은 이 법을 지지했다. 헐거운 규제로 생길 수 있는 리무진 및 타운카들과의 경쟁으로부터 자신들을 보호해줬기 때문이다. 하지만 그 법은 차량공유에 대한 대중의 지속적인 요구를 버텨낼 수 없었다. 우버 직원들이 방문하고 몇 달 후 리프트와 우버 순으로 마이애미-데이드Miami-Dade 카운티에서 영업을 시작했다.[2] 양사의 서비스는 기술적으로 여전히 불법이었지만 법원은 운전사들을 대상으로 간헐적으로만 벌금을 부과할 뿐이었고, 경찰은 두 회사 서비스 중 어떤 것도 영업정지를 시키지 않았다. 2015년이 되자 의원들은 법을 바꿀 준비를 했다.

카를로스 기메네즈Carlos Gimenez 마이애미 주지사는 「마이애미 헤럴드Miami Herald」지와의 인터뷰에서 이렇게 말했다.

"우버와 리프트를 20세기로 끌고 갈 생각은 없습니다. 나는 택시 업계가 21세기로 이동해야 한다고 생각합니다."[3]

우버는 정치적 싸움에서 이기고, 성장하고, 경영 인재를 충원하면서 청소년기로 접어들고 있었다. 에밀 마이클이 입사하기 몇 달 전에 캘러닉은 새로운 CTO로 투언 팜을 채용했다.

어렸을 때 베트남을 떠난 팜은 인도네시아 난민캠프에서 10개월을 보냈고, MIT를 다녔으며, 온라인 광고회사인 더블클릭DoubleClick과 클라우드 회사인 VM웨어VM Ware에서 뛰어난 기량을 가진 기술 부문 리더가 되었다. 우버에 고위 임원으로 들어갔다는 것은 곧 캘러닉과 총 30시간 동안 일대일로 대화하는, 사람을 녹초로 만드는 인터뷰 과정을 통과했다는 뜻이다. 팜은 우버의 기술팀을 일대 재편했고, 엔지니어들의 채용 속도를 높였으며, 6개월마다 두 배로 커지고 성장이 둔화될 조짐이 보이지 않는 사업 속도에 맞추기 위해 배차 알고리듬과 데이터베이스 저장 시스템의 전면 개편을 감독했다.

팜이 우버에 미친 영향은 12월 31일에 선명히 드러났다. 매년 마지막 날의 밤은 3년 연속 우버 시스템을 마비시킬 정도로 정신없이 바쁜 시간대였다. 그날 캘러닉은 일찌감치 이렇게 말했다.

"투언, 시스템이 마비되면 난 심장마비로 죽을지도 모릅니다. 내 목숨은 당신 손에 달려 있어요."

우버의 시스템은 처음으로 비교적 멀쩡하게 그날 밤을 버텨냈다. 그로부터 며칠 뒤 캘러닉은 이 일을 축하하기 위해 팜과 팀원들을 저녁식사

자리에 데리고 가서 이례적인 칭찬을 아끼지 않았다. 캘러닉은 "여러분들은 정말 대단한 일을 하셨습니다."라고 말했다. 그리고 본래 칭찬에는 새로운 도전이 뒤따르기 마련이다. 캘러닉은 덧붙여 말했다.

"이제부터는 여러분이 예상할 수 있는 어떤 일도 잘 처리할 수 있으리라 기대합니다."

이후 몇 달 동안 캘러닉은 우버X의 성장을 촉진한 두 가지 생각을 실행에 옮겼다. 하나는 우버 운전사들이 신차 리스 요금을 낼 수 있게 금융 지원을 하는 것이었다. 이 아이디어는 우버의 뉴욕 사무실에서 운전사 경영 관리자로 일하고 있었던 앤드루 샤핀Andrew Chapin이 제안한 것이다. 골드만삭스의 상품 트레이더 출신인 샤핀은 많은 미래의 우버 운전사들이 직면해 있는 가장 큰 장애물은 차량이 없다는 것임을 알아냈다. 그들 중 다수는 신용이 나쁘거나 전혀 없는 이민자들이기 때문에 차를 살 수 없는 것이었다.[4]

샤핀은 우버가 운전사들이 차를 리스로 얻게 도와준 다음 자기 수입의 일정 비율을 리스 요금 상환에 돌리는 일을 도와줄 수 있다고 생각했다. 이렇게 하면 도로를 운행하는 차량 대수를 늘릴 수 있고 운전사들이 경쟁사인 다른 차량공유 서비스나 배달 서비스 업체들보다 우버에 에너지를 더 쏟게끔 할 수 있으니 회사 입장에서도 이익이었다. 그해에 캘러닉은 말했다.

"우리가 우리 파트너와 운전사들이 운행할 차를 구하게끔 도와주지 못한다면 고객들의 수요 유무는 중요하지 않습니다. 우리는 성장할 수 없을 테니까요."[5]

이런 프로그램에 대한 관심을 모으기 위해 우버 임원들은 전국에 있는 자동차 회사 및 차량 대출 금융회사들을 방문했다. 처음에 회사들은 회의적인 반응을 보였다. 에밀 마이클은 말했다.

"자동차 회사들은 '우버라고 했나요? 당신들 누구시죠? 타운카 회사 아닌가요?'라고 묻더군요."

캘러닉, 마이클, 투자자 빌 걸리는 종종 '유리의 집The Glass House'이라고도 불렸던 포드자동차Ford Mortor Company의 디트로이트 사무실을 찾아가 윌리엄 클레이 포드 주니어William Clay Ford Jr. 회장을 만났지만 그 역시 애매한 태도를 보였다. 캘러닉은 창업자 헨리 포드Henry Ford의 증손자인 그와 함께 사진을 찍고, 역사적 의미를 가지고 로비에 진열되어 있는 회사 전시품들을 구경했다. 걸리의 기억에 따르면 캘러닉은 그곳에서 포드의 역사에 대한 글을 읽다가 길을 잃기도 했다.

결과적으로 자동차 판매 대리점과 대출업체들 및 GM, 토요타, 포드 등 대형 자동차 제조회사들 모두는 우버의 프로그램에 서명했다. 그리고 우버는 곧 자체 금융 서비스를 시작하면서 자회사인 엑스체인지Xchange를 통해 대출을 내주게 된다. 이 프로그램은 부담스런 조건으로 서브프라임 대출subprime loan(신용등급이나 소득이 낮은 사람들에 대한 대출_옮긴이)을 해줬고 운전사들이 제때 빌린 돈을 갚지 못할 경우 차량을 압류하면서 비판을 받기에 이르렀다.[6] 마이클은 다른 대안이 없었고 신용에 문제가 있던 운전사들을 이 프로그램이 도와줬다고 주장했다.

"이미 대출 때문에 죽게 된 사람들을 데리고 와서 그들을 위해 더 나은 일을 해주는 겁니다. 물론 이율은 높지만 적어도 그들은 (살) 기회를 얻었지 않습니까."

이러한 첫 번째 아이디어가 우버 차량 공급을 늘리는 데 도움을 줬다면 두 번째 아이디어는 수요 촉진에 도움을 줬다. 하지만 이 역시 첫 번째 아이디어만큼이나 논란에 휘말렸다. 2014년 초에 캘러닉은 애틀랜타, 볼티모어, 시카고, 시애틀 등 미국 시장에서 우버X 요금을 최대 30퍼센트 할인했다.[7] 사람들이 저녁 약속을 줄이는 바람에 매년 찾아오는 겨울 비수기 때 영업 촉진을 기대하며 내린 결정이었다. 요금을 낮추면 손님들이 서비스를 더 많이 이용하는 대신 렌터카와 버스 및 지하철 이용을 줄일 것이라는 게 캘러닉의 판단이었다. 승객들이 늘면 운전사들은 운행 사이사이에 비는 시간을 줄일 수 있고, 더 많은 승객들을 태움으로써 요금인하로 인해 줄어든 수입을 채울 수 있을 듯했다.

일리가 있는 생각이긴 했지만 이후에 취해진 요금인하 조치는 운전사들 사이에서 불안감을 조장했고, 우버는 요금을 낮췄음에도 수요가 크게 늘지 않은 도시에서는 할인 서비스를 철회해야 했다. 하지만 그것은 또한 우버X의 성장을 촉진시켰다. 어쩌면 그에 못지않게 중요한 사실은 자본 사정이 우버만큼 좋지 못한 리프트 역시 요금과 수수료를 인하할 수밖에 없게 됐다는 것이었다.[8] 우버는 스타트업 구루guru들이 '선순환 고리'라고 부르길 좋아하는, 자체 사업들 내 다양한 부분들 사이의 연결고리를 찾아냈다. 요금이 인하되면 손님은 늘고, 차량 활용 빈도가 높아지고, 이로 인해 공급되는 차량은 늘고 운전사들은 더 바빠지며, 또다시 우버는 요금을 추가로 낮추면서 경쟁사들에게 더 큰 압박을 가할 수 있었다.

우버가 가진 진정한 잠재력은 그동안 가장 열렬히 우버를 지지했던 사람들조차도 제대로 파악하지 못하고 있었다. 우버는 승객들을 택시에서 빼내왔을 뿐 아니라 유료수송 시장 전체를 성장시키고 있었다. 벤처투자자인 빌 걸리는 이렇게 말했다.

"나는 우버가 커질 거라는 걸 알았지만 그렇게 엄청나게 커질 줄은 몰랐습니다. 요금인하를 시험하기 시작했을 때만 해도 우린 정말 그것이 잘될지 의심스러웠어요. 하지만 요금을 내리니 수요가 급증하는 요금 탄력성은 무척 인상적이더군요."

점점 더 빨라지는 사업의 성장 속도는 캘러닉조차 놀라게 만들었다.

"나는 우버가 가진 기회의 범위가 어느 정도인지 몰랐습니다. 또한 사모펀드와 벤처 세계가 그 기회에 동참하기 위해 어떻게 이 전례 없는 곳으로 몰려갈 것인지도 몰랐고요."

이제 아마도 우버 자신 외에는 그 어떤 것도 우버를 멈추게 하지 못할 것 같았다.

소피아 리우의 비극

2013년 12월 31일 저녁 8시 조금 전, 후안 광Huan Kuang이라는 젊은 엄마와 그녀의 두 아이는 샌프란시스코의 텐더로인 지구Tenderloin District 내 포크가에 있는 횡단보도를 건너고 있었다. 이때 그들에게 비극적인 사건이 일어났다. 회색 혼다 파일럿Honda Pilot SUV가 포크 가 쪽으로 우회전하다가 이 가족을 치었고, 광의 여섯 살짜리 딸 소피아 리우Sophia Liu가 숨졌다. 차량 운전자는 57세의 샤이드 무자파르Syed Muzaffar라는 사람이었고, 그는 약 한 달째 우버에서 일하고 있던 중이었다. 그의 차에 승객이 타고 있던 건 아니었지만 그는 경찰에게 자신이 승객 배차를 기다리면서 우버 앱을 주시하고 있었다고 말했다. 완전히 정신이 나간 엄마는 나중에 지역 TV

기자에게 당시 운전사 얼굴에 반사된 휴대폰 불빛을 볼 수 있었다고 말했다.[9]

언론은 이 사건을 둘러싼 배경과 처음에 우버는 어떤 관여도 하지 않았다고 부정한 '불편한 사실'을 다룬 보도를 쏟아냈다. 사고 이후 오후에 트래비스 캘러닉은 이런 트윗을 올렸다.

"우리는 이번 사건이 우버 시스템에서 운행 중이던 어떤 차량이나 공급업체와 무관함을 확인할 수 있었습니다."[10]

더 많은 사실이 등장하자 우버는 가족에게 애도를 표한 다음, 냉정하고 계산적인 법적 논리의 냄새가 강하게 풍기는, 보다 신중하게 표현을 다듬었고 책임을 방기하는 성명서를 발표했다. 사고 이튿날 우버 블로그에 올라온 성명서에는 이렇게 되어 있었다.

"문제의 운전사는 사고 시간 우버 시스템상에서 서비스를 제공하고 있지 않았다. 운전사는 우버의 파트너였으며, 그의 계좌는 즉시 정지됐다."[11]

이런 우버의 입장은 비극에 대한 일종의 상식적인 평가를 거부한 것이었다.

회사는 막대한 돈을 벌고 있었지만 분명 사고에 대해 어떤 법적 책임도 지고 싶어 하지 않았다. 하지만 우버는 밤에 많은 돈을 벌 수 있다고 유혹하며 무자파르 같은 운전사들이 운전대를 잡게 했고, 그들에게 스마트폰 앱을 제공했으며, 그들이 운행 중에도 다양한 경고와 문자메시지에 즉시 대응하도록 요구하는 시스템을 마련해놓았다. 무자파르가 몰던 차 뒷좌석에는 승객이 타고 있지 않았을지 모르지만 그는 우버를 위해 핵심 서비스를 수행 중이었다. 즉, 승객을 기다리면서 앱을 켜놓은 채 도시를 운전하며 돌아다니고 있었던 것이다.

충격적인 사실들은 이걸로 끝이 아니었다. 무자파르는 플로리다 키스Keys 제도諸島 고속도로를 시속 약 160킬로미터로 달려서 받은 10년 된 표창장을 갖고 있었다.[12] 우버의 신원조회는 하이어이즈Hirease라는 회사가 실시했는데, 이 회사는 이전 7년 동안의 전과기록만을 우버에 알려줬다.[13] 우버는 사고당 100만 달러 한도의 책임보험에 가입해 있었지만 이 보험은 운전사가 우버 앱에서 호출에 응하고 승객이 차에서 내렸을 때까지만 적용됐다. 우버나 CPUC 중 누구도 1년 전 치열한 논쟁을 벌였던 청문회 때는 운전사들이 시스템에 접속은 되어 있지만 차가 비어 있는 상태에서 손님을 기다리고 있는 시간을 생각해보지는 못했다. 거액의 치료비를 감당해야 했던 소피아 리우의 가족은 무자파르가 들어놓은 개인보험에 의존해야 했지만, 보상한도는 1만 5,000달러로 끔찍하게 낮았던 데다 그조차도 보험사가 지급을 해야만 받는 것이었다. 그러한 비극은 충분히 예상 가능한 것이었지만 우버는 준비가 되지 않았던 것 같다.

3개월 뒤인 3월에 우버와 리프트는 이런 틈새를 메우기 위해 최대 10만 달러에 이르는 추가보험을 선보였다.[14] 2014년, 캘리포니아 주는 기업들이 운전사가 앱을 켜놓은 채 승객들을 찾고 있는 시간 동안 20만 달러 상당의 책임 보험을 적용하는 걸 의무화하는 법을 통과시켰다.[15]

사고가 난 후 무자파르는 과실치사 혐의로 체포돼 재판을 받았다. 2016년 4월, 배심원들은 교착상태에 빠졌고,[16] 이 글을 쓰고 있는 현재 그는 재심을 기다리고 있다. 리우의 가족 역시 우버의 스마트폰 앱이 무자파르가 도로에서 주의를 다른 데로 돌리는 데 결정적 영향을 미쳤기 때문에 우버에게도 책임이 있다고 주장하며 우버를 상대로 불법사망不法死亡(영미법에서 인명의 사망을 일으킨 사람에게 대해 제기할 수 있는 법적 청구_옮긴이) 소송을 제기했다. 우버는 어떤 범법행위도 인정하지 않은 채 2015년 6월 은밀히 소송을 타결 지었고, 보상금은 공개되지 않았다.[17] 하지만 우버의 명성이 입은 피해는 어떤 비밀보상금 액수보다 훨씬 더 컸다. 무엇보다 우버는 세상에서 일으키고 있었던 교통혁명이 가진, 자칫 파괴적일 수 있는 결과를 억제할 능력이나 의지가 없는 것으로 널리 인식됐다. 소피아 리우의 가족을 대신해 나섰던 원고 측 변호사 크리스토퍼 돌란Christopher Dolan은 이렇게 말했다.

"극도로 굶주리고 미숙한 우버 임원들은 정신없이 들어오는 돈과 빨라지는 성장에 사로잡혀 있었다. 그들은 멈춰 서서 자신들의 책임에 대해 생각해보기보다는 향후 가능성에만 눈이 멀었다."

소피아 리우의 비극이 일어난 이후 언론에는 우버 이미지를 공격적이고 무자비하며 가끔은 무정한 회사로 굳혀버리는 부정적인 보도가 쏟아졌다. 이런 보도는 1년 동안 지속됐다. 우버는 유럽과 아시아 내 여러 도시와 국가로 빠르게 세력을 넓혀나갔지만 비판가들은 철저한 신원조회를 받지 않은 운전사들이 위험한 행동을 할 수 있다는 점과 반경쟁적 전술로 보이는 것, 그리고 가끔 직원들이 내뱉는 부적절한 공개발언을 문제 삼아 우버 때리기에 나섰다. 많은 사람들이 우버에 대해 갖게 된 부정적인 인상은 우버에게 가장 도전적인 한 해였던 2014년에 굳혀졌다. 사업이 성장하고 있던 당시 캘러닉과 그의 팀원들이 저지른 실수는 상황을 더 악화시켰다.

리프트와의 전쟁

리우의 비극이 일어나고 1개월도 채 안 돼, 차량공유 스타트업들의 부적절한 관행이 대중의 눈에 마구 띄기 시작했다. 우버와 리프트와 사이드카 및 다수의 소규모 업체들은 앱을 열 의사가 있는 운전사 수만큼만 성과를 내는 것이었기에 그들은 새로운 운전사들을 확보하고, 서로 운전사들을 빼앗기 위해 끊임없는 경쟁을 벌였다. 그것은 트래비스 캘러닉이 좋아하는 폐차장에서의 싸움처럼 마구잡이식 경쟁이었고, 때문에 우버 역시 이 경쟁에서 뛰어난 모습을 보여줬다. 회사 내에서 직원들은 그것을 '고투'를 뜻하는 슬러그slogging라고 불렀다가 나중에 그 단어가 '장기 경영 성장 제공'이란 뜻의 'supplying long-term operations growth'라는 의미 없는 말의 이니셜 조합이라고 말을 바꿨다.[18]

업체들은 운전사들을 경쟁사로부터 빼내오기 위해 주로 무료 주유카드, 특별 보너스, 그리고 기타 복지혜택을 제공했지만 가끔은 이보다 한 걸음 더 나가는 곳도 있었다. 2014년 1월 24일 이스라엘 스타트업인 겟Gett은 고급차 서비스를 시작한 뉴욕에서 사흘간 우버 직원들이 자사 차량을 100회 이상 호출했다가 취소한 다음 운전사들에게 문자메시지를 보내 그들을 우버로 빼내려는 시도를 했다고 주장했다(다른 차량공유 회사들과 달리 겟은 어리석게도 운전사 전화번호를 숨겨주는 트윌리오Twilio 같은 서비스를 이용하고 있지 않았다). 겟의 미국 경영자 징 왕 허먼Jing Wang Herman은 우버의 전략을 해커 공격에 비유하면서, 겟 운전사들이 당한 괴롭힘에 대해 사과하면서 '우리는 우버와의 전쟁을 시작했다WE ARE AT WAR WITH UBER'라고 선포하는 문자메시지를 모두 대문자로 써서 보냈다. 그녀는 또한 매스컴에게 실명으로 겟 차량을 불렀던 우버 직원들의 명단을 보여줬다. 거기에는 우버 뉴욕 사무실의 총괄 관리자인 조시 모러의 이름도 들어 있었다.[19]

증거를 맞닥뜨린 우버는 즉시 사과했다. 우버는 회사 블로그 포스트에 "영업 전략이 지나치게 공격적이었다."라고 썼다. 캘러닉은 나중에 내게 이렇게 말했다.

"뉴욕 팀은 시스템에 최대한 많은 운전사들을 끌어모으기 위해 열심히 일하고 있습니다. 그것이 우버가 성장하고, 고객들에게 수준 높고 신뢰할 수 있는 서비스를 적절한 가격에 제공할 수 있는 유일한 방법이기 때문입니다. 가끔 다소 공격적으로 행동하기도 하는데 그건 좋지 않은 일이죠. 우리는 사과했고, 그것을 회사의 다른 사람들이 배워야 할 교훈으로 삼았습니다."

우버는 그때부터 더 많은 논쟁에 휘말릴 뿐이었다. 2월, 남성 잡지 『GQ』는 특집기사에서 캘러닉을 '남자다운 알파 괴짜bro-y alpha nerd('알파'는 리더십과 뛰어난 학업성적, 활동성을 바탕으로 자신감과 성취욕이 넘치는 사람을 일컬음_옮긴이)'로 묘사했고 그의 말을 인용해서 "우버 덕에 여성들 사이에서 그의 인기가 올라갔다."고 밝혔다. 캘러닉은 말했다.

"맞아요. 우리는 우버를 '부버Boob-er('섹시한 남자'라는 뜻의 속어_옮긴이)'라고 부르죠."[20]

5월에 열린 코드 콘퍼런스Code Conference에서 행한 연설에서 캘러닉은 자신의 말하기를 세간의 이목을 받는 CEO에 걸맞은 수준으로 끌어올기 위해 애를 먹었다. 나는 그가 기존 택시 회사들을 너무 심하게 공격하는 바람에 외려 그들을 동정하게 만들 정도가 됐던 그해에 청중 틈 속에 있었다.

그는 우버가 정치적 선거 운동을 벌이고 있다며 이렇게 말했다.

"후보는 우버고, 상대는 택시라는 멍청한 녀석입니다. 누구도 그를 좋아하지 않고, 그가 성격도 나쁘지만 정치 조직과 구조에 아주 많이 얽혀 있어서 많은 사람들이 그에게 호의를 베풉니다. 우버는 택시 쪽이 얼마나 음흉하고, 위험하고, 사악한지에 대한 진실을 밝혀내야 합니다."

무인자동차에 대한 질문을 받자 캘러닉은 그런 기술이 요금을 떨어뜨려 줄 수 있어서 관심이 많다고 대답했지만, 운전사의 실업 문제에 대해선 걱정하지 않았다. 캘러닉은 말했다.

"우버의 요금이 비쌀 수 있는 이유는 단지 차 이용료만 지불하는 게 아니라 그 차에 있는 다른 친구(운전사)의 임금도 내주고 있기 때문입니다."

가족의 생계를 우버에 의존하고 있는 수만 명의 운전사들에 대해 그는 별로 신경을 쓰지 않는다는 듯한 반응을 보였다.

"세상은 원래 그런 겁니다. 항상 훌륭한 건 아니죠. 우리 모두 변화 방법을 찾아야 합니다."

캘러닉은 그답게 직설적이었고, 자신의 말이 우버의 핵심 고객들에게 어떻게 받아들여질지를 몰랐거나 어쩌면 그것에 개의치 않았다. 2014년 우버가 겪은 문제는 초기의 시련을 이겨내게 했던 강점, 그리고 가끔 일부 투자자와 동료 들을 쫓아버렸던 약점이 뒤섞인 CEO의 성격에서 빚어진 결과였다. 캘러닉의 두드러진 기질은 맹렬한 경쟁심이었다. 그는 위Wii 테니스 게임에서뿐 아니라 사업에서 이기고 그 과정에서 경쟁자들을 없애버리려는 욕구가 강했다.

2014년에도 계속 전개된 리프트와의 싸움은 그의 그런 기질을 보여주는 또 다른 사례다. 캘러닉은 2012년 차량공유 제재에 대한 캘리포니아 규제 담당자들의 결정을 기다리는 동안 리프트가 시장을 장악하게 내버려둔 걸 후회했다. 그는 리프트라는 회사, 그리고 그것이 우버를 압도할 가능성에 대해 집착했고, 보다 노련한 기업이 리프트를 인수할 가능성을 우려했다.

이 무렵 그는 더배터리The Battery에서 식사하는 중에 브라이언 체스키와 마주쳤다. 더배터리는 샌프란시스코에서 일하는 기술 인재들을 대상으로 하는 화려한 회원제 사교클럽이었다. 캘러닉은 체스키와 지역 변호사인 샘 앵거스Sam Angus가 술을 마시고 있는 테이블로 가서 에어비앤비가 리프트를 인수할 생각이 있는지 말해달라고 요청했다.

체스키는 "그럴 생각 없어요. 우리는 여행업에 종사하고 있으니까요."라고 말한 걸로 기억한다. 그러자 캘러닉은 "우리는 여행업에 종사하고 있습니다!"라고 맞받아쳤다. 그는 나중에 자신이 농담으로 그런 말을 했는지 아니면 실제 그런 소문을 듣고 대답을 한 건지 기억하지 못했다.

2014년 잠시 동안 리프트는 항복할 준비를 하고 있었다. 리프트의 대표들은 회사 통합과 관련해 우버에 접근했다. 캘러닉과 에밀 마이클은 리프트의 사장 존 짐머 및 앤드리슨호로비츠의 파트너 존 오패럴John O'Farrell과 거래를 논의하기 위해 함께 저녁식사를 하러 갔다고 당시 대화 내용을 들은 세 사람이 말했다. 서로에 대한 경쟁의식이 뜨거웠음에도 식사는 화기애애한 분위기 속에서 진행됐다. 리프트의 투자자들은 리프트를 우버에 매각하는 대신 우버 지분 18퍼센트를 받고 싶어 했지만 우버는 8퍼센트를 제시했다. 무엇보다 처음부터 캘러닉은 합병을 좋아하지 않았고, 그가 만든 회사의 지분 20퍼센트 가까이를 넘겨주고 싶어 하지도 않았다. 양쪽 누구도 양보하려 들지 않았고, 합의는 결렬됐다.

리프트는 재빨리 회복했다. 그해 봄에 이례적일 정도로 많은 투자금이 실리콘밸리로 몰려들면서 리프트는 헤지펀드인 코튜매니지먼트Coatue Management, 중국의 대형 전자상거래 업체인 알리바바Alibaba, 그리고 페이팔의 공동창업자 피터 틸이 세운 투자기구 파운더스펀드Founders Fund로 이루어진 컨소시엄으로부터 2억 5,000만 달러의 자금을 조달했다. 또한 리프트는 24곳의 새 미국 도시로 사업을 확장했고, 그중 13곳은 우버가 아직까지 영업을 시작하지 않고 있었던 중간 규모의 시장이었다.[21]

다시 싸움이 시작됐다. 몇 주 뒤, 우버는 서둘러 시리즈 D 투자라운드를 시작, 금융회사인 피델리티, 웰링턴Wellington, 블랙록과 벤처자본사인 클라이너퍼킨스Kleiner Perkins로부터 추가로 12억 달러의 투자를 받았다. 투자 과정에는 총 3주가 소요됐고, 캘러닉은 그의 카리스마를 최대한 발휘하며 투자자들에게 우버의 미래가 가지는 매력적인 비전을 광고했다. 자금 조달회가 끝난 후 그는 내게 말했다.

"사람들이 자기 차를 타지 않거나 차를 팔고 다른 차편을 이용하게 만들 수 있다면 그건 정말 대단한 일입니다."

캘러닉은 또한 투자자들에게 은밀히 "우버에 투자할 기회를 얻고 싶다면 리프트 측과 얘기를 나눌 생각을 해서는 안 됩니다."라고 말해놓는 이례적인 조치를 취했다.[22] 내가 그런 전략의 취지에 대해 묻자 캘러닉은 이렇게 대답했다.

"우버는 리프트 투자자들에게 가서 '이보세요, 우리도 영업 중입니다. 우리가 투자금을 받겠습니다.'라고 말한 겁니다. 그게 대화 내용이었어요."

하지만 다른 사람들 눈에 캘러닉은 뒤에서 침략군에게 쓸모 있는 모든 것을 불태워버리는 초토 전술을 쓰기 위해 애쓰는 것처럼 보였다.

어떤 면에서는 리프트가 우버보다 공격적으로 영업했음에도 평판은 더 좋았다는 사실이 캘러닉에게 부당하게 보였던 게 분명하다. 샌프란시스코, 마이애미, 캔자스시티에서 비규제 차량공유 서비스를 처음으로 선보였던 건 리프트였지만, 그곳 창업자들인 로건 그린과 존 짐머는 종종 약탈의 야망이 아닌 진실된 이상주의를 가진 사람들로 간주됐다. 짐머는 CNN과 가진 한 인터뷰에서 이런 말을 쏟아냈다.

"리프트 탑승은 곧 인간이 긍정적인 상호작용을 할 수 있는 기회와도 같습니다. 나는 또한 운송업의 미래를 바꿀 수 있어서 정말 운이 좋다고 느낍니다. 그런 변화는 미래의 도시를 보다 인간 중심적인 곳으로 만들어줄 겁니다."[23]

7월이 되자 리프트는 우버가 면허증을 소지한 전문 운전사들을 데리고서만 영업 중이던 뉴욕에서 차량공유 서비스 출시를 준비하기 시작했다. 사이드카는 1년 전에 그 같은 서비스를 시도했지만, 운전사들이 소환되고 TLC가 그들이 몰던 차들을 압수하는 사태를 겪은 뒤 서둘러 시장에서 철수했다.[24] 우버가 뉴욕에서 우버블랙과 우버택시를 출시하면서 발견했듯 TLC는 이미 교통체증이 극심한 도로에서 생기는 혼란을 묵과하지 않는 가공할 만한 적이 될 수 있었다.

하지만 리프트 사장 존 짐머는 안 된다는 대답을 받아들이려 하지 않았다. 그는 리프트가 퀸즈와 브루클린에서 서비스를 개시할 것이라고 공개 발표했다.[25] 이어 짐머는 정부의 대정부관계 담당 사업부 부사장인 데이비드 에스트라다David Estrada와 함께 뉴욕으로 향했고, 빌 드 블라시오Bill de Blasio 뉴욕시장 밑에 있던 TLC 위원장 미라 조시Meera Joshi와 하루 동안 회의를 가졌다. 조시 위원장은 단호하게 말했다.

"리프트는 차고지로 등록해야 하고, 우버와 마찬가지로 TLC 면허를 받은 운전사들만 고용할 수 있습니다."

이튿날, 짐머와 에스트라다는 주 법무장관 사무실로 호출됐다. 거기에서 법무장관 사무실과 뉴욕 금융서비스국Department of Financial Services 측 관리 10여 명은 리프트가 계획대로 서비스를 출시할 경우 위반하게 될 법규들의 목록을 줄줄이 읊었다.

하지만 결심을 굳힌 짐머는 그날 밤 부시윅Bushwick에 있는 1896 나이트클럽에서 래퍼 Q-팁Q-Tip에서부터 힙합 그룹 트라이브콜드퀘스트Tribe Called Quest까지의 공연이 곁들여진 론칭 파티를 열었다. 나이트클럽 정문 앞에서 10여 명의 택시 기사들이 시위를 하는 동안 클럽은 지역 기술 전문가들로 붐볐다. 뉴욕 독립 택시기사연합Association of Independent Taxi Drivers 소속의 낸시 소리아Nancy Soria는 기술 블로그인 '테크니컬Technical.ly'과 가진 인터뷰에서 이렇게 주장했다.

"우리는 리프트가 우리를 파산시키기 위해 나타났다고 생각합니다."[26]

그날 늦게 짐머와 에스트라다는 TLC가 경고명령을 준비 중이라는 소식을 들었다. 법무 자문위원인 크리스틴 스베체크 및 리프트의 사외변호사와 가진 화상회의에서 열정에 찬 짐머는 어쨌거나 서비스를 추진해야 한다고 주장하면서, 그렇게만 된다면 자신이 체포된다 해도 좋다고 말했다. 이 말을 들은 변호사들은 웃었지만 그는 진지했고, 변호사들은 그것이 좋은 생각은 아님을 설득했다. 스베체크는 짐머에게 말했다.

"당신이 수감되는 상상은 하고 싶지 않습니다. 견딜 수 있는 일이 아닐 것 같네요."

코너로 몰린 리프트는 창립 이후 최초로 자기 차를 모는 일반인들이 아닌 전문 운전사들을 이용한 서비스를 출시하며 조심스러운 모습을 보였다.[27] 뉴욕에서 리프트는 면허가 있는 운전사들만을 쓰면서 우버의 맨 처음 모습을 구현한 것처럼 보였다.

우버와 리프트의 싸움은 그때부터 한층 더 가열됐다. 그들은 상대방이 자사에 탑승 요청을 했다가 취소한 뒤 자사 운전사들에게 이직 대가로 보상을 제시하는 등 치졸한 공격을 하고 있다면서 서로를 비난했다.[28]

은밀한 공간에서는 이보다 더 격정적인 싸움이 벌어졌다. 리프트의 COO는 트래비스 반더잔덴Travis VanderZaanden이란 이름을 가진 30대 초반의 창의적인 임원이었다. 리프트는 2013년에 그가 세워 키우고 있던 주문형 세차 회사인 체리Cherry를 인수했다. 체리에서 반더잔덴은 가장 노련한 자동차 세차 전문가들이 세차 초짜들에게 조언과 평가를 해줌으로써 훈련과 멘토링이 필요한 직원들을 뽑을 필요가 없이도 대규모 계약직 직원들을 모집할 수 있게 해준 기발한 서비스를 고안했다.[29] 이 개념을 리프트에 접목시킨 반더잔덴은 리프트가 지상에 직접 직원들을 투입하지 않고서도 새로운 도시들로 사업을 확장하는 일을 돕는 데 그것을 활용했다. 또한 그는 우버블랙과 유사한 서비스인 리프트플러스Lyft Plus를 선보였는데, 이는 우버의 고마진 사업 분야를 공략하기 위한 시도였다.

하지만 2014년 여름이 되자 당시 그와 함께 일했던 동료들은 반더잔덴이 더 많은 자본을 확보하고 빠르게 움직이고 있던 우버와 리프트를 비교해본 뒤 자사의 전망에 대해 환멸을 갖게 됐다고 말했다. 법정 기록에 따르면 그는 자신이 CEO를 맡는 문제를 논의하기 위해 그린이나 짐머 몰래 두 명의 리프트 이사회 이사들에게 접근했다.[30] 그는 또한 리프트와 우버 간의 합병 논의 재개와 관련해 우버와 은밀한 대화를 다시 가졌다. 이 모든 사실을 알아낸 리프트의 창업자들은 몹시 격노했으며, 반더잔덴은 8월에 사임하고 몇 주 뒤 우버의 대외성장 사업부 부사장으로 자리를 옮겼다.

즉시 소송이 제기됐다. 캘리포니아 주법원에서 리프트는 반더잔덴이 회사를 떠나기 전에 독점 재정 및 전략 문건을 내려받았다며 비난했다.[31] 반더잔덴은 혐의를 부인하면서 트위터에 이렇게 썼다.

"그것은 내 명성을 더럽히기 위한 안하무인격 공격입니다."[32]

몇 달 뒤, 우버는 불법으로 자사 컴퓨터 시스템에 침투해서 약 5만 명에 이르는 운전사 이름과 개인정보를 내려받은 사람이 누군지 찾아내기 위해 연방법원에 민사소송을 제기했다. 반더잔덴 재판 때 나온 증언 녹취록을 보면, 우버는 범인이 리프트의 CTO 크리스 램버트Chris Lambert라고 믿었다. 램버트의 변호사는 로이터 통신Reuters에 램버트는 데이터 절도 사건과 무관하다며 혐의를 부인했다.[33]

상황은 급속도로 악화됐고, 이런 모든 싸움이 공개되면서 사업에도 나쁜 영향을 미치게 됐다. 그에 따라 2년 뒤 반더잔덴 사건이 곤혹스러울 수 있는 공개재판에 부쳐지기 직전 양사는 법률적 분쟁에 합의했고, 우버는 데이터 절도와 관련된 민사소송을 취하했다.[34] 이후로도 양사의 과열 경쟁은 지속됐지만 그 장소는 법정이나 트위터도 아닌 도로 위였다.

우버의 성장통

그해 여름에 급성장하고 있던 우버는 1년 만에 두 번째, 창립 이후 일곱 번째로 사무실을 옮겼다. 옮겨간 곳은 뱅크오브아메리카Bank of America 빌딩이었던 마켓 가의 건물이었고, 사무실은 약 8,175제곱미터로 더 커졌다. 사세 확장을 대비해서 별도의 공간도 빌려놓았다. 이 거대한 시멘트 구조물은 시의 한 블록 전체를 차지했고, 옥상에는 헬리콥터 이착륙지가, 지하에는 은행 금고가 갖춰져 있었다. 내부의 우버 사무실들은 검은색 나무, 브라운초콜릿색 가죽소파, 화이트보드, 그리고 우버가 진출한 도시들을 나타낸 디지털 디스플레이로 덮인 벽으로 가득 채워 어둑하면서도 분위기 있게 연출됐다. 개방된 책상들 사이로는 빙 둘러 걸을 수 있는 통로가 마련됐는데, 가만히 못 있고 돌아다니는 캘러닉에겐 완벽한 구조였다. CEO의 전투적 성격에 맞게 주요 층 가운데에 있는 길쭉한 모양의 이사회실은 '상황실war room'로 명명됐다.[35] 회의실은 비공개 논의 시엔 불투명하게 바꿀 수 있는 맑은 유리벽들로 이루어져 있다.

상황실이라는 이름 자체가 깊이 뿌리 박혀 있는 호전성을 암시하지만, 그해 우버는 프로 회사라는 이미지를 주기 위해 필사적인 노력을 펼치고 있었다. 8월에 민주당 전략가인 하워드 울프슨Howard Wolfson과 백악관 언론담당 비서관인 제이 카니Jay Carney 등 정치 전문가들을 상대로 장시간의 인터뷰 과정을 마친 후 우버는 세간의 이목을 끄는 인물을 채용했다. 바로 버락 오바마의 2008년 대통령 선거운동을 지휘한 데이비드 플러프를 정책전략 사업부의 수석 부사장으로 임명한 것이다.[36] 캘러닉은 또한 말투를 순화하기 시작했고, 회사의 사명도 보다 고무적으로 표현했다. 이제 그것은 더 이상 "택시라는 멍청한 녀석"을 파괴하자는 게 아니라 "모든 곳에서 누구에게나 열려 있는 수돗물처럼 쓸 수 있는 신뢰할 수 있는 운송 서비스를 제공하자."는 것이 되었다.[37]

캘러닉은 자신이 일해왔던 방식도 바꾸기 위해 애썼다. 하지만 우버가 자초해서 얻은 호전적 이미지를 바꾸는 데는 대단한 실력 이상이 필요했다. 대외 이미지와 관련해 우버가 겪은 가장 큰 위기가 이제 일어날 참이었다.

10월 말에 기술 블로그 팬도데일리PandoDaily의 기자 사라 레이시Sarah Lacy는 우버를 맹비난하는 글을 썼다. 프랑스 리옹Lyon 사무실이 승객들을 에스코트 서비스escort service(유료 동반자 혹은 매춘부 동행 서비스_옮긴이)와 연결된 것처럼 보이는 매력적인 여성 운전사들과 짝지어주겠다는 황당한 광고를 내보낸 것도 원인이었다.[38] 우버의 광고 포스트에는 "누가 여성들이 운전할 줄 모른다고 합니까?"라고 적혀 있었고, 포스트 주변에는 노출이 심한 여성들 사진이 들어가 있었다.[39] 언론이 취재에 나서자 우버는 즉시 광고를 취소한 후 리옹 블로그에서 광고 포스트를 내렸다. 하지만 폭탄 발언을 서슴지 않는 레이시는 자신은 전화기에서 우버 앱을 삭제했다고 선언하면서 우버가 여성 운전사와 승객 들을 위험에 빠뜨리는 성차별주의 기업 문화를 갖고 있다고 비난하며 이렇게 썼다.

"우버가 우리를 존중하거나 우리의 안전을 최우선시하는 회사가 아님을 알기 위해 얼마나 더 인내해야 하는 건지 모르겠습니다."[40]

레이시의 글은 우버 내부에서 큰 부정적인 파문을 일으켰다. 리옹의 광고 활동은 지점이 저지른 황당한 잘못이었지만 회사는 여성들에게 운전사가 될 기회를 늘려주고, 승객으로서 여성들이 안전하게 차를 부르고, 지나가는 택시를 잡기 위해 늦은 밤 어두운 길거리 구석에서 기다려야 할 필요가 없게 만들어줬다는 데 대해 자긍심을 갖고 있었다. 레이시의 글은 그해 점점 더 커지고 있던 모든 비판보다 더 우버 직원들의 마음을 아프게 했다.

3주 뒤 우버는 맨해튼에 소재한 웨이버리인Waverly Inn 호텔에서 개최한 비공개 만찬에 다양한 언론사 임원과 기자 들을 초대했다. 긴 탁자의 한쪽 옆에 앉아 있던 캘러닉은 식사를 마친 후 짧은 연설을 한 다음 질문을 받았다. 에밀 마이클은 그와 다른 편에서 「뉴욕 데일리 뉴스New York Daily News」 발행인인 모트 주커먼Mort Zuckerman 및 아리아나 허핑턴Arianna Huffington과 마주보고 앉아 있었다. 두 사람 옆에는 뉴스 및 엔터테인먼트 웹사이트인 버즈피드BuzzFeed의 편집장 벤 스미스Ben Smith가 있었다. 그는 질의응답 시간에 캘러닉에게 소위 '오바마케어Obamacare'로 알려진 부담적정보험법Affordable Care Act에 대해 어떻게 느끼는지 물었다. 이어 각 탁자에서마다 사적 대화가 시작되자 마이클은 스미스에게 왜 그가 정치적 질문을 던졌는지를 물었고, 스미스는 그는 캘러닉이 진보주의자 성향을 드러내는 대답을 해주길 기대했다고 말했다.

그리고 언론과 그 양심에 대한 광범위한 대화가 이어졌다. 바로 이어진 내용은 심각한 논란거리가 될 가능성이 있었다. 당시 대화에 대한 마이클의 기억에 따르면 그는 스미스에게 "언론이 증거도 없이 개인적인 비난을 퍼부었을 때 신경 쓰인다."고 말했다. 이어 그는 우버가 100만 달러를 들여 책임 있는 언론을 만들기 위한 그룹을 만드는 가상의 아이디어를 제시했다. 그런 그룹은 연구원과 전문기자 들을 고용해서 부정적 기사가 나오면 대응하고, 또 자기만의 비밀을 감춰두고 있을지 모를 기자들에게 보복할 수도 있다고 그는 말했다.

저녁 만찬은 금요일에 열렸다. 월요일이 되자 스미스는 자신은 만찬 때 논의된 이야기가 비공개off the record였다는 사실을 몰랐다고 주장하면서

'우버 임원, 언론인들의 부정부패 적발 제안'이라는 제목을 달아 자신이 기억하는 대화 내용이 담긴 기사를 내보냈다. 스미스에 따르면 마이클은 만찬 때 이렇게 말했다.

"우버의 부정부패 적발자들은 '당신의 사생활과 당신 가족'을 조사하고, 우버가 당한 만큼 언론에게도 앙갚음해줄 것이다."

스미스는 또한 마이클이 '기자들이 사라 레이시의 사생활에 대한 불쾌한 사실들을 세세히 파헤칠 수 있다'는 가설을 제시하면서 "레이시는 자신처럼 우버 앱을 삭제했다가 성적 폭행을 당한 어떤 여성에 대해서든 개인적인 책임을 져야 한다고 주장했다."라고 보도했다.[41]

마이클은 스미스가 인용한 어휘에 대해 개인적으론 동의하지 못했지만 즉시 성명을 통해 사과했다.

"사적 만찬에서 제가 했다는 발언은 제 실제 견해를 반영하지 않으며, 회사의 시각이나 전략과는 무관합니다. 상황이 어쨌든 잘못된 발언이었으며 그에 대해 유감스럽다는 말씀을 드리고 싶습니다."

하루 뒤 「허핑턴포스트」에 실린 같은 대화를 다룬 기사에서, 당시 근처에 앉아 있었던 백악관 직원 니콜 캠벨Nicole Campbell은 마이클이 한 말을 다소 다르게 전했다.

"마이클은 '누군가 자신에 대해 허위 사실을 유포하거나 잘못된 사실을 담은 기사를 내보낸다면 레이시는 좋아하지 않을 것이다. 우리 모두 사생활 속에서는 자랑스럽지 않은 일들을 해본 적이 있기 때문이다.'라며 가정해서 말했다."[42]

버즈피드의 기사에는 우버가 크게 비난을 받을 만한 내용이 또 있었다. 만찬이 열리기 며칠 전 스미스는 버즈피드에 기사 하나를 썼다. 뉴욕 사무실 총괄관리자인 조시 모러(전년도 초에 겟과 싸운 사건의 주인공)가 롱아일랜드시티Long Island City 외곽에서 자신을 찾아온 버즈피드의 기자 조하나 뷰이언Johana Bhuiyan을 만났고, 그녀에게 자신이 갓뷰God View라는 회사 도구를 이용해서 우버 자동차를 타고 움직인 그녀의 동선을 추적했음을 보여줬다는 내용이었다.

우버가 모든 직원들이 이용할 수 있게 만든 내부 서비스인 갓뷰는 우버가 그토록 급성장할 수 있었던 이유 중 하나이기도 했다. 각 도시에 있는 수백 명의 우버 관리자들 모두가 샌프란시스코 직원들과 똑같이 갓뷰에 접속했기 때문에 본사에 의존하지 않고 데이터에 기초한 결정을 내릴 수 있었다. 캘러닉은 투명한 기업문화는 직원들에게 자신들이 만든 계획에 대한 주인의식을 심어줌으로써 그들에게 자신들이 대기업 내에서 스타트업을 경영하고 있는 듯한 느낌을 갖게 해준다고 믿었다. 그러나 우버는 데이터와 관련된 적절한 사생활 보호장치와 직원들을 대상으로 하는 훈련, 그리고 자신들이 이 민감한 정보를 어떻게 이용할 계획인지 세상에 알리는 공개 사생활 정책 없이 갓뷰를 배포했었다. 재앙이 필연적으로 발생할 수밖에 없었다.

기업의 위협적 행동과 고객 데이터 악용 가능성을 시사한 버즈피드의 기사는 언론 폭탄의 도화선이 되었다. 1년간의 드라마가 끝난 후 언론매체들은 우버와 관련된 논란의 낌새만 있어도 달려들었기 때문에 거의 모든 주요 인쇄 및 TV 네트워크가 우버의 이야기를 다뤘고, 특히 이 이야기는 멀리는 유럽과 아시아에서도 다뤄졌다. 이튿날, 마이클과 캘러닉은 뉴욕을 떠나 라스베이거스 벨라지오Bellagio에 있는 골드만삭스의 회의실로 향했다.

마이클은 캘러닉과 함께 라과디아LaGuardia 공항의 중앙 홀을 걷던 중 공항 라운지에 설치된 TV를 쳐다봤을 때 CNN 방송에 자신의 사진이 떠 있던 것을 기억한다. 이 모든 일이 현실이 아닌 것 같았다. 비행기를 탄 마이클과 캘러닉은 랩톱을 기내 와이파이에 연결시키고 옆에 앉아 만찬 때 마이클이 한 발언과 관련해서 트위터에 우버를 비난하는 트윗이 쏟아지는 광경을 지켜봤다. 마이클은 당시 상황을 회상하며 말했다.

"나는 말 그대로 캘러닉의 관심을 다른 데로 돌리기 위해서 애썼습니다. 그리고 '맙소사, 착륙하기 전에 난 잘리겠구나.'라고 생각했어요."

과거에 그는 그렇게 공개적으로 실수를 저지른 적이 없었다. 예전 같았으면 캘러닉은 자신이 사랑하는 브랜드를 지키기 위한 방어 전략을 모색하며 온라인에서 자신을 비판하는 사람들과 맞서 싸웠을지 모른다. 하지만 그는 트위터에 접속한 후, 마이클이 옆에서 상사의 랩톱 화면을 보지 않으려고 애쓰는 동안 14건의 트윗 보따리를 술술 풀어내며 일시적으로나마 폭풍을 잠재웠다. 이어 그는 우버는 더 나은 세계 시민이 되기 위해 노력하겠다는 약속을 제시했다.

최근 만찬 파티에서 에밀이 한 말은 끔찍하고, 우리 회사의 현실을 반영하지 않은 것이었습니다. 그의 발언은 리더십 결핍, 인간성 결여, 우리의 가치와 이상으로부터의 일탈을 보여줬습니다.

이곳 우버에서 그가 맡은 임무는 커뮤니케이션 전략이나 계획과 무관하며, 어떤 식으로건 회사 전략을 대표하지 못합니다.

우리는 우리의 승객, 우리의 운전사, 그리고 일반 대중에게 동기를 부여하면서 그들을 이끌어야 합니다.

우리는 사람들의 마음과 머리에 와 닿는, 발전과 매력이 담긴 이야기를 해야 합니다.

우리는 사람들에게 우버 문화의 핵심인 긍정적 원칙을 보여줄 수 있을 만큼 충분히 개방적이면서 유연해야 합니다.

우리는 우버가 여러 도시들에 선사했던 발전 스토리를 말하고, 우리가 원칙적이며 좋은 의도를 갖고 일한다는 사실을 지지자들에게 보여줘야 합니다.

그런 걸 보여줘야 하는 건 우리가 짊어진 짐입니다. 그리고 에밀이 말하기 전까지 우리는 우리가 그런 면에서 긍정적인 발걸음을 내딛고 있다고 느꼈습니다.

하지만 나는 개인적으로 우리 승객들, 파트너들, 대중에게 우리가 도전에 나서겠다고 약속할 것입니다.

우리는 우버가 현재도 커뮤니티의 긍정적 일원이며, 앞으로 계속해서 그럴 것임을 보여주기 위한 도전에 나설 것입니다. 아울러 나는 신뢰 확보 목표를 달성하기 위해 최선을 다할 것입니다.

나는 나 자신을 포함해서 실수를 저지른 사람들은 그 실수로부터 무언가를 배울 수 있다고 믿습니다.

그리고 에밀 역시 마찬가지입니다.

끝으로 사라 레이시에게 사과드리고 싶습니다.

라스베이거스에서 마이클은 벨라지오에 있는 회의실에서 멀리 떨어져 있는 자신의 호텔방에 머물렀다. 그 주 후반 사무실로 돌아온 캘러닉은 직원들을 소집했다. 직원들 중 다수는 대중의 비난으로 마음이 심란한 상태였다. 캘러닉은 자신은 마이클을 신뢰하며, 그가 말실수는 했지만 사악한 의도를 가졌던 것은 아님을 확신한다며 지금까지 일어난 혼란의 자초지종에 대해 설명했다. 그는 마이클을 해고하려 하지 않았다.

하지만 캘러닉은 또한 우버가 아주 크고, 강력하며, 도시 교통에 필수적인 존재가 된 이상 성장해야 한다는 점을 인정했다. 우버의 첫 몇 년 동안 그토록 중요한 자산 역할을 했던 총잡이의 사고방식은 이제 득得보다 많은 실失을 유발했다. 회사가 사용자들의 신뢰를 얻길 원했다면 갓뷰로의 접근은 엄격히 제한 및 통제되어야 했다. 이제 캘러닉은 전 세계에서 가장 예의 주시받고 있는 스타트업의 CEO로서 그조차 자신의 어투를 바꾸고, 더 자각하고, 낙관론과 엄청나게 많은 공감 속에서 우버가 빠르게 창조하고 있는 미래를 분명히 설명해야 했다.

코드 콘퍼런스에서 연설했고, '택시라는 멍청한 녀석'과의 전쟁을 선포하기 며칠 전, 캘러닉은 구글의 수석 변호사이자 우버의 이사인 데이비드 드럼몬드로부터 한 통의 전화를 받았다. 드럼몬드는 그에게 구글의 공동창업자인 세르게이 브린 역시 콘퍼런스에서 연설을 할 것이고, 폭탄 발표를 할 예정이라고 말해줬다. 구글이 우버와 유사한 자체 주문형 서비스 개발 계획의 일환으로 무인자동차 출시를 계획하고 있다는 사실을 그 자리에서 발표한다는 것이었다. 드럼몬드는 캘러닉에게 '구글은 이렇게 우버와 싸울 장기적 계획을 공개할 것'이라는 경고를 미리 해주고 싶었다.

통화를 끝내고 1시간 뒤, 드럼몬드는 캘러닉에게 다시 전화를 걸어 발표가 취소됐다고 말했다. 브린은 결국 그런 발표를 하지 않기로 했다는 것이다. 캘러닉은 깜짝 놀랐다. 많은 면에서 따져봤을 때 구글은 인상적이고 잘 경영되는 회사였지만, 캘러닉도 알고 있듯이 창업자들의 충동적

변덕 때문에 일관성 없는 일들이 벌어지기도 했다.

그럼에도 당시 경험은 캘러닉의 머릿속에 불안한 생각을 심어주었다. 불과 8개월 전에 그가 투자자이자 우군이라고 생각했던 회사가 이제 미래의 경쟁자로 보이기 시작했기 때문이다. IT 분야의 역사는 잠재적 가능성을 종속관계로 인해 날린 기술 기업들의 사례로 가득 차 있다. 1980년대에 윈도우 운영 시스템 때문에 마이크로소프트에게 의존한 IBM 및 2000년대에 구글 검색엔진에 의존한 야후가 좋은 예다. 우버는 지도 때문에 구글이 필요했지만 아마도 언젠가는 무인자동차 때문에 구글에 더 많이 의존해야 할지도 모른다.

그해 가을 대외 신인도 위기가 커질 무렵, 캘러닉은 이처럼 논쟁을 부를 수 있는 미래를 몰래 준비 중이었다. 그는 우버의 새 CPO 제프 홀든Jeff Holden 및 매트 스위니Matt Sweeney와 정기적으로 회의를 열기 시작했다. 달변인 홀든은 카풀 서비스인 우버풀Uber Pool 출시를 진두지휘한 인물이었고, 스위니는 우버 애플리케이션의 전면 개편을 주도한 초기 엔지니어였다. 10월, 캘러닉은 구글이 우버와의 경쟁을 계획 중이라는 추가 확인을 구글 내 소식통으로부터 받았다. 그는 이어 이사회 데이비드 드럼몬드와 이사회 참관인observer 데이비드 크레인에게 우버 이사회 참석을 중단해줄 것을 요청했다.

캘러닉과 이사들은 어떻게 하면 우버의 자체 무인자동차 프로젝트의 시동을 걸고 구글 및 전기차 제조업체인 테슬라Tesla를 따라잡을 수 있을지를 모의하고 있었다. 향후 운송업계에서 실제로 무인자동차 시대가 열린다면 그 시대는 우버가 장악해야 했다.

C H A P T E R 11

탈출 속도
_에어비앤비와의 싸움과 우화

빅토르 위고Victor Hugo는 "구현할 시간이 도래한 아이디어를 죽일 수 없다."라고 말했다. 그런데 우리의 시간이 도래했다.

브라이언 체스키[1]

우버가 분위기 있는 조명이 비추는 마켓 가의 사무실로 이사하기 몇 달 전, 에어비앤비는 안락했던 보금자리를 떠났다. 포트레로힐 지구에서 벗어난 회사는 브래넌 가 888번지에 있는 100년 된 창고로부터 걸어서 5분 거리에 있는 화려한 새 본사로 이사했다. 브라이언 체스키와 조 게비아는 다년간 보석 도매시장과 배터리 공장 등으로 다양한 역할을 해왔던 이 건물에 디자인 인재들을 보냈다. 이들은 수백 종의 식물로 이루어진 1,200제곱피트(약 111.5제곱미터_옮긴이) 규모의 수직 '녹색 벽'을 세 개 층에 가로질러 세웠고, 알록달록한 불빛으로 수놓인 아트리움을 설치했으며, 10여 곳의 회의실을 밀라노, 파리, 덴마크, 그리고 그 외 지역 에어비앤비에 등록된 숙소처럼 보이게 꾸며놓았다. 또 다른 회의실은 라우시가에 있는 창업자의 원래 아파트를 모델로 삼아 제작했고, 냉전 시대에 쓰였던 천장등 아래에 둥그런 탁자가 갖춰진 대형 회의실은 스탠리 큐브릭Stanley Kubrick 감독의 1964년작 〈닥터 스트레인지러브Dr. Strangelove〉에 나오는 상황실과 똑같은 모양으로 바뀌었다.

돈이 아낌없이 투자된 에어비앤비의 이 새 사무실에는 고가 브랜드 에메코Emeco의 알루미늄 의자들과 지역 도자기 가게에서 구한 금도금 식기와 더불어 미식가를 위한 식사가 하루에 세 끼, 일주일에 7일간 나오는 주방이 갖춰져 있었다. 에어비앤비는 건물 리노베이션에 5,000만 달러, 임대료로는 1억 1,000만 달러를 썼다고 밝혔다. 마치 시의 건물 임대료가 급등한 것처럼 보이는 계약이었다.

이사회에 참석해본 적이 있는 사람의 말에 따르면 벤처투자자 마크 앤드리슨은 이사회에서 회사의 지나친 경비 지출 속도에 대해 우려를 표했다. 또 다른 이사이자 그레그 매커두의 후임자인 세쿼이어캐피털의 앨프리드 린은 낭비성 지출에 대한 논의가 있었다는 점을 인정하면서도 그런 논의는 회사가 달성한 놀라운 성과로 무색해졌다고 확인해주었다. 린은 이렇게 말했다.

“성장은 많은 죄를 덮어줍니다. 그리고 에어비앤비가 이룬 성장은 눈부셨습니다.”

새로운 본사는 단순히 사무실로서뿐 아니라 에어비앤비가 사람들을 끌어모으고, 서로의 차이점들을 없애주고, 실리콘밸리에 관한 수많은 미사여구 중 진지함을 담은 ‘더 나은 세상을 만들 수 있다는 생각’이 머무는 성지聖地로 디자인됐다. 3층 방문객 수속대 부근에 세워진, 영화감독 스파이크 리Spike Lee가 회사에 선물로 준 도로명 표지판에는 로비가 '올바른 일을 하는 길Do the Right Thing Way'로 표시되어 있다. 또 사무실 벽은 '에어비앤비 사랑AIRBNB LOVE'과 '어디서나 함께해BELONG ANYWHERE'처럼 영감을 주는 문구들로 도배되어 있었는데, 특히 두 번째 문구는 2014년 여성 해부도 일부의 추상적 표현으로 광범위하게 해석됐던 새로운 문화 로고 벨로Belo처럼 대대적인 축하 속에 등장한 회사의 새 슬로건이었다.[2]

에어비앤비는 자기 자신의 중요성에 대한 자부심이 워낙 강했다. 체스키는 2014년 11월 샌프란시스코에서 처음 열린 집주인들 모임인 에어비앤비 오픈Airbnb Open에서 행한 기조연설에서 전 세계 환대 사업부 신임 대표head 칩 콘리Chip Conley가 어떻게 에어비앤비 커뮤니티가 10년 안에 노벨평화상을 받을 수 있다고 예언했는지를 떠올렸다. 콘리는 에어비앤비에서 회사 선전을 창업자들보다 더 잘하는 유일한 임원이었다. 연설 도중 체스키는 이렇게 말했다.

"그 말을 듣고 전 웃었습니다. 저는 콘리가 미쳤다고 생각했죠. 그러다 갑자기 여러 이야기를 듣고 나니 '우리가 절대 그렇게 완전히 미친 건 아니네.'라는 생각이 들었습니다."[3]

우버와 마찬가지로 당시 에어비앤비에는 창업자들의 야심 및 이상주의와 함께 그런 것들이 대중에게 어떻게 보여질지 모르는 나이브naive함이 있었다. 그리고 우버처럼 에어비앤비 역시 2014년 당시 실리콘밸리 전역에 커진 낙관주의를 흡수하는 스폰지였다. 우버가 시리즈 D 투자라운드를 통해 무려 12억 달러를 조달했을 때 에어비앤비는 우버를 지지한 적이 있는 T. 로우 프라이스T. Rowe Price와 두 명의 투자자, 사모펀드 TPG,

그리고 셔빈 피셔버의 새로운 사모 벤처자본 펀드 셰르파캐피털Sherpa Capital이 포함된 집단으로부터 5억 달러의 자금을 조달했다. 6년 된 이 회사의 새로운 가치평가 금액은 놀랍게도 100억 달러였다.

15퍼센트의 지분을 보유한 브라이언 체스키, 조 게비아, 네이선 블레차르지크의 서류상 지분 가치는 각자 15억 달러였고, 그들은 우버의 트래비스 캘러닉과 개릿 캠프, 라이언 그레이브스와 같은 해에 「포브스」가 선정한 억만장자 명단에 이름을 올렸다.[4] 이들은 모두 30대였다.

에어비앤비가 맞닥뜨린 비극적 사건

우버와 에어비앤비 사이에는 또 다른, 하지만 보다 불행한 유사점이 있었다. 우버와 마찬가지로 에어비앤비는 일반 호텔에서는 갖추어놓은 기본적인 안전장치가 없어 자사 서비스에서 일어날 수 있는, 아니 필연적으로 일어날 수밖에 없을 여러 비극적 사건들에 대비해놓지 않은 듯했다.

2013년 12월에 여섯 살 소녀 소피아 리우가 샌프란시스코에서 우버 운전사가 몰던 차에 치여 숨지기 불과 하루 전, 타이베이에 있는 에어비앤비에서는 캐나다 온타리오 주에서 온 35세의 한국인 교포 엘리자베스 유(한국 이름 유은정)가 일산화탄소 중독으로 숨졌다. 그녀는 친구들과 결혼식 참석차 타이베이로 여행을 와서 시내의 아파트를 숙소로 잡았는데, 집주인이 온수기를 제대로 환기시키거나 일산화탄소 경보기도 설치해두지 않은 중에 외부 발코니까지도 공기가 통하지 않게 막아놓은 상태였다.

「차이나 포스트China Post」의 보도에 따르면, 당시 옆방에서 자던 친구 네

명은 병원으로 후송돼서 일산화탄소 중독 치료를 받았지만 유 씨는 현장에서 숨진 채 발견됐다.[5] 그날 밤, 그녀의 아버지 유대종 씨는 브라이언 체스키에게 이런 트윗을 썼다.

우리 딸 엘리자베스가 2013년 12월 30일 에어비앤비가 주선한, 타이완 타이베이에 있는 아파트에서 일산화탄소 흡입으로 숨졌습니다.[6]

소피아 리우의 비극과 달리 이 사건은 서구 언론의 아무런 관심도 받지 못했다. 나중에 내가 에어비앤비에 이 사건에 대해 묻자 회사 대변인은 다음과 같은 내용이 담긴 이메일을 보내왔다.

"우리는 이번 사건에 대해 알게 됐을 때 크게 놀랐고, 전폭적인 지원을 제공하며 깊은 애도의 뜻을 표하기 위해 그 가족에게 즉시 연락을 취했습니다. 이것은 비극적 사건입니다. 우리는 항상 가족을 지원하고, 이런 종류의 사건 재발을 막기 위한 조치를 취하는 데 집중해왔습니다. 아울러 우리는 사고가 난 아파트 집주인을 우리 커뮤니티로부터 영구 제외시켰습니다. 커뮤니티 회원들의 사생활을 존중하는 차원에서 우리가 그들과 나눈 대화 내용에 대해선 언급하지 않겠습니다."

내가 연락을 시도해봤지만 답이 없었던 유 씨 가족은 샌프란시스코에서 일하는 윌리엄 B. 스미스William B. Smith라는 개인 상해 전문 변호사에게 접촉했다. 그는 유 씨 가족에게 불법행위에 따른 사망 소송을 제기하고, '집주인과 손님은 모든 위험에 책임을 지고 지방법을 준수할 의무를 진다'고 명시해놓은 14쪽 분량의 에어비앤비의 서비스 조건 합의를 문제 삼으라고 조언했다. 하지만 스미스는 내게 곧바로 '유 씨 가족은 에어비앤비 측이 자신들에게 합의금 명목으로 200만 달러를 제안했다고 알려왔다'고 말했다. 유 씨 가족은 소송을 제기하기보다 그 돈을 받기로 결정했다.

나중에 스미스가 그의 로펌 웹사이트에 공개한 법적 문서에 따르면 에어비앤비는 사고에 대한 책임을 지는 걸 거부하면서 합의는 "오직 인도주의적 이유로 제시됐다."라고 명시했다.[7] 에어비앤비를 위해 일했던 한 변호사는 나중에 내게 "에어비앤비는 사건을 합의할 필요는 없었지만, 그런 상황에서 체스키는 오로지 올바로 해야 할 일에만 집중했다."고 말했다. 하지만 스미스에게는 어떤 자비심의 기미도 거짓으로 느껴졌다. 그는 이렇게 주장했다.

"사람들은 인도주의적 이유로 돈을 낼지 모르지만 기업들은 그렇지 않습니다. 그들이 돈을 내는 이유는 법적 책임 때문이죠."

그로부터 거의 2년 뒤 작 스톤Zak Stone 기자는 자신의 기사에서 유 씨의 죽음을 연대기 순으로 기록했다. 에어비앤비에서 묵던 자신의 아버지가 타이어 그네에 붙어 있다 떨어진 나뭇가지를 머리에 맞아 숨진 것에 대해 쓴 기사였다.

에어비앤비 세 공동창업자의 합동 인터뷰 도중 나는 그런 비극들에 대해서 물었고, 네이선 블레차르지크는 이렇게 답했다.

"회사 규모가 아주 크다 보니 통계적으로 일어날 확률이 극도로 희박한 일들이 가끔 일어날 수 있다습니다. 그런 일들은 (우리가) 더 강해질 수 있는 기회가 되기도 하죠. 나쁜 일이 발생하면 우리는 서비스 개선을 위해 앞으로 할 수 있는 일이 뭔지를 진심으로 깊이 들여다보고 열심히 생각해보려고 애씁니다."

실제로 2014년 미국에서 에어비앤비는 일산화탄소 감지기와 비상약품 상자, 연기 감지기와 더불어 비상사태에 대한 대비법을 알려주는 안전카드를 집주인들에게 나눠주기 시작했다.[8] 또한 그들에게 연말까지 자기 집에 연기 및 일산화탄소 감지기를 의무적으로 확보할 것을 지시했지만, 집주인들이 실제로 그것을 설치했는지를 확인할 수 있는 길은 없었다.

유 씨가 겪은 비극은 2014년 초 에어비앤비가 직면한 싸움의 현실을 보여주는 완벽한 사례였다. 에어비앤비는 낯선 사람들을 한데 모으며 믿을 만하고 친근한 여행 경험을 제공하는 혁신적인 숙박 브랜드로 자신들이 보이길 원했다. 하지만 그러한 모든 시장들이 그렇듯, 에어비앤비 역시 집주인들의 양심적 행동이나 손님들이 접하게 되는 실제 거주 여건을 100퍼센트 보장할 수는 없는 인터넷 시장이었다.

사람들이 생각하는 현실은 종종 그들이 어디에 공감하느냐에 따라 달라지곤 했다. 규제 담당자, 좌파 정치인, 호텔 CEO, 노조 대표, 적정한 가격의 주택을 지지하는 사람 그리고 술 마시고 흥청거리는 손님 들에 물려 분노한 이웃은 에어비앤비를 그저 오만한 억만장자라는 사람들이 사는 멀리 떨어진 곳에서 온 규칙 파괴자로 여겼다. 그에 반해 투자자, 집주인, 매달 모기지 대출금을 갚느라 안간힘을 쓰는 부동산 소유자, 여행 할인매장 점주, 그리고 최첨단 기술광은 좋은 의도를 갖고 망가진 접객업에 일대 혁신을 일으키고 있는 이 스타트업을 신뢰하는 경향을 보였다.

하지만 소박한 시작, 그리고 보다 이해심이 많은 CEO에도 불구하고 에어비앤비 역시 우버와 똑같은 논란에 휩싸이기 일보 직전의 상황에 빠졌다.

공유 도시를 위한 첫 번째 협의

닷컴 거품이 터진 후 실리콘밸리에서 일자리를 잃은 스티브 웅거Steve Unger는 2002년 오리건 주 포틀랜드Portland로 이주했고, 남편 더스티Dusty와 함께 빅토리아 시대 여관 더라이온앤더로즈The Lion and the Rose의 소유주로 변신했다. 여덟 개의 침실과 아치형 창문, 끝 부분이 굽은 현관, 3층 위엔 작은 탑을 갖춘, 100년 역사를 가진 위풍당당한 모습의 숙소였다. 영업이 잘되던 해에 웅거가 받은 손님은 2,000명에 이르렀다.

포틀랜드에서 잠자리와 조식을 제공하는 전통적인 숙박업체 소유자로 등록하려면 웅거는 지나치게 심한 상업적 활동으로부터 이웃 거주자들을 보호하기 위해 마련된 조례에 따라 4,000달러의 비용이 드는 시의 허가를 받아야 했다. 때문에 특히나 시가 경기침체로부터 벗어났음에도 자신의 숙박 사업이 이상하리만큼 잘 안되고 있었던 2012년, 웅거는 포틀랜드 전역에 우후죽순으로 생겨나는 무면허 에어비앤비 업소들을 의심스런 시선으로 바라보는 쪽에 마음이 기울었던 사람들 중 하나였다.

2014년 초가 되자 지역 집주인들은 시에게 잠자리와 조식을 제공하는 숙박업소의 등록비를 깎아줄 것과 더불어 이웃들이 시에 불만을 제기할 때마다 일부 에어비앤비 업소들을 폐쇄시키는 등 토지사용제한법을 일관성 없이 단편적으로 집행하는 일을 중단해줄 것을 간청했다. 이 문제와 관련하여 시의회 회의에 참석했던 웅거는 에어비앤비와 로비스트들이 논쟁에 깊숙이 개입되어 있다는 사실을 알아냈다. 그는 에어비앤비가 자신들을 대표해서 주장을 펼칠 수 있게끔 모아놓은 집주인들을 보고 놀랐다. 집주인들은 에어비앤비를 통해 남는 방이나 인척姻戚의 아파트를 임대해

줌으로써 어떻게 자기 집에서 사는 데 필요한 충분한 가욋돈을 벌 수 있게 됐는지에 대해 동정심을 불러일으키는 증언을 했다. 웅거는 이런 종류의 합의를 '에어비앤비의 좋은 점'이라고 부르기 시작했다. 에어비앤비의 나쁜 점은 다주택을 소유한 집주인들과 사실상 연간 많은 시간을 자기 집에 거주하지 않으면서도 집을 온라인으로 빌려주고 그것이 주택시장에서 거래되지 못하게 만드는 소유자들이 활동하고 있다는 사실이었다. 이런 유의 집주인들은 회의에서 증언해달라는 요청을 받지 못했다.

이웃 집단의 거부가 있었음에도 에어비앤비와 집주인들은 법률 개정에 성공했다. 2014년 여름 포틀랜드는 에어비앤비와 합의한 첫 번째 미국 도시가 되었다. 이 합의는 집주인들이 거주하는 집의 단기 임대를 합법화했지만, 거주하지 않는 집은 연간 90일 한도(집주인이 없을 때)의 임대만 허용됐다.[9] 등록비는 4,000달러에서 180달러로 감액됐고, 집주인들은 자기 집 안전 검사를 실시하고 이웃들에게 임대 사실을 알리며 시에도 등록해야 한다고 정해졌다. 다만 에어비앤비는 집주인들을 대신해서 11.5퍼센트의 숙박세를 걷어 시에게 보내기로 합의했다(집주인들의 이름과 주소를 포함하지는 않기로 했다).[10] 회사는 또한 시에 고객서비스 콜센터를 열었다.

포틀랜드에는 평화가 찾아왔지만 웅거는 그것이 마음에 들지 않았다. 그는 내게 이렇게 말했다.

"나는 에어비앤비가 도와주지 않으면 연간 90박을 넘기는 집을 단속하는 것은 거의 불가능하다고 믿었습니다. 그런데 그들은 도와주겠다는 말을 하지 않더군요. 그들은 합의 조건 중 하나로 연간 90박이 중요하다고 말했습니다. 에어비앤비는 사람들이 휴가 때 떠나서 자기들의 집을 빌려주기를 원했어요. 그리고 그들은 사람들이 집 전체를 빌려주었을 때 더 많은 돈을 법니다."

에어비앤비 입장에서 포틀랜드 합의는 자사 이미지를 강화하고 커져가는 규제 관련 불만을 낮추기 위해 취한 첫 번째 조치 중 하나였다. 체스키가 포틀랜드 발표와 때를 같이해서 공표한 블로그 포스트에는 회사가 '공유 도시들Shared Cities'이라고 부른 새로운 운동이 소개되었다. 이 운동에는 지역의 대의명분을 위한 집주인들의 기부를 돕고 그들이 낸 기부금을 적절한 곳에 전달함으로써 도시를 더 친근하고 멋진 공간으로 만들겠다는 등의 에어비앤비의 약속이 포함되어 있었다.[11]

이 운동의 한가운데서 에어비앤비는 시에게 당근을 제시했다. 우버가 정치적 적들에 맞서 고객 기반을 무기로 삼으며 날카로운 채찍을 썼던 것과는 대조된다. 호텔세는 보상이었다. 몇 년 전, 에어비앤비는 시장 역할을 하며 영업한다는 이유로 자신들이 호텔세를 거둘 책임을 져서는 안 된다고 주장한 바 있었다.[12] 하지만 집주인들은 자발적으로 호텔세를 낼 가능성이 낮았기 때문에 에어비앤비는 이제 이 부분을 양보하고, 단기 임대를 제재하는 법을 시가 철회해주는 대신 자신들이 직접 세금 수집에 나섬으로써 얻는 이점을 확인했다. 체스키는 포스트에 이렇게 썼다.

"우리는 불필요한 요식을 줄이고, 집주인들 대신 세금을 거둬 포틀랜드 시에 납부하겠다고 제안합니다. 이것은 우리에게 새로운 시도이며, 만일 이것이 우리 커뮤니티와 시에 좋은 효과를 낸다면 우리는 미국의 다른 도시들에서도 이 프로젝트를 똑같이 시행할 수도 있습니다."[13]

그 말은 곧 닥칠 일을 알려주는 예시였던 걸로 드러났다. 일주일 뒤, 에어비앤비는 샌프란시스코에서 14퍼센트의 호텔세(이를 숙박세transient occupancy tax라고도 한다)를 걷기 시작할 계획이며,[14] 심지어 수천만 달러의 체납 세금(정확한 액수를 명시하지는 않았다)을 납부하기로 합의했다고 밝혔다.[15] 이듬해 에어비앤비는 시카고,[16] 워싱턴 DC,[17] 피닉스,[18] 필라델피아[19] 등지에서 '세금 납부 대신 합법화 기회를 얻는' 합의를 체결했다. 암스테르담은 거주자들이 연간 두 달 내로 한 번에 네 명에게까지만 집을 빌려주는 걸 허용함으로써 유럽 도시 중 최초로 단기임대를 승인한 도시가 됐다.[20] 프랑스 역시 본인이 살고 있는 집의 단기임대를 합법화했고, 도시들에게 주인이 거주하지 않는 집의 임대에 대한 추가 제한을 통과시킬 수 있는 권한을 주었다.[21]

우리가 2015년 이 이슈를 주제로 이야기를 나눴을 때 체스키는 에어비앤비가 형세를 역전시켰다는 낙관적인 견해를 밝혔다.

"예전에는 도시들은 어떻게 하면 좋을지 알아보기 위해 뉴욕을 쳐다보곤 했습니다. 이제 각 도시들은 결정을 하고 있고, 우리는 이제 우리에게 최선의 방법이 무엇인지 알게 될 거라고 생각합니다."

하지만 에어비앤비의 최대 시장 중 하나인 뉴욕은 여전히 일촉즉발의 위기 지역이었다. 에어비앤비가 성공을 거둔 이후 커지기 시작하던 강력한 정치적 힘을 처음으로 과소평가한 곳이기도 했다. 2014년 봄 에어비앤비는 뉴욕에서 장기간 지속된 교착 상태를 끝내기 위한 협상을 뉴욕 법무장관 에릭 슈나이더의 사무실에서 벌이고 있었다. 그 합의에 정통한 세 사람의 말에 따르면 양측은 에어비앤비와 법무장관 사이에 생긴 문제들을 해결하고, 집주인들을 대신해서 세금을 거둘 수 있는 권리를 에어비앤비에 부여하는 합의에 도달하기 일보직전이었다. 하지만 그때 갑자기 마음이 바뀐 시는 합의를 마무리 짓길 거부했다. 거의 하룻밤 만에 에어비앤비는 뉴욕에 배신당하며 복구 불가능한 피해를 입었다.

논의에 참가한 사람들은 상황이 뒤집힌 데 두 가지 이유가 있었다고 말했다. 당시 에어비앤비는 100억 달러어치의 자금 조달을 막 끝마친 상태였다. 이제 회사는 하얏트Hyatt나 윈덤월드와이드Wyndham Worldwide 등 세계적인 주요 호텔 체인 이상의 가치가 나갔다. 이러한 사실에 충격을 받은 이 회사들은 갑자기 자신들 한가운데서 커지고 있는 위협을 깨달았다. 뉴스가 나가고 10일 뒤, 미국 접객업 분야에서 190만 종업원을 대변하는 단체인 미국호텔숙박협회American Hotel and Lodging Association는 에어비앤비와 다른 단기임대 사이트들의 동태를 살피고 세금, 장애인법 준수 여부, 거주지 보호 그리고 인근 주차구역 보존 등의 문제들을 관심을 갖고 살펴보기 시작하겠다고 발표했다.[22]

이와 동시에 에어비앤비는 전미서비스노조Service Employees International Union 뉴욕시 지부에 접근했다. 노조에 가입해 있는 인증된 주택청소부들을 집주인들이 필요할 때 부를 수 있게끔 만들고 싶어서였다. 또 다른 호텔 노조로서 강력한 힘을 가진 호텔업위원회Hotel Trades Council는 이런 움직임에 소외감을 느꼈고, 그러한 합의가 에어비앤비를 더욱 합법적으로 만들 수 있을까봐 걱정했다. 위원회는 또한 뉴욕에 소재한 로비 단체인 셰어베터Share Better에 설립 자금을 지원하면서 단기임대 억제를 위한 운동에 앞장섰다.[23]

이에 에어비앤비에게는 호텔과 그들의 강력한 종업원 노조라는 두 개의 힘센 적이 생겼다. 이 둘 모두에게는 잘 짜인 조직과 풍부한 자금력이 있었고, 지방정부들과도 강력한 유대관계를 맺고 있었다. 뉴욕시와의 합의 시도 때 에어비앤비 측에서 일했던 한 변호사는 24시간 내에 호텔 노조와 그 대표들은 시가 에어비앤비 합법화를 위한 어떤 일도 해서는 안 된다고 주장하면서 가능성이 있었던 합의들조차도 무산시켰다고 말하며 이렇게 덧붙였다.

"그 순간 모두가 공포에 질린 채 '우리는 잠시 동안 이 문제를 건드리지 않겠다'고 말했습니다."

에어비앤비는 여론을 자신들 쪽으로 돌리기 위해 애썼지만 우버처럼 대중적으로 인기가 높은 앱을 갖고 있지는 않았다. 연간 불과 몇 차례 정도 자기 아파트를 빌려준 집주인들은 오후 3시에 시청에서 열리는 항의 집회 때 모습을 드러낼 가능성이 낮았다. 따라서 그해 여름, 에어비앤비는 드 블라시오 시장의 선거운동을 훌륭히 이끌었던 빌 하이어스Bill Hyers를 채용했다. 그는 뉴욕 지하철 곳곳에 돈을 절약하기 위해 에어비앤비 서비스를 이용하며 미소 짓고 있는 뉴요커들의 사진이 나온 광고를 붙였다(스티브 웅거가 말한 에어비앤비의 좋은 점을 부각시킨 광고였다). 지하철 포스터에는 '뉴요커들은 동의한다: 에어비앤비는 뉴욕에게 최고라는 사실에'라는 광고 문구가 적혀 있었다. 이런 포스터들 중 다수는 "에어비앤비는 어떤 책임도 지지 않는다."와 "공유경제는 거짓말이다." 등의 낙서 표적이 되었다.[24]

2014년 말이 되자 뉴욕에서의 정치적 합의 가능성은 낮아 보였다. 가을에 뉴욕 법무장관인 에릭 슈나이더만이 쓴 보고서에도 드러났듯이 뉴욕에서 영업 중인 에어비앤비 숙박업소 세 곳 중 두 곳은 매우 엄격한 복합거주법('뉴요커들은 자기 집을 30일 미만으로 빌려줄 수 없다'고 되어 있어 2010년 토시 찬이 항의했던 그 법)을 위반했다. 또한 시의 집주인들 중 6퍼센트는 에어비앤비에서 여러 채의 집을 빌려주면서 회사 매출의 37퍼센

트를 벌어주고 있었다.[25]

판세도 불리하게 변하고 있었다. 스티브 웅거가 걱정했던 대로 포틀랜드 같은 도시들과 맺은 '공유 도시' 합의로 통과된 법들이 어겨지고 있었던 것이다. 법에 따르면 집주인들은 자신이 영업하는 시에 등록을 해야 했다. 그러나 합의가 이루어진 후, 축하는 했지만 그렇게 행한 집주인은 거의 없었다. 이러한 문제 앞에서 에어비앤비는 집주인들에게 유효 등록 번호를 입력하라고 요구하거나 집주인이 여러 채의 집을 사이트에 등록하지 못하게 막는 등 그들에게 법을 강제로 준수하게 만드는 제한을 가하길 거부했다. 회사 임원들은 여러 인터뷰를 통해 법 집행은 일반적으로 민간회사 소관이 아님을 지적하면서, 등록 절차가 종종 지나치게 복잡한 데다 시간을 많이 잡아먹는다고 투덜댔다(샌프란시스코 내 집주인들은 관련 서류를 제출하기 위해 약속을 잡은 다음 시청에 직접 나와야 했다).[26] 하지만 숙박공유 사이트를 이용하고 있는 익명의 수천 명을 시들이 감시하기란 실질적으로 힘들었고, 에어비앤비는 지원에 그다지 열심인 것처럼 보이지 않았다.

에어비앤비는 시와 솔직히 대화를 나누고, 규칙을 준수하며 영업하고, 파트너가 되고 싶다고 말했다. 하지만 결과적으로 피할 수 없는 사실이 등장했다. 체스키는 어느 모로 보나 트래비스 캘러닉 같은 전사戰士였다. 회사의 미래를 워낙 신뢰한 나머지 그는 모든 지역에서 싸우려고 했다.

케냐에서 에어비앤비를 말하다

2015년 7월 나는 체스키 및 그의 동료 여섯 명과 함께 2010년부터 미국 국무부 주최로 열리는 글로벌 기업가정신 정상회의Global Entrepreneurship Summit 연례 콘퍼런스에 참석하기 위해 케냐의 수도 나이로비로 향했다. 혁신과 민간기업을 축하하는 그 자리에서 체스키는 글로벌 기업가정신 대통령 대사Presidential Ambassador for Global Entrepreneurship, PAGE로서 오바마 대통령을 만나고, 토론회에서 발언하고, 아프리카 기업인들과 대담을 나눌 예정이었다. 에어비앤비 입장에서는 보너스를 받은 셈이었다. 나이로비는 규제 문제로 충돌이 일어나고 있는 유럽과 미국 내 가장 가까운 지역으로부터 수천 마일 떨어져 있는 중립 지역이었다.

여행 시간은 길었고, 나이로비의 치안은 삼엄했다. 에어비앤비 수행단은 평소 때처럼 시에서 활동하는 788명의 에어비앤비 집주인 중 한 명과 함께 머물지 않고, 앞쪽 진입로가 금속 문들과 보안 검사로 시끄러웠던 페어몬트Fairmont 호텔에 투숙했다. 오바마가 대통령이 된 후 첫 번째로 케냐를 방문했던 그 기간 동안 나이로비는 통제됐다. 자동화기를 든 군인들이 공항에서부터 도시까지 길거리에 줄지어 서 있었고, 거주민들은 오바마나 다른 방문 귀빈들의 모습을 조금이라도 잘 보려고 교차로에 모여 있었다. 도처에 세워진 게시판들에는 "귀국을 환영합니다. 오바마 대통령님!"이라는 글귀와 함께 그의 사진이 붙어 있었다.

그것은 역사적인 순간이었지만 동시에 고국에서 직면한 규제 위협과 경영상의 도전들로부터 벗어난 외교관 체스키를 볼 수 있는 기회이기도 했다. 그가 올린 성과는 인상적이었다. 실리콘밸리 임원 중 그토록 효과적으로 다양한 모습을 보여줄 수 있는 사람은 극소수에 불과하다. 그는 잠시 경영상 복잡한 문제를 파고들다가 그다음엔 정치인들과 협상을 하더니 이어 이 모든 일을 제쳐놓고 학생, 다른 스타트업 창업자, 그리고 일반 대중과 친근한 어조로 이야기를 나눴다. 체스키는 이런 일을 수월하게 처리했고, 이런 모습은 에어비앤비를 그토록 믿기 어려울 정도의 위치로 성장시킨 그의 뛰어난 개인적 역량을 상기시켜줬다.

체스키와 다른 PAGE 대사들은 콘퍼런스가 열리는 아침에 오바마와 개인적으로 만났다. 나중에 들은 바에 따르면 오바마는 체스키의 손을 잡고 악수를 한 채 그를 '포옹'했으며, 에어비앤비의 새 투자 유치 소식(새로 평가된 에어비앤비의 가치는 240억 달러였다)에 대한 뉴스를 언급했다고 한다. 오바마는 미국 대통령인 자신조차 업스타트들을 주시하고 있다는 사실을 밝히면서 "당신들은 아주 잘하고 있는 것 같습니다."라고 말했다. 나중에 케냐에서 자신의 가족사 및 아프리카의 경제발전을 촉진시킬 수 있는 기회에 대한 감동적인 연설을 마친 오바마는 자신과 함께 연단에 올랐던 케냐의 한 창업자에게 "여기 에어비앤비의 창업자가 와 있으니 그와 이야기를 나눠보세요. 그는 상당히 잘하고 있거든요."라고 말했다. 모여 있던 청중은 웃음보를 터뜨렸다.

그날 오후 다른 기술 회사 CEO 다섯 명과 함께 연 토론회에서 가장 카리스마가 넘쳤던 토론자는 아마도 체스키였을 것이다. 그는 사람들에게 사업상의 교훈과 영감을 주기 위해 에어비앤비에서 초창기에 일어났던 일들을 이야기했다. 신뢰할 수 있는 플레이북을 제시한 것이다.

"얼마 전까지만 해도 저는 실직 상태에서 룸메이트 조와 아파트에 동거하며 청운의 꿈을 꿨던 기업인이었습니다. 임대료를 낼 방법도 없었죠.

그러던 어느 날 샌프란시스코에서 디자인 콘퍼런스가 열렸습니다. 당시 모든 호텔들은 만실이었고요. 그때 우리는 '우리 집을 콘퍼런스 기간 동안 잠자리와 조식을 제공하는 숙소로 바꿔놓으면 어떨까?'라는 데 생각이 미쳤고, 그 생각을 '에어베드앤드브렉퍼스트'라고 불렀습니다."

모든 스타트업 이야기는 우화가 된다. 에어비앤비 우화는 기조연설, 신입사원 오리엔테이션, 그리고 아마도 회사 휴양지에서 열리는 캠프파이어 주변에서 자주 인용되는 구술 역사로 진화한 상태였다. 체스키는 말했다.

"조와 네이선과 함께 에어비앤비를 시작했을 때, 저는 성공한 기업인들은 봤지만 그들 안에 있는 저 자신은 보지 못했습니다. 저는 그들이 존경받는 사람들이라고 생각했어요. 그들은 저보다 더 똑똑하고 더 성공한 사람들처럼 보였습니다."

이튿날 우리는 시내에서 서쪽으로 20마일 떨어진 곳에 있는 아이허브 iHub라는 스타트업 인큐베이터로 차를 몰고 갔다. 아열대 기후의 아프리카에서조차 스타트업 창업자들은 모이고, 일하고, 위대한 파도에 올라탈 수 있는 전략적 방법을 강구하기 위한 장소들을 찾았다. 200명 이상의 사람들이 4층에 있는 휴게실을 가득 채웠다. 공기는 습해지기 시작하다 곧바로 더워지더니 이어 질식할 정도로 변했다. 앞쪽에 벨로 로고를 붙인 꽉 끼는 회색 티셔츠를 입고 있던 체스키는 그런 데 별로 신경을 안 쓰는 것 같았고, 90분 동안 쉬지 않고 연설했다.

"금융위기 때 사람들은 집에서 머물기 위해 에어비앤비를 이용하기 시작했습니다. 그때가 우리에겐 전환점이 되었지요. 다시 6년 뒤인 오늘로 빠르게 시간을 당겨보죠. 우리는 한때 전 세계에 500만 채의 집을 확보했습니다. 힐튼과 메리어트의 방들을 합친 것만큼이나 많은 수죠. 올해 여름 영업이 정점에 달하는 밤에는 에어비앤비 숙소에서 하룻밤 머무는 사람이 100만 명에 이를 겁니다."

모인 사람들은 실리콘밸리 왕족 앞에 서 있다는 기쁨 속에 우레와 같은 박수갈채를 보냈다.

이어 많은 질문들이 체스키에게 쏟아졌다. 노란색 재킷을 걸친 한 케냐인이 일어나 에어비앤비의 규제 문제에 대해 물었다. 나이로비도 회사의 법적 공방으로부터 그렇게 멀리 떨어져 있지는 않은 게 분명했다. 체스키의 대답은 계시적이고 낙관적이었다. 어쩌면 과할 정도로 그랬던 것 같다. 그는 이렇게 말했다.

"인터넷에 멋지고 새로운 기업이 등장하면 그건 아주 훌륭한 일입니다. 하지만 새로 인터넷 사업 모델이 당신 주위, 당신 아파트 건물로 들어왔는데 그에 대해 아무것도 모를 경우 사람들은 갑자기 최악의 사태가 벌어졌다고 가정하고 많은 두려움을 갖게 되죠. 따라서 이때 기업이 해야 할 일이 몇 가지 있습니다. 제일 먼저 해야 할 일은 정말로, 정말로 빠르게 성장하는 겁니다. 기업은 레이더에 잡히지 않기를, 혹은 잘 알려진 존재가 될 만큼 충분히 커지기를 원합니다. 최악의 경우는 이 둘 사이 어딘가에 위치하는 거죠. 적들은 기업에 대해 알고 있지만 기업은 사람들이 관심을 가질 만큼 충분히 큰 조직이 아닐 때입니다. 따라서 제 생각엔 '탈출 속도escape velocity(로켓이 중력권을 벗어나는 데 필요한 속도_옮긴이)'라고 부를 만한 지점에 도달해야 합니다. 발사된 로켓은 궤도에 도달하기 전에 평탄치 않은 비행을 하고, 그러다가 좀 더 차분해지죠. 두 번째로 해야 할 일은 도시들과 기꺼이 파트너가 돼서 자기 이야기를 털어놓을 의사를 가지는 겁니다. 저는 직접 가서 시 관리들과 만나는 것이 우리가 해야 할 일 중 가장 중요한 것이라는 걸 알았습니다. 사람들이 당신을 싫어하거나 미워하면 당신은 종종 그들을 무시하거나, 피하거나, 당신 역시그들을 미워하는 게 보통입니다. 하지만 유일한 실질적 해결책은 당신 회사를 미워하는 사람들을 만나는 겁니다. '바로 가까이에서는 미워하기는 힘들다'는 격언이 있는데, 저는 그 말이 사실이라는 걸 알게 됐습니다. 당신 바로 앞에 서 있는 사람을 미워하기는 정말로 힘든 일입니다."

합법과 불법사이, 새로운 시작

호텔세와 집주인 등록을 둘러싸고 싸움이 급증하기 2년 전, 피터 콴Peter Kwan은 자신의 집에 남는 침실을 빌려주기 시작했다. 샌프란시스코 노스비치North Beach 지역에 있는 그의 집은 에드워드 7세 시대(1901~1910년)에 지어진 매력적인 건물이었고, 그가 빌려주는 침실은 1층에 있었으며 햇볕이 잘 드는 방이었다. 오랫동안 같이 지냈던 룸메이트가 얼마 전 독일로 이사했기 때문에 50대 중반의 콴은 흥분을 잘하는 스코틀랜드 산産 소형 테리어 견종인 할리Haley만 데리고 살았다. 그는 헌법을 가르치다가 반半 퇴직 상태였으며, 새로운 사람들을 만나고 자신의 집을 유지하고 싶었다(남는 방은 그의 여동생과 조카가 방문할 때 이용할 수 있게끔 해놓으면 아주 좋았다). 그래서 그는 에어비앤비를 이용해보기로 결심했다.

에어비앤비는 어떤 경우에도 칸의 기대치를 뛰어넘었다. 몇 년 동안 그는 수십 개 주와 국가에서 온 여행객들을 만났고, 그들 중 다수와 계속 연락을 유지했다. 그는 말했다.

"에어비앤비 이용은 내가 상상하거나 기대했던 것보다 더 좋았습니다. 감정적으로 만족스러웠고, 경제적으로도 도움이 됐거든요."

하지만 몇 달 동안 집을 빌려주다가 변호사 교육을 받게 되었을 때 콴의 고민이 시작됐다. 손님이 다칠 경우에 대비한 책임보험에 가입해뒀던가? 시가 단기체류자에게 부과하는 숙박세를 거둬야 했는가? 이 모든 일이 합법적이긴 했던 걸까? 그는 에어비앤비 웹사이트에 들어가 확인해 보려 했지만 사이트엔 아무런 답이 나와 있지 않았다. 그는 에어비앤비는 자신들이 영업 중인 수천 곳의 도시 및 국가 모두에서 다양한 조례와 관련해 집주인들을 교육시킬 수 있는 대형 로펌이 필요할 거라고 생각했고, 그래서 직접 약간의 조사에 착수했다. 당시 마지막 질문에 대한 답은 적어도 샌프란시스코에서는 엄밀히 말하자면 '아니요'였던 것 같았다. 잠자리와 조식을 제공하는 업체들은 포틀랜드에서 그랬던 것처럼 시에 등록하고 다양한 요금을 지불해야 했지만, 당연히 그 법은 엄격하게 집행되고 있지 않았다.

콴은 이런 정보를 공유하고, 일명 숙박공유경제와 관련해서 새로 생겨나고 있는 복잡한 문제들을 해결하기 위해 일단의 집주인들을 모아보기로 결심했다. 그는 크레이그리스트에 클럽 조직을 발표했고, 2013년 거실에서 샌프란시스코 숙박공유자들Home Sharers of San Francisco을 모아놓고 제1차 회의를 열었다. 나중에 이 모임의 회원들은 2,500명에 이르렀다. 콴은 어떤 이해갈등도 피하기 위해 에어비앤비 직원들이나 시 내지 주 공무원들의 모임 가입은 허용하지 않기로 결정했다.

모임은 규모가 점점 커지는 바람에 종국엔 거실이 아닌 공립 도서관에서 열어야 했다. 회원들은 주택임대 정보를 공유하고, 보험 같은 문제 혹은 악몽 같은 손님들에 대해 이야기(이것이 항상 가장 재미있는 얘깃거리였다)를 나눴다. 그러다 상황이 심각해졌다. 에어비앤비가 호텔세를 걷기로 합의한 이후 시 감독 이사회가 단기임대를 합법화하는 방안을 검토하고 있었다. 숙박공유자 모임은 집주인의 이름과 주소를 비밀로 유지하고, 그들이 매년 집을 빌려줄 수 있는 숙박 일수를 최대한으로 늘리기 위해 로비를 벌였다.

법안은 에어비앤비 투자자인 론 콘웨이와 리드 호프만의 오랜 정치적 동지인 이사회장 데이비드 추David Chiu가 작성했다.[27] 법안은 2014년 10월 통과됐고, 이듬해 2월에 정식 법이 되었다. 새로운 법에 따라 집주인들은 자신들이 집에 있을 때는 제한 없이 30일 미만으로, 없을 때는 연간 90일 동안 집을 빌려주는 게 허용됐다. 집주인들은 또한 시에 등록하고, 책임보험에 가입해야 했고, 시는 새로운 법의 관리와 집행을 위해 새로운 단기임대사무소Office of Short-term Rentals 신설에 합의했다.[28] 에드 리 시장은 법안에 서명했고, 에어비앤비는 블로그 포스트를 통해 그 사실을 축하하며 "법안에는 도로의 합리적인 규정이 포함되어 있으며, 그것은 자신의 집을 공유하고 싶어 하는 모든 사람과 그들이 사랑하는 시 모두에게 위대한 승리입니다."라며 긍정적으로 평가했다.[29]

그것은 승리처럼 보였을지 모르지만 사실상 에어비앤비가 치를 다음 싸움의 시작이었다.

당시 샌프란시스코 시민들은 자신들 가운데 생기고 있는 기술 르네상스에 대해 점점 더 갈등하는 것 같았다. 자유분방했던 과거와 독특한 주민들을 축하했던 시는 인터넷 경제의 가속화, 101번 고속도로를 따라 시안으로 이주하는 실리콘밸리 스타트업들, 시내로 유입되는 밀레니엄 세대 등 몇 가지 모여드는 트렌드들의 접점이었다. 결과적으로 샌프란시스코의 집값은 고공행진을 했고, 주택가의 젠트리피케이션 현상은 주로 히스패닉 주거 지역인 미션 지구처럼 저렴한 주거지역으로 사랑받던 지역들을 급속도로 변화시켰다.

이런 모든 변화는 일종의 미숙하게 표현되고 분출되는 분노를 일으켰다. 쉽게 화살이 돌려진 대상으로는 첫째가 직원들을 구글과 페이스북, 애플 사무실로 실어 나르면서 교통체증을 유발하는 회사 이층버스들이었고, 둘째는 테크 기업 자신들이었다. 그리고 세 번째 대상에는 일상적으로 트윗을 하거나 인종주의 혹은 성차별주의를 담은 트윗이나 블로그로 업계 전체를 곤경에 빠뜨리는 이른바 '테크 브로tech bro' 내지는 대개 이보단 덜 민감한 어떤 사안을 블로그에 올릴 때 의지할 수 있는 전형적인 남성이라고만 모호하게 정의되어 있는, 일명 '기술을 잘 아는 백인 형제들'이 포함되어 있었다. 이 형제들은 기술 업계 전체를 기소 대상이 되게 만들곤 했다.

피터 시Peter Shih라는 이름의 스타트업 창업자는 '내가 너, 샌프란시스코의 모습에 대해 싫어하는 열 가지'라는 제목을 달아 당시 상황을 맹비난하는 블로그 포스트를 썼다.

"Number 5: the 49ers, 미식축구팀 샌프란시스코 포티나이너스가 슈퍼볼에서 다섯 번 우승했다는 걸 말하고 있는 게 아니다. 그들은 위대한 팀이다. 나는 분명 네 살밖에 안 됐지만 아홉 살처럼 행동하는 모든 소녀들(과 그들의 다섯 살 나이 차)을 지적하고 있다."[30]

또 다른 손쉬운 희생양은 에어비앤비였다. 피터 콴 같은 집주인들이 집에 남은 침실들을 영구 거주자에게 빌려주거나 살던 집을 팔기보다는 여행객들에게 빌려주는 방안을 선택하자 에어비앤비는 샌프란시스코과 다른 도시들에 있는 임대 목적의 방과 집 숫자에 확실하지는 않지만 실질적인 영향을 미쳤다.

샌프란시스코가 당면한 여러 이슈는 새로운 거주자와 예전 거주자, 기술 전문가와 일반인, 그리고 중도 민주당 지지자와 진보주의자와 사이의 싸움을 야기했다. 에어비앤비는 이 싸움에서 누구나 관심을 갖는 표현인 '적당한 주택 가격 확보'라는 기치하에 젠트리피케이션genetrification(낙후됐던 구도심이 번성해 중산층 이상의 사람들이 몰리면서 임대료가 오르고 원주민이 내몰리는 현상_옮긴이) 물결에 반대하는 의견을 끌어모으려고 할 때 구미가 당기는 쟁점이었다. 새로운 에어비앤비 법이 생긴 지 몇 달밖에 안 됐지만 이 법의 반대론자들은 에어비앤비의 영업 활동 제한을 강화하는 법을 만들기 위해 애썼다. 그런 노력이 실패로 끝나자 그들은 진보주의자들이 감리 감독 위원회 자리를 다시 장악하고 중도파 민주당 시장인 에드 리를 밀어내려 했던 2015년 가을 주민투표 때 일명 '프로포지션 F Proposition F'라는 새로운 규제법안을 통과시키기 위해 1만 5,000명으로부터 서명을 받았다.

프로포지션 F는 집주인 부재 시 연간 임대 가능 날짜를 90일에서 75일로 줄이고, 노부모 등 집 안에 노인이 거주하는 노인용 별채 전체 임대는 불법으로 규정하며, 시민들이 약 30미터 이내에 거주하며 법을 위반하는 이웃을 상대로 소송을 제기하게 만들려는 시도였다.[31] 이는 이웃들을 엄청난 소송전으로 몰아넣을 수 있는 까다로운 법안이었다. 이 법안을 찬성하는 시의 세입자 노조와 아파트 연합의 후원을 받는 세 명의 지방 운동가들은 집주인이 자발적으로 등록할 가능성이 낮고, 그들을 그렇게 하도록 만들 시 재원이 부족하다는 이유 등으로 원 에어비앤비 입안은 법안에선 알맹이가 빠졌다고 주장했다.

피터 콴과 동료 집주인들은 프로포지션 F에 반대하고 나섰다. 그들은 집주인들이 이 싸움에서 정치적 목소리를 낼 수 있도록 일명 숙박공유자 민주당클럽Home Shares Democratic Club이라는 별도의 단체를 결성한 후 기자회견을 열었고, 시민들에게 프로포지션 F의 어리석음을 교육시키기 위한 전화 운동을 펼쳤다. 콴은 그해 자기 집에서 요리한 싱가포르 스타일의 국수를 주방에서 먹으며 나와 대화를 나누던 중 이렇게 말했다.

"우리는 주택 위기로 희생양이 됐습니다. 그렇습니다. 지금 문제되는 것은 심각한 주택 부족 상황과 주택 구입 능력입니다. 맞아요, 숙박공유가 이런 심각한 상태에 어느 정도 기여하고 있는 건 사실이지만 그게 어느 정도인지 확실히 알고 있는 사람은 없을 거라는 게 제 생각입니다."

에어비앤비도 프로포지션 F 반대 의견을 결집시켰다. 전 세계적으로 성장하고 있는 에어비앤비 사업에서 샌프란시스코가 기여하는 비중은 아주 작지만 서비스가 태동한 고향이라는 점에서 에어비앤비는 그곳의 상징적인 의미를 높게 평가했다. 에어비앤비는 '모든 사람들을 위한 샌프란시스코San Francisco for Everyone'라는 조직을 후원하고 프로포지션 F에 반대하는 운동에 800만 달러 이상을 기부했다. 가을, 이 조직은 법안 반대 포스터와 외부 게시판("어떤 이웃이 당신을 밀고할 것인가?"라고 적힌), 그리고 고정수입을 벌면서 "숙박공유 덕분에 우리가 여기서 머물고 있어요."라는 달콤한 증언을 하는 노인 부부처럼 '에어비앤비의 좋은 점'을 드러내는 사람들이 등장하는 전국적 라디오와 TV 광고들로 시를 물들였다.

한편 프로포지션 F를 찬성하는 세력은 단기임대를 통해 수입을 늘리려는 탐욕스런 집주인들에게 쫓겨난 세입자들('에어비앤비의 나쁜 점')을 거론하면서,[32] '에어비앤비 때문에 엉망진창이 된 상황을 고치자'라고 적힌 포스터를 방방곳곳에 붙였다. 주민투표가 실시되기 며칠 전엔 드럼을 치고, 경적을 울리고, "더 이상 이 도시에서 쫓겨나는 건 안 된다!"라는 구호를 외치던 75명의 시위대가 에어비앤비의 화려한 본사 아트리움을 점거했다. 그들은 그곳에서 90분간 머물면서 울분을 토하고, '퇴거'와 '규제완화' 같은 단어들이 적힌 포스터가 붙은 검은색 헬륨 풍선 뭉치를 풀었다. 풍선들은 아트리움 천장까지 올라갔다. 3층 발코니에 있던 에어비앤비 직원들은 이 소란을 더 가까이서 지켜볼 수 있었다.[33]

투표 결과, 에어비앤비 지지 세력이 약간 우세한 박빙이었다. 체스키는 규제 논란과 거리를 뒀지만 나중에 회사를 위해 이해관계를 논의했다. 그는 기술 팟캐스트에서 이렇게 말했다.

"유럽 10개 도시에서 승리한다 해도 고향에서 패배한다면 그건 기본적으로 완전히 기반을 상실하는 것이나 다름없어 보입니다. 이것은 진짜 중요한 때 벌어진 싸움이었습니다."[34]

피터 콴은 선거 당일이었던 11월 3일, 유권자들이 55 대 45 퍼센트라는 놀라울 정도의 큰 차이로 프로포지션 F를 반대하기 전까진 결과가 어떻게 나올지 모른다고 생각했다.[35] 결과는 에어비앤비의 승리였다. 칸과 다른 숙박공유 모임 회원들은 오아시스 나이트클럽Oasis Nightclub에 모여 승리 축하연을 열었다. 하지만 정작 에어비앤비는 정확히 말해 이 순간을 마냥 기뻐할 수 없었다. 여기에는 몇 가지 이유가 있었다.

투표일 몇 주 전, 에어비앤비의 세금징수 노력의 효과를 넉살스러운 분위기로 광고하는 광고가 시 주변 게시판과 버스 정류장에 등장했다. 한 광고에는 “공공 도서관 시스템님께, 우리는 당신이 호텔세 1,200만 달러 중 일부를 야간 도서관 개방에 써주시길 바랍니다.”라고 하고, 다른 광고에는 “교육 위원회님께, 학교에서 음악을 트는 데 호텔세 1,200만 달러 중 일부를 이용해주시길 바랍니다.”라고 적혀 있었다.

에어비앤비는 자사의 세금징수 노력 홍보하기 위해 광고대행사인 TBWA\샤이어트\데이TBWA\Chiat\Day를 고용했다. 하지만 그들이 만든 광고는 잘난 체하고, 때를 잘못 맞추고, 도대체 무슨 말을 하려는 건지 이해하기 힘들다는 이유로 페이스북과 트위터, 그리고 전국적 언론에서 큰 조롱을 받았다. 사람들의 시선을 개의치 않고 당연히 하고 있어야 하는 일을 하면서도 에어비앤비는 오만한 자화자찬을 하고 있는 것처럼 보였다. 하지만 반발이 커지자 에어비앤비는 즉시 광고를 중단하고 사과했다. 후에 체스키는 자신이 미리 광고를 보거나 승인한 일이 없었다고 말했지만 피해는 상당했다. 프로포지션 F와 더불어 에어비앤비는 앞서 문제 기업으로 낙인이 찍혔던 상태였었다. 결국 싸움에서 이겼지만, 도통 이유를 알 수 없는 자해행위를 하며 자신이 직접 자신에게 상처를 입힌 격이 됐다.

투표 이후 체스키는 전체 직원회의를 소집했고, 시에서 선별한 집주인들도 회의에 초대했다. 피터 콴도 할리와 함께 회의에 참석했다. 직원과 손님 들은 5층 카페테리아에 모였다. 체스키와 게비아가 발언했고, 광고에 책임을 지고 회사에 사과한 CMO 조너선 밀든홀도 발언했다. 콴은 당시 일부 직원들은 단지 광고 때문만이 아니라 프로포지션 F에 대한 분노와 회사가 언론에서 묘사된 방식에 마음이 상해 울먹였던 걸로 기억한다. 콴은 말했다.

"그곳에는 어느 정도 배신감이 감돌았던 것 같습니다. 프로포지션 F에 대한 모든 논쟁은 많은 사람들로 하여금 자신이 하는 일을 거북한 것으로 느끼게 만들었어요. 회사에 대한 비판이 쏟아져 나와 직원들의 감정이 격해졌을 때 그런 논쟁이 벌어졌습니다. 괴로운 듯 보였던 체스키는 반박하지 않았습니다. 그는 '우리가 일을 망쳤다'라고 말했어요."

에어비앤비는 값비싼 대가를 치르고 프로포지션 F에 대한 싸움에서 승리했지만 또 다른 방식으로 타격을 받았다.

에드 리 시장이 재선에 성공했고 프로포지션 F가 폐기됐지만 진보적 성향의 민주당 사람들은 감리 위원회를 장악해서 2016년에 보다 가혹한 반反 에어비앤비 법안을 통과시켰다.

샌프란시스코는 미국과 전 세계 다른 도시들에서 닥쳐올 일들을 미리 맛보게 해준 셈이었다. 샌프란시스코에서 에어비앤비에 맞서기 위해 조직된 예상 밖의 정치 연대는 포틀랜드, LA, 시카고, 보스턴 등지에서도 결성되고 있었다. 과거 빌 클린턴 대통령과 앨 고어Al Gore 부통령을 위해 강경파 정치 선거 전략가로 일했고 지금은 에어비앤비의 새 글로벌 정책 및 커뮤니케이션 분야 수석으로 일하게 된 크리스 르헤인Chris Lehane은 이런 움직임을 예상하고 투표가 끝난 뒤 기자회견을 열었다. 그는 에어비앤비가 생기도록 숙박공유 일을 옹호하는 민간 정치클럽 100개의 설립에 돈을 대겠다고 발표했다.

"우리는 샌프란시스코에서 했던 일을 전 세계에서 하기 위해 이곳에서 일어난 일을 중요한 계기로 삼을 것입니다."

에어비앤비는 체스키가 케냐에서 기대했던 것과 같은 어떤 종류의 '탈출 속도'도 이뤄내지 못했다. 사실 회사는 쉽게 사라지지 않을 정치적 힘을 뿜어낸 것처럼 보였다.

프로포지션 F 투표가 끝난 지 일주일도 채 안 돼 체스키와 600명의 직원들은 파리 19구 수로를 따라 조성된 그림 같은 공원인 라 빌레트la Villette 공원에 주철과 유리로 지어진 전시장 그랑드 알Grande Halle에서 열린 2차 에어비앤비 오픈 참석차 파리로 향했다. 이곳에서 회사가 싸우고 있던 여러 가지 현실들 사이에서 또 다른 갑작스런 변화가 일어났다. 불과 며칠 사이에 에어비앤비는 진흙투성이 참호 속에 있는 것 같은 지역 정치에서 벗어나 연례 커뮤니티 축제를 즐기며 행복한 자아도취에 빠져들었다.

120개 국가에서 온 5,000명의 집주인들은 사흘간 열리는 이 행사에 참석하기 위해 표 한 장당 300달러를 지불했다. 행사는 텐트를 치고 여는 신앙부흥 전도집회의 정신으로 가득했다. 연사들은 무대 위에서 서로 포옹했고, 구호와 춤으로 군중을 이끌었다. '태양의 서커스Cirque du Solei'에 출연했던 여배우는 쭉 편 막대기들로 균형을 잡아 인상적인 건물을 세웠다. "심리적 환대는 언제나 물질적 환대를 이긴다."라고 말한 작가 겸 철학가 알랭 드 보통Alain de Botton 같은 전문가들도 있었다. 행사 도중 군중은 일어선 채 마치 연사가 개를 부르는 호각을 불듯 그들을 자극하는 선언("당신들은 진정한 혁명가다!")을 듣고 반복적으로 환호했다.

종종 청중은 다른 현실로 이끌려갔다. 관광산업을 책임지고 있는 장 프랑수아 마르탱Jean-Francois Martins 부시장은 첫날 아침에 이렇게 말했다.

"파리에서 이런 훌륭한 아이디어가 자라고 있습니다. 하지만 큰 아이디어는 그것을 그리 좋지 않은 방식으로 이용하길 원하는 사람들로부터 보호를 받기 위해 약간의 규제를 필요로 합니다."

크리스 르헤인 역시 무대 위에 올라와선, 모여 있는 집주인들이 마치 프랑스 해병대원들인 것처럼 말했다.

"앞으로 며칠, 몇 달, 그리고 몇 년 내에 우리는 더 많은 싸움과 더 많은 전투를 하게 될 것입니다. 이런 커뮤니티를 운동으로 승화시킬 힘을 갖게 된다면 우리는 패배할 수 없습니다."

이 모든 행사가 열리는 한가운데에는 이제 기이한 인터넷 종파의 억만장자 구루가 된 세 창업자 체스키, 게비아, 블레차르지크가 있었다. 그들은 함께 연설했고, 체스키와 게비아는 개별 연설도 했다. 그들은 군중이 던진 질문에 답했고, 에어비앤비의 전설적인 기원을 재차 설명했다. 가장 기억에 남는 것은 게비아의 연설이었다. 양모 모자, 장갑, 스카프 차림의 그는 자신의 머리 위로 가짜 눈을 뿌리는 동료 두 명과 함께 무대 위로 등장했다. 이것은 2009년 겨울 뉴욕시에서 집주인들을 설득하기 위해 떠났던 초기 여행을 재연할 목적으로 준비한 특이한 공연 예술이었다.

연설 도중 체스키는 1년 전 만든 '공유 도시들' 프로그램의 후속인 '커뮤니티 합의Community Compact'라는 새로운 프로그램을 발표했다. 이 합의에 따라 회사는 불법호텔 경영자들을 사이트에서 퇴출하고, 호텔세를 납부하고, 전체 에어비앤비 집주인들 중 영구 주거지를 공유하는 집주인 비율에 관한 정보를 포함해서 회사의 최대 시장들에서 익명 처리한 데이터를 공표하기로 약속했다. 체스키는 나중에 이렇게 말했다.

"그건 새로운 약속이 아니었지만, 사람들이 우리를 믿지 못했기 때문에 우리는 그 약속을 재차 강조하고 문서로 기록해놓기로 결정했습니다."

에어비앤비 오픈에 만연한 숭배 분위기는 어떤 냉철한 언론인도 제대로 기사화하기 힘들었다. 하지만 집주인 자신들은 그랑드 알을 돌아다니고 '진실을 환대하는 순간'처럼 기발한 제목의 연설과 세미나를 들으면서 심리적으로 무장해제되고 또 고무됐다. 그들은 에어비앤비의 가장 설득력 있는 전도사로 거듭났다.

여기에는 회사와 회사가 추구하는 이념을 사랑하고, 우버 같은 회사는 운전사들에게서 결코 볼 수 없는 종류의 충성심과 열정을 드러내 보이는 집주인들이 모여 있었다. 그 주에 내가 만난 집주인들 중에는 태니 포Tanny Por라는 '슈퍼호스트superhost'도 있었는데, 그는 덴마크령 그린란드의 수도 누크Nuuk에 있는 자기 집의 남는 침실을 임대해주고 있었다. 포는 2013년 남편이 새 직장을 얻자 호주에서 그린란드로 이주했다. 그들에게 있어 방 임대는 사람들을 만나는 방법이자 얼음에 뒤덮인 북대서양 국가의 자신들을 전 세계와 연결해서 유지시켜주는 사회적 생명줄 같은 것이었다. 그녀는 내게 말했다.

"우리는 다른 어떤 사람들보다도 손님들과 함께 훨씬 더 많은 시간을 보냅니다. 이유는 단순해요. 누크에는 보거나 할 만한 것이 많지 않거든요."

나는 또한 쿠바에서 온 소규모 집주인 대표단에 포함되어 있던 줄리아 데 라 로사Julia de la Rosa와 실비오 오르테가Silvio Ortega를 만났다. 에어비앤비는 최근 대대적인 축하와 엄청난 언론의 관심 속에서 미국 여행객들이 쿠바에게 묵을 수 있는 길을 열어주었다. 1990년대 초 일어난 쿠바의 경제 붕괴로 일자리를 잃은 오르테가와 데 라 로사는 쿠바 수도 아바나Havana 교외지역에 있는 실비오 가족의 집에서 숙박업소를 운영했다. 열 개의 침실이 있고 잠자리와 조식을 제공하는 곳이었다. 에어비앤비가 생겨나기 전까지 그들은 오직 여행대행사와 온라인게시판에 무작위로 올리는 광고를 통해서만 손님들을 모을 수 있었다. 이제 그들은 에어비앤비에서 손님들의 신원을 확인하고, 그들이 숙소에 도착했을 때 놀라지 않도록 집 사진과 정보를 올렸다.

에어비앤비에 집을 등록한 이후 부부는 몇몇 대학생들과 그들의 지도교수를 포함해서 수십 개 미국인 그룹들을 손님으로 맞았다. 미국인 관광객들 모두는 그들과 오래 대화하길 원했기 때문에 오르테가와 데 라 로사에게 제일 힘들었던 일은 그들을 상대하는 것이었다. 데 라 로사는 이렇게 말했다.

"미국 관광객들은 매우 친절하고 개방적이며, 쿠바를 이해하기를 원해요. 놀라워요!"

그 주에 나는 에어비앤비 커뮤니티에는 믿을 만하고 매력적인 뭔가가 있다는 걸 알아냈다. 아마도 내가 쿨에이드Kool-Aid(미국의 과일향 음료수 이름_옮긴이)를 마시고 있었고, 분명 에어비앤비가 그것을 넉넉히 제공해줬기 때문이었을지도 모르지만, 그러한 맥락 속에서 사람들이 서로의 눈을 통해 세상을 경험하게 해주는 서비스에 공감하지 않기란 어려웠다. 특히 콘퍼런스 둘째 날이었던 2015년 11월 13일의 행사가 끝난 뒤 저녁엔 더욱 그 인상을 떨쳐버리기 힘들었다. 그날은 테러리스트들의 합동 공격으로 파리와 교외 지역에 있는 축구장, 몇몇 카페, 그리고 바타클랑Bataclan 음악극장에서 130명이 목숨을 잃은 사건이 발생한 날이었다.

공격이 일어났던 시각, 나는 바타클랑 극장으로부터 1마일도 채 떨어져 있지 않은 곳에서 저녁식사 중이었다. 체스키, 게비아, 블레차르지크 모두 현지 에어비앤비에서 그들 가족들 및 40명의 장기근속 사원들과 함께 저녁식사를 하고 있었다.

사이렌과 광란의 움직임이 가을밤을 가득 채운 가운데 모두는 몇 시간 동안 식사 장소에 머물러 있어야 했다. 후에 체스키는 자신이 안방 화장실로 향했다고 기억한다. 보안팀 및 인근 식당에서 다른 직원들과 함께 있었던 벨린다 존슨과 대응책을 조율하기 위해 조용한 장소를 찾아야 했었기 때문이다. 그들은 모두 회사의 전 직원과 파리 집주인의 상황을 철저히 조사했고, 모두의 소재가 확인됐다. 그날 밤 늦게 회사는 3일째의 행사를 취소했다.

나는 그날 저녁 우버를 이용해서 파리 노트르담 대성당Cathédrale Notre Dame de Paris 부근에 있는 내 에어비앤비 숙소로 돌아왔다. 숙소로 돌아온 나는 내 안부를 걱정하고 있던 집주인 이반Ivan으로부터 다급한 전화를 받았다. 우리가 개인적으로 만난 적은 없었음에도(이반은 내게 열쇠를 남기고 시골에 가 있었다) 그는 내 상태가 괜찮은지 확인하고 싶었던 것이다. 이튿날 그는 내게 이렇게 적힌 이메일을 보내왔다.

"어제 전화로 당신 목소리를 들으니 안심이 되더군요. 파리에 중대한 사건이 터졌지만 오늘도 좋은 시간 보내시길 바랍니다."

그는 파리의 여행 상황이 다시 정상화될 때까지 필요하다면 계속 자기 집에 머물러도 좋다고 말했다.

그것은 분명 그 주에 내가 겪은 많은 소소한 친절 행위들 중 하나였다. 어쩌면 그것은 또한 이 위험한 세상에서 에어비앤비가 미칠 영향에 대한 웅대한 정치적 계산 시 고려되어야 한다고 창업자들이 믿었던, 일종의 계량화하기 힘든 변수였을지도 모른다.

성장과 안정의 길로 한 발씩

에어비앤비는 이후 더 많은 싸움을 치렀고, 여러 차례 작은 승리를 거뒀지만 의미 있는 후퇴도 했다. 이 모든 일들이 모여 믿을 만한 드라마를 완성했다. 2016년에 베를린 시는 단기간 동안 집과 아파트 전체를 임대해주는 걸 불법으로 규정하고, 시민들에게 범법자들을 익명으로 신고해줄 것을 요청했다. 범법 행위가 발각될 경우엔 최대 10만 유로의 벌금에 처해질 수 있었다.[36] 같은 해 도쿄는 에어비앤비를 둘러싼 싸움에 휘말렸고, 일본어로 민바쿠みんぱく, 민박라 불리는 새로운 주택임대 현상에 매우 엄격한 제한을 가하는 방안을 검토했다. 일본의 한 의원은 블룸버그 통신의 나카무라 유지Yuji Nakamura 기자와 가진 인터뷰에서, 도쿄가 일본 내 2만 6,000명의 에어비앤비 집주인들에 대한 규제를 검토하고 있는 이유를 놀랍도록 솔직하게 밝혔다.

"호텔 업계가 매우 심각하게 우려하고 있기 때문에 우리는 경쟁 기회를 낮추는 수준으로 최소 숙박 일수를 정해놓았습니다."[37]

2016년 7월에 진보 성향의 샌프란시스코 시의회는 집주인이 법을 위반하면 언제라도 에어비앤비에게 벌금을 부과할 수 있는 또 다른 법안을 통과시켰다. 에어비앤비는 이 법안이 '웹사이트는 사용자가 올리는 어떤 콘텐츠에 대해서도 법적 책임을 지지 않는다'는 인터넷 법규를 위반하는 것이라고 주장하며 연방법원에 소송을 제기했다. 하지만 패소 가능성이 높아지자 에어비앤비는 뒤로 물러나, 집주인들이 시에 등록하고 집주인 부재 상태에서의 임대 일수도 연간 90일로 제한시키겠다는 데 합의했다. 또한 같은 달에 뉴욕 주의회 역시, 집주인이 없는 상태에서 집 전체를 90

일 이내로 단기임대해주는 광고를 에어비앤비에 올리다가 적발되는 사람에게 최대 7,500달러의 벌금을 부과하는 법안을 통과시켰다. 에어비앤비는 이 법안이 자신들의 좋은 점을 그들 서비스를 악용하려는 사람들과 한데 묶어 취급한 무차별적인 법안이라고 주장했다. 10월 21일에 앤드루 쿠오모Andrew Cuomo 뉴욕 주지사는 문제의 법안에 서명했고, 에어비앤비는 법무장관 에릭 슈나이더만과 빌 드 블라시오 시장 및 뉴욕시를 상대로 연방법원에 추가 소송을 제기했다.

정치적 물결이 에어비앤비에게 불리하게 변하고 있음에도 체스키는 걱정하지 않는 것 같았다. 그해 7월, 그는 내게 이렇게 말했다.

"우리는 3만 4,000개 도시에서 영업하고 있기 때문에 전 세계에서 이런 실험을 진행 중입니다. 우리는 전 세계 160개가 넘는 도시에서 세금 협약을 체결했어요. 나는 이것이 뉴욕 시에서도 통할 생각이란 게 아주 분명하다고 생각합니다."

약속했던 대로 에어비앤비는 주요 도시에서 자체 커뮤니티의 통계 구성에 대한 보고서를 발표했다. 회사는 사이트를 통해 여러 채의 집을 빌려주던 수많은 집주인들을 몇 차례에 걸쳐 추방했다. 일부는 이것을 대도시의 주택 현실에 사업을 맞추기 위한 선의의 노력으로 평가했지만, 반대론자들은 회사가 통계를 자신들에게 보다 유리하게끔 그려내기 위해 불법 호텔 경영자들을 퇴출시키고 있는 것이라며 비난했다. 그들은 규제기관과 솔직하게 소통하겠다는 에어비앤비의 약속에 대해서도 의문을 제기했다.[38] '데이터 활동가'이자 집주인들에 대한 독립적 자료를 수집하기 위해 에어비앤비 웹사이트를 '긁어와서scraped' 만든 웹사이트 '인사이드에어비앤비Inside Airbnb'의 창시자 머레이 콕스Murray Cox는 이렇게 말했다.

"나는 에어비앤비가 수입을 극대화하기 위해 애쓰는 것 외엔 다른 어떤 행동도 하는 걸 본 적이 없습니다."

2016년 5월에 버지니아주 리치몬드 출신의 아프리카계 미국인인 그레고리 슬렌덴Gregory Slenden은 워싱턴 DC에서 에어비앤비를 상대로 시민 평등권civil rights(성별·인종·종교에 상관없이 모든 사회 구성원들에게 평등하게 부여되는 권리_옮긴이) 소송을 제기했다. 그는 자신이 사이트에서 인종차별의 대상이 되었다는 불만을 제기했음에도 에어비앤비가 이를 무시했다고 주장했다.[39] 학계 역시 그의 주장을 지지하고 나섰다. 하버드 경영대학원 부교수인 벤 에델만Ben Edelman은 에어비앤비 이용자들이 소수인종을 재우거나 그들과 같이 머물 확률이 통계적으로 낮다는 걸 보여주는 두 편의 연구결과를 발표했다.[40]

슬렌덴의 주장은 엄청난 논란을 촉발했다. 아프리카계 미국인들은 소셜미디어에서 '#Airbnbwhileblack' 해시태그를 붙여 직접 에어비앤비에서 마주했던 편견을 퍼뜨리기 시작했다. 그들 중 다수는 갑자기 방을 이용할 수 없게 됐다거나, 숙박 예약을 하려고 했지만 집주인이 아무런 답변도 해주지 않았다고 증언했다. 미국 언론은 이 문제를 파고들기 시작했고(『뉴욕 타임스』는 '에어비앤비는 인종차별주의를 야기할 수 있는가?'라는 기사를 게재했다), 에어비앤비에게 불리한 판결이 나왔다.[41]

에어비앤비가 가장 신성하게 여기던 이상을 상대로 싸움이 제기됐다. 에어비앤비는 과거의 편견에 새로운 생명을 불어넣을 게 아니라 오히려 그것을 제거해야 했고, 사용자 사진은 인종차별 기회를 제공하는 게 아니라 신뢰 구축에 도움을 줘야 했다는 것이었다. 이번만은 체스키가 쉽게 대답을 찾지 못했다. 에어비앤비는 집주인이나 손님 들에 대한 개인적 선택을 사실상 통제하지 못했기 때문이다. 깜짝 놀란 체스키는 에어비앤비 서비스의 차별 행위에 맞서 싸울 수 있는 방법을 개발하기 위해 에릭 홀더Eric Holder 전 미국 법무장관과 미국시민자유연맹American Civil Liberties Union 워싱턴 DC 사무소 소장을 지낸 로라 W. 머피Laura W. Murphy를 고용했다.[42] 2016년 9월, 회사는 이 문제를 해결하기 위한 32쪽 분량의 계획안을 발표했다. 다른 무엇보다 눈에 띄는 점은 에어비앤비가 이용자 사진의 중요성을 최소한으로 줄이기로 약속하고, 집주인과 손님 들에게 차별 금지 정책에 합의해줄 것을 요청했다는 사실이었다. 그해 여름 체스키는 말했다.

"나는 우리가 이번 문제 해결이 늦었다고 생각합니다. 게비아와 블레차르지크와 체스키라는 백인 세 사람이 이 플랫폼을 설계했을 때 미처 생각하지 못했던 것들이 많았습니다."[43]

에어비앤비 내부의 삶은 이처럼 온통 신경을 써야 하는 외부 갈등과 논란뿐 아니라 끊임없는 성장이 만든 광적인 리듬에 의해서도 정의됐다. 2015년 12월 31일 밤 에어비앤비의 예약 손님은 55만 명이었지만 2016년 같은 날 예약 손님은 100만 명으로 늘었고, 같은 해 중순 하룻밤 예약 손님은 130만 명을 기록했다.[44] 에어비앤비의 모든 내부 그래프는 우상향 형태를 띠었고, 회사는 숙박업계에서 여행객을 끌어들이는 중력장重力場을 비틀어놓고 있었다. 에어비앤비에 맞서기 위해 대형 여행대행사인 익스피디아는 에어비앤비와 경쟁 관계에 있던 여행 숙박예약 사이트인 홈어웨이HomeAway를 39억 달러에 인수했다.[45] 2016년 뉴욕시의 호텔 요금은 대침체Great Recession(2009년 9월 서브프라임 사태 이후 미국과 전 세계가 겪은 경제침체 상황을 1930년대 대공황Great Depression에 빗대어 일컫는 말_옮긴이) 이후

가장 낮아졌다. 일부 산업 전문가들은 이 새로운 경쟁을 비난했다.[46]

새로운 투자자가 등장했고, 기업의 가치는 올라갔으며, 직원 수는 늘어났다. 2016년 중반이 되자 에어비앤비의 직원 수는 2,600명에 이르렀고, 그들 중 절반 이상은 그 이전 12개월 동안 입사한 사람들이었다. 부서 규모도 두 배 내지 세 배로 커짐에 따라 직원들이 적절한 리듬을 찾으며 일할 수 있을 것이란 어떤 기대도 무산됐다. 에어비앤비의 한 직원은 내게 자신의 팀이 네 차례 개편됐고, 2년 동안 상사가 네 번 바뀌었다고 이야기했다. 한편 세계 최대 사모펀드 운영회사인 블랙스톤그룹Blackstone Group의 전 CFO이자 에어비앤비의 새 CFO가 된 로렌스 토시Laurence Tosi는 회사의 무분별한 지출 문화에 새로운 통제를 가했다. 사상 처음으로 부서들에겐 연간 예산 및 직원 수에 대한 엄격한 전망을 제시하고, 그것을 지키라는 요구가 떨어졌다. 2016년 말, 몇몇 직원은 내게 에어비앤비에서 재미와 기업가 정신이 줄어들었다고 말했다.

이런 것들은 성장하면서 업스타트의 정체성을 털어내고, 종국엔 IPO를 향해 나아가는 어떤 스타트업에게서나 항상 나타나는 신호들이었다. 우버와 마찬가지로 에어비앤비는 무엇보다 자신들이 규제 문제를 이미 해결했고, 체스키가 갈망했던 탈출 속도를 이뤄냈다는 확신을 일반 투자자들에게 줘야 했다. 그 저편엔 성인기에 접어든 기업이 치는 북소리가 끊임없는 울리고 있었다.

C H A P T E R 1 2

메가 유니콘이 벌이는 죽음의 게임 _우버와 세계와의 싸움

장소와 대상 구분 없이 수돗물처럼 신뢰할 수 있는 교통 서비스를 제공하자.

우버의 임무 선언문

우버 역시 기업의 성숙기로 진입하는 문턱에 앉아 있었다. 하지만 그에 앞서 어색한 청년기의 마지막 몇 해를 보내야 했다. 그것은 에어비앤비가 겪었던 것보다 더 격렬하고, 더 대립적이며, 심지어 더 파란만장한 시기였다. 우버는 2년이란 짧은 시간 안에 30센티미터 이상 훌쩍 자라서 예전에 입던 옷이 더 이상 맞지 않고 공격성에 문제가 생긴 '꺽다리' 운동선수였다. 아주 솔직하게 말해서 그것은 보기에 경이로운 결과였다.

2014년 초까지 우버는 28개 도시에 우버X 차량공유 서비스를 출시했다. 2016년 말, 우버X 및 다른 우버의 차량공유 서비스들은 전 세계 450곳 이상의 주요 도시로 진출했다. 비전문 운전사가 자기 차에 승객을 태우게끔 허용하는 것이 전 세계적 현상이 되면서 운전사들은 새로운 유형의 유연 근무를 할 수 있게 됐고, 교통비는 낮아졌으며, 사람들이 도시 주변을 여행하는 방법도 바뀌었다.

이미 활기찼던 우버의 사업은 낮은 요금과 높은 탑승량에 힘입어 가히 기하급수적으로 폭발했다. 2014년 초 우버의 누적 탑승 예약자 수는 2억 명이었지만 2016년 초 이 숫자는 10억 명으로 늘어났고, 불과 6개월 뒤엔 다시 20억 명으로 확대됐다. 우버의 직원 수는 이 기간 550명에서 8,000명으로 늘어났다. 2014년 6월 피델리티인베스트먼트와 블랙록이 주도해서 이루어진 14억 달러의 투자로 우버의 가치는 180억 달러까지 높아졌다. 이미 그것만으로도 당시엔 믿기 힘든 수준에 도달한 것이라 여겨졌는데, 2년 뒤 680억 달러로 세 배 이상 뛰면서 우버는 역사상 가장 가치가 높은 민간 소유 기술 스타트업이 되었다.

차량공유 서비스의 성장은 또한 전 세계 거의 모든 주요 도시와 국가에서 또 다른 갈등의 파도를 일으켰다. 2014년 우버의 PR 재난이 일어났을 때 트래비스 캘러닉은 보다 낙관적이고 성숙한 스타일의 리더십을 약속했지만, 그는 수사학의 강도를 낮췄지만 야심까지 조절하진 않았다. 그리고 그런 모습은 어떤 기술 스타트업도 보지 못했던 더 많은 규제와의 싸움과 치열한 경쟁을 낳았다.

우버 서비스에 대한 유럽 국가들의 제재

런던은 차량공유가 야기한 파장의 해결에 나선 첫 번째 유럽 도시 중 하나였다. 런던에는 '널리지Knowledge'라는 거창한 이름의 면허시험을 통과하기 위해 3년간 런던의 까다로운 격자무늬 도로를 익혀야 가능한 검은색 택시, 즉 블랙캡black-cab이라는 자랑스러운 택시 유산이 있다. 런던의 택시 기사들은 자부심이 강했고 운전에 숙련됐으며, 안정적인 중산층의 임금을 받았다. 그들은 또한 택시 요금을 책정하는 규제기관인 런던교통공사Transport for London, TfL에 정기적 호소와 파업 위협을 동원해서 옹호해온 택시 요금 인상 외에는 다른 어떤 변화에도 맹렬한 거부 반응을 보였다.

2012년 우버가 처음 런던에 진출했을 당시, 널리 퍼진 내비게이션 덕분에 블랙캡 운전사들은 이미 런던 택시 기사들의 사무실을 직접 찾아가서 예약할 수 있는 콜택시와 4도어형 중형차의 증가에 위협감을 느끼고 있었다. 콜택시는 미터기를 쓰거나 도로에서 승객을 태우는 것이 법적으로 금지됐다.

우버는 시험 블랙캡 택시와 콜택시 사이의 모든 차이를 없애버렸고, GPS의 편재성은 택시를 찾기 힘든 순간 '널리지'를 사실상 불필요하게 만들었다. 이어 우버는 런던에서 고급 자동차 서비스를 1년간 운영한 뒤 2013년 6월에 스마트폰 앱 우버X를 선보였다. 콜택시 기사들과 마찬가지로 우버X 운전사들은 개인고용private-hire 면허를 취득하고 상업보험에 가입되어 있어야 한다. 그들은 널리지를 통과할 필요가 없었다. 콜택시 기사들과 달리 우버X 운전사들은 우버 앱의 호출을 받고 도로에서 승객을를 기다리면 됐다. 우버는 우버X 서비스를 속행하기 전에 허락을 구하지 않았다. 그저 단순히 50년 된 규제가 전자호출 같은 신기술에는 적용되지 않는다고만 판단했을 뿐이다.

처음에 우버X는 런던에서 조용히 영업했다. 하지만 블랙캡 운전사들은 새로운 경쟁에 익숙해지면서 그것을 상냥하게 묵과하지 않았다. 2014

년 6월 11일 그들은 정오 시위로 시를 교착 상태에 빠뜨리고, 템스 강 위에 놓인 램버스Lambeth 교의 통행을 막고, 시 중심부를 마비시키면서 우버X 영업에 대한 시의 허가에 반대했다.[1]

이스트엔드East End(전통적으로 노동자 계층이 사는 런던 동부지역_옮긴이) 출신의 40년 경력의 블랙캡 운전사 존 코너John Connor는 몇 달 뒤 나를 히스로Heathrow 공항에서 쇼디치Shoreditch로 데려다주던 중 "내가 운전한 그 긴 세월 동안 사람들은 내 자리를 놓고 싸웠습니다. 그런데 지금은 내가 일자리를 얻으면 기적이에요."라고 말했다. 그는 파업에 참가했던 1만 명의 택시 기사 중 하나였다. 그는 덧붙여 말했다.

"우린 사람들에게 그들이 우리를 엿 먹일 수 없다는 걸 알려줘야겠습니다!"

그는 새로운 우버X 운전사 다수가 파키스탄, 방글라데시, 소말리아, 에티오피아, 에리트레아Eritrea(아프리카 북동부 나라_옮긴이) 출신 이민자라고 지적했다. 그들은 최저임금 이하를 받고도 하루 18시간 동안 일하면서 만족해한다는 것이었다. 하지만 코너에게는 부양해야 하는 가족이 있었다! 그들에게 우버X 운전사들은 21세기 초 모든 서양 국가들을 똑같이 괴롭혔던 이민, 세계화, 중산층의 불안감과 같은 수준의 문젯거리였다. 런던의 교통정체 때문에 차가 움직이지 못하고 있는 가운데 그는 이렇게 말했다.

"나는 평생 이런 변화를 본 적이 없습니다. 게임은 끝났어요."

우버는 파업 이후 오히려 가입 운전사 수가 850퍼센트나 급증했다고 밝혔다. 운전사들이 우연히 우버에 대해 더 많은 관심을 갖게 됐다는 것이다. 그해 가을엔 7,000명이 우버의 차를 몰고 있었다. 동시에 강철 같은 성격의 우버 런던 지역 매니저 조 버트람Jo Bertram은 온라인에서 악의적 적대감에 심하게 시달린 나머지 소셜미디어를 탈퇴할 수밖에 없었다. 그녀는 전투적인 영국 언론을 거듭 상대했지만, 트위터상에서 쏟아진 독설은 그보다 훨씬 더 심했다. 그녀는 내게 말했다.

"비난의 글이 폭주했습니다. 내 친구는 '그런 글은 읽지 마. 건강에 안 좋아.'라고 말해줬죠. 우리는 그냥 그 글을 동료에게 넘겼어요."

우버X의 인기가 높아지자 그해 런던에서 우버를 향한 적대감은 들끓었다. 2015년 커지는 운전사들의 불만으로 궁지에 몰린 TfL은 우버의 반란 시도를 억누르기 시작했다. TfL은 다른 제한보다도 우버가 앱에서 이용 가능한 차량을 보여주는 걸 막고, 운전사들이 차량을 요구한 승객을 태우기 전에 최소 5분 동안 기다리게 만드는 규정을 제시했다.[2] 이는 주로 우버가 가진 매력을 깎아내리기 위한 목적으로 만들어진 비합리적인 조치였다. 블랙캡 운영단체인 면허택시기사연합Licensed Taxi Driver Association의 사무총장 스티브 맥나마라Steve McNamara는 자신을 찾아온 내게 "그 트래비스란 놈, 너무 깐죽거려서 한 방 먹여주고 싶습니다."라고 말했다.

태풍의 눈 속에는 나중에 브렉시트Brexit, 즉 영국의 유럽연합European Union 탈퇴를 강하게 지지해 국제적 관심을 받은 덥수룩한 머리 스타일의 한 남자가 있었다. 보수당 출신의 런던 시장 보리스 존슨Boris Johnson이었다. 당시 존슨은 곤란한 위치에 있었다. 2008년 시장에 출마했을 때는 블랙캡 운전사들의 지지를 받았고, 심지어 택시 영수증에 선거 운동 슬로건을 인쇄해놓기도 했었기 때문이다.

존슨은 처음에는 우버가 운전사들이 도로 운행을 하면서 승객을 기다리는 걸 허용함으로써 콜택시 규정을 조직적으로 어겼다고 지적했다.

하지만 그는 또한 우버가 가진 기술이 블랙캡과 콜택시를 구분하기 위한 어떤 근거도 일소해버렸음을 주시했다. 2015년 9월 열린 공개 질의응답 토론회 때 그는 객석을 꽉 메운 블랙캡 운전사들을 일컬어 '신기술을 보고 싶어 하지 않는 신기술 혐오자들'이라 했다. 이에 분노의 야유를 퍼부으며 일제히 일어난 운전사들로 시청은 대혼란에 빠졌고, 그들은 건물 밖으로 쫓겨났다.[3]

하지만 미국 도시들에서 그랬던 것과 마찬가지로 우버는 시민들이 이 서비스를 사랑했기 때문에 런던에서도 경쟁 우위를 유지했다. 우버는 숙련된 로비스트 부대뿐 아니라 TfL에게 그것이 제안한 규제의 철폐를 요구하는 탄원서에 서명한 20만 명의 고객을 동원했고, 이런 노력은 2016년 1월에 효과를 거뒀다. 존슨은 규제가 전폭적인 지지를 얻지 못했음을 인정하면서 "의원들은 인터넷이란 발명품의 효력을 무산시킬 수 없었습니다."라고 말했다.[4]

유럽 대륙에서 보리스 존슨와 같은 위치에 있던 사람들이 반드시 그의 생각에 동의한 건 아니었다. 프랑스에서는 우버에 맞선 제도적 반발이 강했다. 2014년 초 우버가 파리(당시 파리는 2년여 전 우버의 여섯 번째 시장이 된 상태였다)에서 성장하고 있을 때, 프랑스 의회는 운전사들이 우버 앱을 통해 차량을 부른 승객을 태우기 전에 15분 동안 기다려야 한다는 결정을 내렸다. 프랑스 행정법원은 이 결정을 뒤집었지만, 그것은 앞으로 닥쳐올 싸움과 함께 택시 시장 관리를 통합해왔던 프랑스 최대 택시 회사 두 곳이 휘두르는 영향력을 시사해주었다.[5]

당시 우버는 프랑스에서 전문 운전사만을 쓰고 있었다. 하지만 개인기사용 운전사 면허를 따려면 3,000유로(약 390만 원_옮긴이)를 내야 하고 필기시험도 통과해야 하는 등 기존의 택시를 보호하기 위한 조항들이 있었다. 주문형 교통 서비스가 가진 진정한 잠재력을 발휘하기 위해 우버는 그러한 장애물 없이 운전사 공급을 늘려야 했다. 2014년 2월 프랑스 정부가 면허 취득 요건을 완화하려 들지 않자 우버는 프랑스에서 전문 택시면허가 없는 운전사들이 각자 자신의 차량을 이용해서 승객을 태울 수 있게 허용하는 차량공유 서비스를 선보였다. 당시 이미 면허가 있는 전문 운전사들을 쓰는 우버X 서비스를 프랑스에서 운영 중이었기 때문에 우버는 이 새로운 서비스의 이름을 우버팝UberPop이라고 불렀다. 그것은 'P2P'(P2P의 본디말인 'peer-to-peer'는 '동료 간'으로도 해석될 수 있음_옮긴이) 서비스였기 때문에 현지 총괄관리자인 피에르-디미트리 고어-코티Pierre-Dimitri Gore-Coty는 동료들과 함께 이 이름을 골랐다.

2015년 여름 프랑스 전역의 택시 기사들이 고속도로에 일대 혼잡을 일으키고, 우버 차량을 전복시키고, 샤를 드골Charles de Gaulle 공항으로 향하는 길을 막았던 가을 전까지 우버팝은 프랑스에서 꾸준히 성장했다. 프랑스 택시를 규제하고 프랑스 법을 집행하는 내무장관은 운전사들뿐 아니라 분명 기존의 택시 이해관계자들도 동정했다. 우버의 파리 사무실은 압수 수색을 당했고 운전사들에게는 벌금이 부과됐다.[6] 2015년 6월 29일, 정부 당국은 고어-코티와 프랑스 내 우버의 총괄관리자인 티보 심팔Thibaud Simphal을 체포했다.[7] 그들은 감옥에서 밤을 보냈고, 며칠 뒤 우버는 프랑스 내에서 면허 운전사 서비스는 유지했지만 우버팝 서비스는 폐쇄했다. 2016년 재판 결과 우버 임원들과 회사는 '상업적 관행을 호도糊塗'한 혐의로 유죄 판결을 받고 벌금 납부를 지시받았다.[8]

2015년 5월 이탈리아 밀라노에서도 판사가 불공정 경쟁을 이유로 우버팝이 불법이라는 판결을 내렸다.[9] 스웨덴에서 역시 판사가 30명의 운전사들에게 불법 택시 서비스 운행 혐의로 유죄를 선고하자 우버는 그곳에서 우버팝 서비스를 중단할 수밖에 없었다.[10] 스페인의 판사 또한 불공정 경쟁 혐의로 1년간 우버 영업을 금지시킨 후 스페인 인터넷 제공사들에게 자국 내 우버 앱의 접근을 차단하라고 지시했다. 스페인 택시 회사들과 그들의 강력한 노동단체인 마드릴레냐델택시연맹Association Madrileña Del Taxi이 공식적으로 우버의 영업정지 가처분 신청을 제기한 후 일어난 일이었다.[11] 독일에서도 택시 노조들의 주장을 판결하던 판사들은 우버가 경쟁법을 위반했기 때문에 전문 면허 운전사들만을 써야 한다는 걸 알아냈다.[12] 우버는 베를린과 뮌헨에서 면허가 있는 운전사들을 이용한 서비스를 유지한 채 프랑크푸르트, 함부르크, 뒤셀도르프 등의 독일 도시들에서 철수했다.

각 유럽 국가를 둘러싼 싸움은 흥미로운 사실을 드러내주었다. 한편으로는 우버의 어설픈 공격성 및 강력한 결의를 불태우며 도시로 요란하게 진출하는 성향을, 또 다른 한편으로는 그렇게 진출했지만 정부 내에서 우군을 발굴하지 못함으로써 나중에 필연적으로 반발에 당면하는 결과를 보여준 것이다. 우버의 영업을 책임지는 라이언 그레이브스는 이렇게 말했다.

"우리는 필요 이상으로 고삐 풀린 망아지처럼 굴었습니다."

반면 우버의 팽창은 낡은 교통법을 다수의 시민들이 진정 원했던 서비스로 갱신하려는 각 국가 정부의 의지가 어느 정도인지를 평가해주었다. 이것은 규제 담당자와 입법의원 들이 시민들과 강력한 택시 이해관계자와 노조 중 누구에게 더 많은 신세를 졌는지를 드러내주는, 민주주의 자체에 대한 리트머스 시험과도 같았고, 유럽 대륙의 국가들은 이 시험에서 애를 먹었다. 그들은 침체된 산업을 흔들기 위해 나타난 혁신적이면서도 오만한 신생 기업을 만났을 때 충동적으로 그런 업스타트를 배척했다.

하지만 세계의 반대편 상황은 사뭇 달랐다. 세계화를 향한 유럽의 야망에 대해 아시아가 보여준 반응은 유럽의 그것과 달리 주로 기업가적이었다. 사실 트래비스 캘러닉은 그만큼 추진력이 강하고 공격적인 누군가와 대면하기 일보직전이었다.

디디의 출현과 성장

다시 2012년 봄으로 돌아가보자. 영국의 택시 호출서비스 회사인 헤일로의 자금 조달과 즉각적 팽창에 대한 뉴스가 테크 블로그를 도배했다. 앞서 살펴봤듯 헤일로의 성급한 발표로 캘러닉은 즉시 우버의 고급차 앱에 차량 선택권을 추가할 수밖에 없었다. 헤일로는 미국 시장에서 철수하고, 영국과 아일랜드에서 택시 탑승을 용이하게 해주는 틈새 시장으로 되돌아갈 수밖에 없었다. 이어 2016년에 독일 자동차 제조회사 다임러Daimler에게 인수됐다.

하지만 2012년 헤일로의 불운한 팽창 시도는 이 이야기의 전개에 또 다른, 심지어는 더 중대한 영향을 미쳤다. 지구를 반 바퀴 돌아 항저우杭州에 소재한 중국 대형 전자상거래 업체인 알리바바의 본사에선 청 웨이程維, Cheng Wei라는 젊고 재능 많은 영업사원이 곧 닥칠 헤일로와 우버의 마지막 결전에 대한 글을 테크 블로그에서 읽으며 그 싸움을 이용하려는 구상에 착수했다.

청 웨이는 중국 동부 내륙 지역인 장시성江西省에서 태어났다. 장시성은 마오쩌둥이 일으킨 공산당 혁명의 근거지로 유명한 곳이다. 공무원인 아버지와 수학 교사인 어머니를 둔 그는 고등학교 때 수학을 아주 잘했지만 대학 입학시험에서는 시험지 맨 마지막 장을 넘기지 않았다가 세 문제를 풀지 못하는 실수를 저질렀다.

그는 최상위권 대학들보다는 지명도 면에서 밀리는 북경화공대학北京化工大學에 입학했고, 처음엔 정보기술을 전공할 계획이었지만 대학의 권유로 경영학을 전공하게 되었다. 대개의 중국 학생들이 그렇듯 청 역시 대학 4학년 때는 보험상품을 팔면서 일했지만, 그는 자신을 가르친 교사들을 비롯한 누구에게든 단 하나의 상품도 팔지 못했다. 청은 말했다.

"교사들 중 한 명은 '내가 키우는 개도 보험에 들어 있다'고 하더군요."

취업 박람회에서 그는 자칭 '중국의 유명한 헬스케어 회사'라고 홍보하는 기업 경영자의 조수로 지원했다. 하지만 손에 짐을 들고 상하이로 일하러 갔을 때 그곳이 사실은 발 마사지 시술점이라는 걸 깨달았다.

2005년 22세에 대학을 졸업한 그는 알리바바의 상하이 사무실 안내데스크에 불쑥 나타나서 일자리를 요구한 끝에 말단직을 하나 얻었고, 영업부서에 배치돼서 한 달에 1,500위안(약 25만 원_옮긴이)을 벌었다. 청은 말했다.

"전 알리바바에 매우 감사해하고 있습니다. 누군가 앞장서서 나를 쫓아내지 않고 '우리는 자네 같은 젊은이들을 원한다네.'라고 말해줬기 때문입니다."

비록 처음에 했던 보험영업은 망했지만 청은 상인들을 대상으로 하는 온라인 광고 판매에서 뛰어난 능력을 증명했고, 여러 계단 승진한 끝에 결국 거침없는 말투로 유명한 왕강王剛, Wang Gang이란 임원에게 직접 보고하는 사람이 되었다. 처음 청을 만났을 때 왕은 그의 판매실적은 뛰어났지만 진짜 능력은 고객행사의 사회를 보는 데 있었다고 말했다.

2011년 승진 누락으로 실망한 왕은 청과 다른 부하직원들을 모아놓고 스타트업을 세우기 위한 아이디어 회의를 열었다. 그들은 교육, 레스토랑 평가, 심지어 인테리어 장식 회사들의 사업모델에 대한 의견을 주고받았고, 2012년 초에는 온라인 지도상에서 사용자가 다른 사람들의 위치를 파악할 수 있게 해주는 모모Momo라는 스마트폰 앱을 추적하기 시작했다. 전화기로 매력적인 여성의 위치를 추적한다는 개념 덕에 그들은 스마트폰 GPS가 가진 능력에 대해 관심을 갖게 됐다. 바로 그때 청 웨이는 곧 있을 헤일로의 미국 시장 팽창에 대한 뉴스를 읽었다.

청에게 이 뉴스는 모닝콜과 같았다. 미국과 영국은 택시 산업을 스마트폰 시대로 끌고 가기 위한 싸움을 벌이고 있었다. 청은 중국은 규제를 받고, 끈덕지게 아날로그적이며, 모든 주요 도시마다 수십 개 택시 회사들이 난립할 정도로 심각하게 분열되어 있는 거대한 택시 시장임을 알고 있었다.

그는 2012년 알리바바를 떠났고, 자신이 새로 개발한 택시 호출 앱의 이름을 디디다처滴滴打车, Didi Dache로 정했다. 디디다처란 '꽥꽥 택시를 부르다'란 뜻이다. 그의 상사 왕강 역시 알리바바를 떠나서 청이 세운 스타트업에 80만 위안, 즉 약 10만 달러를 투자하며 청의 주요 경제적 지원자가 되었다(2016년 말에 왕강의 투자지분 가치는 약 10억 달러로 추정된다).

청과 몇몇 알리바바 출신 동료들은 처음에 베이징北京 북부에다 사무실을 차렸다. 회의실이 하나 있는 100제곱미터 규모의 허름한 창고였다. 하지만 헤일로와 유사한 중국 택시 앱을 만들겠다는 그들의 생각이 정말로 매우 새로운 것은 아니었다. 최소 30명의 다른 기업인이 헤일로의 발표를 봤거나 전자 택시호출을 둘러싸고 흥분과 전율의 기운이 감도는 것을 느꼈고, 아주 정확히 꼭 같은 시간에 중국 내에서 유사한 스타트업을 개발 중이었기 때문이다.

전자 택시호출 서비스는 특히나 지하철은 사람들로 붐비고, 고속도로는 혼잡하고, 만성 스모그 때문에 걷거나 자전거를 타기가 불쾌한 중국에서 빠르게 유행했다. 하지만 처음에 이 사업의 전망은 그다지 밝을 것 같지 않아 보였다. 경쟁은 치열했고, 택시 호출 스타트업들은 운전사들의 휴대폰 요금 대납을 도와줘야 했다. 교통비 상승을 우려한 중국 정부는 스타트업들이 요금 수수료를 걷지 못하게 막았고, 일부 도시에선 심지어 이런 앱을 불법으로 간주했다. 다만 운전사들은 조사관이 길 한쪽으로 차를 대게 할 경우 그에게 보여주기 위해 별도의 휴대폰을 갖고 다니면서 어떤 식으로든 앱을 이용했다. 청은 세계 최대 전자기기 위탁 생산업체 폭스콘Foxconn의 아이폰 공장이 있는 선전深圳에서 서비스를 출시하기 위해 자신이 처음 뽑은 열 명의 직원 중 두 명을 그곳에 급파했다. 모든 중국 도시들 중 규제에 대해 가장 진보적인 태도를 갖고 있다고 판단한 곳이 선전이었기 때문이었다. 선전 시 당국은 즉시 디디의 서비스를 중단시켰다.

통통하고, 안경을 쓴 청은 그에겐 새벽 2시에 비디오게임방에 있을 듯한 느낌이었다. 그는 베이징 북부에 있는 자신의 사무실에서 이 모든 일들을 회상했다.[13] 경영서적과 탁상용 금붕어 수조가 갖춰진 널찍한 사무실이었다. 베이징에서는 보기 드물게 공기 맑은 날이면 그는 중국이 15세기 몽골의 침략을 막기 위해 만리장성을 세웠던 북서 지역의 산들을 볼 수 있다. 이후로 일어난 모든 일들을 감안해봤을 때 만리장성을 세운 건 적절했던 것처럼 보인다.

초기 중국의 모든 차량공유 스타트업은 적자를 기록했다. 또한 시장의 후발주자나 요금이 비싸지만 보기 드문 검은색 차량 서비스를 시작하는, 우버의 독창적 전략을 모방한 스타트업들은 결정적으로 불리한 조건에 있었다. 하지만 디디는 대부분의 경쟁사들보다 더 허접했다. 실리콘밸리의 세쿼이어캐피털이 후원하는 경쟁사 야오야오택시Yaoyao Taxi가 베이징 공항에서 운전사들을 채용할 수 있는 독점 계약을 체결했을 때, 디디 직원들은 자사 앱을 광고하기 위해 베이징 내에서 가장 큰 철도역으로 몰려들었다. 경쟁사들을 모방하면서 운전사들에게 스마트폰을 주는 방법은 자금력이 부족한 스타트업이 감당해내기 버거웠기에, 디디는 이미 휴대폰을 갖고 있고 전 세계에 디디 관련 소식을 퍼뜨릴 가능성이 높은 젊은 운전사들에게 공짜로 앱을 나눠주는 데 집중했다.

2002년 말 베이징에 기록적인 폭설이 내린 탓에 길거리에서 택시를 호출하기가 불가능했을 때 그곳 거주자들은 디디 앱에 몰려들었고, 회사는 사상 처음 하루 동안 1,000번이 넘는 호출 요청을 받았다. 그러자 베이징 내 한 벤처투자회사가 관심을 보였고, 디디의 가치를 1,000만 달러로 평가하며 200만 달러를 투자했다. 청은 말했다.

"그해에 눈이 안 왔다면 지금 디디는 여기 없었을 겁니다."

그러던 2013년 4월에 스타트업 중 한 곳이 초기 우위를 확보했다. 디디는 아니었다. 항저우 동부 도시에 근거지를 둔 콰이디다처快的打车, Kuaidi taxi는 청 웨이의 이전 직장인 알리바바로부터 투자금을 유치했다.[14] 콰이디다처는 '총알택시'란 뜻이다.

중국 인터넷의 지배적 시장점유율은 종종 소위 '빅 쓰리Big Three'라고 불리는 엔터테인먼트 포털 텐센트腾讯, Tencent, 검색회사 바이두百度, Baidu, 그리고 전자상거래 업체 알리바바 중 한 곳과 강력하게 연결되어 있는 스타트업이 확보하곤 했다. 이 세 기업은 세계에서 가장 인구가 많은 국가 중국의 온라인 환경을 좌지우지하며, 제휴 회사들에게 엄청난 양의 트래픽을 보내줄 수 있다. 디디가 베이징과 광저우의 기술 전문가들 사이에서 주목을 받았지만 청은 생존하기 위해선 동맹을 구축해야 한다는 걸 깨달았다. 알리바바가 콰이디에 투자하고 몇 주 뒤, 청은 알리바바의 최대 경쟁사인 텐센트로부터 1,500만 달러의 투자금을 유치했다. 여전히 규모가 작았던 디디의 가치는 6,000만 달러로 평가됐다.

경쟁 관계에 있던 중국 양대 인터넷 기업들의 지원을 받은 후 디디와 콰이디는 서로를 더 예의 주시하기 시작했다. 디디에서 '7일 낮, 7일 밤Seven Days, Seven Nights'이라는 말로 경건하게 표현된, 악명 높을 정도로 힘든 한 주 동안 양사는 간헐적인 기술 문제를 겪으면서 운전사와 승객 들을 이 서비스에서 저 서비스로 옮겨 다니게 만들었다. 청은 디디의 엔지니어들이 비좁은 사무실에서 워낙 오랫동안 머무르며 문제 해결을 위해 애쓴 나머지 한 명은 엔지니어는 눈에 들러붙은 콘택트렌즈를 제거해야만 했다고 말했다.

마침내 청은 텐센트의 창업자이자 CEO인 마화텅馬化騰, Ma Huateng에게 도움을 요청했다. 마는 청에게 50명의 엔지니어와 1,000대의 서버를 빌려주기로 합의했고, 디디의 팀이 잠시나마 보다 안락한 텐센트의 사무실에서 일할 수 있게 초대해줬다.

하지만 디디는 한 푼도 수익을 내지 못하고 있었기 때문에 청은 자본을 조달해야 했다. 그는 2013년 11월 태어나 처음으로 미국을 방문했지만 여러 투자자로부터 투자를 거절당했다.

“우리는 너무 많은 자금을 소진해버렸습니다. 투자자들은 ‘어이쿠’ 하고 놀라는 것 같았습니다.”

뉴욕시 추수감사절에 또 눈폭풍이 불었지만 이번 것은 뜻밖에 뭔가를 발견하는 재미를 주지 않았다. 청 웨이는 공항으로 가던 도중 자신이 탔던 우버 차량이 눈폭풍 속에 갇히는 바람에 결국 비행기를 놓쳤다고 말했다.

“중국으로 돌아온 나는 아주 우울했습니다.”

2014년 초가 되자 모든 것이 바뀌었다. 그해 중국의 신년 동안 텐센트는 ‘붉은 봉투Red Envelope’라는 모바일 앱으로 엄청난 히트를 쳤다. 이 앱은 사용자들이 고대 중국의 풍습에 따라 친구와 가족에게 휴일을 보낼 때 보태라고 소액의 금전적 선물을 보낼 수 있게 해주는 앱이었다.

갑자기 알리바바와 텐센트는 둘 사이의 오래된 전쟁에서 ‘모바일 결제 시장’이라는 새로운 싸움터가 생긴 걸 보고 정신이 번쩍 들었다. 중국 내 스마트폰 사용자의 주요 온라인 지갑 관리가 그들에겐 강력한 전략적 포지션이 될 수 있었다. 따라서 양사는 각자 결제 앱을 개발하기 위한 경쟁을 벌이기 시작했다. 디디와 콰이디는 이런 미친 질주를 대신 뛰는 회사들로 바뀌었다. 디디는 엄청난 인기를 끄는 텐센트의 채팅 앱 위챗微信, WeChat의 결제 기능에 통합됐고, 콰이디는 고객들이 알리바바의 모바일 결제 자회사인 알리페이支付宝, Alipay를 이용해서 결제할 수 있게 해주었다. 알리바바와 텐센트 모두는 자신들과 연계된 택시 앱에 현금을 투입하기 시작했고, 경쟁 중인 모바일 결제 서비스 분야에서는 이용자를 늘리기 위해 운전사와 승객 들에게 각각 넉넉한 금액의 지급 보증과 할인을 제시했다.

2009년과 2014년 사이에 우버는 거대한 파도처럼 스마트폰 사용이 급속히 늘어난 데 힘입어 미국 시장에서 가공할 속도로 사업을 확장했다. 하지만 중국에서는 주로 대형 기술 기업들 사이의 치열한 경쟁과 그들의 메시징과 모바일 결제 상품을 밀어붙이려는 욕구로 인해 이 파도가 파괴적인 쓰나미와 거의 흡사한 수준이었다. 한 투자자에 따르면 2014년 보조금을 후하게 지급하던 디디는 콰이디와 치른 대리전에서 매일 10만 달러를 소진하고 있었다. 그해에 디디는 두 차례에 걸쳐 진행된 투자 라운드를 통해 다른 투자자들보다 텐센트와 러시아 벤처자본사인 DST 글로벌DST Global로부터 8억 달러의 투자금을 유치했고, 콰이디 역시 알리바바와 일본의 대형 기술 기업인 소프트뱅크Softbank, 그리고 사모펀드인 타이거글로벌Tiger Global등으로부터 디디에 버금가게 많은 투자금을 조달했다.[15] 청 웨이는 자신이 똑똑하고 적응력이 강한 CEO임을 입증했지만, 이런 속도로 돈을 쓸 경우 콰이디와의 싸움은 모든 관련자들을 파산시킬 수 있었다.

디이와 콰이디의 투자자들은 결국 커져가는 그들의 경쟁이 얼마나 무모한 짓인지를 깨달았다. 트래비스 캘러닉이 우버의 그다음 대박 기회로 중국을 노리기 시작한 상황에서 그들은 두 스타트업과 그들의 후원 기업들 사이의 휴전을 촉구했다.

알리바바와 텐센트 본사를 오가며 합병 중개를 도운 사람은 명석한 러시아 벤처투자자인 DST의 유리 밀너였다. 청 웨이의 거침없는 성격과 디디와 위챗의 통합이 주는 장점 덕분에 이제 디디의 승객 수는 더 늘어났고, 그에 따라 합병회사의 지분을 60퍼센트 차지하게 되었다. 한 디디 투자자는 이렇게 말했다.

"청 웨이는 기본적으로 트래비스만큼 공격적이었습니다. 그는 (트래비스와) 완벽하게 어울리는 것 같았어요."

디디 vs 우버의 경쟁

우버는 중국에서 2년 동안 조용히 노력을 기울여왔다. 2013년 여름 시리즈 C 투자라운드를 끝마친 트래비스 캘러닉은 TPG캐피털 임원들과 축하여행차 아시아로 향했다. 떠나기 전 그는 동료들에게 베이징에서 만나자고 했다. 오스틴 가이츠, 전 중국 지사장 앨런 펜, 아시아에 살고 있는 우버 임원 샘 겔먼Sam Gellman, 그리고 홍보정책총괄 코레이 오웬스Corey Owens는 베이징에서 캘러닉을 만나 2주간 같이 일했다. 펜은 말했다.

"우린 베이징 구석에 있는, 다시 못 볼 몇몇 후진 아파트에서 일했습니다."

미국 인터넷 기업들에게 있어 중국 시장으로의 진출은 오랫동안 '자살 임무'로 간주되어왔었다. 구글, 이베이, 아마존, 페이스북, 트위터 모두 세계 제2위 경제대국인 중국 시장 공략에 나섰지만 정부 검열 아니면 빅 쓰리가 가진 토종 기업의 이점, 혹은 두 가지 이유 모두로 인해서 실패했다. 그래도 캘러닉은 아니나 다를까 단념하지 않았다. 그는 동료들과 함께 우버가 앞서 중국 시장을 두드린 기술 기업들과는 다르다고 믿을 수 밖에 없는 모든 이유를 취합하고 정리한 뒤, 우버는 성공할 수 있을 만큼 충분히 창의적이고 인내심이 많다는 결론에 도달했다. 그는 근본적으로 문제를 해결하는 사람이었는데 궁극적으로는 풀지 못한 이 문제를 푸는 데 도전한 것이다.

2013년 그 주에 우버 원정팀은 현지의 택시 호출 앱으로 실험을 하고, 변호사와 규제 담당자를 만나고, 중국 택시 업계의 규정과 현실과 관련해 가능한 한 모든 걸 배우며 베이징 시장 공략에 본격 착수했다. 캘러닉은 당시 디디 경영에 나선 지 반년밖에 안 됐지만 자신에게 깊은 인상을 줬던 젊은 청 웨이를 포함해서 다수의 스타트업 CEO들을 만났다. 에밀 마이클은 말했다.

"캘러닉은 내가 우버에서 일을 시작하기도 전에 청을 만난 적이 있었습니다. 그는 내게 모든 차량공유 창업자 중에서 청 웨이가 특별하다고 말했어요. 청 웨이는 업계 내 다른 누구보다도 엄청나게 눈에 띄는 사람이었습니다."

우버 임원들 모두는 베이징에서 돌아다닌다는 것이 여간 어려운 게 아님을 알아냈다. 앨런 펜은 베이징을 가로질러 회의 장소로 가는 데 90분이면 될 거라고 생각했지만 1시간 30분 동안 택시를 잡지 못했던 기억을 떠올렸다. 결국 그는 좌절한 채 다시 아파트로 돌아가 스카이프로 회의를 소집했다.

그 주에 그들이 만난 사람 모두는 우버 임원들에게 중국 시장 진출을 신중히 추진하고, 현지 기업과 합작 벤처를 설립하라고 조언했다. 오스틴 가이츠가 들은 조언의 요지는 "천천히 하세요. 서둘러서는 안 됩니다.

미국 기업들은 잘 못할 거예요."였다.

하지만 유럽에서도 입증해 보였듯 캘러닉은 천천히 움직이는 데 취미가 없었다. 출장 중 어느 날 그는 짐 속에서 여분의 아이폰 몇 대를 꺼내 현지 심SIM카드, 즉 유심칩을 꽂아 넣고선 샌프란시스코에 있는 우버 엔지니어를 전화로 깨운 다음 그에게 같이 베이징용 우버 운전사 앱을 해킹하자고 요청했다. 그러자 앨런 펜과 중국어를 유창하게 구사하는 TPG 투자자 패티 리Patti Li는 그들을 태워주려는 운전사 몇 명을 알아냈고, 중국을 방문한 임원들은 그날 밤 중국 내에서의 첫 번째 우버 승객이 되었다. 가이츠는 말했다.

"GPS 관점에서 볼 때 그건 혼란을 야기했습니다."

중국에선 많은 구글 서비스들이 차단됐고, 구글 맵스의 안내 기능도 믿을 수 없었기 때문이다.

캘러닉과 임원들이 중국 시장 진출에 대해 편안함을 느끼기까지는 1년의 시간이 추가로 소요됐다. 2014년 초에 우버 상하이, 베이징, 광저우, 선전에서 고급 검은색 자동차 서비스를 시작했다. 처음에는 여행객과 중국 거주 외국인들만을 대상으로 서비스하기 위해 미국 달러로만 요금을 청구했고, 중국 정부를 자극하지 않기 위해 의도적으로 어떤 언론의 관심도 끌려 하지 않았다. 가이츠는 말했다.

"우리는 중국 시장에서 시끄럽게 영업하고 싶지 않았습니다."

우버는 디디와 콰이디가 알리바바와 텐센트의 지원을 받으며 싸우고 있는 1년 동안 중국에서 조용히 영업을 해나갔다. 그러던 2014년 가을, 우버가 세계 다른 지역에서 거둔 성공에 고무된 캘러닉과 임원들은 중국에서 차량공유 서비스를 출시하기로 결정했다. 에밀 마이클은 말했다.

"그것이야말로 진정한 기업가다운 모습이 아니고 무엇이겠습니까. 우리는 '대체 어떤 최악의 일이 일어날 수 있단 말이야? 우리는 기존 기업과 다르니 한번 시도해보자'라고 생각했어요."

2014년 10월에 광저우와 선전과 항저우와 청두Chengdu, 成都에서 우버는 신원조회를 통과한 어떤 운전사라도 자기가 소유한 차량으로 승객을 태울 수 있게 허용하는 소위 인민우버People's Uber라는 서비스를 출시했다. 이 서비스는 말하자면 우버X의 중국판이었다. 이와 동시에 우버는 돈과 유용한 기술을 제공할 수 있고, 중국 정부와 정치적 유대관계를 갖고 있는 전략적 파트너를 찾았다. 그 파트너는 돈이 많이 드는 택시 앱 전쟁 참여 기회를 놓쳤고, 모바일 결제 시장 쟁탈전에서도 늦은 빅 쓰리 중 한 곳이었던 바이두였다. 12월에 바이두는 자신들이 우버에 투자할 것이며, 이제 중국에서 우버는 보다 신뢰할 수 있는 바이두맵스Baidu Maps에서 돌아갈 것이라고 발표했다.[16]

이 전략은 처음에는 통할 것 같았다. 디디와 콰이디가 합병 때문에 진이 빠져 있는 상태에서 우버는 차량공유 서비스에 힘입어 중국 내 입지를 강화하기 시작했고, 중국의 주문형 교통앱 시장의 30퍼센트로 추산되는 수준까지 시장점유율을 높여갔다.

평소처럼 극적인 일이 일어났다. 택시 기사들은 창춘Changchun, 長春, 난징Nanjing, 南京, 청두를 포함한 6개 도시에서 파업을 벌였다.[17] 경찰은 광저우와 충칭Chongqing, 重慶 우버 사무실을 급습했다.[18] 2015년 1월, 중국 교통부Ministry of Transport는 자가용 소유자들이 영리 목적으로 차량 호출 앱을 이용하는 걸 불허하기로 결정했지만, 이상하게도 우버와 경쟁사들은 계속 영업하는 것이 허용됐다. 중국 정부는 철두철미한 단속 의지를 보이지는 않았다. 중국 내 심각한 교통 문제를 해결해줄 것으로 기대되는 서비스를 완전히 없애려 하지는 않았던 것이다.

우버는 이제 의지할 지렛대를 확보한 셈이었고, 캘러닉은 그것을 이용해볼 작정이었다. 베이징 출장 중 캘러닉과 에밀 마이클은 새로 합병해 개명한 디디콰이디Didi Kuaid의 베이징 사무실을 방문해서 청 웨이와 그의 새 COO인 전 골드만삭스 상무이사 류칭柳青, Liu Jean을 포함한 여러 임원들과 만났다. 어떤 기준에서 봐도 회의는 순조롭게 시작됐다. 청 웨이는 "당신은 내게 영감을 주었습니다."라는 말로 캘러닉을 맞이했다. 하지만 이후부터는 긴장감이 감돌았다.[19] 에밀 마이클은 자신은 당시 심리전이 벌어졌던 것 같다고 생각했던 걸로 기억했다. 그는 말했다.

"그들은 우리에게 이전에 우리가 먹어본 적 없던, 너무나 맛없는 점심을 대접했습니다. 우리 모두는 '이것도 일종의 경쟁 전술일까?'라고 궁리하면서 앞에 놓인 음식을 그냥 쿡쿡 찌르기만 했어요."(사실은 그런 의도가 아니었다. 류는 나중에 마이클에게 음식에 대해 사과했다.)

회의 도중 한 번은 청이 화이트보드로 걸어가서 두 줄을 그렸다. 우버의 선은 2010년에 시작해서 갑자기 우상향했다. 창업 이후 급격히 늘어난 탑승량을 묘사한 것이었다. 디디의 선은 2년 뒤인 2012년에 시작했지만 더 가파른 곡선 모양을 띠며 우버의 선과 교차됐다. 청은 디디는 언젠가 우버를 따라잡을 거라고 말했다. 중국 시장은 엄청나게 크고, 많은 중국 도시들이 교통과 오염을 통제하기 위해 자가용 이용과 소유를 제한하고 있다는 게 이유였다. 청은 말했다.

"캘러닉은 (내 말을 듣고) 그냥 웃었습니다."

청의 말에 따르면 캘러닉은 디디콰이디에 투자하길 원했다. 캘러닉은 회사 소유 지분 40퍼센트를 요구했고, 대신 중국을 디디에게 양보하겠다고 약속했다. 청은 나중에 한 연설에서, 캘러닉은 자신의 제안을 거절할 경우 중국에서 디디에게 '황당한 패배'를 안겨주겠다며 위협했다고 주장했다. 청은 이어 이렇게 말했다.

"그들이 우리를 바라보는 모습을 통해서, 우리는 그들이 우릴 그저 쓰촨성Sichuan, 四川省 출신의 또 다른 작은 지방 택시 앱 정도로 간주하고 있음을 알 수 있었습니다. 외국 기업들은 중국을 정복해야 할 지역으로 여기죠."[20]

영어를 유창하게 구사하며 전 세계 비즈니스 커뮤니티와 디디 사이의 주요 연결책 역할을 수행하던 베이징 토박이 류는 캘러닉이 '악당'으로 간주됐다고 말했다.

"당신 사무실에 와서는 '당신 회사 지분 이만큼을 내놓아라. 아니면 당신과 싸우겠다'라는 사람이 있다고 상상해보십시오."

우버는 나중에 디디의 주장을 부인하면서 "당시 회의는 엄청나게 우호적인 분위기 속에서 진행됐다."라고 주장했다.[21]

캘러닉의 제안을 뿌리친 디디 임원들은 곧바로 중국 내에서 자체 차량 공유, 카풀, 통근 버스 서비스를 출시했다. 디디는 수십억 달러의 벤처 자본을 조달하고, 할인을 무기로 승객을 유인하고 운전사를 확보하며 우버와 전면전을 벌일 수 있는 강력한 기존 강자임을 증명하게 된다. 이제 세계 최대 교통 시장을 차지하기 위해 벌이는 세계적 초대형 유니콘 간의 죽음의 게임이 시작됐다.

우버가 한 일 그리고 할 일

2015년 6월 3일 오후, 우버는 회사의 역사에 있어서 중요한 날을 기념하기 위해 샌프란시스코 마켓 가 본사로 현지 언론인들을 초빙했다. 회사가 운전사와 승객 들에게 앱을 내놓은 지 5주년 되는 날이었다. 개릿 캠프는 '미친 생각'이었던 아이디어가 전 세계로 퍼지는 거대한 힘으로 바뀌었다고 놀라워하며 행사를 시작했다. 오스틴 가이츠와 라이언 그레이브스는 각자 트랜스아메리카 건물 근처에서 빌린 사무실들의 비좁은 회의실 탁자 주위에 불과 몇 명의 직원들만이 둘러앉아 있던 시절의 우버를 회상했다.

이어 캘러닉이 긴장되고 격한 표정으로 연단에 올랐다. 그의 부모는 맨 앞줄 좌석에 앉아 있었다. 이후 20분간 텔레프롬프터teleprompter를 보며 어색하게 연설하던 그는 지난 5년 동안 우버를 그토록 특별한 회사로 만들었던 게 공격성이었음을 인정했다. 그는 말했다.

"저는 제가 우버의 너무 강한 옹호자로 간주될 수 있다는 걸 알고 있습니다. 또한 사람들이 저에 대해 어떤 말을 하고 있는지도 압니다."

캘러닉은 이어 과거엔 그렇게 치밀하게 밝힌 적이 없던, 우버의 정치적 명분에 대해서 이야기했다. 그는 우버는 택시 이용이 힘든 저소득층 이웃들에게 새로운 교통 선택권을 준다고 말했다. 우버는 미취업자, 이민자, 그리고 학비를 조달해야 하는 학생 들 모두에게 유연 근로가 가능한 일자리를 만들어주고, 카풀 서비스인 우버풀을 통해 여러 탑승객들이 같은 차를 이용하게 함으로써 이용 요금을 더 낮춰주며, 잠재적으로는 도로 위의 차량 수를 줄여줘서 이산화탄소 배출량도 낮출 수 있다는 것이었다.

캘러닉은 말했다.

"그런 것들이 곧 우리가 믿는 진정한 '게임 체인저game changer(어떤 일에서 결과나 흐름의 판도를 뒤바꿔놓을 만큼 중요한 역할을 한 인물이나 사건_옮긴이)'이고, 우리가 앞으로 몇 년 동안 매달려야 할 일들입니다."

캘러닉은 이렇게 원고를 읽는 연설을 통해 보다 자기성찰적이면서 낙천적인 자신의 모습을 보여주기 위해 애썼다. 연설문에는 데이비드 플러프가 이끈 이후 더 세련된 커뮤니케이션팀의 흔적이 남아 있었다. 플러프는 이후 과거 구글에서 커뮤니케이션 및 홍보정책 분야를 총괄한 레이철 웨트스톤Rachel Whetstone으로 교체된다. 하지만 이날 캘러닉이 보낸 메시지는 그곳에 참가한 언론인들 외에도 유럽, 그리고 특히 미국 동부 지역의 규제 담당자와 입법의원 들을 향해 던진 것이었다. 그때 미국 내 최대 택시 시장인 뉴욕에서는 우버에 대한 새로운 반대 물결이 생기고 있었다.

택시 앱들의 사업 기반을 확립시켜줬던 승리가 여러 차례 있었음에도, 빌 드 블라시오 시장의 뉴욕시는 과거 에어비앤비에게도 그랬듯 우버에게도 대체로 적대적이었다. 2015년 초 시와 우버는 서지프라이싱의 한도를 정하는 법안[22]과 우버가 운행자료를 TLC에 넘겨줘야 하는지의 여부를 놓고 다퉜다.[23] 5월에 TLC는 무엇보다 우버 앱의 어떤 기능 변화도 검토할 수 있는 권한을 갖는 강도 높은 제한을 검토 중이었다.

양측의 불신의 골은 커졌다. 시는 우버가 비협조적인 데다 규정을 지키며 영업하지 않으려 한다고 비난했고, 우버와 우버의 대리인 측은 시장이 자신의 시장 선거 운동 당시 거액을 기부했던 택시 업계 친구들의 말만 듣는다고 주장했다.[24] 양측의 비난은 사실일 가능성이 있었다. 또한 뉴욕 택시 회사들의 입지가 어려워지고 있던 것도 사실이었다. 2013년 택시 사업 면허값이 120만 달러에서 정점을 찍었을 때는 은행 대출을 받을 수 있는 택시 회사들이나 여러 명의 운전사가 택시 한 대를 공유하는 경우만 라이센스 확보가 가능했다. 그러나 2016년이 되자 면허값은 반 토막 이상이 났다.[25] 2010년과 2014년 사이 TLC 위원장(그리고 리프트의 자문역)을 지낸 데이비드 야스키David Yassky는 내게 자신은 새로운 규제의 취지가 '순수한 보호주의'라고 느낀다고 말했다.

우버는 시에게 새로운 규정을 포기를 촉구하며 시청에서 탑승자 및 운전사 들과 함께 시위를 벌였다. 2015년 6월 18일 TLC는 물러서는 것처럼 보였고, 이 과정에서 양측이 서로를 칭찬하면서 갈등도 잠시 휴지기를 맞았다.[26] 하지만 그로부터 24시간 뒤 야스키의 후임자인 미라 조시 위원장은 우버의 공공정책 담당자인 마이클 알레그레티Michael Allegretti에게 연락을 했다. 조시는 알레그레티에게 로어 맨해튼 내 교통 혼잡에 대한 연구결과에 따라서 우버, 리프트, 그리고 기타 앱 회사들에게 부여된 새로운 개인 고용 면허 수를 제한하는 법안이 시의회에서 제안되기 직전이라고 이야기하며 이렇게 말했다.

"그 법안을 막기 위해 당신이 할 수 있는 일은 아무것도 없습니다. 투표는 시의원회에서 이루어지거든요."

법안은 이튿날 제안됐고, 그 내용은 우버가 상상할 수 있는 수준 이상으로 좋지 않았다. 새 법안하에서 우버와 리프트는 1년 이상 걸릴 수 있는 혼잡 조사가 진행되는 동안 한 달에 1퍼센트씩만 운전사 공급을 늘릴 수 있었다.[27] 운전사 공급 수의 제한은 우버의 성장을 멈추게 하고, 런던과 멕시코시티 같은 도시에서 우버의 반대 세력이 참고할 만한 로드맵을 제공할 수 있었다. 시의회는 21일 내에 법안 표결에 들어갈 계획이었다.

우버 임원들은 이것이 정치적 목적이 깔린 계획적 살인이나 다름없다고 생각했다. 시내 도로에서 차들은 사실상 거북이걸음을 하고 있었지만 그것은 자전거 도로의 범람, 제한속도, 경제호황, 전자상거래 배달 트럭 증가, 새로운 건설 현장 등을 포함한 많은 요인들이 빚어낸 결과였다. 우버는 예전 방식으로 전면전을 벌여야 했다.

2015년 여름 뉴욕의 길거리를 차지하기 위해 벌어진 3주 동안의 싸움은 이제 풍부한 자금력을 가지고 잘 조직되어 무자비하게 펼쳐지는 정치 캠페인 활동을 제대로 살펴볼 수 있는 기회를 주었다. 싸움은 진보 성향 드 블라시오 시장의 당선에 가장 큰 영향을 미친 뉴욕 변두리지역 선거구 주민들에게 중요한 일자리와 공평한 교통 접근성 문제를 제기하며 타격을 주었다. 우버의 시위에는 우편물 발송, 자동 녹음 전화, 퀸즈에서의 운전사 집회 및 그달 뉴욕 전역에서 방송된, 잔인할 정도로 효과적이었던 두 편의 TV 광고가 동원됐다.

광고에는 일련의 아프리카계 미국인과 라틴계 남자 우버 운전사들이 인터뷰하면서 우버가 그들에게 일자리를 만들어주고 있다며, 반면 택시 업계와 뉴욕 시장에 대해서는 간접적으로 비난의 화살을 돌렸다.

"사람들은 택시를 잡을 수 없던 장소에서 우버를 이용하게 됐습니다."

"이곳은 뉴욕입니다. 우리는 5개 구(맨하튼, 브루클린, 퀸스, 브롱크스, 스탠튼 아일랜드)에 살고 있습니다!"

"시장은 택시 업계에 굴복하고 있습니다."

"그는 대부분의 뉴요커들이 겪는 고생을 알아야 해요. 사람들이 일하러 가고 싶어 한다는 사실을 받아들이십시오!"

"시장이 우리 동네에 왔을 때 그는 일자리를 만들어주겠다고 약속했었습니다."

우버는 암묵적으로 인종을 이용해 호소하면서 드 블라시오 시장의 머리를 때리고 있는 셈이었다. 현재 우버 이사회 맴버이자 자문역인 데이비드 플러프는 TV에 출연하고, 신문 논설위원들을 만나고, 할렘에 있는 상징적인 미국 흑인들의 전통 음식점 실비아스Sylvia's에서 아프리카계 미국인 커뮤니티 지도자들과 함께 기자회견을 하면서 여론을 만들었다.

우버는 또한 '드 블라시오의 우버De Blasio's Uber'라는 메뉴를 추가했다. 이것을 선택하면 200만 우버 뉴욕 이용자들에게 차를 잡는 데까지 무려 25분이나 기다려야 하는 황당한 상황을 보여주는 기능을 추가한 것이다. 영리한 정치 싸움의 진수를 보여준 조치였다. 커뮤니케이션팀의 케이틀린 두르코시Kaitlin Durkosh가 착안한 이 아이디어는 싸움을 취재하던 언론에게 좋은 기삿거리가 됐다. 이 앱은 이용자들에게 "드 블라시오의 우버 요금 제한 법안이 통과될 경우 뉴욕에서 우버는 이런 모습으로 변할 것이다."라고 알려주면서 시청에 이메일을 보내 불만을 토로해줄 것을 요청했다.

우버보다 조용하긴 했지만 리프트의 로비스트들 역시 적극적으로 싸움에 나섰다. 리프트 대표들은 자신들의 존재 명분을 강하게 설득하고 자신들의 카풀 서비스인 리프트라인이 교통 혼잡을 줄여주는 효과를 낸다는 점을 부각시키기 위해 시의원들을 만났다. 그들의 가장 효과적인 주장은 '민간 운전사 수를 동결할 경우 우버가 가진 이점만 더 공고해진다'는 것이었다. 리프트의 한 임원은 그런 주장이 효과적이었다며 덧붙여 말했다.

"우리와 만난 사람은 모두 '보세요, 나는 저 우버 사람들이 밉습니다. 그들은 최악입니다. 리프트만 합법적으로 만드는 방법이 뭔지 알아내게 도와주세요.'라고 말했습니다."

우버와 드 블라시오가 벌인 싸움의 결과는 신속히 나타났고, 그것은 드 블라시오에게 굴욕적이었다. 표결 하루 전, 차터 스쿨charter school(공적 자금을 받아 교사·부모·지역 단체 등이 설립한 학교_옮긴이)과 상위층 세금 인상 등의 문제로 드 블라시오와 공개 싸움을 벌였던 앤드루 쿠오모 뉴욕 주지사는 자신은 법안에 반대한다고 발표하면서 주의 개입 가능성을 시사했다. 그는 "나는 정부가 고용 성장을 제한하려고 해서는 안 된다고 생각한다."라며 정치적 라이벌에게 상처를 입혔다.[28]

이튿날 정오, 우버의 공공정책 담당자인 마이클 알레그레티는 전화 한 통을 받았다. 시장 사무실에서 대화를 하고 싶다는 전화였다. 그는 동부 지역 관리자 레이철 홀트, 뉴욕시 관리자 조시 모러 및 우버의 공무수석인 저스틴 킨츠Justin Kintz와 브로드웨이Broadway 250번지에 있는 시청을 방문했고, 누구보다 우선 드 블라시오의 정치국장과 부시장을 만났다. 대화는 짧게 끝났다. 시장이 교통혼잡 조사결과에 따라 서지프라이싱 요금 제한 조항을 삭제할 예정이라는 것이었다.(조사는 관광객, 늘어난 건설 현장, 배달이 로어맨해튼 교통정체의 주요 원인임을 보여준다).[29]

우버는 또다시 승리를 거뒀다. 압승이었다. 한 달도 채 안 돼 우버는 5개 구 전역에서 부유한 탑승자와 소수인종 운전사 연합체를 결성했다.

가능성이 낮아 보였던 이러한 결과는 트래비스의 법칙이 미국 내에서 여전히 유효하며, 사람들이 우버를 사랑하는 한 우버를 위해 싸워줄 것이며, 택시 업계는 친구가 거의 없다는 사실을 보여주는 것이었다. 이런 교훈들은 라스베이거스, 오스틴, 포틀랜드, 마이애미, 그리고 차량공유 문제로 싸움이 벌어진 곳 어디서나 유용한 것으로 입증될 것이다. 우버는 이런 많은 싸움에서 승리하고, 몇 번은 패배하면서 여전히 자본과 정치적 연결과 상당히 많은 수천 명의 열혈 지지 고객과 역사의 웅장한 궤적까지도 자기 편이라는 것을 보여줬다.

2015년 가을 트래비스 캘러닉은 5,000명의 직원들을 라스베이거스에 있는 호화로운 휴양지로 데려가서 나흘간 경비 전액을 대며 즐기게 했다. 일부는 전 직원 워크숍이었고 일부는 뭐랄까, 목적이 뭔지, 혹은 회사에게 축하할 거리가 있는지도 확실하지 않았던 향연이었다. 하지만 우버의 이 행사가 언론과 우버 운전사들 사이에서 좋은 평가를 받지 못할 것임을 인지하고 있었던 우버의 PR팀은 참가자들에게 소셜 미디어에 이 행사와 관련된 어떤 내용도 올려서는 안 된다는 사실을 주지시켰다. 극단적 수준으로 비밀 엄수의 중요성이 강조됐기 때문에 우버는 지나가던 사람들이 회사를 알아보지 못하게끔 상자 안에 X자가 두 개 들어간 행사용 특별 로고를 만들었다. 그럼에도 영국 신문 「데일리 메일Daily Mail」은 행사에 대한 기사를 썼고, 우버의 몇몇 전·현직 직원들은 나중에 내게 행사에 대한 기억을 이야기해줬다.[30]

직원들은 베이거스 스트립Vegas Strip에 있는 5개 호텔에서 한 방에 두 명씩 묵었다. 낮에는 공급을 성장시키는 것이나 사업개발 등의 주제로 세

미나를 갖거나 지역 푸드뱅크food bank(가난한 사람들이 무료로 음식을 얻는 곳_옮긴이)에 대한 자선 활동 등을 선택할 수 있었다. 오후에 직원들은 호사를 부리면서 섭씨 32도의 사막 열기 속에 서서 술을 마셨다. 밤에는 저녁 만찬과 더불어 캘러닉과 향후 우버 이사가 되는 미디어 기업인 아리아나 허핑턴, 그리고 우버 투자자들인 빌 걸리와 셔빈 피셔버와의 질의응답 시간이 포함된 토론 시간을 가졌다. 이후에는 댄스파티가 열렸고, 풀장 옆에서 흥청대며 먹고 마시는 파티which apparently wasn't for everyone가 추가로 개최됐다.

그런 다음 뭔가 모든 사람들이 즐길 만한 것은 아닌 댄스파티와 술파티가 풀장 주변에서 펼쳐졌다.

"이런 광경을 보고 저는 우리 회사가 얼마나 밀레니얼세대적인 회사인지 깨달았습니다."

격무에 시달리다 몇 달 뒤에 우버를 그만둔 한 직원이 이렇게 말했다.

"저는 35세입니다. 새벽 3시까지 그렇게 놀고 싶지는 않지요. 전 이미 늙었다고 느꼈습니다."

화요일 밤은 캘러닉이 그의 업스타트 회사를 성숙한 회사로 업그레이드시킬 주요 행사가 준비되어 있었다. 플래닛할리우드리조트의 원형 극장을 가득 채운 직원들은 백색 연구소 가운을 입고 2시간 반 동안 회사의 새로운 문화 가치에 대해 설파할 캘러닉을 기다렸다.

대기업들에 있어 문화적 가치는 방향타, 즉 멀리 떨어져 일하는 수천 명의 직원들을 조율하는 방법이자, 엄격하게 정의된 이상 체계에 따른 신입사원 채용 지침이 될 수 있다. 에어비앤비는 2012년에 6개 가치를 정했고("집주인이 되자" 등) 그 가치들은 회사가 예상치 못한 위기와 규제 혼란에도 유연한 방법으로 대처할 수 있게 도와줬다. 우버는 역사적으로 초기에 이런 단계를 밟지 않았고, 그런 사실은 예상치 못한 장애물이 나타났을 때 우버의 보다 성급하고 공격적인 접근 방식을 통해 확실히 드러났다.

캘러닉은 자신의 새로운 가치를 '일의 철학philosophy of work'이라고 불렀고, CPO인 제프 홀든을 포함한 동료들과 수백 시간 동안 그것에 대해 고민했다고 밝혔다. 아마존 임원 출신인 홀든은 제프 베조스의 제자였다. 우버의 원칙 중 많은 것이 폭넓은 존경을 받고 있는 기술 업계의 거물 아마존의 원칙들과 유사한 이유가 이 때문이었다. 아마존처럼 우버도 14개의 원칙을 정했다. 라스베이거스에 있는 레스토랑 플래닛할리우드Planet Hollywood의 무대 위에 선 캘러닉은 각각의 원칙에 대해 설명했다(괄호 안에 들어 있는 설명은 내가 쓴 것이다).

고객에 대한 집착 (고객에게 최선인 일부터 시작하자.)

마법을 걸자 (시간의 시련을 이겨낼 돌파구를 모색하자.)

크고 대담하게 베팅하자 (위험을 무릅쓰고, 5~10년을 내다보고 싸앗을 뿌리자.)

뒤집어보자 (대중적 인식과 현실 사이의 간격을 찾자.)

챔피언의 사고방식을 갖자 (역경을 이겨내고 우버가 결승선을 통과할 수 있게끔 갖고 있는 모든 걸 현장에 투입하자.)

낙관적 리더십으로 이끌자 (영감을 주어라)

들뜨자 (캘러닉이 CEO로 임명한 뒤 라이언 그레이브스가 트위터에 올린 선언 "세상은 열정으로 풀어야 할 퍼즐이다.")

임차인이 아닌 소유자가 되자 (혁명은 진정한 믿음을 가진 사람에 의해 이뤄진다.)

실력주의, 상사에게 도전하기 (최고의 아이디어가 항상 채택되어야 한다. 사회적 관계를 유지하기 위해 진실을 희생하지 말고, 상사에 맞서는 걸 주저하지 말라.)

자율권을 존중하자 (뭔가 만들 수 있도록 사람들이 권한을 가져야 한다.)

항상 활동적으로 굴자 (효율적으로 일하라. 더 오래, 더 열심히, 더 똑똑하게 일하라. 이 세 가지가 한꺼번에 모두 필요하다.)

도시를 축하하자 (우리가 하는 모든 일은 도시를 더 좋게 만든다.)

당신 자신의 모습을 보여라 (우리 각자의 모습에 충실하자)

원칙에 따라 맞서자 (미래를 열기 위해선 가끔은 새롭게 열리는 미래를 위해 세계와 그 정부들은 변화해야 한다. 세상과 제도를 수정해야 한다.)

캘러닉은 모든 가치와 관련된 몇 개의 슬라이드와 동영상을 보여준 후 임원에게 각자 의견을 말하게 시키면서 각 주제에 대한 설명을 끝마쳤다. 우버 역사의 주요 인물들이 다시 등장했다. 라이언 그레이브스, 오스틴 가이츠, 레이철 홀트, 앨런 펜, 홀든 자신은 모두 번갈아가며 마이크를 잡고서 회사와 관련된 자신의 개인적 이야기를 사람들과 공유했다. 그런 이야기에 충분히 공감하지 못했던 직원들은 그것을 과도하게 길고, 제멋대로인 자아도취적 행사라고 말했다. 또 다른 직원들은 그것이 회사에서 겪은 가장 의미있는 경험이었다고 말했다. 그리고 오스틴 가이츠는 이렇게 이야기했다.

"그것은 내가 우버에서 겪은 가장 감동적인 순간 중 하나였습니다. 우리가 얼마나 대단한지, 얼마나 많은 다양한 국가들에 진출해서 온갖 다양한 종류의 사람들을 채용하고 있는지도요. 실로 엄청난 거죠."

나중에 직원들은 줄지어 버스를 타고 유명 DJ 카이고Kygo와 데이비드

게타David Guetta의 공연이 펼쳐지는 또 다른 나이트클럽으로 갔다. 그리고 그다음 날 밤, 운이 좋은 우버 직원들은 우버 투자자이자 초대형 스타인 가수 비욘세Beyoncé의 공연을 봤다.

몇 달 뒤인 2016년 2월 1일, 수백 명의 우버 운전사들이 최근 우버X의 요금인하에 항의하기 위해 롱아일랜드시티 회사 사무실 앞으로 모였다. 우버는 최근 겨울 둔화기 때 수요를 자극하고 탑승 횟수를 늘리기 위한 (또한 의심할 여지도 없이 국내 경쟁사인 리프트에 추가적인 재정적 압박을 가하기 위한) 연례 노력의 일환으로 많은 도시에서 요금을 15퍼센트 인하했다. 한 푯말에는 "누구도 '바닥으로 가는 경쟁race to the bottom'에서 승리하지 못한다!" "우리에게 요금을 돌려 달라. 우버는 부끄러운 줄 알라!" 같은 구호가 적혀 있었다.

그날 퀸즈에 모인 운전사들은 지금 최저임금 이하로 보이는 임금, 계속 올라가는 우버의 수수료, 그리고 간신히 생계를 꾸려나가기 위해 더 장시간 일해야 할 필요성에 대해 분노했다. 우버는 운전사들에게 그들의 수입이 특정 수준 이하로 떨어질 경우 시간당 최소임금을 지급하기로 약속했지만, 운전사들은 우버가 자신들이 보장된 임금을 받을 자격을 박탈하기 위해 온갖 방법을 찾아냈다고 주장했다. 그들은 또한 리프트와 달리 우버는 계속해서 승객이 앱을 통해 자신들에게 팁을 주는 방법을 막았다고 불평했다. 옛 터키 제국인 오스만 제국을 상징한다는 은색 배지를 단 파키스탄 운전사인 모심Mohsim은 이렇게 말했다.

"더 많이 일하고 더 못 벌길 원하는 사람은 미국에 아무도 없습니다. 이건 현대판 노예제도예요."

시위에 참가한 40세의 엔젤Angel이란 사람 역시 자신은 작년보다 임금이 20퍼센트 줄어들 걸로 예상한다면서 이렇게 주장했다.

"내가 당신의 연봉에서 1만 달러를 빼가면 어떻게 되겠습니까? 더 적은 돈을 벌기 위해 일은 두 배를 더 하는 겁니다."

엔젤은 또한 우버가 새로운 운전사를 모집한다는 광고로 시 게시판과 버스를 도배해놓았다고 말했다. 이로 인해 운전사가 포화상태에 이르러서 승객을 태우기는 더 어려워졌다는 것이다.

우버는 요금인하가 운전사에게 이득이라는 게 입증될 것이라고 주장하면서, 탑승 횟수가 늘어나서 수입이 개선되지 않는 도시들에서는 요금인하를 철회하기로 약속했다. 하지만 적어도 그날 퀸즈에 모여 큰 목소리를 내고 있는 운전사들에게는 그 약속이 공허하게 들렸다. 그들은 자신들이 무기력하고, 과도하게 일하고 있고, 심지어 택시 업계의 정부 지정 요금제가 부럽다고까지 느꼈다.

운전사가 우버에 대해 비현실적인 기대를 할 경우, 그것은 적어도 일부는 우버 스스로가 그런 기대를 하게 만들었기 때문이었다. 우버의 핵심 전제는 전자 호출이 운전사들을 택시 회사 사장들의 폭압과 의무적인 24시간 교대근무로부터 벗어나게 해준다는 것이었다. 캘러닉이 자주 되풀이해서 말하는 문구는 "우리는 탑승객들에게 하이파이브를 해주지만 운전사들에게는 포옹을 해준다."였다. 그리고 2014년 올린 블로그 포스트에서 우버는 뉴욕 운전사들이 연간 9만 766달러를 벌었고, 샌프란시스코 운전사들은 7만 4,191달러를 벌었다고 주장했다.[31] 이 숫자가 잘못됐다는 걸 밝히는 건 기자들에게 어려운 일이 아니었다. 조사 결과, 특히 상업보험과 자동차 리스료 경비를 감안했을 때 이 숫자는 부풀려진 것임이 드

러났다.[29]

우버는 운전사들을 소규모 자영업자이자 기업가로 칭했다. 하지만 몇 년 전에 기업형 택시 회사 사장들이 발견했듯, 우버에서는 어떤 규모의 사업이든 유지하기가 불가능했다. 우버는 개인 운전사와 회사 사이의 직거래를 선호하며 모든 중개인들을 무자비할 정도로 없앴다. 운전사들은 진정한 소규모 자영업자가 아니었다. 그들은 모든 기업이 가지는 주요 목표, 즉 사업을 최대한 크게 키우는 것을 지향하는 택시회사 사장의 기분에 좌우되는 택시 기사들과 아주 닮아 있었다.

이런 면에서 우버는 수십 년 동안 영리 목적의 미국 기업들 사이에서 퍼진 근로자들을 정규직이 아닌 파트타임 계약직으로 분류하려는 경향에 편승했다. 1980년대 초부터 미국 기업들은 직원들을 정기적으로 급여를 받는 직원이 아니라 서비스 제공 대가로 돈을 받는 계약직으로 재분류해서 최소임금 보장과 다른 취업보호 조치들을 회피해왔다. 노동단체와 변호사 들은 몇 년 동안 트럭 운전사, 웨이터, 집 청소부, 스트립 댄서, 그리고 심지어 택시 기사를 대신해 고용권을 되찾기 위한 소송을 거듭 제기했지만 자금력이 많은 기업들에게 대부분 패소했다. 그리고 2011년 미국 대법원은 기업들이 집단소송을 제기하지 못하게 막는 중재 조항에 근로자들이 강제로 서명하게 만들 수 있음을 기업에 허용하는 판결을 내렸다.

우버와 리프트 및 그 외의 소위 공유경제 회사들은 원고 측 변호사들에게 근로자들이 보호받지 못한다고 재차 주장할 수 있는 분명한 기회를 주었다. 2013년 보스턴 출신 원고 측 변호사 섀넌 리스-리오던Shannon Liss-Riordan은 기업들에게 가장 유리한 법을 갖고 있다고 생각한 두 주인 캘리포니아와 매사추세츠에서 우버와 리프트를 상대로 그러한 소송을 제기했다. 그녀는 이전에도 페덱스FedEx 및 몇몇 택시 회사들을 상대로 유사한 소송을 제기했다가 패소한 바 있었다. 인터넷 덕분에 완전히 새로운 종류의 주문형 근로가 가능해졌다는 우버의 주장은 그녀의 심기를 건드렸다. 그녀는 말했다.

"(근무 시간의) 유연성이 존재한다는 단순한 사실만으로 일을 하는 사람들이 혜택과 고용보호를 받지 못해서는 안 됩니다. 우리가 이런 법을 갖고 있는 이유도 그것입니다."

우버와 리프트는 자신들의 운전사 상당수가 실제로 스스로를 풀타임 기사라 여기지 않고, 독립적으로 자유롭게 다른 일도 하기를 원한다고 주장하면서 끈질기게 소송에 맞섰다.

우버와 리프트를 상대로 제기된 소송은 언론의 광범위한 주목을 받았고, 그것이 어떻게든 공유경제의 성격을 바꾸고 우버가 가진 사업모델의 기반을 약화시킬지 모른다는 비현실적인 기대를 낳았다(그럴 가능성은 낮았다. 집단소송은 법을 바꾸지 못하기 때문이다). 리스-리오던이 2015년 3월 인상적인 승리를 거두자 이런 생각은 깊어졌다. 두 소송의 판사들은 배심재판으로 갈 수도 있다고 말했다.

하지만 1년 뒤 제9항소순회법원Ninth Circuit Court of Appeals은 이 건이 집단소송으로는 부적절하며, 운전사들의 중재계약을 위반했다는 우버의 주장을 들어보기로 합의했다. 이 문제와 관련해 열린 항소심에서 패소한 적이 많았던 리스-리오던은 앞으로 자신에게 불리하게 될 가능성이 생길 수 있다는 걸 알았다. 그녀는 재판을 계속 진행하는 대신 1심 승리를 이용해서 합의를 이끌어냈다. 우버는 수만 명의 운전사들로 구성된 그룹에겐 최대 1억 달러를 지급하고, 자사 운전사들에겐 만일 회사 규정을 위반할 경우 앱 이용 자격이 박탈된다는 것을 설명해주고 그런 결정에 대한 항의 절차도 마련하겠다는 등의 새로운 정책을 도입하는 데 합의했다. 하지만 우버와 리프트의 운전사들은 계속 계약직으로 남게 됐다.

캘러닉은 합의 결과를 발표하는 '성장하고 성장하다'는 제목의 블로그 포스트에서 이렇게 썼다.

"운전사들은 자신들의 독립을 소중히 여긴다. 즉, 출퇴근 카드를 기록하기보다는 앱의 버튼을 누르고, 우버와 리프트에서 동시에 일할 수 있으며, 거의 한 주 내내 운전할지 아니면 그저 몇 시간만 운전할지 자기가 정할 수 있는 자유를 중시하는 것이다."

또한 그는 우버가 운전사들과 일하면서 항상 좋은 일만 했던 건 아님을 인정하면서도 "일을 하는 새로운 방식, 즉 사람들이 버튼을 한 번 누름으로써 자신이 원할 때 일을 시작하고 멈출 수 있는 자유를 얻게 해주었다."라고 재차 주장했다.

2016년 8월, 연방 판사는 '운전사들 그룹에게 돈을 지급하는 것은 부적절하다'고 결정하면서 전체 합의를 뒤집었다. 우버 운전사들이 공정하게 대우를 받을지, 혹은 직원으로 간주되어야 하는지의 문제에 대해 법정에서 판결이 내려질 가능성은 점점 더 낮아 보였다.

하지만 난 경제적 고통에 시달리고 있던 시카고 사우스사이드South Side 지역 내 울타리가 처진 채 방치된 쇼핑몰 건너편의 우버파트너지원센터 Uber Partner Support Center에서 확실히 알게 된 사실이 있었다. 해군 출신의 로버트 데이비스Robert Davis는 센터 운영을 도왔다. 또한 그는 기술 문외한인 신참 우버 운전사들을 차에 태우고선 앱과 스마트폰 사용법도 설명해주었다. 인근의 어번그레스햄Auburn Gresham 지역에서 성장한 데이비스는 우버가 역사적으로 일자리나 교통수단이 많지 않았던 지역에 이 두 가지를 모두 가져다줬다고 말했다.

그는 지난 1년 동안 미혼모, 여유자금이 필요한 대학생, 그리고 남는 시간 동안 할 일거리를 찾는 미망인 등을 교육에 등록시켰다. 우버 운전이 주업인 경우도 있지만, 보통은 사람들이 하고 싶어 하는 다른 일들을 할 수 있게 도와주는 부업이기도 했다(실제로 우버는 우버 운전사들 중 60퍼센트가 일주일에 10시간 혹은 그 미만으로 운전하고 있다고 밝혔다). 데이비스는 내게 말했다.

"나는 양쪽을 다 보고 있습니다. 왜 우버가 왜 논란에 휩싸였는지 모르겠어요. 내가 보기에 우버는 제대로 표적이 된 것 같아요. 우버는 별도의 소득이 필요한 사람들을 돕고 있는데 말입니다."

우버와 디디의 모두 이기는 협상

한편 중국에서는 초대형 유니콘들 간의 싸움이 벌어지고 있었다. 한때는 우버가 압도적 우위를 누리는 것 같았다. 보다 안정적인 기술을 갖춘 더 나은 앱이 있었기 때문이다. 2015년 초 투자자들은 우버의 가치를 디디의 그것보다 약 10배 정도 더 높은 420억 달러로 평가했다. 청 웨이는 말했다.

"당시 우리는 기본 소총만 가진 인민해방군People's Liberation Army같았습니다. 우리는 비행기 공습을 통해 미사일 테러를 당하고 있었습니다. 우버는 정말로 우리 것보다 훨씬 나은 무기를 갖고 있었어요."

청은 전사戰史를 공부했고, 특히 제2차 세계대전 당시 중국 국민당군이 산 아래 터널을 뚫어서 일본 침략군을 포위하며 벌였던 쑹산Song Shan, 嵩山 전투처럼 영웅적 갈등에 관심이 많았다. 우버 임원들은 매일 샌프란시스코의 상황실war room에서 만났고, 청은 울프토템Wolf Totem이라고 불리는 그의 간부 직원들과 오전 회의를 열고 있었다. 중국의 문화혁명文化大革命(1966년부터 1976년까지 10년간 중국의 최고지도자 마오쩌둥이 주도한 극좌 사회주의 운동_옮긴이) 도중 내몽골로 보내져 살게 된 도시 학생들을 다룬 인기 소설의 제목이기도 했던 '울프토템'에는 '공격'이란 뜻이 내포되어 있다. 울프토템은 디디의 일일 실적을 연구하고, 운전사와 승객에게 주는 보조금을 조정했다. 청은 직원들에게 정기적으로 "실패하면 죽는다."라고 경고했다.

2015년 5월 청은 공세를 취하기 시작했다. 디디는 10억 위안의 탑승 보조금을 주겠다고 말했다. 우버도 같은 금액을 제시했다. 청과 그의 자문역들은 자국 내 텃밭에서 이 미국 회사와 맞서 싸울 수 있는 방법을 찾았다. 그들은 우버가 전 세계 어디에나 촉수가 있는 문어와도 같지만, 그 외투막(문어의 몸을 감싸며 안쪽에 숨겨진 패각貝殼을 감추는 두꺼운 주름 조직_옮긴이)은 미국에 있다고 생각했다. 초기 투자자이자 이사인 왕강은 한 회의에서 디디에게 "우버의 배를 정통으로 찌르자."라고 제안했다.

왕강은 디디가 사업을 미국으로 확장하는 방안을 검토했다고 말했다. 그 대신 2015년 9월 디디는 리프트에 1억 달러를 투자했고, 이어 리프트 및 인도의 올라Ola와 동남아시아의 그랩택시Grab Taxi 등 각 지역의 차량공유 스타트업과 함께 반우버 차량공유 연합체를 결성했다. 이 모든 업체들은 기술을 공유하고 서로의 앱을 통합하기로 합의했다. 왕강에 따르면 연합체 결성 목적은 우버의 힘을 약화시키는 것이라기보다는 협상력을 높이는 것이었다. 그는 말했다.

"그들이 우리 머리카락 한 뭉치를 잡고, 우리가 그들 콧수염을 잡은 목적은 진정 다른 사람을 죽이려는 게 아닙니다. 모두가 그저 미래를 위한 협상력을 높이기 위해 애쓰자는 것뿐이죠."

상호 적대감이 절정에 도달했을 때 디디와 우버는 운전사와 승객 들에게 무익한 보조금을 퍼주면서 중국에서 연간 10억 달러 이상을 소진했다. 캘러닉의 예상대로 중국 내 차량공유 사업 규모는 거대했다. 차량 탑승량 기준 우버의 상위 10대 도시 중 여섯 곳이 중국에 있었다. 하지만 그런 규모로 탑승 보조금을 지급하다 보니 양사 모두 신규 자금이 절실히 필요해졌다. 우버는 투자 가능성이 낮아 보였던 사우디공공투자기금Public Investment Fund으로부터 논란이 됐던 35억 달러를 포함해서 2016년에 40억 달러가 넘는 자금을 조달했다. 우버는 IPO를 연기하고, 이 돈을 우버차이나Uber China 보조금으로 투입했다.

이제 디디추싱Didi Chuxing, 滴滴出行으로 회사명을 바꾼 디디콰이디滴滴快的는 2016년 70억 달러를 조달하면서 미국의 경쟁사와 정면으로 맞섰다. 직원 수는 5,000명 이상으로 불어났고, 이들 중 약 25퍼센트는 중국의 IT 기업 단지인 중관춘中關村 변두리 지역에 있는 5층짜리 조립식 건물들에서 일했다. 여름이 되자 디디는 중국에서의 시장점유율이 85퍼센트에 도달했다고 주장했고, 400개 중국 도시에서 영업했다. 우버는 100개 도시에서만 영업 중이었는데, 이에 걱정이 커진 우버의 대형 기관투자자들은 캘러

닉에게 휴전 협상을 하라는 압박을 가하기 시작했다.[33]

청은 처음 휴전 요청을 우버가 해 왔다고 주장한 반면, 우버의 에밀 마이클은 사우디 자금이 디디를 협상 테이블에 앉혔다고 주장했다. 사우디 투자는 우버가 조달할 수 있는 자본에 한계가 없음을 시사했다는 것이다. 그럼에도 양측은 혈전을 중단하고, 흑자 전환을 모색하고, 무인자동차처럼 미래 기술을 위한 투자에 집중할 때가 됐다는 데 동의했다. 청은 말했다.

"마치 군비 확장 경쟁 같았습니다. 우버는 자금을 조달했고, 우리도 역시 그렇게 했지요. 하지만 마음속으로 나는 우리 돈이 보다 가치 있는 분야에 쓰일 필요가 있다는 걸 알았습니다. 그래서 마침내 우버와 손을 잡을 수 있었던 거고요."

에밀 마이클과 류는 2주 뒤 협상 조건을 타결했다. 우버는 중국 시장을 철수하고 그곳 사업을 디디에게 넘겨주기로 합의하는 대신 디디의 지분 17퍼센트와 함께 디디로부터 10억 달러의 투자를 유치했다. 양사는 상대편 이사회에서 참관인 자리를 얻었다.

마이클과 류는 수수로 빚어 만든 중국 전통주인 백주白酒, baijiu를 마시며 합의를 축하하기 위해 베이징에 있는 한 호텔 바에서 캘러닉과 청을 만났다. 술을 마시면서 두 CEO는 양측이 정말로 힘들게 경쟁했다는 데 대해 서로 존경을 표시했다. 청은 말했다.

"우리는 우리 시대의 가장 미친 회사들입니다. 하지만 마음속 깊은 곳에서 우리는 논리적이다. 우리는 이번 혁명이 기술 혁명이란 걸 알고 있으며, 그 혁명의 시작을 목격하고 있을 뿐입니다."

청은 투자자 이사회와 전장에서 우버만큼 열심히, 그리고 모든 면에서 끈질기게 싸움으로써 외침外侵을 물리쳤고, 세계적인 초대형 유니콘들끼리 벌인 죽음의 게임을 유리한 조건에서 끝냈으며, 디디추싱은 업스타트들 사이에서 정당한 위상을 확보했다. 캘러닉은 내게 자신이 소중히 생각하는 가치 중 하나를 언급하면서 "청 웨이는 무서운 경쟁자입니다. 그는 챔피언의 사고방식을 갖고 있어요."라고 말했다.

그것은 항상 전투적인 캘러닉이 숙적에게 보낼 수 있는 최고의 찬사였다. 하지만 거기에는 미묘한 진실이 감춰져 있었다. 그도 역시 엄청난 뭔가를 얻어냈기 때문이다. 우버는 중국 시장 공략을 위한 소모전에 20억 달러 이상을 썼다. 하지만 우버가 확보한 디디의 지분과 10억 달러의 투자금이 가지는 가치는 적어도 지금 서류상으로 72억 달러에 달한다. 이는 인상적인 자본 이익이다. 또한 양사 투자자들이 내게 전한 바에 따르면, 우버 지분을 통해 캘러닉은 현재 청 웨이가 보유 중인 지분에 버금가게 많은 디디 지분을 갖고 있다. 청의 개인 지분은 끊임없는 합병과 자금조달을 통해 희석되어왔다.

동료들은 캘러닉이 정신을 차리고 중국 시장을 내주기로 합의하기까지 몇 달의 시간이 소요됐다고 말했다. 앞서 그는 오직 한 가지 경영 방법밖에 몰랐다. 바로 '공격'이었다. 이제 그의 회사와 마찬가지로 캘러닉은 성숙해졌고, 역동적 시대 변화가 주는 교훈을 경청하고 있다. 실용주의는 선교사적 열정을 이겼고, 선별적 제휴는 독불장군식 모험보다는 선별적 제휴를 택했다. 체계가 없고 혼란스러운 택시 업계는 정복했지만, 우버에게는 초위협이 되는 새 경쟁자들의 부상과 함께 새로운 도전들이 항상 나타나고 있다. 우버는 근 8년간 사실 끊임없는 갈등을 겪으며 아드레날린이 솟구치는 시간을 보냈다. 이제 디디와의 협상 결과로 세계에서 가장 돈이 많고, 가치가 높고, 가장 주목을 받게 된 스타트업의 CEO가 된 트래비스 캘러닉은 마침내 동료들과 함께 미래를 맞이할 시간을 얻게 되었다.

맺음말

2016년 말 현재 에어비앤비와 우버는 더 이상 질풍노도 사춘기 청소년 같은 스타트업의 모습이 아니다. 그들에겐 수천 명의 직원과 전 세계 곳곳의 사무실과 노련한 임원들이 있다. 많은 도시에서 그들은 여전히 심각한 규제 장애물에 맞서고 있지만 이제는 피할 수 없는 블록버스터급 IPO의 기반을 신중하게 마련하면서 그런 싸움을 벌일 상당한 정치적 자산을 쌓아왔다.

하지만 기업가에 대한 진정한 평가 기준은 새로운 기회를 얼마나 잘 잡아낼 수 있느냐의 여부다. 그런 점에서 놀랄 것도 없이, 2016년 가을 브라이언 체스키와 트래비스 캘러닉은 미래에 대해 이야기할 준비가 되어 있었다.

그해 10월, 나는 브래넌 가에 있는 에어비앤비의 부산한 본사를 방문했다. 아트리움에 있는 인상적인 3층 녹색 벽은 늘 그랬듯 테이블 리프트 위에 걸터앉은 정원사들이 가꾸고 있었다. 점심시간이었던 터라 직원들은 최근 1층에 새로 문을 연 고급 스페인 레스토랑 옆으로 자리를 옮긴 회사 구내식당 주위를 서성거렸다. 나는 위층 회의실에서 체스키를 만났다.

아프리카의 대지를 연상시키는 색으로 벨로 로고가 새겨진 회사 티셔츠 차림의 그는 몇 달 동안 작업해왔던 프레젠테이션의 음성 작업을 하고 있었다.

모든 면에서 에어비앤비는 번창 중이었고, 8월엔 최고의 밤을 보냈다. 전 세계 거의 모든 나라의 180만 명이 에어비앤비 사이트를 통해 예약해둔 집에서 묵었던 것이다. 이제 집주인과 이메일을 주고받을 필요가 없이 즉석 예약 기능을 통해 구할 수 있는 등록 숙소 수는 100만 곳이 넘었다. 이는 세계 최대의 호텔 체인인 메리어트인터내셔널Marriott International이 운영하는 방의 수와 맞먹는 수준이다.

체스키는 에어비앤비가 여행객들에게 아파트와 가정집뿐 아니라 특별한 경험까지도 중개해줄 수 있다는, 전례 없이 야심찬 비전을 가지고 큰 승부를 걸 참이었다. 9년 전 체스키는 월트 디즈니의 전기를 읽다가 LA를 떠나야겠다는 영감을 받았는데, 그는 그 디즈니가 좋아했던 단어 하나를 써서 자신의 비전을 '황홀한 여행'이란 뜻의 '매지컬 트립스Magical Trips'라고 칭했다. 체스키는 이제 공식적으로 '트립스'라고 불리는 이 서비스를 늦가을 LA에서 열리는 에어비앤비 오픈 연례 콘퍼런스때 소개할 준비를 하고 있었던 것이다.

이 새 서비스의 핵심은 에어비앤비 앱과 웹사이트의 전면 개편을 통해 '집Homes' 카테고리와 더불어 '경험과 장소Experiences and Places'라는 새로운 탭tab을 제공하는 것이었다. '경험' 탭을 통해 여행객들은 플로렌스Florence에서 송로버섯을 채취하거나 하바나Havana에서 문학적으로 역사적 의미가 있는 건물을 방문하는 등의 독특한 짧은 여행 프로그램을 구매할 수 있게 된다. 이런 여행 프로그램은 현지 창업자들과 유명인들이 직접 짜고 안내한다. 평균 여행경비가 200달러 정도지만 체스키는 내게 전 스모 선수인 야소키치 고니시키Konishiki Yasokichi, 小錦八十吉가 만든 800달러짜리 고급 여행도 보여줬다. 이 여행에는 스모 훈련 과정 방문, 스모 선수와 갖는 배터지는 식사, 그리고 그 선수가 참가하는 스모 대회의 특석 좌석권이 포함되어 있었다.

또 다른 탭은 이와 똑같은 아이디어를 변주한 것이었다. 체스키가 '에어비앤비식 여행 안내서'라고 부른 '장소' 탭에서는 집주인과 지역 명사들이 자신들이 사는 지역 내 최고의 볼거리와 체험해볼 만한 것들을 추천해준다. 그들은 바가지를 쓸지 모를 지겨운 관광명소에만 가는 것이 아니라 동네 시장, 지역 연극 프로그램, 인기 로컬 레스토랑, 그리고 지역 자선 행사를 여행객들에게 알려줄 것이다. 체스키는 여행자들이 에어비앤비 앱 안에서 레스토랑, 표, 다양한 형태의 교통수단을 예약하게 해주고, 회사는 수수료를 받는 모델을 구상하고 있다.

이 새로운 서비스 안에는, 에어비앤비가 여행객들이 좁고 붐비는 곳에서 인위적으로 겪어야 하는 여행 경험으로부터 구해내고 실제 지역사회 속에서 더 신뢰할 만하고 광범위한 상호작용을 경험하게끔 유도할 수 있다는 매력적인 아이디어가 자리 잡고 있었다. 체스키는 내게 말했다.

"전 로마 시장을 만났습니다. 그분은 단체여행이 문제라고 말해주셨습니다. 너무 많은 사람들이 한꺼번에 몰릴 경우 로마의 콜로세움처럼 오래된 기념물들은 그들을 전부 수용할 수가 없다는 것이었죠."

에어비앤비 호스트가 보장하는 체험형 여행을 특징으로 하는 트립스는 주요 도시에서 여행객들이 흩어져 다니게 유도하고, 트립스를 통하지 않으면 가볼 기회가 없을 목적지를 방문할 수도 있게 해준다는 것이 체스키의 생각이었다. 그는 말했다.

"에어비앤비에 와서 '이봐요, 난 디트로이트에서 휴가를 보내고 싶습니다.'라고 말하는 사람은 거의 없습니다. 하지만 우리는 (그곳에) 엄청나게 흥미로운 문화가 있다고 생각해요. 디트로이트 여행은 아마 놀라울 것이고, 돈은 훨씬 적게 들 겁니다."

체스키는 에어비앤비의 비전은 항상 집주인과 손님 사이에 특별한 유대 관계를 조성하는 것, 혹은 그의 표현처럼 '사람과 사람 사이에 통하는 문화와 외교'를 제공하는 것이라고 주장한다. 체스키는 새 서비스가 여행객들에게 집주인뿐 아니라 소상공인과 장인匠人 등 해당 방문 지역에 실제 거주 중인 현지인들을 만날 수 있는 또 다른 길을 열어줄 거라고 느꼈다.

물론 그것은 또한 에어비앤비의 활기찬 고객 기반에 다른 상품과 서비스 판매를 접목해볼 수 있는 좋은 사업이기도 했다(과거 이런 건 그냥 '연쇄 판매upselling'라고 불렀다). 하지만 체스키는 평소처럼 이 모든 것을 원대한 선교 용어를 써가며 바라봤다. 우리가 대화를 나누는 동안 그는 트립스를 매일 낯선 사람들 사이에서 수백 만 명의 새로운 친구를 사귈 수 있고, 도시를 더 생동감 있게 만들며, 장인과 소상공인 들로 이루어진 소규모 경제를 활성화시키고, 심지어 로봇에게 모든 일자리를 빼앗긴 인간에게 의미 있는 새로운 일자리를 줄 수 있는 방법이라는 엄청나게 웅장한 '틀' 속에서 바라봤다. 그는 말했다.

"저는 우리가 뭘 해야 할지 모르며 세상을 누비는 첫 번째 세대가 될 것이라고 생각하지 않습니다. 저는 낙천주의자고, 사람들이 할 일들이 아직 세상엔 많다고 생각합니다. 하지만 단순히 말하자면, 사람들은 사람들만이 할 수 있는 일을 할 거라는 게 내 생각입니다. 그렇다면 사람들만 차를 몰 수 있을까요? 모르겠습니다. 하지만 사람들만이 다른 사람들을 자신의 집에 맞이할 수 있습니다. 사람들만이 다른 사람들을 돌봐줄 수 있습니다. 당신이 수제품을 원한다면 사람들만이 그것을 만들어줄 수 있고요."

라우시 가 창업자들의 아파트에서 넘쳐나던 것과 같은 창업 열정과 에너지, 점점 커지고 있는 8년 된 회사 에어비앤비에 활력을 불어넣기 위해 그는 장대한 용어들까지 동원해서 트립스를 묘사했다. 그리고 트립스가 에어비앤비에게 주는 의미를, 책만 팔다가 1990년대 후반에 다른 상품도 판매하기 시작한 아마존의 변신이나 2007년 최초의 아이폰을 통해 휴대폰 업계를 뒤집어놓은 애플에 비유했다.

"나는 애플이 휴대폰 업계에서 했던 일을 여행 업계에서 해보고 싶습니다."

트립스에 대한 체스키의 프레젠테이션은 1시간 동안 지속됐다. 늘 그렇듯 거기에는 아몰 서브와 2007년 첫 에어비앤비 손님들이 등장했다. 또한 그 안에는 그가 평소 쓰는 과장된 함축이 잔뜩 들어가 있었다. 하지만 그것이 또한 유혹적인 비전이었다는 점을 인정할 수밖에 없었다. 단순히 도시를 방문하게 하는 것보단 도시 속에서 살아보게 한다는 발상이 흥미로웠던 것이다. 또한 일본에서 스모 선수와 저녁 만찬을 함께하는 경험도 '맛있게' 들렸다.

몇 주 뒤, 중국에서 우버의 싸움이 마침내 종결된 가운데 나는 마지막 인터뷰차 샌프란시스코 우버 본사로 트래비스 캘러닉을 찾아갔다. 체스키와 달리 그는 아무것도 선전하지 않았다. 다만 그 역시 회사의 미래를 적극적으로 재고해보고 있긴 했다. 하지만 캘러닉은 평소처럼 다혈질적 모습으로 마지막 질문들에 답했다.

이야깃거리가 많았다. 이제 우버의 직원 수는 5,000명에 육박했고, 그 중 절반이 샌프란시스코에서 일하고 있었다. 우버는 샌프란시스코 미션 베이Mission Bay 지역에 두 동짜리 신축 건물 단지 착공에 들어갈 예정이었고, 또 베이 건너편 오클랜드에서 9년 된 시어스Sears(미국 종합 유통업체_옮긴이) 건물을 구입하면서 경기회복 중에 있는 시외 상업지구에 닻을 내렸다.

나는 캘러닉에게 중국에서 대형 유니콘 사이에서 벌어진 죽음의 게임이 어떻게 마무리되었는지에 대해 물어보기 시작했다. 그는 싸움이 무한정 지속될 가능성이 확실해지자 그곳 사업을 정리하기로 합의했다면서 덧붙여 말했다.

"보세요, 우리는 (싸움을) 계속할 수 있었습니다. 양측 모두가 말이죠. 다만 문제는 시간이었습니다. 우리 입장에선 전 세계에서 차량공유 전쟁을 벌이고 있는 상태였습니다. 미국의 기술 자본이 우리의 중국 경쟁사에게 유입되고, 중국 국부펀드의 돈도 우리의 전 세계 경쟁사들에게 투자됐지요. 그래서 우리는 제휴를 맺어야겠다고 생각한 겁니다. 아주 합리적인 판단이었어요."

나는 다른 미국 인터넷 기업들이 중국에서 매우 부진한 성과를 거뒀는데도 그가 중국에 그렇게 많은 걸 걸었던 이유가 뭔지 궁금했다. 캘러닉은 회상하며 말했다.

"낭만적인 생각 같은 걸 했기 때문인 듯합니다. 우리는 중국 시장에 들어가 배우면서 우리가 어떤 흥미롭고 멋진 일을 할 수 있는지 알고 싶었어요. 그런 학습 기회와 경험을 놓치고 싶지 않았습니다. 또한 경제적인 명분도 있었습니다. 경쟁을 통해 강해지면서 승객과 운전사를 더 잘 대해 주게 됩니다. 기업인이라면 누구나 자기가 창조한 방식이 효과적인지를 확인하고 싶어 하죠. 아예 경쟁사를 인수해버리면 아주 쉽게 끝나겠지만 우리는 그렇게 하지 않았습니다."

그는 불과 2년 만에 스타트업은 물론이거니와 어떤 대기업에게도 과할 정도로 많은, 100억 달러가 넘는 투자금을 끌어모은 것을 어떻게 설명했을까? 캘러닉은 디디와 리프트 등의 경쟁사들도 각기 군자금으로 쓸 돈을 조달하기 위해 뜨거운 투자 환경을 자신들에게 유리하게 이용했다는 점을 지적하면서 이렇게 설명했다.

"투자금을 못 모을 경우, 특히나 전 세계적으로 영업하고 있을 때 그렇게 된다면 전략적으로 불리해집니다. 비록 내가 선호하는 기업 설립 방식은 아니지만, 시장에 투자금이 넘칠 때는 그렇게 하는 수밖에 없습니다."

우버는 언제 흑자에 도달할까? 이 질문에 캘러닉이 대답했다.

"우리는 다년간 수많은 도시들에서 흑자를 기록했고, 우리 사업에 투자할 거금을 조달했습니다. 우리는 (우리가 원하는 아무 때나) 투자를 멈추고 흑자를 낼 수 있습니다."

나는 차량공유 회사들이 벤처 자본에만 의지하고 있다는 점에서 재정적으로 지속불가능하다고 생각하는 회의론자들이 있다는 사실을 지적했다.

"그렇다면 우리가 어떻게 지난 2월에는 미국 시장에서 흑자를 냈을까요. 확실히 얘기할 수 없지만 3월에도 흑자를 낼지도 모릅니다."

그는 말했다.

"재정적으로 지속 불가능하다는 말과 흑자를 내고 있다는 말은 양립되지 않지요?"

그리고 그는 우버의 시장점유율을 빼앗아가기 위해 미국 내 몇몇 대도시에서 승객들에게 공격적으로 보조금을 지급한다고 알려진 리프트를 언급하며 이렇게 말했다.

"우리가 그들과 같이 호수로 뛰어드는 것은 아니지만 어떤 식으로건 (그들의 행동에) 대항은 해야 합니다. 경쟁사들이 평일에 우리 승객의 40~50퍼센트를 할인하면서 고객을 빼앗아갈 때는 그에 대응하는 게 맞지요."

리프트도 언젠가 흑자가 될 것 같느냐는 질문에 그도 그날을 기다리고 있다고 말했다.

"모든 기업들은 원칙을 따르고 지속가능하게 경영돼야 합니다. 그런 생각이 창업가로서 내가 갖고 있는 DNA입니다. 어쩌면 그것은 내가 행복한 장소로 되돌아가고 싶어 하는 것과 같은 이치일지 모르겠습니다. 그것이 내가 창업가로서 원하는 부분입니다."

나는 주제를 바꿔서, "유럽에서는 차량공유가 끝났습니까?"라고 물었다. 캘러닉은 생각이 달랐다.

"진보는 궁극적으로 이기게 되어 있습니다. 특히 실현시킬 수 있는 아이디어와 현실 사이의 괴리가 지나칠 정도로 크고 분명할 때 그렇죠. 아시다시피 우리는 여러 문제로 마찰을 겪다가 한국이나 독일, 일본 등 몇몇 국가에 진출하지 못했습니다. 하지만 그렇다고 해서 그런 나라들에서 차량공유 서비스가 계속 나오지 못할까요? 아니죠, 물론 언젠가 생길 겁니다. 최근에 전 독일에 갔다 왔는데, 독일에 가져갈 수 있는 최고의 가치는 인내였습니다."

우버 운전사들은 회사에 맞서 자신들의 입장을 항변해왔고, 시애틀에서는 노조를 결성할 권리를 얻어내기도 했다. 우버는 운전사들을 공정하게 대우하고 있었던 걸까?

캘러닉은 다소 모호한 입장을 취했다. 그는 우버가 요금을 내렸을 때 운전사들의 수입이 올라갔다는 척은 하지 않았고, 다만 그들이 꾸준한 소득을 올리고 있다고 주장하는 데 만족해했다. 하지만 그는 여전히 진심으로 운전사들을 우버 고객으로 생각하고 있는 것 같았다.

"결론적으로 우리는 어떤 수를 써서라도 운전사들의 수입이 안정적이라는 걸 보여줘야 합니다. 우버는 가능한 한 이 일로 인한 스트레스와 걱정을 없앨 방법을 플랫폼상에서 찾아야 해요."

마지막으로 나는 "우버의 미래는 뭔가요? 우리는 우버가 가진 잠재력을 어느 정도 본 겁니까?"라고 물었다. 캘러닉은 "로그 제곱한 시간상 우버는 목표의 절반 정도에만 와 있습니다."라며 말을 시작했다. 그라나다힐스Granada Hills 고등학교 출신 수학광狂의 말은 내 머리를 흘러 지나갔다. 하지만 그는 덧붙여 말했다.

"사람들의 성찰에 큰 영향을 줄 일이 아직 일어나지 않았습니다. 그런 영향의 95퍼센트 내지 98퍼센트는 아직까지 안 일어난 상태입니다. '5년 뒤엔 미국 내 어떤 주요 도시에서나 교통체증이 사라질 것이다.'라고 말하면 어떨까요?"

내가 "너무 과감한 생각 아닌가요."라고 하자 캘러닉은 이렇게 말했다.

"그럴 겁니다. 하지만 그런 일이 일어날 수도 있어요. 우리는 단지 출발지점에 서 있을 뿐이지만, 그런 일이 실제로 일어났다고 느낄 때 그건 엄청난 경험이 될 겁니다."

나는 물었다.

"그런 건 우버풀과 리프트라인Lyft Line 등의 카풀 서비스 덕분에 가능하다고 보는 건가요? 아니면 무인자동차 덕분에?"

몇 주 전, 우버는 피츠버그 거리에서 자율주행 기술이 접목된 14대의 포드퓨전Ford Fusion 자동차의 시험을 시작했다. 또한 최근엔 스웨덴 자동차 회사인 볼보Volvo와 무인자동차 기술 공동개발 계획을 발표했고, 무인트럭을 연구 중인 구글 출신 엔지니어들이 세운 샌프란시스코 스타트업 오토Otto를 인수했다.[1]

캘러닉은 대답했다.

"사람이 운전하는 차건 카풀이건 카풀을 이용한 출퇴근이건 무인자동차건 상관없이, 앞으로 이런 모든 일들이 일어나면 도로에서 자동차는 사라질 겁니다. 차들은 훨씬 더 효율적이고 안전하게 변할 거고, 또한 공간도 훨씬 더 적게 차지하겠죠. 우리 도시들은 우리에게 되돌아올 겁니다. 우리 시간도 우리에게 돌아올 거고요. 그리고 우리가 우리 도시를 경험하는 방식도 아주, 아주 달라진 세상이 될 겁니다. 우리는 이제 막 시작했을 뿐입니다."

트래비스 캘러닉과 브라이언 체스키는 모두 거창한 약속을 했다. 교통체증을 없애고, 우리가 사는 도시를 더 살기 좋게 만들며, 사람들에게 더 많은 시간과 믿을 만한 경험을 주겠다는 약속 말이다. 이런 약속들이 지켜질 경우, 그 결과는 그들이 걸어온 여정 중 일어난 사고와 잘못 들을 충분히 가치 있는 것으로 만들지 모른다. 그것은 심지어 혁신 기업들이 내야 하는 엄청난 대가만큼의 가치를 가질 수도 있다.

만일 두 CEO가 원대한 목표를 이룰 수 없다면 어떻게 될까? 혹은 치열한 경쟁 때문에 더 무자비해지고, 어떤 희생을 치르고라도 이기겠다는 생각이 굳어진다면? 그럴 경우 단지 한 집단의 지배적 기업들을 또 다른 집단의 지배적 기업들로 대체하기 위해 첨단 기술과 영리한 사업계획을 활용하고, 그 과정에서 엄청난 부를 축적하고 있다면서 우버와 에어비앤비를 비난하는 사람들이 제기하는 신랄한 비판이 옳다는 걸 증명해줄 위험이 있다.

나는 그 점에서는 보다 낙관적이다. 나는 업스타트들이 가진 힘과 잠재력을 신뢰하며, 풍부한 지적 능력과 뛰어난 적응력을 가진 CEO들을 존경한다. 하지만 그들로 하여금 약속을 지키게 만드는 건 우리 몫이다. 그들은 어느 모로 보나 정치 지도자들만큼 강력한 힘을 갖고 있고, 현재는 과거에 자신들이 격렬히 맞섰던 기존 체제 속에 완전히 녹아 들어가 있는 새로운 21세기의 설계자들이다.

8년 전 그들은 새로운 시대의 여명을 목격하기 위해 버락 오바마 대통령의 취임식에 참석했다. 당시에는 그들 각자의 사업 아이디어를 제대로 개발하지 않은 상태였지만, 이후 그것을 완벽에 가깝게 다듬은 뒤 뛰어난 비즈니스 감각과 불굴의 용기와 강인한 의지력을 통해서 커다란 이용자 커뮤니티를 만들었고, 적어도 몇몇 정부들이 물러나도록 설득했다. 그리고 이제 업스타트들은 어느 때보다 더 큰 영향을 만들어낼 기회를 얻었다.

하지만 새로운 미국 대통령 취임과 함께 많은 도전과 불확실성이 있는 겨울이 오고 있다. 그들은 이제부터는 항상 따뜻한 코트를 챙기고 다녀야 한다는 걸 명심해야 할 것이다.

옮긴이 후기

4차 산업혁명의 선봉에 선 두 위대한 스타트업에 대한 진솔한 이야기

우버와 에어비앤비만큼 "빠르게 움직이며 파괴하라Move Fast and Break Things."는 페이스북의 좌우명을 더 잘 실천한 기업도 없을 것이다.

원서의 소개글에 나와 있듯이 10여 년 전만 해도 우리는 다른 사람들과 차를 같이 타거나 같은 숙박 시설을 나눠서 쓴다는 생각을 하지 못했다. 하지만 두 기업이 단시간 내에 이뤄놓은 혁신의 결과로 이런 '공유하는' 삶은 우리의 일상 깊숙한 곳까지 파고들며 생활 방식에 일대 변화를 일으켰다.

이제 자동차와 숙박 시설뿐만 아니라 심지어 우산과 배터리에 이르기까지 서로 대여해 주고 차용해 쓰는 공유경제는 우리 삶에 없어서는 안 될 중요한 일부가 됐다.

전작 『아마존, 세상의 모든 것을 팝니다』(국내 2014년 출간)로 기업 일대기에 대한 탁월한 묘사 실력을 뽐낸 적 있는 실리콘밸리 전문기자 브래드 스톤은 이번 신작을 통해 무일푼의 우버와 에어비앤비 창업자들이 어떻게 해서 '공유'란 아이디어 하나만 갖고서 수백 억 달러의 가치를 가진 스타트업을 창조했는지, 그들이 걸어온 성공과 좌절의 전 여정을 정확하고, 자세하고, 생생하게 보여준다. 특히 저자는 두 기업이 단시간 내에 이뤄놓은 성과에 대한 맹목적 호평을 자제하고, 그들과 관련된 부정적인 문제까지 그대로 드러내주며 글의 사실감과 신뢰성을 높였다.

온 나라, 아니 전 세계가 4차 산업혁명에 대한 관심으로 뜨겁다. 주지하다시피 1차 농업, 2차 증기, 3차 정보화 혁명에 이은 4차 산업혁명은 인공지능, 사물인터넷, 빅데이터, 모바일 등 첨단 정보통신기술이 경제·사회 전반에 융합되어 혁신적인 변화가 나타나는 차세대 혁명으로 초연결과 초지능을 특징으로 하는 변화다. 그리고 이 혁명을 논할 때 우리는 공유경제와 우버와 에어비앤비에 대한 이야기를 빼놓을 수가 없다. 4차 산업혁명이 낳은 새로운 경제 형태가 공유경제고, 그 경제를 가장 잘 대표하는 기업이 그들이기 때문이다.

하지만 공유경제는 항상 기존 제도와 충돌한다. 그것이 기존 제도와 규제와 다른 틀을 만들고 있다는 점에서 기존 틀 안에서 경제 행위에 종사하는 주체들의 이익과 충돌하는 건 어떻게 보면 피할 수 없는 숙명이다. 우버와 에어비앤비도 예외가 아니었기에, 저자는 이 책의 지면 중 상당 부분을 두 기업이 4차 산업혁명을 일으키던 중 기존의 제도와 규제를 옹호하는 경제 주체들과 벌이는 치열한 싸움에 할애하고 있다.

예부터 불구경과 싸움 구경이 제일 재밌는 구경이라고 했다. 우버와 에어비앤비 창업자들에게는 그것이 힘들고 고통스런 싸움이었겠지만 독자들은 이 책을 통해 그들의 싸움을 간접적으로 체험하고 엿보면서 재미와 흥미를 느낄 것이다. 저자는 특히 두 기업이 걸어온 싸움의 여정을 교차편집적 방식으로 보여줌으로써 극적인 긴장감을 높였다. 그래서 역자 입장에서도 이 긴 글을 번역하면도 조금도 지루함을 느낄 수 없었다.

현재 우버는 창업주인 트래비스 캘러닉의 뒤를 이어 새 CEO 자리에 오른 다라 코스로샤히를 중심으로 사내 성희롱과 자율주행 기술 도용 등으로 실추된 회사의 신뢰 회복과 새로운 도약을 위해 애쓰고 있다. 에어비앤비도 몰래 카메라와 성폭행 사건 등의 문제에 대한 대책 마련에 힘쓰는 한편 앱 숙박 예약 서비스에 식당 예약 서비스를 추가해 토털 여행업체의 꿈을 실현해가고 있다.

두 기업의 미래가 어떻게 될지는 아무도 모른다. 저자도 그들의 미래를 알려주지 않는다. 그들이 장기적으로 사회와 관련 산업 전반에 어떤 영향을 미칠지도 예측하기 힘들다. 그들은 여전히 성장통을 겪으며 진화하고, 성장하고 있는 기업들이기 때문이다. 하지만 분명한 건, 여러 논란 속에서도 두 기업이 지금까지 4차 산업혁명을 주도해왔고, 이제 우리는 그 혁명의 한복판에 서 있다는 사실이다. 이 책을 읽는 독자들은 우버와 에어비앤비가 이끌어 온 이 위대한 혁명을 더 가까이서 생생하게 목도할 수 있는 소중한 기회를 얻게 됐다고 믿는다.

주 석

*별도 표시가 없을 경우 인용된 자료는 저자의 개인 인터뷰에서 발췌한 것이다.

머리말

1. "Extreme Inaugural Experiences," Good Morning America, aired January 20, 2009.
2. "Real Time Net Worth," Forbes, May 24, 2016, http://www.forbes.com/profile/brian-chesky/; http://www.forbes.com/profile/joe-gebbia/.

1부 사이드 프로젝트

1장 슬픔의 밑바닥_에어비앤비의 초창기

1. "The First Guest Ever on Airbnb Tells His Story," YouTube video, September 20, 2012, https://youtu.be/jpxInV9es6M.
2. Nathaniel Mott, "Watch Our PandoMonthly Interview with Airbnb's Brian Chesky," Pando, January 11, 2013, https://pando.com/2013/01/11/watch-our-pandomonthly-interview-with-airbnbs-brian-chesky/.
3. Ibid.
4. Episode 109, American Inventor, ABC, aired May 4, 2006.
5. Brian Chesky, "View Work by Brian Chesky at Coroflot.com," Coroflot, July 16, 2006, http://www.coroflot.com/brianchesky/ view-work.
6. Squirrelbait, "AirBed & Breakfast for Connecting '07," Core77, October 10, 2007, http://www.core77.com/posts/7715/ airbed-breakfast-for-connecting-07-7715.
7. Mott, "Watch Our PandoMonthly Interview."

8. "Greg McAdoo, Partner at Sequoia Capital, at Startup School '08," YouTube, January 29, 2009, https://www.youtube.com/watch?v=fZ5F2KhMLiE.
9. Brian Chesky, "7 Rejections," Pulse, July 13, 2015, https://www.linkedin.com/pulse/7-rejections-brian-chesky.
10. Erick Schonfeld, "AirBed and Breakfast Takes Pad Crashing to a Whole New Level," TechCrunch, August 11, 2008, http://techcrunch.com/2008/08/11/airbed-and-breakfast-takes-pad-crashing-to-a-whole-new-level/.
11. Fred Wilson, "Airbnb," AVC, March 16, 2011, http://avc.com/2011/03/airbnb/.
12. Paige Craig, "Airbnb, My $1 Billion Lesson," Arena Ventures, July 22, 2015. 이 블로그 기사에서 크레이그는 에어비앤비가 엑셀러레이터 '와이콤비네이터'에 가입하면서 그의 거래를 방해했다고 시사했다. 그러나 에어비앤비는 12월에 그 프로그램에 투입되었고 그래서 타이밍이 맞지 않았다. https://arenavc.com/2015/07/airbnb-my-1-billion-lesson/.
13. Matthew Bandyk, "Republican and Democratic Conventions Still Have Room," U.S. News and World Report, August 20, 2008.
14. Lori Rackl, "Airbed & Breakfast, Anyone? New Web Site an Alternative to Pricey, Scarce Hotel Rooms," Chicago Sun-Times, August 27, 2008.
15. "Obama O's," Drunkily's Channel, YouTube video, January 12, 2012, https://youtu.be/OQTWimfGfV8.
16. Mott, "Watch Our PandoMonthly Interview."

2장 **즉흥 연주_우버의 초창기**

1. "Uber Happy Hour," Vimeo, February 2, 2011, https://vimeo.com/19508742.
2. M. G. Siegler, "StumbleUpon Beats Skype in Escaping eBay's Clutches," Tech-Crunch, April 13, 2009, http://techcrunch.com/2009/04/13/ebay-unacquires-stumbleupon/.
3. "Travis Kalanick, Uber and Loic Le Meur, Co-Founder, LeWeb," YouTube video, December 13, 2013, https://youtu.be/vnkvNQ2V6Og.
4. Siegler, "StumbleUpon Beats Skype."
5. Erin Biba, "Inside the GPS Revolution: 10 Applications That Make the Most of Location," Wired.com, January 19, 2009, http://www.wired.com/2009/01/lp-10coolapps/.
6. "Fireside Chat with Travis Kalanick and Marc Benioff," September 17, 2015, https://www.youtube.com/watch?v=Zt8L8WSSr1g.
7. David Cohen, "The Pony's Lucky Horseshoe," Hi, I'm David G. Cohen, July 14, 2014, http://davidgcohen.com/2014/07/14/the-ponys-lucky-horseshoe/.

8. Leena Rao, "UberCab Takes the Hassle Out of Booking a Car Service," Tech-Crunch, July 5, 2010, http://techcrunch.com/2010/07/05/ubercab-takes-the-hassle-out-of-booking-a-car-service/.

3장 가망 없는 계획_심리스웹, 택시매직, 캐블러스, 카우치서핑, 짐라이드

1. Jason Kincaid, "Taxi Magic: Hail a Cab from Your iPhone at the Push of a Button," Tech-Crunch, December 16, 2008.
2. Carolyn Said, "DeSoto, S.F.'s Oldest Taxi Firm, Rebrands Itself as Flywheel," SFGate, February 19, 2015, http://www.sfgate.com/business/article/DeSoto-S-F-s-oldest-taxi-firm-rebrands-6087480.php.
3. "Why Couchsurfing Founder Casey Fenton Is Unfazed by Competitors like Airbnb," Mixergy, March 30, 2015, https://mixergy.com/interviews/casey-fenton-couchsurfing/.
4. Ryan Lawler, "Lyft-Off: Zimride's Long Road to Overnight Success," Tech-Crunch, August 29, 2014, http://techcrunch.com/2014/08/29/6000-words-about-a-pink-mustache/.
5. "Cross-Country Carpool," ABC News, July 29, 2008, http://abcnews.go.com/video/embed?id=5456748.

4장 그로스 해커_에어비앤비의 부상

1. Nathaniel Mott, "Watch Our PandoMonthly Interview with Airbnb's Brian Chesky," Pando, January 11, 2013, https://pando.com/2013/01/11/watch-our-pandomonthly-interview-with-airbnbs-brian-chesky/.
2. "Reid Hoffman and Brian Chesky (11/2/11)," YouTube video, November 15, 2011, https://youtu.be/dPp9zc6SIHY.
3. Ibid.
4. Ibid.
5. "Data-Miners. net—Nathan Blecharczyk," Spamhaus, http://archive.org/web/20030512215519/http://www.spamhaus.org/rokso/spammers.lasso?-database=spammers.db&-layout=detail&-response=roksodetail.lasso&recno=2259&-clientusername=guest&-clientpassword=guest&-search.
6. Aaron Greenspan, "The Harvard People I Know Who Are Breaking the Law(Again)," October 26, 2011, https://thinkcomp.quora.com/The-Harvard-People-I-Know-Who-Are-Breaking-The-Law-Again.

7. "ComScore Media Metrix Ranks Top 50 U.S. Web Properties for October 2009," ComScore, November 19, 2009.

8. Dave Gooden, "How Airbnb Became a Billion-Dollar Company," May 31, 2011, http://davegooden.com/2011/05/how-airbnb-became-a-billion-dollar-company/.

9. Ryan Tate, "Did Airbnb Scam Its Way to $1 Billion?," Gawker, May 31, 2011, http://gawker.com/5807189/did-airbnb-scam-its-way-to-1-billion.

10. Andrew Chen, "Growth Hacker Is the New VP Marketing," http://andrewchen.co/how-to-be-a-growth-hacker-an-airbnbcraigslist-case-study/.

11. "Airbnb Announces New Product Advancements and $7.2M in Series A Funding to Accelerate Global Growth," Marketwired, November 11, 2010, http://www.marketwired.com/press-release/Airbnb-Announces-New-Product-Advancements-72M-Series-A-Funding-Accelerate-Global-Growth-1351692.htm.

12. "Reid Hoffman and Brian Chesky," YouTube video.

13. Brad Stone, "The New Andreessen," Bloomberg.com, November 3, 2010, http://www.bloomberg.com/news/articles/2010-11-03/the-new-new-and reessen.

5장 **피, 땀 그리고 라면**_우버는 어떻게 샌프란시스코를 정복했나

1. "Disrupt Backstage: Travis Kalanick," YouTube video, June 22, 2011, https://youtu.be/0-uiO-P9yEg.

2. Ilene Lelchuk, "Probe Clears 2 S.F. Elections Officials; Case Against 3rd Remains Unclear," SFGate, December 12, 2001, http://www.sfgate.com/politics/article/Probe-clears-2-S-F-elections-officials-Case-2841381.php.

3. Andy Kessler, "Travis Kalanick: The Transportation Trustbuster," Wall Street Journal, January 25, 2013, http://www.wsj.com/articles/SB10001424127887324235104578244231122376480.

4. "Disrupt Backstage: Travis Kalanick," YouTube video.

5. "Travis Kalanick Startup Lessons from the Jam Pad—Tech Cocktail Startup Mixology," YouTube video, May 5, 2011, https://youtu.be/VMvdvP02f-Y.

6. Max Chafkin, "What Makes Uber Run," Fast Company, September 8, 2015, http://www.fastcompany.com/3050250/what-makes-uber-run.

7. Ibid.

8. "Travis Kalanick Startup Lessons from the Jam Pad."

9. "Travis Kalanick of Uber," This Week in Startups, YouTube video, August 16, 2011, https://

youtu.be/550X5OZVk7Y.

10. "Power Tools," Time, April 24, 2014, http://time.com/72206/time-100-objects-that-inspire-influencers/.
11. Karen Kaplan, "Ovitz Team Invests in Multimedia Search Engine," Los Angeles Times, June 10, 1999, http://articles.latimes.com/1999/jun/10/business/fi-46036.
12. Bruce Orwall, "Ovitz, Yucaipa Buy Majority Stake in Entertainment Search Engine," Wall Street Journal, June 10, 1999, http://www.wsj.com/articles/SB928970934179363266.
13. Ibid.
14. Marc Graser and Justin Oppelaar, "Scour Power Turns H'wood Dour," Variety, June 24, 2000.
15. "Travis Kalanick of Uber," This Week in Startups.
16. Karen Kaplan and P. J. Huffstutter, "Multimedia Firm Scour Lays Off 52 of Its 70 Workers," Los Angeles Times, September 2, 2000, http://articles.latimes.com/2000/sep/02/business/fi-14350.
17. Clare Saliba, "Scour Assets Sell for $9M," E-Commerce Times, December 13, 2000, http://www.ecommercetimes.com/story/6043.html.
18. "FailCon 2011—Uber Case Study," YouTube video, November 3, 2011, https://youtu.be/2QrX5jsiico.
19. Ibid.
20. Ibid.
21. Travis Kalanick, interview by Ashlee Vance, September 30, 2011.
22. "FailCon 2011—Uber Case Study," YouTube video.
23. Ibid.
24. Michael Arrington, "Payday for Red Swoosh: $15 Million from Akamai," Tech-Crunch, April 12, 2007, http://techcrunch.com/2007/04/12/payday-for-red-swoosh-15-million-from-akamai/.
25. Author's interview with Travis Kalanick and http://fortune.com/2013/09/19/travis-kalanick-founder-of-uber-is-silicon-valleys-rebel-hero/.
26. "Travis Kalanick Startup Lessons from the Jam Pad," YouTube video.
27. Ibid.
28. "Travis Kalanick of Uber," This Week in Startups.
29. Ryan Graves, "1+1=3," Uber.com, December 22, 2010, https://newsroom.uber.com/1-1-3/.

2부 **제국의 건설**

6장 **전시戰時의 CEO_두 전선에서 벌어진 에어비앤비의 싸움**

1. Ben Horowitz, "Peacetime CEO/Wartime CEO," Ben's Blog, Andreessen Horowitz, April 14, 2011, http://www.bhorowitz.com/peacetime_ceo_wartime_ceo.
2. Aileen Lee, "Welcome to the Unicorn Club: Learning from Billion-Dollar Startups," TechCrunch, November 2, 2013, https://techcrunch.com/2013/11/02/welcome-to-the-unicorn-club/.
3. Glenn Peoples, "Spotify Raises $100 Million, but Remains Stuck at $1 Billion Valuation," Billboard, June 17, 2011, http://www.billboard.com/biz/articles/news/1177428/spotify-raises-100-million-but-remains-stuck-at-1-billion-valuation; Geoffrey Fowler, "Airbnb Is Latest Start-Up to Secure $1 Billion Valuation," Wall Street Journal, July 26, 2011, http://www.wsj.com/articles/SB10001424053111904772304576468183971793712.
4. Eric Mack, "Plane-in-a-Tree Is the Perfect Getaway for Airbnb," CNET.com, August 1, 2011, http://www.cnet.com/news/plane-in-a-tree-is-the-perfect-getaway-for-airbnb/.
5. "How Airbnb and Uber Disrupt Offline Business," Tech-Crunch, December 28, 2011, http://techcrunch.com/video/how-airbnb-and-uber-disrupt-offline-business/517158889/.
6. Sarah Lacy, "Airbnb Has Arrived: Raising Mega-Round at a $1 Billion+Valuation," TechCrunch, May 30, 2011, http://techcrunch.com/2011/05/30/airbnb-has-arrived-raising-mega-round-at-a-1-billion-valuation/.
7. Steve O'Hear, "9flats, the European Airbnb, Secures 'Major Investment' from Silicon Valley's Redpoint," TechCrunch, May 17, 2011, http://techcrunch.com/2011/05/17/9flats-the-european-airbnb-secures-major-investment-from-silicon-valleys-redpoint-2/.
8. "Attack of the Clones," Economist, August 6, 2011, http://www.economist.com/node/21525394.
9. Mike Butcher, "In Confidential Email Samwer Describes Online Furniture Strategy as a 'Blitzkrieg,'" TechCrunch, December 22, 2011, http://techcrunch.com/2011/12/22/in-confidential-email-samwer-describes-online-furniture-strategy-as-a-blitzkrieg/.
10. Caroline Winter, "How Three Germans Are Cloning the Web," Bloomberg, February 29, 2012, http://www.bloomberg.com/news/articles/2012-02-29/how-three-germans-are-cloning-the-web.
11. Robin Wauters, "Investors Pump $90 Million into Airbnb Clone Wimdu," Tech-Crunch,

June 14, 2011, http://techcrunch.com/2011/06/14/investors-pump-90-million-into-airbnb-clone-wimdu/.

12. EJ, "Violated: A Traveler's Lost Faith, a Difficult Lesson Learned," Around the World and Back Again, June 29, 2011, http://ejroundtheworld.blogspot.com/2011/06/violated-travelers-lost-faith-difficult.html.
13. Ibid.
14. Foxit, "Violated: A Traveler's Lost Faith, a Difficult Lesson Learned," Hacker News, https://news.ycombinator.com/item?id=2811080.
15. Michael Arrington, "The Moment of Truth for Airbnb As User's Home Is Utterly Trashed," TechCrunch, July 27, 2011, http://techcrunch.com/2011/07/27/the-moment-of-truth-for-airbnb-as-users-home-is-utterly-trashed/.
16. EJ, "Airbnb Nightmare: No End in Sight," Around the World and Back Again, July 28, 2011, http://ejroundtheworld.blogspot.com/2011/07/airbnb-nightmare-no-end-in-sight.html.
17. Ibid.
18. Drew Olanoff, "Airbnb Ups Its Host Guarantee to a Million Dollars," Next Web, May 22, 2012, http://thenextcom/insider/2012/05/22/airbnb-partners-with-lloyds-of-london-for-the-new-million-dollar-host-guarantee/.
19. Brian Chesky, "Our Commitment to Trust & Safety," Airbnb, August 1, 2011, http://blog.airbnb.com/our-commitment-to-trust-and-safety/.
20. James Temple, "Airbnb Victim Describes Crime and Aftermath," SFGate, July 30, 2011, http://www.sfgate.com/business/article/Airbnb-victim-describes-crime-and-aftermath-2352693.php.
21. Claire Cain Miller, "In Silicon Valley, the Night Is Still Young," New York Times, August 20, 2011, http://www.nytimes.com/2011/08/21/technology/silicon-valley-booms-but-worries-about-a-new-bust.html.
22. Jim Wilson, "Good Times in Silicon Valley, for Now," New York Times, August 13, 2011, http://www.nytimes.com/slideshow/2011/08/13/technology/20110821-VALLEY-5.html; Geoffrey Fowler, "The Perk Bubble Is Growing as Tech Booms Again," Wall Street Journal, July 6, 2011, http://www.wsj.com/articles/SB1000142405270230376340457641980 3997423690.
23. Robin Wauters, "Airbnb Buys German Clone Accoleo, Opens First European Office in Hamburg," TechCrunch, June 1, 2011, http://techcrunch.com/2011/06/01/airbnb-buys-

german-clone-accoleo-opens-first-european-office-in-hamburg/.

24. Colleen Taylor, "Airbnb Hits Hockey Stick Growth: 10 Million Nights Booked, 200K Active Properties," TechCrunch, June 19, 2012, http://techcrunch.com/2012/06/19/airbnb-10-million-bookings-global/.

7장 **플레이북_우버의 성장이 시작되다**

1. Erick Schonfeld, "I Just Rode in an Uber Car in New York City, and You Can Too," TechCrunch, April 6, 2011, http://techcrunch.com/2011/04/06/i-just-rode-in-an-uber-car-in-new-york-city-and-you-can-too/.
2. Andrew J. Hawkins, "Uber Doubles Number of Drivers—Just as De Blasio Feared," Crain's New York Business, October 6, 2015, http://www.crainsnewyork.com/article/20151006/BLOGS04/151009912/uber-doubles-number-of-drivers-just-as-de-blasio-feared.
3. Nitasha Tiku, "Exclusive: Shake Up and Resignations at Uber's New York Office, CEO Travis Kalanick Explains," Observer, September 20, 2011, http://observer.com/2011/09/exclusive-shake-up-and-resignations-at-ubers-new-york-office-ceo-travis-kalanick-explains/.
4. Full disclosure: Bloomberg is my employer! (완전 공개: 블룸버그는 나의 고용주다!)
5. "Travis Kalanick of Uber," This Week in Startups, YouTube video, August 16, 2011, https://youtu.be/550X5OZVk7Y.
6. "Halloween Surge Pricing: Get an Uber at the Witching Hour," Uber, October 26, 2011, https://newsroom.uber.com/halloween-surge-pricing-get-an-uber-at-the-witching-hour/.
7. Aubrey Sabala, "While I'm Glad I'm Home Safely," Twitter, January 1, 2012, https://twitter.com/aubs/status/153532514122743808.
8. Travis Kalanick, "@kavla Price Is Right There Before You Request," Twitter, January 2, 2012, https://twitter.com/travisk/status/154069401488982017.
9. Travis Kalanick, "@dandarcy the Sticker Shock Is Rough," Twitter, January 1, 2012, https://twitter.com/travisk/status/153562288023023617.
10. Nick Bilton, "Disruptions: Taxi Supply and Demand, Priced by the Mile," Bits Blog, New York Times, January 8, 2012, http://bits.blogs.nytimes.com/2012/01/08/disruptions-taxi-supply-and-demand-priced-by-the-mile/?_r=0.
11. Bill Gurley, "A Deeper Look at Uber's Dynamic Pricing Model," Above the Crowd, March 11, 2014, http://abovethecrowd.com/2014/03/11/a-deeper-look-at-ubers-dynamic-pricing-model/.

12. Kara Swisher, "Man and Uber Man," Vanity Fair, December 2014, http://www.vanityfair.com/news/2014/12/uber-travis-kalanick-controversy.

13. Alex Konrad, "How Super Angel Chris Sacca Made Billions, Burned Bridges and Crafted the Best Seed Portfolio Ever," Forbes, March 25, 2015, http://www.forbes.com/sites/alexkonrad/2015/03/25/how-venture-cowboy-chris-sacca-made-billions/#5d29290bfa8c.

8장 **트래비스의 법칙_차량공유 서비스의 부상**

1. Travis Kalanick, "Uber CEO's Letter to DC City Council," Uber, July 10, 2012, https://newsroom.uber.com/us-dc/travis-kalanick-letter-to-dc-city-council/.

2. Benjamin R. Freed, "Uber Is Hacking into Washington's Taxi Industry, Linton Says," DCist, January 11, 2012, http://dcist.com/2012/01/uber_is_hacking_into_washingtons_ta.php.

3. "D.C. Regulations on Limousine Operators," Scribd, https://www.scribd.com/doc/77931261/D-C-Regulations-on-Limousine-Operators.

4. Mike DeBonis, "Uber Car Impounded, Driver Ticketed in City Sting," Washington Post, January 13, 2012, https://www.washingtonpost.com/blogs/mike-debonis/post/uber-car-impounded-driver-ticketed-in-city-sting/2012/01/13/gIQA4Py3vP_blog.html.

5. Ryan Graves, "An Uber Surprise in DC," Uber, January 13, 2012, https://newsroom.uber.com/us-dc/an-uber-surprise-in-dc/.

6. Benjamin R. Freed, "After Stinging Uber, Linton Says He Just Had to Regulate," DCist, January 16, 2012, http://dcist.com/2012/01/after_stinging_uber_linton_says_he.php.

7. Leena Rao, "Mobile Taxi Network Hailo Raises $17M From Accel and Atomico to Take On Uber in the U.S.," TechCrunch, March 29, 2012, http://techcrunch.com/2012/03/29/mobile-taxi-network-hailo-raises-17m-from-accel-and-atomico-to-take-on-uber-in-the-u-s/.

8. Ibid.

9. Laura June, "Uber Launches Lower-Priced Taxi Service in Chicago," Verge, April 18, 2012, http://www.theverge.com/2012/4/18/2957508/uber-taxi-service-chicago.

10. Daniel Cooper, "Hailo's HQ Trashed by Uber-Hating London Black Cab Drivers," Engadget, May 23, 2014, https://www.engadget.com/2014/05/23/hailo-london-hq-vandalized/.

11. "SF, You Now Have the Freedom to Choose," Uber, July 3, 2012, http://blog.uber.com/2012/07/03/sf-vehicle-choice/.

12. Brian X. Chen, "Uber, an App That Summons a Car, Plans a Cheaper Service Using Hybrids," New York Times, July 1, 2012, http://www.nytimes.com/2012/07/02/

technology/uber-a-car-service-smartphone-app-plans-cheaper-service.html.

13. Mike DeBonis, "Uber CEO Travis Kalanick," Washington Post, July 27, 2012, https://www.washingtonpost.com/blogs/mike-debonis/post/uber-ceo-travis-kalanick-talks-big-growth-and-regulatory-roadblocks-in-dc/2012/07/27/gJQAAmS4DX_blog.html.
14. Del Quentin Wilber and Mike DeBonis, "Ted G. Loza, Former D.C. Council Aide, Pleads Guilty in Corruption Case," Washington Post, February 18, 2011, http://www.washingtonpost.com/wp-dyn/content/article/2011/02/18/AR2011021806843.html.
15. Travis Kalanick, "@mikedebonis We Felt That We Got Strung Out," Twitter, July 10, 2012, https://twitter.com/travisk/status/222633686770786305; Travis Kalanick, "@mikedebonis the Bottom Line Is That @marycheh," Twitter, July 10, 2012, https://twitter.com/travisk/status/222635403910447104.
16. Travis Kalanick, "Strike Down the Minimum Fare Language in the DC Uber Amendment," Uber, July 9, 2012, https://newsroom.uber.com/us-dc/strike-down-the-minimum-fare/.
17. Christine Lagorio-Chafkin, "Resistance Is Futile," Inc., July 2013, http://www.inc.com/magazine/201307/christine-lagorio/uber-the-car-service-explosive-growth.html.
18. Mike DeBonis, "Uber Triumphant," Washington Post, December 2012, https://www.washingtonpost.com/blogs/mike-debonis/wp/2012/12/03/uber-triumphant/.
19. "Patent US6356838—System and Method for Determining an Efficient Transportation Route," March 12, 2002, http://www.google.com/patents/US6356838.
20. 사이드카 이전에도 다른 차량 공유 회사들이 있었다. 2010년 사업을 시작한 호모바일(Homobile)이라는 샌프란시스코 업체는 여장 남자 공연자와 동성애자 들을 태워줬고, 요금으로 기부금을 받았다. 수닐 폴은 2011년 공항으로 가기 위해 이 서비스를 이용해 본 적이 있다고 말했다.
21. "Travis Kalanick of Uber," This Week in Startups, YouTube video, August 16, 2011, https://youtu.be/550X5OZVk7Y.
22. Tomio Geron, "Ride-Sharing Startups Get California Cease and Desist Letters," Forbes, October 8, 2012, http://www.forbes.com/sites/tomiogeron/2012/10/08/ride-sharing-startups-get-california-cease-and-desist-letters/#767d66027e81.
23. Jeff McDonald and Ricky Young, "State Investigator Lays Out Developing Criminal Case Against Former PUC President," Los Angeles Times, December 29, 2015, http://www.latimes.com/business/la-fi-watchdog-peevey-20151230-story.html.
24. Sfcda.com/CPUC, January 11, 2013, http://sfcda.com/CPUC/Lyft_CPUC_SED_IntAGR.pdf.

25. Brian X. Chen, "Uber to Roll Out Ride Sharing in California," Bits Blog, New York Times, January 31, 2013, http://bits.blogs.nytimes.com/2013/01/31/uber-rideshare/.
26. Travis Kalanick, "@johnzimmer You've Got a Lot of Catching Up," Twitter, March 19, 2013, https://twitter.com/travisk/status/314079323478962176.
27. David Pierson, "Uber Fined $7.6 Million by California Utilities Commission," Los Angeles Times, January 14, 2016, http://www.latimes.com/business/la-fi-tn-uber-puc-20160114-story.html.
28. "Order Instituting Rulemaking on Regulations Relating to Passenger Carriers, Ridesharing, and New Online-Enabled Transportation Services," Cpuc.ca.gov, September 19, 2013, http://docs.cpuc.ca.gov/PublishedDocs/Published/G000/M077/K112/77112285.PDF.
29. Liz Gannes, "Despite Controversy in Austin and Philly, Ride-Sharing Service SideCar Expands to Boston, Brooklyn and Chicago," AllThingsD, March 15, 2013, http://allthingsd.com/20130315/despite-controversy-in-austin-and-philly-ride-sharing-service-sidecar-expands-to-boston-brooklyn-and-chicago/.

9장 **규제하기에는 너무 큰**_뉴욕에서 벌어진 에어비앤비의 싸움

1. Sarah Kessler, "How Snow White Helped Airbnb's Mobile Mission," Fast Company, November 8, 2012, http://www.fastcompany.com/3002813/how-snow-white-helped-airbnbs-mobile-mission.
2. Kristen Bellstrom, "Exclusive: Meet Airbnb's Highest-Ranking Female Exec Ever," Fortune, July 13, 2015, http://fortune.com/2015/07/13/airbnb-belinda-johnson-promotion/.
3. Nicole Neroulias, "Fan 'Gridderati' Get Super Soiree—Sexy Treat at Top-of-Line Bash," New York Post, February 4, 2007.
4. Justin Rocket Silverman, "He's King of the City That Never Sleeps," AM New York, June 24, 2004.
5. Ben Chapman, "Website AirBnB.com Lets Users Sublet Couches, Roofs and Other Odd Spaces," New York Daily News, July 21, 2009, http://www.nydailynews.com/life-style/real-estate/website-airbnb-lets-users-sublet-couches-roofs-odd-spaces-article-1.429969.
6. Ibid.
7. Joe Gebbia, "I'll Be in NYC Tomorrow," Twitter, July 20, 2010, https://twitter.com/jgebbia/status/19046704645.
8. "Statements of Mayor Michael R. Bloomberg and Governor David A. Paterson on Governor Paterson's Signing Into Law Housing Preservation Legislation That Enables

Enforcement Against Illegal Hotels," City of New York, July 23, 2010, http://www1.nyc.gov/office-of-the-mayor/news/324-10/statements-mayor-michael-bloomberg-governor-david-a-paterson-governorpaterson-s.

9. Andrew J. Hawkins, "City Sues Departed Actor for Running Illegal Hotels," Crain's New York Business, October 23, 2012, http://www.crainsnewyork.com/article/20121023/BLOGS04/310239983/city-sues-departed-actor-for-running-illegal-hotels.

10. Drew Grant, "Infamous Airbnb Hotelier Toshi to Pay $1 Million to NYC," Observer, November 20, 2013, http://observer.com/2013/11/infamous-airbnb-hotelier-toshi-to-pay-1-million-to-nyc/.

11. Adam Pincus, "Illegal Hotel Fines Could Skyrocket," Real Deal, September 12, 2012, http://therealdeal.com/2012/09/12/city-council-to-dramatically-increase-illegal-hotel-fines/.

12. Ron Lieber, "A Warning for Hosts of Airbnb Travelers," New York Times, November 30, 2012, http://www.nytimes.com/2012/12/01/your-money/a-warning-for-airbnb-hosts-who-may-be-breaking-the-law.html?_r=1.

13. NYC v. Abe Carrey Appeal Nos. 1300602 & 1300736, CityLaw.org, September 26, 2013, http://archive.citylaw.org/ecb/Long%20Form%20Orders/2013/1300602—1300736.pdf.

14. "Huge Victory in New York for Nigel Warren and Our Host Community," Airbnb, September 27, 2013, https://www.airbnbaction.com/huge-victory-new-york-nigel-warren-host-community/.

15. Brian Chesky, "Who We Are, What We Stand For," Airbnb, October 3, 2013, http://blog.airbnb.com/who-we-are/.

16. http://valleywag.gawker.com/airbnb-hides-warning-that-users-are-breaking-the-law-in-1561938121.

17. Matt Chaban, "Attorney General Eric Schneiderman Hits AirBnB with Subpoena for User Data," New York Daily News, October 7, 2013, http://www.nydailynews.com/news/national/state-airbnb-article-1.1477934.

18. "Airbnb Memorandum in Support of Petition to Quash Subpoena," Electronic Frontier Foundation, https://www.eff.org/document/airbnb-v-schneiderman-memo-law.

19. "Airbnb Introduces Instant Bookings for Hosts," ProBnB, October 12, 2013, http://www.probnb.com/airbnb-introduces-instant-bookings-for-hosts.

20. Daniel P. Tucker, "Airbnb Won't Comply with Subpoena from New York Attorney General," WNYC, October 7, 2013, http://www.wnyc.org/story/airbnb-wont-comply-

subpoena-new-york-attorney-general/.

21. "Airbnb's Economic Impact on the NYC Community," Airbnb, http://blog.airbnb.com/airbnbs-economic-impact-nyc-community/.
22. "Ruling in Airbnb's Case in New York," New York Times, May 13, 2014, http://www.nytimes.com/interactive/2014/05/13/technology/ruling-airbnb-new-york.html.
23. "New York Update," Airbnb, August 22, 2014, https://www.airbnbaction.com/new-york-community-update/.
24. http://www.ag.ny.gov/press-release/ag-schneiderman-releases-report-documenting-widespread-illegality-across-airbnbs-nyc.
25. Jessica Wohl, "Airbnb CMO Knocks Uber's Growth Tactics," Advertising Age, October 16, 2015, http://adage.com/article/special-report-ana-annual-meeting-2015/airbnb-cmo-knocks-uber-growth-tactics/300948/.

3부 **업스타트들의 시련**

10장 **신의 시선_우버의 고난기**

1. Jeanie Riess, "Why New Orleans Doesn't Have Uber," Gambit, February 4, 2014, http://www.bestofneworleans.com/gambit/why-new-orleans-doesnt-have-uber/Content?oid=2307943.
2. Tim Elfrink, "UberX Will Launch in Miami Today, Defying Miami-Dade's Taxi Laws," Miami New Times, June 4, 2014, http://www.miaminewtimes.com/news/uberx-will-launch-in-miami-today-defying-miami-dades-taxi-laws-6533024.
3. "Mayor Gimenez: Uber, Lyft Will Be Legal in Miami-Dade by End of Year," Miami Herald, September 28, 2015, http://www.miamiherald.com/news/local/community/miami-dade/article36831345.html.
4. Leena Rao, "Uber Now Offers Its Own Car Leases to UberX Drivers," Forbes, July 29, 2015, http://fortune.com/2015/07/29/uber-car-leases/.
5. Travis Kalanick, interview with Mark Milian, November 22, 2013.
6. Eric Newcomer and Olivia Zaleski, "Inside Uber's Auto-Lease Machine, Where Almost Anyone Can Get a Car," Bloomberg.com, May 31, 2016, http://www.bloomberg.com/news/articles/2016-05-31/inside-uber-s-auto-lease-machine-where-almost-anyone-can-get-a-car.

7. Ryan Lawler, "Uber Slashes UberX Fares in 16 Markets to Make It the Cheapest Car Service Available Anywhere," TechCrunch, January 9, 2014, http://techcrunch.com/2014/01/09/big-uberx-price-cuts/.
8. Ellen Huet, "How Uber and Lyft Are Trying to Kill Each Other," Forbes, May 30, 2014, http://www.forbes.com/sites/ellenhuet/2014/05/30/how-uber-and-lyft-are-trying-to-kill-each-other/#4a7e6b063ba8.
9. Carolyn Tyler, "Mother of Girl Fatally Struck by Uber Driver Speaks Out," ABC7 News, December 9, 2014, http://abc7news.com/business/mother-of-girl-fatally-struck-by-uber-driver-speaks-out/429535/.
10. Travis Kalanick, "@connieezywe Can Confirm," Twitter, January 1, 2014, https://twitter.com/travisk/status/418518282824458241.
11. "Statement on New Year's Eve Accident," Uber, January 1, 2014, https://newsroom.uber.com/statement-on-new-years-eve-accident/.
12. Elyce Kirchner, David Paredes, and Scott Pham, "UberX Driver in Fatal Crash Had Record," NBC Bay Area, February 12, 2015, http://www.nbcbayarea.com/news/local/UberX-Driver-Involved-in-New-Years-Eve-Manslaughter-Had-A-Record-of-Reckless-Driving-240344931.html.
13. "Fact Sheet 16a: Employment Background Checks in California: A Focus on Accuracy," Privacy Rights Clearinghouse, 2003–2016, https://www.privacyrights.org/employment-background-checks-california-focus-accuracy.
14. Don Jergler, "Uber Announces New Policy to Cover Gap," Insurance Journal, March 14, 2014, http://www.insurancejournal.com/news/national/2014/03/14/323329.htm.
15. Harrison Weber, "Uber & Lyft Agree to Insure Drivers in Between Rides in California," VentureBeat, August 27, 2014, http://venturebeat.com/2014/08/27/uber-lyft-agree-to-insure-drivers-in-between-rides-in-california/.
16. Bob Egelko, "Uber May Be Liable for Accidents, Even If Drivers Are Contractors," San Francisco Chronicle, April 27, 2016, http://www.sfchronicle.com/bayarea/article/Uber-may-be-liable-for-accidents-even-if-drivers-7377364.php.
17. "Family of 6-Year-Old Girl Killed by Uber Driver Settles Lawsuit," ABC7 News, July 14, 2015, http://abc7news.com/business/family-of-6-year-old-girl-killed-by-uber-driver-settles-lawsuit/852108/.
18. "Uber's Marketing Program to Recruit Drivers: Operation SLOG," Uber, August 26, 2014, https://newsroom.uber.com/ubers-marketing-program-to-recruit-drivers-operation-slog/.

19. Laurie Segall, "Uber Rival Accuses Car Service of Dirty Tactics," CNN Money, January 24, 2014, http://money.cnn.com/2014/01/24/technology/social/uber-gett/.
20. Mickey Rapkin, "Uber Cab Confessions," GQ, February 27, 2014, http://www.gq.com/story/uber-cab-confessions.
21. Ryan Lawler, "Lyft Launches in 24 New Markets, Cuts Fares by Another 10%," TechCrunch, April 24, 2014, https://techcrunch.com/2014/04/24/lyft-24-new-cities/.
22. Kara Swisher, "Man and Uber Man," Vanity Fair, December 2014, http://www.vanityfair.com/news/2014/12/uber-travis-kalanick-controversy.
23. Sara Ashley O'Brien, "15 Questions with… John Zimmer," CNN, http://money.cnn.com/interactive/technology/15-questions-with-john-zimmer/.
24. Yuliya Chernova, "N.Y. Shutdowns for SideCar, RelayRides Highlight Hurdles for Car- and Ride-Sharing Startups," Wall Street Journal, May 15, 2013, http://blogs.wsj.com/venturecapital/2013/05/15/n-y-shutdowns-for-sidecar-relayrides-highlight-hurdles-for-car-and-ride-sharing-startups/.
25. "Lyft Will Launch in Brooklyn & Queens," Lyft Blog, July 8, 2014, https://blog.lyft.com/posts/2014/7/8/lyft-launches-in-new- yorks-outer-boroughs.
26. Brady Dale, "Lyft Launch Party with Q-Tip, Without Actually Launching," Technical.ly Brooklyn, July 14, 2014, http://technical.ly/brooklyn/2014/07/14/lyft-brooklyn-launches/.
27. "Lyft Launches in NYC," Lyft Blog, July 25, 2014, https://blog.lyft.com/posts/2014/7/25/lyft-launches-in-nyc.
28. Casey Newton, "This Is Uber's Playbook for Sabotaging Lyft," Verge, August 26, 2014, http://www.theverge.com/2014/8/26/6067663/this-is-ubers-playbook -for-sabotaging-lyft.
29. 2012년 9월, 나는 샌프란시스코 체리 서비스에서 세차 일을 했는데, 당시 나보다 나이가 많은 케니 첸(Kenny Chen)이란 세차원이 내 멘토이자 평가자 역을 맡았다. 그는 "브래드는 차량들을 주의해야 한다."라고 적었다; Brad Stone, "My Life as a TaskRabbit," Bloomberg.com, September 13, 2012, http://www.bloomberg.com/news/articles/2012-09-13/my-life-as-a-taskrabbit.
30. Dan Levine, "Exclusive: Lyft Board Members Discussed Replacing CEO, Court Documents Reveal," Reuters, November 7, 2014, http://www.reuters.com/article/us-lyft-ceo-lawsuit-exclusive-idUSKBN0IR2HA20141108.
31. Douglas Macmillan, "Lyft Alleges Former Executive Took Secret Documents with Him to Uber," Wall Street Journal, November 5, 2014, http://blogs.wsj.com/digits/2014/11/05/

lyft-alleges-former-executive-took-secret-documents-with-him-to-uber/.
32. Travis Vander Zanden, "All the Facts Will Come Out," Twitter, November 6, 2014, https://twitter.com/travisv/status/530398592968585217.
33. Joseph Menn and Dan Levine, "Exclusive—U.S. Justice Dept. Probes Data Breach at Uber: Sources," Reuters, December 18, 2015, http://www.reuters.com/article/uber-tech-lyft-probe-exclusive-idUSKBN0U12FH20151219.
34. Dan Levine, "Uber, Lyft Settle Litigation Involving Top Executives," Reuters, June 28, 2016, http://www.reuters.com/article/us-uber-lyft-idUSKCN0ZE0FP.
35. Kristen V. Brown, "Uber Shifts into Mid-Market Headquarters," San Francisco Chronicle, June 2, 2014, http://www.sfgate.com/technology/article/Uber-shifts-into-Mid-Market-headquarters-5521166.php.
36. Mike Isaac, "Uber Picks David Plouffe to Wage Regulatory Fight," New York Times, August 19, 2014, http://www.nytimes.com/2014/08/20/technology/uber-picks-a-political-insider-to-wage-its-regulatory-battles.html.
37. Kim Lyons, "In Clash of Cultures, PUC Grapples with Brave New Tech World," Pittsburgh Post-Gazette, August 24, 2014, http://www.post-gazette.com/business/2014/08/24/In-clash-of-cultures-PUC-grapples-with-brave-new-tech-world/stories/201408240002.
38. Sarah Lacy, "The Horrific Trickle-Down of Asshole Culture: Why I've Just Deleted Uber from My Phone," Pando, October 22, 2014, https://pando.com/2014/10/22/the-horrific-trickle-down-of-asshole-culture-at-a-company-like-uber/.
39. Charlie Warzel, "Sexist French Uber Promotion Pairs Riders with 'Hot Chick' Drivers," BuzzFeed, October 21, 2014, https://www.buzzfeed.com/charliewarzel/french-uber-bird-hunting-promotion-pairs-lyon-riders-with-a?utm_term=.smxR9a9Q8#.miaNnpnDJ.
40. Lacy, "The Horrific Trickle-Down of Asshole Culture."
41. Ben Smith, "Uber Executive Suggests Digging Up Dirt on Journalists," BuzzFeed, November 17, 2014, https://www.buzzfeed.com/bensmith/uber-executive-suggests-digging-up-dirt-on-journalists?utm_term=.dqX1DyDkz#.epX2XQXbO.
42. Nicole Campbell, "What Was Said at the Uber Dinner," Huffington Post, November 21, 2014, http://www.huffingtonpost.com/nicole-campbell/what-was-said-at-the-uber_b_6198250.html.

11장 **탈출 속도_에어비앤비와의 싸움과 우화**

1. Brian Chesky, speech at iHub, Nairobi, July 26, 2015, https://www.youtube.com/

watch?v=UFhwh3Ex6Zg.

2. Harrison Weber, "Top Designers React to Airbnb's Controversial New Logo," VentureBeat, July 18, 2014, http://venturebeat.com/2014/07/18/top-designers-react-to-airbnbs-controversial-new-logo/.
3. "State of the Airbnb Union: A Keynote with Brian Chesky," YouTube video, November 24, 2014, https://youtu.be/EKX5W8r0Pgc?list= PLe_YVMnS1oXYMnclJtn2-anpH7PDUFip_.
4. Alex Konrad, "Airbnb Cofounders to Become First Sharing Economy Billionaires As Company Nears $10 Billion Valuation," Forbes, March 20, 2014, http://www.forbes.com/sites/alexkonrad/2014/03/20/airbnb-cofounders-are-billionaires/#2a6b41b641ab.
5. James Lo Chi-hao, "Backpacker Dies from Carbon Monoxide Poisoning," China Post, December 31, 2013, http://www.chinapost.com.tw/taiwan/national/national-news/2013/12/31/397194/Backpacker-dies.htm.
6. Hope Well, "@bchesky Our Daughter Elizabeth Passed Away," Twitter, January 21, 2014, https://twitter.com/hopewell828/status/425777540624424960.
7. William B. Smith, "Taming the Digital Wild West," Abramson Smith Waldsmith, http://www.aswllp.com/content/images/Taming-The-Digital-Wild-West.pdf.
8. Ryan Lawler, "To Ensure Guest Safety, Airbnb Is Giving Away Safety Cards, First Aid Kits, and Smoke & CO Detectors," TechCrunch, February 21, 2014, https://techcrunch.com/2014/02/21/airbnb-safety-giveaway/.
9. "A Huge Step Forward for Home Sharing in Portland," Airbnb Action, July 30, 2014, https://www.airbnbaction.com/home-sharing-in-portland/.
10. Elliot Njus, "Airbnb, Acting as Portland's Lodging Tax Collector, Won't Hand Over Users' Names or Addresses," Oregonian, July 21, 2014, http://www.oregonlive.com/front-porch/index.ssf/2014/07/airbnb_acting_as_portlands_lod.html.
11. Brian Chesky, "Shared City," Medium, March 26, 2014, https://medium.com/@bchesky/shared-city-db9746750a3a.
12. John Cote, "Airbnb, Other Sites Owe City Hotel Tax, S.F. Says," SFGate, April 4, 2012, http://www.sfgate.com/bayarea/article/Airbnb-other-sites-owe-city-hotel-tax-S-F-says-3457290.php.
13. Chesky, "Shared City."
14. "San Francisco, Taxes and the Airbnb Community," Airbnb Action, March 31, 2014, https://www.airbnbaction.com/san-francisco-taxes-airbnb-community/.
15. Philip Matier and Andrew Ross, "Airbnb Pays Tax Bill of 'Tens of Millions' to S.F," SFGate,

February 18, 2015, http://www.sfgate.com/bayarea/matier-ross/article/M-R-Airbnb-pays-tens-of-millions-in-back-6087802.php.

16. Amina Elahi, "Airbnb to Begin Collecting Chicago Hotel Tax Feb. 15," Chicago Tribune, January 30, 2015, http://www.chicagotribune.com/bluesky/originals/chi-airbnb-chicago-taxes-bsi-20150130-story.html.

17. Emily Badger, "Airbnb Is About to Start Collecting Hotel Taxes in More Major Cities, Including Washington," Washington Post, January 29, 2015, https: //www.washingtonpost .com/news /wonk/wp/2015/01/29/airbnb-is-about-to-start-collecting-hotel-taxes-in-more-major-cities-including-washington/.

18. Dustin Gardiner, "Airbnb to Charge Sales Tax on Phoenix Rentals," Arizona Republic, June 26, 2015, http://www.azcentral.com/story/news/local/phoenix/2015/06/25/airbnb-charge-sales-tax-phoenix-rentals/29283651/.

19. Vince Lattanzio, "You'll No Longer Be Breaking the Law Renting on Airbnb," NBC 10, June 19, 2015, http://www.nbcphiladelphia.com/news/local/Youll-No-Longer-Be-Breaking-the-Law-by-Renting-on-Airbnb-308272641.html.

20. "Amsterdam and Airbnb Sign Agreement on Home Sharing and Tourist Tax," I Amsterdam, December 18, 2014, http://www.iamsterdam.com/en/media-centre/city-hall/press-releases/ 2014-press-room/ amsterdam-airbnb-agreement.

21. "A Major Step Forward in Paris and France—Une Avancée Majeure En France," Airbnb Action, March 26, 2014, https://www.airbnbaction.com/major-step-forward-paris-france/.

22. Sean O'Neill, "American Hotel Association to Fight Airbnb and Short-Term Rentals," Tnooz, April 30, 2014, https://www.tnooz.com/article/american-hotel-association-launches-fightback-airbnb-short-term-rentals/.

23. Josh Dawsey, "Union Financed Fight to Block Airbnb in New York City," Wall Street Journal, May 9, 2016, http://www.wsj.com/articles/union-financed-fight-to-block-airbnb-in-new-york-city-1462842763.

24. Jessica Pressler, "The Dumbest Person in Your Building Is Passing Out Keys to Your Front Door!," NYMag.com, September 23, 2014, http://nymag.com/news/features/airbnb-in-new-york-debate-2014-9/.

25. "A.G. Schneiderman Releases Report Documenting Widespread Illegality Across Airbnb's NYC Listings; Site Dominated by Commercial Users," New York State Attorney General, October 1, 2014, http://www.ag.ny.gov/press-release/ag-schneiderman-releases-report-documenting-widespread-illegality-across-airbnbs-nyc.

26. Carolyn Said, "S.F. Airbnb Law Off to Slow Start; Hosts Say It's Cumbersome," SFGate, March 3, 2015, http://www.sfgate.com/business/article/S-F-Airbnb-law-off-to-slow-start-hosts-say-6110902.php.

27. Philip Matier and Andrew Ross, "Airbnb Backers Invest Big on Chiu's Campaign Against Campos," SFGate, October 15, 2014, http://www.sfgate.com/bayarea/article/Airbnb-backers-invest-big-on-Chiu-s-campaign-5822784.php.

28. Dara Kerr, "San Francisco Mayor Signs Landmark Law Making Airbnb Legal," CNET.com, October 28, 2014, http://www.cnet.com/news/san-francisco-mayor-makes-airbnb-law-official/.

29. "Historic Day for Home Sharing in San Francisco," Airbnb Action, October 27, 2014, https://www.airbnbaction.com/historic-day-home-sharing-san-francisco/.

30. Peter Shih, http://susie-c.tumblr.com/post/58375244538/peter-shih-wrote-this -yesterday-when-everyone.

31. Carolyn Said, "Would SF Prop. F Spur Airbnb Suits, with Neighbor Suing Neighbor?," SFGate, August 31, 2015, http://www.sfgate.com/business/article/Would-SF-Prop-F-spur-Airbnb-suits-with-neighbor-6472468.php.

32. Daniel Hirsch, "Report: Airbnb Cuts into Housing, Should Share Data," MissionLocal, May 14, 2015, http://missionlocal.org/2015/05/report-airbnb-cuts-into-housing-should-give-up-data/.

33. Booth Kwan, "Protesters Occupy Airbnb HQ Ahead of Housing Affordability Vote," Guardian, November 2, 2015, https://www.theguardian.com/us-news/2015/nov/02/airbnb-san-francisco-headquarters-occupied-housing-protesters.

34. Eric Johnson, "'Re/Code Decode': Airbnb CEO Brian Chesky Talks Paris Terror Attacks, San Francisco Politics," Recode, November 30, 2015, http://www.recode.net/2015/11/30/11621000/recode-decode-airbnb-ceo-brian-chesky-talks-paris-terror-attacks-san.

35. Carolyn Said, "Prop. F: S.F. Voters Reject Measure to Restrict Airbnb Rentals," SFGate, November 4, 2015, http://www.sfgate.com/bayarea/article/Prop-F-Measure-to-restrict-Airbnb-rentals-6609176.php.

36. "Berlin Authorities Crack Down on Airbnb Rental Boom," Guardian, May 1, 2016, https://www.theguardian.com/technology/2016/may/01/berlin-authorities-taking-stand-against-airbnb-rental-boom.

37. Yuji Nakamura, "Airbnb Faces Major Threat in Japan, Its Fastest-Growing Market,"

Bloomberg.com, February 18, 2016, http://www.bloomberg.com/news/articles/2016-02-18/fastest-growing-airbnb-market-under-threat-as-japan-cracks-down.

38. Murray Cox and Tom Slee, "How Airbnb's Data Hid the Facts in New York City," InsideAirbnb.com, February 10, 2016, http://insideairbnb.com/reports/how-airbnbs-data-hid-the-facts-in-new-york-city.pdf.

39. Erik Larson and Andrew M. Harris, "Airbnb Sued, Accused of Ignoring Hosts' Race Discrimination," Bloomberg.com, May 18, 2016, http://www.bloomberg.com/news/articles/2016-05-18/ airbnb-sued-over-host-s-alleged-discrimination-against-black-man.

40. Benjamin Edelman, "Preventing Discrimination at Airbnb," BenEdelman.org, June 23, 2016, http://www.benedelman.org/news/062316-1.html.

41. Kristen Clarke, "Does Airbnb Enable Racism?," New York Times, August 23, 2016, http://www.nytimes.com/2016/08/23/opinion/how-airbnb-can-fight-racial-discrimination.html.

42. Melissa Mittelman, "Airbnb Hires Eric Holder to Develop Anti-Discrimination Plan," Bloomberg.com, July 20, 2016, http://www.bloomberg.com/news/articles/2016-07-20/airbnb-hires-eric-holder-to-develop-anti-discrimination-plan.

43. "Airbnb CEO on Discrimination: 'I Think We Were Late to This Issue,'" Fortune, July 13, 2016, http://fortune.com/2016/07/13/ airbnb-chesky-discrimination/.

44. Max Chafkin and Eric Newcomer, "Airbnb Faces Growing Pains as It Passes 100 Million Guests," July 11, 2016, Bloomberg.com, http://www.bloomberg.com/news/articles/2016-07-11/airbnb-faces-growing-pains-as-it-passes-100-million-users.

45. Dennis Schaal, "Expedia Buys HomeAway for $3.9 Billion," Skift, November 4, 2015, https://skift.com/2015/11/04/ expedia-acquires-homeaway-for-3-9-billion/.

46. Amy Plitt, "NYC Hotel Rates May Be Dropping Thanks to Airbnb," Curbed NY, April 19, 2016, http://ny.curbed.com/2016/4/19/11458984/ airbnb-new-york-hotel-rates-dropping.

12장 **메가 유니콘이 벌이는 죽음의 게임_우버와 세계와의 싸움**

1. Rhiannon Williams and Matt Warman, "London at a Standstill but Uber Claims Taxi Strike Victory," Telegraph, June 11, 2014, http://www.telegraph.co.uk/technology/news/10892224/London-at-a-standstill-but-Uber-claims-taxi-strike-victory.html.

2. James Titcomb, "What Is Uber and Why Does TFL Want to Crack Down on It?," Telegraph, September 30, 2015, http://www.telegraph.co.uk/technology/uber/11902093/What-is-Uber-and-why-does-TfL-want-to-crack-down-on-it.html.

3. Oscar Williams-Grut, "Taxi Drivers Caused Chaos at London's City Hall after Boris

Johnson Called Them 'Luddites,'" Business Insider, September 16, 2015, http://www.businessinsider.com/ london-mayor-boris-johnsons-question-time-disrupted-by-uber-protest-2015-9.

4. James Titcomb, "Uber Wins Victory in London as TFL Drops Proposals to Crack Down on App," Telegraph, January 20, 2016, http://www.telegraph.co.uk/technology/uber/12109810/ Uber-wins-victory-in-London-as-TfL-drops-proposals-to-crack-down-on-app.html.
5. Sam Schechner, "Uber Meets Its Match in France," Wall Street Journal, September 18, 2015, http://www.wsj.com/articles/ uber-meets-its-match-in-france-1442592333.
6. "Perquisitions Au Siège D'Uber France," LeMonde.fr, March 17, 2015, http://www.lemonde.fr/societe/article/2015/03/17/perquisitions-au-siege-d-uber-france_4595591_3224.html.
7. Romain Dillet, "Uber France Leaders Arrested for Running Illegal Taxi Company," TechCrunch, June 29, 2015, https://techcrunch.com/2015/06/29/uber-france-leaders-arrested-for-running-illegal-taxi-company/.
8. Anne-Sylvaine Chassany and Leslie Hook, "Uber Found Guilty of Starting 'Illegal' Car Service by French Court," Financial Times, http://www.ft.com/cms/s/0/3d65be7a-2e22-11e6-bf8d-26294ad519fc.html.
9. Philip Willan, "Italian Court Bans UberPop, Threatens Fine," PCWorld, May 26, 2015, http://www.pcworld.com/article/2926752/ italian-court-bans-uberpop-threatens-fine.html.
10. "Why UberPop Is Being Scrapped in Sweden," Local SE, May 11, 2016, http://www.thelocal.se/20160511/ heres-why-uberpop-is-being-scrapped-in-sweden.
11. Lisa Fleisher, "Uber Shuts Down in Spain After Telcos Block Access to App," Wall Street Journal, December 21, 2014, http://blogs.wsj.com/digits/2014/12/31/uber-shuts-down-in-spain-after-telcos-block-access-to-its-app/; Maria Vega Paul, "Uber Returns to Spanish Streets in Search of Regulatory U-Turn," Reuters, March 30, 2016, http://www.reuters.com/article/us-spain-uber-tech-idUSKCN0WW0AO.
12. Mark Scott, "Uber's No-Holds-Barred Expansion Strategy Fizzles in Germany," New York Times, January 3, 2016, http://www.nytimes.com/2016/01/04/technology/ubers-no-holds-barred-expansion-strategy-fizzles-in-germany.html?_r=0.
13. Brad Stone and Lulu Yilun Chen, "Uber Slayer: How China's Didi Beat the Ride-Hailing Superpower," Bloomberg Businessweek, October 6, 2016, https://www.bloomberg.com/features/ 2016-didi-cheng-wei/.

14. "Hangzhou Kuaizhi Technology (Kuaidi Dache) closes venture funding," Financial Deals Tracker, MarketLine, April 10, 2013.

15. Zheng Wu and Vanessa Piao, "Didi Dache, a Chinese Ride-Hailing App, Raises $700 Million," New York Times, December 10, 2014, http://dealbook.nytimes.com/2014/12/10/didi-dache-a-chinese-ride-hailing-app-raises-700-million/.

16. "Baidu to Buy Uber Stake in Challenge to Alibaba in China," Bloomberg.com, December 17, 2014, http://www.bloomberg.com/news/articles/2014-12-17/baidu-to-buy-uber-stake-in-challenge-to-alibaba-for-car-booking.

17. Rose Yu, "For Cabs in China, Traffic Isn't Only Woe," Wall Street Journal, January 14, 2015, http://www.wsj.com/articles/ china-taxi-drivers-continue-striking-over-growing-ride-hailing-services-1421239127.

18. Gillian Wong, "Uber Office Raided in Southern Chinese City," Wall Street Journal, May 1, 2015, http://www.wsj.com/articles/ uber-office-raided-in-southern-chinese-city-1430483542.

19. Charles Clover, "Uber in Taxi War of Attrition with Chinese Rival Didi Dache," Financial Times, http://www.ft.com/cms/s/0/ 7de53f7a-5088-11e5-b029-b9d50a74fd14.html#axzz4FHeEnQUa.

20. Ibid.

21. Ibid.

22. Tatiana Schlossberg, "New York City Council Discusses Cap on Prices Charged by Car-Service Apps During Peak Times," New York Times, January 12, 2015, http://www.nytimes.com/2015/01/13/nyregion/new-york-city-council-discusses-cap-on-prices-charged-by-car-service-apps-during-peak-times.html.

23. Annie Karni, "Uber Loses TLC Appeal to Turn over Trip Data," New York Daily News, January 22, 2015, http://www.nydailynews.com/news/politics/uber-loses-tlc-deal-turn-trip-data-article-1.2087718.

24. Michael M. Grynbaum, "Taxi Industry Opens Wallet for De Blasio, a Chief Ally," New York Times, July 17, 2012, http://www.nytimes.com/2012/07/18/nyregion/de-blasio-reaps-big-donations-from-taxi-industry-he-aided.html.

25. Tim Fernholz, "The Latest Round in Uber's Battle for New York City, Explained," Quartz, June 30, 2015, http://qz.com/441608/the-latest-round-in-ubers-battle-for-new-york-city-explained/.

26. Andrew J. Hawkins, "City Yields to Uber on App Rules," Crain's New York Business, June

18, 2015, http://www.crainsnewyork.com/article/20150618/BLOGS04/150619866/ city-yields-to-uber-on-app-rules.

27. Colleen Wright, "Uber Says Proposed Freeze on Licenses in New York City Would Limit Competition," New York Times, June 30, 2015, http://www.nytimes.com/2015/07/01/nyregion/uber-says-proposed-freeze-on-licenses-would-limit-competition.html.
28. Kirstan Conley and Carl Campanile, "Cuomo Drops Bombshell on De Blasio over Uber," New York Post, July 22, 2015, http://nypost.com/2015/07/22/cuomo-drops-bombshell-on-de-blasio-over-uber/.
29. Dan Rivoli, "De Blasio's Multimillion-Dollar Study Blames Deliveries, Construction and Tourism for Traffic Congestion — Not Uber," New York Daily News, January 15, 2016, http://www.nydailynews.com/new-york/de-blasio-study-blames-construction-tourism-traffic-article-1.2498253.
30. Ryan Parry, "Exclusive: Luxury Hotels, All-Night Partying at Posh Clubs, Endless Freebies," Daily Mail Online, October 1, 2015, http://www.dailymail.co.uk/news/article-3256259/Luxury-hotels-night-partying-posh-clubs-endless-freebies-Uber-hosts-SECRET-Sin-City-team-building-junket-4-800-employees-world-no-drivers-please.html.
31. "An Uber Impact: 20,000 Jobs Created on the Uber Platform Every Month," Uber, May 27, 2014, https://newsroom.uber.com/an-uber-impact-20000-jobs-created-on-the-uber-platform-every-month-2/.
32. Justin Singer, "Beautiful Illusions: The Economics of UberX," Valleywag, June 11, 2014, http://valleywag.gawker.com/ beautiful-illusions-the-economics-of-uberx-1589509520; Felix Salmon, "How Well UberX Pays, Part 2," Medium, June 8, 2014, https://medium.com/@felixsalmon/how-well-uberx-pays-part-2-cbc948eaeeaf#.wc3njxtdz.
33. Alex Barinka, Eric Newcomer, and Lulu Chen, "Uber Backers Said to Push for Didi Truce in Costly China War," Bloomberg.com, July 20, 2016, https://www.bloomberg.com/news/articles/2016-07-20/ uber-investors-said-to-push-for-didi-truce-in-costly-china-fight.

맺음말

1. Max Chafkin, "Uber's First Self-Driving Fleet Arrives in Pittsburgh This Month," Bloomberg.com, August 18, 2016, http://www.bloomberg.com/news/features/2016-08-18/uber-s-first-self-driving-fleet-arrives-in-pittsburgh-this-month-is06r7on.

옮긴이 이진원

서울대학교에서 영어영문학 석사학위를 취득한 뒤 「코리아헤럴드」 기자로 언론계에 첫발을 내디뎠다. IMF 시절 재정경제부(현 기획재정부)에서 한국경제 대외홍보 업무를 수행해 장관상을 수상했고, 로이터통신으로 자리를 옮긴 후 거시경제와 채권 분야를 취재했다. 현재는 국제 경제뉴스 번역팀을 맡고 있다. 비즈니스 분야의 전문번역가로도 활동하면서 『에릭 슈미트 새로운 디지털 시대』 『필립 코틀러의 퍼블릭 마케팅』 『원하는 것이 있다면 감정을 흔들어라』 『경제를 읽는 기술』 『미래 기업의 조건』 『검색으로 세상을 바꾼 구글 스토리』 『혁신 기업의 딜레마』 『디지털 네이티브』 등 다수의 책을 번역했다.

감수 임정욱

현 스타트업얼라이언스 센터장.
한국외국어대학 경영학과를 졸업하고 UC버클리에서 MBA를 취득했다. 기자로 사회생활을 시작해 조선일보 사회부, 경제부, IT담당 기자를 거쳐 경영기획실 IT팀장을 지냈다. 이후 다음커뮤니케이션으로 옮겨 글로벌부문장을 맡았고, 라이코스 CEO를 지낸 바 있다.
현재 몸담고 있는 스타트업얼라이언스는 한국 스타트업 생태계를 활성화하고 스타트업들의 해외진출을 지원하기 위해 만든 민관협력네트워크로 창업자들과 스타트업 생태계의 주요 구성원을 효율적으로 연결하고자 한다. 함께 지은 책으로 『아이패드혁명』, 옮긴 책으로 『인사이드 애플』이 있다.

KI신서 7193

업스타트

1판 1쇄 발행 2017년 11월 24일
1판 2쇄 발행 2017년 12월 19일

지은이 브래드 스톤 **옮긴이** 이진원 **감수** 임정욱
펴낸이 김영곤 **펴낸곳** (주)북이십일 21세기북스

정보개발본부장 정지은 **정보개발1팀장** 이남경 **책임편집** 김은찬
해외기획팀 임세은 채윤지
출판영업팀 이경희 이은혜 권오권
출판마케팅팀 김홍선 배상현 최성환 신혜진 김선영 박수미 나은경
홍보기획팀 이혜연 최수아 김미임 박혜림 문소라 전효은 염진아
표지디자인 박선향 **본문디자인** 신증호
제휴팀 류승은 **제작팀** 이영민

출판등록 2000년 5월 6일 제406-2003-061호
주소 (우 10881) 경기도 파주시 회동길 201(문발동)
대표전화 031-955-2100 **팩스** 031-955-2151 **이메일** book21@book21.co.kr

ISBN 978-89-509-7240-0 03320